Sicherheit, Risiko und Opferschutz

Criminalia

Herausgegeben von Klaus Volk

Band 57

PL ACADEMIC RESEARCH

Benjamin Kertai

Sicherheit, Risiko und Opferschutz

Anlässe der Strafgesetzgebung und Möglichkeiten wissenschaftlicher Einflussnahme

PL ACADEMIC RESEARCH

Bibliografische Information der Deutschen Nationalbibliothek
Die Deutsche Nationalbibliothek verzeichnet diese Publikation in der Deutschen Nationalbibliografie; detaillierte bibliografische Daten sind im Internet über http://dnb.d-nb.de abrufbar.

Zugl.: München, Univ., Diss., 2013

Umschlaggestaltung: Pierre Mendell

D 19
ISSN 0945-1811
ISBN 978-3-631-65140-7(Print)
E-ISBN 978-3-653-04278-8 (E-Book)
DOI 10.3726/978-3-653-04278-8

PL Academic Research ist ein Imprint der Peter Lang GmbH.

Peter Lang – Frankfurt am Main · Bern · Bruxelles · New York · Oxford · Warszawa · Wien

Dieses Buch erscheint in einer Herausgeberreihe bei PL Academic Research und wurde vor Erscheinen peer reviewed.

www.peterlang.com

Vielen Dank für die Hilfe bei dieser Arbeit an meine Liebe Anna, Herrn Rechtsanwalt Dr. Florian Holzer, Herrn Christof Zahner, an meine Eltern, den Schuster, die Schafkopfrunde und die tiefen Töne.

Inhaltsverzeichnis

A. Einleitung 11

B. Wissenschaftlicher Kontext: Gesetzgebungswissenschaft und die Forderung nach einer rationalen Kriminalpolitik 15
I. Gesetzgebungswissenschaft 15
II. „Rationale Kriminalpolitik" 17
1. Der Begriff Kriminalpolitik 17
2. „Rationale Kriminalpolitik" 21
3. Wissenschaftlichkeit und Strafgesetzgebung 24
4. Wissenschaftliche Politikberatung durch öffentliche Anhörungen in den Ausschüssen des Bundestags (Hearings) 40
5. Wissenschaftliche Politikberatung in der Praxis: Drei Beispiele 42
6. Zusammenfassung: Was bleibt von der rationalen Kriminalpolitik? 58
III. Politische Kriminalpolitik 75
1. Strafrechtsgesetzgebung und Machtpolitik 76
2. Handlungsfähigkeit und Tatkraft beweisen 77
3. Ohnmacht verbergen 82
4. Beschwichtigung und Beruhigung der Bevölkerung: Reaktionen auf Unsicherheitsgefühle 83
5. Wertbekenntnisse 85
6. Legitimierung staatlicher Macht 87
IV. Folgerungen für eine wissenschaftliche Befassung mit der Kriminalpolitik 88

C. Die Untersuchung der Anlässe der Gesetzgebung: Problemimpulse und Zielsetzungsphase 91
I. Je früher, desto besser: Die Bedeutung der Zielfindungsphase 91
II. Problemimpulse 92
1. Untersuchungsschwerpunkt: materielle Impulse 93
2. Einschränkung der möglichen Aussagen 94

3. Begriffe: Problemimpuls, Anlass, Zielsetzung, Auslöser 95
4. Problemimpulse als teilweise normative Fragen 96
5. Problemdefinition als auch empirische Fragestellung 97
6. Problemimpuls und Handlungsbedarf 97
7. Zusammenfassung: Der Begriff des Problemimpulses in dieser Arbeit 99
III. Untersuchung der Problemimpulse an Beispielen 100
1. Ausgangsthese: Bestimmte Problemimpulse als wiederkehrende Faktoren bei der Schaffung neuen Strafrechts 100
2. Unmöglichkeit einer vollständigen Erfassung 101
3. § 238 StGB 101
4. § 52a WaffG 107
5. § 89a StGB 110
6. Zusammenfassung 116

D. Analyse und Diskussion der aufgefundenen Problemimpulse 117
I. Risiko und Sicherheit 117
1. Zukunftsungewissheit als Leitmotiv 117
2. Sicherheit als Leitmotiv 122
3. Der Risikobegriff in dieser Arbeit 142
4. Sicherheit und Strafrecht 149
5. Sicherheit als Problemimpuls 156
6. Risiko als Problemimpuls 162
II. Opferschutz 165
1. Der Begriff des Opfers in dieser Arbeit 166
2. Die Wiederentdeckung des Opfers in Strafprozess und Strafgesetzgebung 167
3. Potentielle und wirkliche Opfer 169
4. Opferschutz als Teil der staatlichen Schutzaufgabe 182
5. Täterinteressen versus Opferinteressen 183
6. Opferlose Delikte 184
7. Zwischenfazit: Opferschutz als Motor repressiver Kriminalpolitik ... 193
8. Opferschutz als Problemimpuls 194
III. Ermittlungsparagrafen und Türöffner 209
IV. Gesetzgebung zur Lückenschließung 211
V. Einzelfallreaktionen 213
1. Die Medien als Akteure im Gesetzgebungsverfahren 213
2. Gesetzgebungsanlässe oder nur anschauliche Beispiele? 214

3. Geschwindigkeit als Folge und als Mittel zum Zweck – Einzelfälle als Auslöser expressiver Politik 215
4. Grundsätzliche Einwände gegen Gesetzgebung als Reaktion auf Einzelfälle 217
5. Zusammenfassung 219
VI. Europarechtliche Impulse 220
1. Europäisches Strafrecht 220
2. Europäische Einflüsse auf deutsches Strafrecht 221
3. Einflüsse durch Tätigkeiten des Europarats 222
4. Einflüsse der EU 223
5. Fazit: Europas Impulse für das Strafrecht 227
VII. Zusammenfassung – Wiederkehrende Gesetzgebungsanlässe 229

E. Ergebnisse der Strafgesetzgebung: Versuch der Feststellung einer Tendenz der Strafrechtsausweitung 231
I. Zielsetzung: Kriterien der Vorverlagerung 231
II. Quantitative Ausweitung strafrechtlicher Verbote 232
III. Kriterien einer qualitativen Ausweitung: Vorverlagerung und Ausdehnung 232
1. Was ist mit Vorfeld gemeint? 233
IV. Dogmatische Einordnung der untersuchten Delikte 240
1. § 52a WaffG 241
2. § 89a StGB 247
3. § 238 StGB 254
4. Fazit: Zwei Arten beabsichtigter Vorverlagerung 264

F. Der Bezug von Sicherheit, Risiko und Opferschutz zur Vorfeldkriminalisierung mittels abstrakter Gefährdungsdelikte 267
1. Sicherheit und Gefährdungsstrafrecht 268
2. Risiko als Begründungsansatz für Vorfeldkriminalisierung 273
3. Opferschutz und Vorfeldkriminalisierung 288

G. Ausblick: Gegentendenzen? 289
I. Aktuelle und historische Rolle des Rechtsgutsdogmas 289
1. Rechtsgutsbegriff, Rechtsgutstheorie, Rechtsgüterschutzdogma 289
2. Der (fast) unstrittige Ausgangspunkt: Rechtsgüterschutz als Aufgabe des Strafrechts und der Kriminalpolitik 290

3. Systemimmanente und systemkritische Funktion des Rechtsgutsbegriffs 292
4. Inhaltliche Bestimmung des Rechtsgutsbegriffs 294
5. Verortung der Rechtsgutstheorie in einer Kritik am Strafrecht 296
II. Probleme des Rechtsgutsbegriffs am Beispiel des § 238 StGB 299
1. Begriffsweite und Unklarheiten als Hindernis bei der Erfüllung der systemimmanenten Funktion 299
2. Begriffsweite und Unklarheiten als Hindernis bei der Erfüllung der systemkritischen Funktion 300
III. Das Schutzdogma und die Grenzen der Rechtsgutstheorie 301
1. Sicherheit und Rechtsgüterschutz 302
2. Opferschutz und Rechtsgüterschutz 306
3. Rechtsgüterschutz und Ermittlungsparagrafen 309
IV. Gefährdungsstrafrecht als Verstoß gegen das Rechtsgüterschutzdogma? 311
V. Zusammenfassung 313

H. Ergebnis 315

Abbildungsverzeichnis 319

Literaturverzeichnis 321

A. Einleitung

Unsere Kenntnisse über die Strafgesetzgebung sind einerseits erheblich und andererseits gezeichnet von einer erstaunlichen Kargheit an ausführlichen Untersuchungen. Eine Vielzahl der Lehrbücher zum Allgemeinen Teil des Strafrechts und nahezu jedes Lehrbuch der Kriminologie enthalten einige Aussagen zu Strafgesetzgebung und Strafrechtspolitik. Gerade was den politischen Aspekt der Gesetzgebung angeht, scheinen viele dieser Aussagen nur eine geringe Fundiertheit aufzuweisen. Diese bekannte Wissenslücke bezüglich der Gesetzgebung zu schließen, hat sich die Gesetzgebungswissenschaft zur Aufgabe gemacht.[1] Ebenso kann das damit verfolgte Ziel einer wissenschaftlichen Aufklärung über die Gesetzgebung im Bereich des Strafrechts als Gegenstand einer zeitgenössischen Kriminologie verstanden werden.[2] Damit ist auch der Antrieb zur vorliegenden Arbeit umschrieben. Doch es geht nicht um Forschung um der Forschung willen. Das Ziel der wissenschaftlichen Auseinandersetzung mit der Gesetzgebung wird hier auch in der Fundierung einer Kritik gesehen: Eine Kritik braucht genaue Kenntnisse der Wirklichkeit um zu überzeugen.[3] Sie geht sonst entweder von falschen Tatsachen aus und ist dann selbst falsch, oder sie ist mit einem Verweis auf die Wirklichkeit leicht zu entkräften. So macht sich diese Arbeit eine Aussage *Hassemers* zu eigen:

> „Strafrechtswissenschaftliche Aussagen stehen und fallen nämlich, sofern und soweit sie Behauptungen über die Wirklichkeit enthalten, auch mit der Richtigkeit dieser Behauptungen; Analysen und Empfehlungen gegenwärtiger und künftiger Kriminalpolitik stehen ihrerseits in einem historischen Kontext, dem sie gerecht werden können, den sie aber auch verfehlen können. Diese Kontexte muss benennen, wer sie beurteilen will, und er muss sie treffen, wenn er Recht haben will."[4]

---

1 Dazu u. S. 4.

2 *Albrecht*, Kriminologie, S. 6.

3 *Hassemer*, Sicherheit durch Strafrecht, in: *Institut für Kriminalwissenschaften und Rechtsphilosophie der Johann Wolfgang Goethe-Universität*, Jenseits des rechtsstaatlichen Strafrechts, S. 125.

4 *Hassemer*, Sicherheit durch Strafrecht, in: *Institut für Kriminalwissenschaften und Rechtsphilosophie der Johann Wolfgang Goethe-Universität*, Jenseits des rechtsstaatlichen Strafrechts, S. 124.

Ansätze für eine Kritik der Gesetzgebung ergeben sich schon zahlreich aus dem strafrechtlichen Schrifttum, insbesondere im Kontext der Rechtsgutstheorie. In einem Ausblick am Ende der Arbeit soll nochmals das Bestreben der Fundierung einer umfassenden Gesetzgebungskritik anhand einer Gegenüberstellung der vorherigen Ergebnisse der Untersuchung mit den Rechtsgutstheorien untermauert werden. Dabei wird sich zeigen, dass es keineswegs überflüssig ist, einen Beitrag zur wissenschaftlichen Gesetzgebungskritik zu leisten. Im Gegenteil scheint sich angesichts zahlreicher Änderungen auf dem Gebiet des Strafrechts ein enormer Bedarf an kritischen Werkzeugen zu ergeben, der bisher kaum gedeckt ist.

Bei der Bearbeitung der Literatur zur Strafgesetzgebung zeigte sich ein erstaunlich diffuses Pendeln zwischen Aussagen über die Wirklichkeit und dem Aufstellen von Forderungen an Politik und Justiz. In der vorliegenden Arbeit soll an dieser Stelle genau unterschieden werden. Hinsichtlich der Forderungen wird sicherlich als ein großes Manko der Gesetzgebungswirklichkeit deren politische Prägung gesehen. Zum Standardrepertoire strafrechtswissenschaftlicher Kritik gehört einerseits die Klage über Irrationalität, in deren Kern der Vorwurf eines Mangels an wissenschaftlicher Fundierung steht.[5] Andererseits wird auch kritisiert, dass das Strafrecht politisch funktionalisiert, für die Politik verfügbar[6] und Instrument der (Innen-)Politik (geworden) sei[7]. Der Gesetzgebung wird damit allerdings ein Vorwurf gemacht, der sie nicht erreichen kann. Denn Gesetzgebung ist das Ergebnis von Politik, sie ist Politik und wohl sogar ihr Kern. Der Politik vorzuwerfen, sie sei politisch (und nicht etwa wissenschaftlich) führt sicherlich nicht weiter. Eine Kritik muss Politik als Politik akzeptieren und ihre Diskurse kennen und annehmen: Sie muss ihre Sprache sprechen. Dabei versteht es sich, dass die Politik im Bereich des Strafrechts teilweise strafrechtswissenschaftliche Diskurse übernimmt. Dafür, dass andersherum die strafrechtswissenschaftliche Diskussion noch fundierter und breiter, als sie dies bereits tut, auch politische Diskurse integriert, will die vorliegende Arbeit werben und Anknüpfungspunkte schaffen.

---

5 U. S. 10.

6 *Hassemer*, Grundlinien einer personalen Rechtsgutslehre. in: FS Kaufmann, S. 85 ff.; *Hassemer*, Sicherheit durch Strafrecht, in: *Institut für Kriminalwissenschaften und Rechtsphilosophie der Johann Wolfgang Goethe-Universität*, Jenseits des rechtsstaatlichen Strafrechts, S. 111.

7 *Braun*, Die Tatbestände des Diebstahls mit Waffen und des Schweren Raubes zwischen Gefährdungsdogmatik und Gesetzlichkeitsprinzip, in: *Institut für Kriminalwissenschaften und Rechtsphilosophie Frankfurt a.M.*, Irrwege der Strafgesetzgebung, S. 27; *Herzog*, Gesellschaftliche Unsicherheit, S. 66 f.; *Albrecht*, Kriminologie, S. 1.

Den dazu gewählten Ausgangspunkt stellt die Analyse der Anlässe strafrechtlicher Gesetzgebung dar.[8] Gewählt wurden dabei nur Normen, die neue strafrechtliche Verbote beinhalten, also Neukriminalisierungen. Das verengt sicherlich den Blick, soweit einige Entwicklungstendenzen sich gerade durch Neuerungen im Strafprozessrecht oder dem Sanktionensystem kennzeichnen. Eine Analyse der gesamten Strafrechtsgesetzgebung wäre in der hier unternommenen Ausführlichkeit jedoch sicher nicht möglich gewesen. Durchaus vorstellbar ist es aber, dass die Ergebnisse dieser Arbeit zu einer Gesamtanalyse herangezogen werden. Die Untersuchung neuer Straftatbestände begrenzt den Gegenstand auf den Besonderen Teil des materiellen Strafrechts. In den dort auffindbaren Begründungen für die Schaffung neuen Strafrechts finden sich einige der maßgeblichen politischen Diskurse wieder. Die Untersuchung der Aussagen politischer Akteure bei der Schaffung neuer Normen lässt einen Blick in das Verständnis des Strafrechts seitens der Politik zu.

Vom Gesetzgeber ist in dieser Arbeit häufig die Rede, wobei sich von selbst versteht, dass es *den Gesetzgeber* als solchen nicht gibt. Als Gesetzgeber kann man (untechnisch gesprochen) nicht nur die dazu berufenen Institutionen Bundestag und Bundesrat bezeichnen sondern auch die einzelnen Personen in diesen Institutionen, die Regierung und (wie sich mit der Untersuchung der Anlässe zeigt) auch externe Einflüsse wie Verbände, soweit sie maßgeblichen Einfluss auf die Gesetzgebung ausüben. Die Vokabel „Gesetzgeber“ ist also nur eine abkürzende, symbolische Formel,[9] um alle Akteure der Gesetzgebung zusammenzufassen, um überhaupt in lesbarer Weise über den Prozess der Gesetzgebung schreiben zu können.

Nachdem das primäre Interesse der Untersuchung der Offenlegung politischer Diskurse galt, ergab es sich im Laufe der Untersuchung, ein Hauptaugenmerk auf die inhaltlichen oder – wenn man sie so nennen möchte – materiellen Anlässe der Gesetzgebung[10] zu richten, so dass dagegen die durchaus auch aufschlussreiche Frage nach den maßgeblichen Personen und/oder Institutionen in den Hintergrund treten musste. Innerhalb der aufgefundenen Anlässe der Gesetzgebung fand sich ein besonders starker Einfluss der Punkte, die verkürzt mit Risiko, Sicherheit und Opferschutz bezeichnet werden können. Bei Sicherheit und Opferschutz ergibt sich ein möglicher Zusammenhang mit der Gesetzgebung recht schnell: Man kann versuchen größtmögliche Sicherheit sowie den bestmöglichen Schutz von

---

8 U. S. 71.
9 *Noll*, Gesetzgebungslehre, S. 44.
10 U. S. 71.

Opfern[11] mittels neuer Strafvorschriften zu erreichen. Etwas komplizierter ist das beim Risiko; der Begriff bedarf weiterer Untersuchung. Soviel vorweg: Gemeint ist hier damit das Denken in Risiken, also Risikodenken. Dabei wird die These aufgestellt, dass (soziale) Probleme als Risiken zu verstehen, Anlass und Antrieb zur Schaffung von Strafvorschriften sein kann.

An dieser Stelle darf eine Untersuchung der Gesetzgebung von strafrechtswissenschaftlicher Seite jedoch nicht stehen bleiben. Entscheidend bleiben stets auch die Ergebnisse der Gesetzgebung. Nach der Frage, aus welchem Anlass der Gesetzgeber aktiv wird, stellt sich also die Frage, was genau er dann tut. Damit gehört zu einer Analyse der Gesetzgebung auch die (zumindest teilweise) dogmatische Behandlung der neuen Straftatbestände. Vor dem Hintergrund der ausdifferenzierten Dogmatik, die im Gegensatz zur Gesetzgebung kaum Wissenslücken offenlässt, werden wiederum Aussagen zur Gesetzgebung möglich. Es lässt sich dann darstellen, welche Strafgesetzgebung[12] jeweils veranlasst wird.

Ebenso wie bei den Anlässen der Gesetzgebung lassen sich bei den verabschiedeten Gesetzen einige Übereinstimmungen finden. Es scheint also, dass die Strafgesetzgebung in gewisser Weise Regelmäßigkeiten unterworfen ist. Auch wenn diese Regelmäßigkeiten durchaus Anlass zur Besorgnis darstellen können, ist der Befund auch beruhigend. Für eine wissenschaftliche Befassung mit der Strafgesetzgebung in ihrer relativen Langwierigkeit sind wiederkehrende Motive und Mechanismen hilfreich, um überhaupt Ansatzpunkte für eine Kritik zu finden. Gerade wenn man mit den Gegebenheiten nicht zufrieden ist, ist es gut zu wissen, was genau man ändern kann und muss und was nicht.

---

11 Wobei noch zu klären sein wird, wer in diesem Zusammenhang als Opfer bezeichnet wird. Dazu u. S. 142.

12 Zu den unterschiedlichen Deliktsstrukturen u. S. 200.

B. Wissenschaftlicher Kontext: Gesetzgebungswissenschaft und die Forderung nach einer rationalen Kriminalpolitik

I. Gesetzgebungswissenschaft

Die vorliegende Arbeit lässt sich in den Kontext der Gesetzgebungswissenschaft einordnen. Die moderne Gesetzgebungswissenschaft entstand in den 1970er Jahren. Aus einer konstatierten „Gesetzesflut" und Unzufriedenheit mit der Qualität der Gesetze ergab sich (erneut) ein Bedürfnis nach einer intensiven wissenschaftlichen Betrachtung von Gesetzgebung und Gesetzgeber und für ausgebildete, wissenschaftlich vorgebildete Gesetzgebungsexperten.[1] Die ersten Ergebnisse dieser Bemühungen waren Ansätze einer Theorie für Praktiker[2] der Gesetzgebung; ein Schwerpunkt lag auf einer Etablierung als Teil der juristischen Ausbildung.[3]

Damit ging auch ein verändertes Verständnis der Rechtswissenschaft einher; in Abkehr von *Kelsen*s „Reiner Rechtslehre" sollte sie sich nicht nur als eine Rechtsprechungs-Wissenschaft verstehen, die sich allein mit dem positiven Recht befasst.[4]

---

1 *Mattern*, Einleitung, in: *Bundesakademie für Öffentliche Verwaltung*, Praxis der Gesetzgebung, S. 2; *Maihofer*, Gesetzgebungswissenschaft, in: *Winkler/Adamovich*, Gesetzgebung, S. 3 ff.; *Karpen*, ZG 1986, 6 (6); guter Überblick bei *Meßerschmidt*, ZJS 2008, 111 (112 und passim.); *Maihofer*, Gesetzgebungswissenschaft, in: *Winkler/Adamovich*, Gesetzgebung, S. 3 ff.

2 Gemeint sind Personen jeglichen Geschlechts. In dieser Arbeit wurde nicht nur aus Gründen der Sprachästhetik bewusst von einer anderen Schreibweise Abstand genommen. Bezeichnungen wie Bürger, Politiker oder Wissenschaftler werden hier als Bezeichnungen für Angehörige einer Gruppe und als Titel verstanden. Der *Autor* ist der Überzeugung, dass Diskriminierung nur dadurch wirklich vermieden wird, dass derartige Bezeichnungen wie im Englischen unterschiedslos angewandt werden. Nur das vermeidet eine bereits in der Bezeichnung etwa als „Schreinerin", „Kanzlerin" oder „Professorin" liegende Differenzierung des Berufs, Amtes oder des Titels gegenüber männlichen Kollegen, obwohl es sich um den selben Beruf, das selbe Amt bzw. den selben Titel handeln soll.

3 *Maihofer*, Gesetzgebungswissenschaft, in: *Winkler/Adamovich*, Gesetzgebung, S. 12; *Karpen*, ZG 1986, 6 (9); *Noll*, Gesetzgebungslehre, S. 54; zu den zahlreichen anderen unterschiedlichen Perspektiven *Schulze-Fielitz*, ZG 1986, 87 (89 ff.).

4 *Maihofer*, Gesetzgebungswissenschaft, in: *Winkler/Adamovich*, Gesetzgebung, S. 13; *Karpen*, ZG 1986, 6 (11); *Römer*, Reine Rechtslehre und Gesetzgebungslehre. in:

Eines der maßgeblichen Werke dabei war das „Gesetzgebungslehre" genannte Studienbuch *Nolls*[5]. Dieser Titel prägte sich als Bezeichnung für die wissenschaftliche Befassung mit der Gesetzgebung im Rahmen der Rechtswissenschaft ein.[6]

Das einheitliche Ziel der Gesetzgebungswissenschaft liegt in „Handreichungen zur Beförderung guter Gesetze und zur Förderung des guten Gesetzgebers".[7] Dennoch lassen sich hier mindestens zwei Aspekte unterscheiden[8], wobei die Bezeichnungen variieren:

Erstens bedarf es erst einmal der empirischen Untersuchung der auch informellen Realität des Gesetzgebungsalltags, um Gesetzgebung, Gesetzgeber und Gesetz wissenschaftlich zu erklären, zu verstehen, und konstruktiv zu kritisieren. Untersucht wir also das, „was denn Gesetz, Gesetzgeber, Gesetzgebung usw. in der Wirklichkeit alltäglich sind".[9] Ein wichtiger Bestandteil der Gesetzgebungswissenschaft besteht aus dieser Erforschung der rechtlichen Tatsachen, hier geht es also um „gesetzgeberische Verhaltensforschung".[10] Diese kann man auch Gesetzgebungstheorie nennen.[11]

Zweitens kann von dieser Gesetzgebungstheorie ausgehend eine auf wissenschaftliche Vorbereitung und Anleitung der Praxis gerichtete[12] „gesetzgeberische Verhaltenslehre" entwickelt werden, die man auch als Gesetzgebungslehre im engeren Sinn bezeichnen kann[13]. Diese beschreibt, wie das Verhalten des Gesetzgebers

---

FS Weimar passim; zu Widerständen S.ns „der Rechtsdogmatiker" auch *Schulze-Fielitz*, Theorie und Praxis parlamentarischer Gesetzgebung, S. 27 f.

5 *Noll*, Gesetzgebungslehre.

6 Vgl. die Titel der Beiträge von *Karpen*, Zum gegenwärtigen Stand der Gesetzgebungslehre in der Bundesrepublik Deutschland, in: *Karpen*, Zum gegenwärtigen Stand der Gesetzgebung in der Bundesrepublik Deutschland und *Meßerschmidt*, ZJS 2008, 111.

7 *Mattern*, Einleitung, in: *Bundesakademie für Öffentliche Verwaltung*, Praxis der Gesetzgebung, S. 3.

8 *Maihofer*, Gesetzgebungswissenschaft, in: *Winkler/Adamovich*, Gesetzgebung, S. 33.

9 *Maihofer*, Gesetzgebungswissenschaft, in: *Winkler/Adamovich*, Gesetzgebung, S. 19; ebenso *Karpen*, ZG 1986, 6 (5).

10 *Mattern*, Einleitung, in: *Bundesakademie für Öffentliche Verwaltung*, Praxis der Gesetzgebung, S. 2.

11 *Schulze-Fielitz*, Theorie und Praxis parlamentarischer Gesetzgebung, S. 27; *Krems*, Grundfragen der Gesetzgebungslehre, S. 42 f.

12 *Mattern*, Einleitung, in: *Bundesakademie für Öffentliche Verwaltung*, Praxis der Gesetzgebung, S. 2.

13 *Karpen*, ZG 1986, 6 (7).

sein soll.[14] Sie beschäftigt sich mit den „Regeln, Kriterien und Verfahren inhaltlich und formal guter Rechtssetzung."[15] Dabei will sie nicht wertfrei die Instrumente zur Entwicklung einer Machttechnologie bieten, sondern den Gesetzgeber beraten. Sie will, dass gutes, richtiges Recht gesetzt wird.[16] Diese Gesetzgebungslehre im engeren Sinn ist allerdings immer noch in ihrer Entstehung begriffen.[17] Gemeinsam haben alle Ansätze den Versuch einer Rationalisierung der Gesetzgebung.[18]

In den beschriebenen Kontext lässt sich auch die folgende Arbeit eingliedern: Die wissenschaftliche Erforschung der Gesetzgebung anhand konkreter Fälle stellt eine grundlegende Voraussetzung für die Erarbeitung von Handlungsanweisungen an die Akteure der Gesetzgebung dar und scheint dennoch bisher noch nicht ausreichend geschehen zu sein[19]. Zielrichtung ist also ein Beitrag zur Gesetzgebungstheorie. Dabei kann aber an einigen Stellen an bereits existierende Postulate, wie sie sich im Rahmen der Gesetzgebungslehre finden lassen, angeknüpft werden. Eine Gegenüberstellung der vorgefundenen Tatsachen mit den Forderungen einer Gesetzgebungslehre vermag einige Schwierigkeiten der Umsetzung verständlich machen und möglicherweise zu deren Beseitigung beitragen – oder die Notwendigkeit einer Überarbeitung der Gesetzgebungslehre an diesen Stellen verdeutlichen.

II. „Rationale Kriminalpolitik"

1. Der Begriff Kriminalpolitik

Bei der Untersuchung der Gesetzgebung im Bereich des Strafrechts finden sich schnell Verweise auf das, was gemeinhin Kriminalpolitik genannt wird.[20] Kriminalpolitik dient dabei als Überbegriff der Tätigkeiten, die (unter anderem) schlussendlich

14 *Maihofer*, Gesetzgebungswissenschaft, in: *Winkler/Adamovich*, Gesetzgebung, S. 24; *Schulze-Fielitz*, Theorie und Praxis parlamentarischer Gesetzgebung, S. 26; *Krems*, Grundfragen der Gesetzgebungslehre, S. 29, 38 ff.

15 *Emmenegger*, Gesetzgebungskunst, S. 2.

16 *Noll*, Gesetzgebungslehre, S. 63 f.

17 *Mattern*, Einleitung, in: *Bundesakademie für Öffentliche Verwaltung*, Praxis der Gesetzgebung, S. 2.

18 *Schulze-Fielitz*, Theorie und Praxis parlamentarischer Gesetzgebung, S. 455; dazu auch u. S. 44.

19 So bereits *Maihofer*, Naxchwort zur Fragestellung: Gesetzgebungstheorie und Rechtspolitik, in: *Grimm/Maihofer*, Gesetzgebungstheorie und Rechtspolitik, S. 412.

20 *Liebl*, Kriminalpolitik und kriminologische Forschung, in: *Lange*, Kriminalpolitik, S. 405 ff.

in die Verabschiedung neuer Strafvorschriften münden. Die Definitionen dessen, was mit dem Begriff Kriminalpolitik bezeichnet wird, sind vielfältig; es gibt engere und weitere Auffassungen.[21] Dabei ist umstritten, ob es nur um das Strafrecht oder um jedwede Form des Gesellschaftsschutzes bzw. Rechtsgüterschutzes geht[22]. Kriminalpolitik wird etwa verstanden als „die Gesamtheit aller staatlichen Maßnahmen zur Verbrechensverhütung und Verbrechensbekämpfung“[23] bzw. als „ein Policy-Programm, welches die Strategien, Taktiken und Sanktionsinstrumente beschreibt, mit denen die Institutionen der Inneren Sicherheit eine Optimierung der Verbrechenskontrolle zu erreichen versuchen.“[24] Gegenstand der Kriminalpolitik ist also das *crimen*, das Verbrechen.[25]

Der hiesige Untersuchungsgegenstand der „Neugestaltung der Strafrechtsnormen“ ist aber jedenfalls nach allen Definitionen Gegenstand der Kriminalpolitik.[26]

a) Kriminalpolitik als Teil der Gesetzgebungslehre im engeren Sinn

Eine weitere Klärung des Begriffs Kriminalpolitik wird notwendig, wenn man dessen Verwendung näher untersucht. So wird in mehreren Standardwerken zum Thema mit dem Begriff Kriminalpolitik allein eine wissenschaftliche Kriminalpolitik beschrieben. So nennt etwa *Zipf* sein Lehrbuch „Kriminalpolitik“[27], wobei er weiter schreibt, dass das Ziel der Kriminalpolitik stets „die nüchterne Ausrichtung […] an der Aufgabe der Verbrechensbekämpfung“[28] sei. Diese Aussage basiert auf dem Versuch, Kriminalpolitik als einen Teil einer wissenschaftlichen Rechtspolitik zu verstehen.[29]

Das ist insofern folgerichtig, als dass eine solche einengende Verwendung des Begriffs nur aus einer Perspektive befriedigen kann, die Kriminalpolitik als eine Wissenschaft oder zumindest als untrennbar mit wissenschaftlicher Expertise verwoben sieht.

---

21 *Zipf*, Kriminalpolitik, S. 3 ff.; *Schwind*, Kriminologie, S. 16 f.

22 *Putzke*, Was ist gute Kriminalpolitik? in: FS Schwind, S. 112; *Satzger*, Trends und Persepktiven einer europäischen Strafrechtspolitik, in: *4. Europäischer Juristentag*, Sammelband, S. 208.

23 *Putzke*, Was ist gute Kriminalpolitik? in: FS Schwind, S. 111 m.H. auf Schwind.

24 *Lange*, Einleitung, in: *Lange*, Kriminalpolitik, S. 10.

25 *Putzke*, Was ist gute Kriminalpolitik? in: FS Schwind, S. 112.

26 *Göppinger/Bock*, Kriminologie, S. 46.

27 *Zipf*, Kriminalpolitik.

28 *Zipf*, Kriminalpolitik, S. 54.

29 *Zipf*, Kriminalpolitik, S. 1 ff.

Allerdings ist es höchst problematisch, da der Zusammenhang von realer Kriminalgesetzgebung und wissenschaftlicher Expertise gerade der Untersuchung bedarf, um sinnvolle Aussagen über den Bereich der Politik, die dem Verbrechen gewidmet ist, tätigen zu können. Ebenso ist es denkbar, dass eine Untersuchung der Strafgesetzgebung zu dem Ergebnis kommt, dass bei der Neuschaffung einer Strafnorm überhaupt kein oder nur geringes Interesse an Verbrechenskontrolle bestand oder eine Verringerung von Rechtsgutsverletzungen offensichtlich nicht erreicht werden kann. Der Wille zur Verringerung von Rechtsgüterverletzungen oder Verbrechenskontrolle etc. wird aber nach obigen Ansichten als notwendiges Merkmal der Kriminalpolitik vorausgesetzt. Folgerichtig müsste man dann sagen, dass es sich bei symbolischen Gesetzen[30] und sonstiger „schlechter" Kriminalpolitik[31] überhaupt nicht um Kriminalpolitik handelt. Und tatsächlich gibt es diese Ansicht, wie in einer Aussage von *Putzke* offensichtlich wird, wenn er schreibt: Wer „entgegen wissenschaftlicher Erkenntnisse Politik betreibt, ist Scharlatan und verdient [...] nicht Kriminalpolitiker genannt zu werden."[32]

Mit diesem Begriff der Kriminalpolitik verengt sich der Forschungsgegenstand auf Aussagen darüber, wie Kriminalpolitik sein soll. Das zeigt sich beim eingangs genannten Lehrbuch *Zipfs*: Neben der Diskussion des Platzes seiner Kriminalpolitik im System der Wissenschaften widmet er sich in den folgenden Kapiteln grundsätzlichen Fragen wie dem Schuldgrundsatz (§4), dem Verbrechensbegriff (§5) oder Kriminalitätstheorien (§8), ohne freilich in einleitenden Kapiteln oder überhaupt von den Forderungen getrennt die Realität der politischen Betätigungen im Bereich der Verbrechenskontrolle zu beschreiben[33].

Blendet man die Tatsachenforschung aus, bleibt auch kein Raum für eine Befassung mit dem Aspekt der Macht, der die politische Realität zu einem großen Teil ausmacht, und der so einen nicht geringen Einfluss auf die Ergebnisse der Strafgesetzgebung haben kann, wie etwa *Schüler-Springorum* bereits aufzeigen konnte.[34] Folgerichtig ist es aber eine wie von *Zipf* beschriebene Kriminalpolitik, die sich der Beschreibung von Handlungsanleitungen für die Gesetzgebung (unter anderem) im Bereich des Strafrechts widmet, in einem engen Zusammenhang mit der Gesetzgebungslehre im engeren Sinn zu sehen[35]: *Zipf* versteht seine „Kriminalpolitik"

30 Dazu u. S. 46.

31 Vgl. u. S. 58.

32 *Putzke*, Was ist gute Kriminalpolitik? in: FS Schwind, S. 122.

33 *Zipf*, Kriminalpolitik, S. passim.

34 *Schüler-Springorum*, Kriminalpolitik für Menschen, S. 51 f.

35 *Zipf*, Kriminalpolitik, S. 28; dazu o. S. 5.

konsequent auch als den sozusagen Besonderen Teil gegenüber einem Allgemeinen Teil der Gesetzgebungslehre.[36]

b) Kriminalpolitik und Kriminalpolitikwissenschaft

Für die vorliegende Untersuchung kann der obige Begriff der Kriminalpolitik nicht befriedigen. Gegenstand der Untersuchung ist mit dem Gesetz das Ergebnis von Politik und mit der Gesetzgebung ein Vorgang einer Politik, die sich auf Straftaten bezieht, also letztlich die Realität der Kriminalpolitik. Die wissenschaftliche Befassung damit kann man dann Kriminalpolitikwissenschaft nennen.

Demgegenüber kann man die Ergebnisse einer wissenschaftlichen Befassung, die auf das Ziel der Verbrechenskontrolle gerichtet ist, als wissenschaftliche Kriminalpolitik bezeichnen. Damit ist die reale und wirklich betriebene Kriminalpolitik aber keineswegs vollständig beschrieben. Das ist wichtig; man sollte Kriminalpolitik nicht mit Kriminalpolitikwissenschaft verwechseln[37]. Insbesondere sollte es auch eindeutig zum Ausdruck kommen, wenn Gegenstand der wissenschaftlichen Arbeit in erster Linie die Beschreibung einer möglichst „guten" Kriminalpolitik ist.

Dem läuft die oben beschriebene Verwendung des Begriffs zur Beschreibung eines Forderungskatalogs entgegen, während mit „Politik" im allgemeinen Sprachgebrauch tatsächliche Verhaltensweisen bezeichnet werden. Das jedoch versperrt den Blick für die klare Unterscheidung von Fakten und Forderungen. Doch erst wenn mit (wissenschaftlicher) Klarheit feststeht, welche Fakten und Schlüsse in der Wirklichkeit zugrunde gelegt werden, lässt sich vernünftig über die darauf bezogenen Forderungen diskutieren. Weiterhin ist jede andere noch so gute Theorie ohne Chance auf Verwirklichung wenig wert: Die Forderungen der Wissenschaft müssen sich darum auch an ihrer faktischen und politischen Durchsetzbarkeit messen lassen.[38] Es stellt sich somit neben der Beschäftigung mit den wissenschaftlichen und geistesgeschichtlichen Grundlagen die Frage nach den Möglichkeiten der Umsetzung wissenschaftlicher Forderungen. Die Zielbeschreibungen der wissenschaftlichen Kriminalpolitik können dabei allerdings als Ausgangspunkt dienen.

Für die Nachvollziehbarkeit der Diskussionen und im Hinblick auf die Durchsetzungschancen wissenschaftlicher Forderungen wird hier für eine möglichst strikte Trennung von Schlüssen über die Realität (der Politik) wie sie ist und

---

36 *Zipf*, Kriminalpolitik, S. 2.

37 *Schwind*, Kriminologie, S. 19.

38 So auch *Zipf*, Kriminalpolitik, S. 28.

(wissenschaftlichen) Forderungen an die Realität wie sie sein soll, plädiert. Diese meiner Ansicht nach eminent bedeutsame Trennung wird durch die Bezeichnung „Kriminalpolitik" für eine nur wissenschaftliche Kriminalpolitik aufgegeben.

2. „Rationale Kriminalpolitik"

a) Rationale Kriminalpolitik als Leitbild

Wie gesehen beschäftigt sich die als „Verhaltenslehre" verstandene wissenschaftliche Kriminalpolitik mit der Bestimmung von Aufgabe und Funktion der Strafrechtspflege einschließlich der dabei maßgebenden Leitlinien, der Erarbeitung und Entscheidung eines bestimmten Regelungsmodells in diesem Bereich, seiner praktischen Gestaltung und Durchführung anhand der Aufgabenstellung und seiner ständigen Überprüfung.[39] Dabei widmet sich eine Vielzahl der Arbeiten zur Gesetzgebung auf dem Gebiet der Strafrechtssetzung der Umschreibung eines Optimalzustandes. „Rationale Kriminalpolitik" stellt dabei den gemeinsamen Nenner dar[40]: Ausgehend davon, dass staatliche Strafverfolgung wie jede staatliche Tätigkeit stets der Rationalität verpflichtet sei[41], solle es sich insbesondere auch „bei den Verfahren, die den Gesetzesänderungen oder Neuregelungen zugrunde liegen, gleichzeitig um die Umsetzung einer rationalen Kriminalpolitik handeln."[42] Die Forderung nach Rationalität der Gesetzgebung ist weit verbreitet und wird als selbstverständlich angesehen.[43]

b) Zweck und Zweckrationalität

Was hier mit Rationalität gemeint ist, ist nicht leicht zu fassen, nicht nur wegen der Unklarheit des Begriffs der Rationalität in diesem Kontext[44], sondern schon allein,

---

39 *Zipf*, Kriminalpolitik, S. 7.

40 *Putzke*, Was ist gute Kriminalpolitik? in: FS Schwind, S. 113 f.; *Schüler-Springorum*, Kriminalpolitik für Menschen, S. 174; *Jäger*, Irrationale Kriminalpolitik. in: FS Schüler-Springorum, S. 230; *Vogel*, Strafgesetzgebung und Strafrechtswissenschaft. in: FS Roxin, S. 108; die Forderung nach rationaler Kriminalpolitik erhebt auch *Satzger*, Trends und Persepktiven einer europäischen Strafrechtspolitik, in: *4. Europäischer Juristentag*, Sammelband, S. 240 für die EU.

41 *Zipf*, Kriminalpolitik, S. 53; *Schwind*, „Rationale" Kriminalpolitik als Zukunftsaufgabe. in: FS Blau, S. 573; *Karpen*, ZG 1986, 6 (26).

42 *Liebl*, Kriminalpolitik und kriminologische Forschung, in: *Lange*, Kriminalpolitik, S. 406.

43 *Schulze-Fielitz*, Theorie und Praxis parlamentarischer Gesetzgebung, S. 455.

44 Dazu *Schulze-Fielitz*, Theorie und Praxis parlamentarischer Gesetzgebung, S. 454 f.

weil „umstritten ist, welche Kriminalpolitik vernünftig ist“[45]. Bei der Definition von „rational“ lässt sich grundsätzlich zwischen zwei Varianten unterscheiden: Das ist erstens Wertrationalität, die „die inhaltliche Begründung von elementaren Verhaltensnormen in der Gesellschaft im Auge hat“[46] und zweitens Zweckrationalität, die auf die erfolgreiche Umsetzung der Programme, also die Erreichung der Zwecke, abzielt.[47]

Für die „rationale Kriminalpolitik“ ist dabei eine Orientierung an Zwecken erkennbar[48]; Rechtsnormen an sich sollen in dieser Konzeption immer (auch) instrumentellen Charakter haben.[49] Die Maxime der Zweckrationalität ergibt sich aus der Notwendigkeit einer Legitimierung der staatlichen Strafe an einem realen gesellschaftlichen Zweck.[50] In der Folge wurde Zweckrationalität in den Gesetzgebungswissenschaften lange Zeit „als generelles Deutungsmuster und Idealbild für sinnvolle gesetzgeberische Handlungen ausdrücklich oder als nicht hinterfragte Selbstverständlichkeit angewandt“.[51] Das optimale Gesetz wäre danach das wirkungsoptimale, also dasjenige bei dem die Wirkungen mit den Intentionen des Gesetzgebers möglichst übereinstimmen.[52]

Hinsichtlich der zu verfolgenden Zwecke legt sich eine Vielzahl der Autoren fest: Diese seien Kriminalprävention und Verbrechenskontrolle[53].

Freilich ist die Zweckrationalität wertrational durchbrochen, wenn (im Hinblick auf die Wertentscheidungen des Grundgesetzes) auf möglicherweise höchst effiziente, doch unverhältnismäßige oder menschenverachtende Maßnahmen verzichtet wird. Dennoch ist erkennbar, dass für die Forderung der rationalen Kriminalpolitik mit Rationalität die möglichst effiziente Ausrichtung an der Verbrechensbekämpfung[54] gemeint sein soll.

---

45 *Schwind*, „Rationale“ Kriminalpolitik als Zukunftsaufgabe. in: FS Blau, S. 573.

46 *Kaiser*, Kriminologie, S. 1073.

47 *Schulze-Fielitz*, Theorie und Praxis parlamentarischer Gesetzgebung, S. 456 f.; vgl. bereits *Weber*, Politik als Beruf, Gesammelte Politische Schriften, S. 441 f.

48 Wobei die Entscheidung zugunsten einer Zweckrationalität sicherlich selbst eine eher wertrationale ist.

49 *Noll*, Gesetzgebungslehre, S. 110.

50 *Haffke*, Die Legitimation des staatlichen Strafrechts zwischen Effizienz, Freiheitsverbürgung und Symbolik. in: FS Roxin, S. 956.

51 *Voß*, Symbolische Gesetzgebung, S. 83.

52 *Voß*, Symbolische Gesetzgebung, S. 21.

53 *Kaiser*, Kriminologie, S. 1073.

54 *Schwind*, „Rationale“ Kriminalpolitik als Zukunftsaufgabe. in: FS Blau, S. 573.

Diese Zwecksetzung überschneidet sich mit dem Verständnis der Aufgabe des Rechtsgüterschutzes. Rationale Kriminalpolitik wäre im Bereich der Gesetzgebung demnach der beste Weg, diese Schutzaufgabe zu erfüllen[55]. Unter Festlegung auf das Ziel der „Vermeidung von Rechtsgutsverletzungen" widmet sich ein großer Teil der kriminalpolitischen Diskussion den besten Wegen, dieses Ziel zu erreichen.[56]

c) Konkrete Verhaltensregeln zur Zweckerreichung – Die Wissenschaft als Garant der Rationalität

Für eine rationale Kriminalpolitik, die auf der Suche nach erfolgversprechenden Maßnahmen für die Verbrechensbekämpfung ist, soll empirische Forschung weiteren Aufschluss geben.[57] Kriminalpolitik soll, um als rational zu gelten, „auf der Grundlage einer rationalen Kriminologie" betrieben werden, „die ihr Erfahrungswissen aufgrund von wissenschaftlich abgesicherten Forschungsergebnissen unter Einbettung in ein theoretisches Konzept erzielt, aufbaut und durch sie begründet wird"[58].

In diesem Konzept sind die Aufgaben der Wissenschaft vielfältig: Für die Ausarbeitung und Umsetzung kriminalpolitischer Maßnahmen, insbesondere für die Gesetzgebung, müssten immer kriminologische Befunde herangezogen werden.[59] Folglich sollte sich der Gesetzgeber, bevor er tätig wird, über die Täter und Opfer informieren[60], sich klare Gedanken über die angestrebten Ziele machen[61] und dazu den Ist-Zustand genau kennen, um nicht versehentlich Scheinprobleme zu regeln. „Eine Verbesserung der Qualität des rationalen Diskurses" sei letztlich nur „über eine fest institutionalisierte Beteiligung der Wissenschaft am Gesetzgebungsprozess" erreichbar.[62]

---

55 Vgl. noch u. S. 250 ff.

56 *Putzke*, Was ist gute Kriminalpolitik? in: FS Schwind, S. 113; beispielhaft etwa *Jäger*, Irrationale Kriminalpolitik. in: FS Schüler-Springorum, S. 238 ff.

57 *Schwind*, „Rationale" Kriminalpolitik als Zukunftsaufgabe. in: FS Blau, S. 573; *Jäger*, Irrationale Kriminalpolitik. in: FS Schüler-Springorum, S. 234.

58 *Liebl*, Kriminalpolitik und kriminologische Forschung, in: *Lange*, Kriminalpolitik, S. 406; ähnlich *Schwind*, Kriminologie, S. 17.

59 *Liebl*, Kriminalpolitik und kriminologische Forschung, in: *Lange*, Kriminalpolitik, S. 406.

60 *Hassemer*, Einführung, S. 25.

61 *Amelung*, ZStW 92 (1980), 19 (32).

62 *Jäger*, Irrationale Kriminalpolitik. in: FS Schüler-Springorum, S. 242.

In der Verwirklichung des Ziels einer rationalen Kriminalpolitik ist die Rolle der Wissenschaft also eine tragende in der Definition der Probleme und der Lösungen. Damit wird eine Art der Gesetzgebung beschrieben, in der die Grundlagen[63] der gesetzgeberischen Entscheidung wissenschaftliche Erkenntnisse sind. Die Hinzuziehung externen Sachverstands wird als wichtig für die Rationalisierung der Gesetzgebung angesehen[64]. Macht man sich dabei wieder die Unterscheidung zwischen Fakt und Forderung mit Blick auf deren Verwirklichungschancen deutlich[65], muss man sich auch an dieser Stelle zunächst einmal ein Bild über den Ist-Zustand machen. Für die Möglichkeiten der Verwirklichung der oben beschriebenen Forderung nach „rationaler Kriminalpolitik" stellt sich also die Frage nach dem Einfluss der kriminalpolitischen Wissenschaft auf die kriminalpolitische Realität.

3. Wissenschaftlichkeit und Strafgesetzgebung

a) Die aktuelle Verbindung von Wissenschaft und Gesetzgebung: eine erste Einschätzung

Die Verbindung von Strafrechtswissenschaft[66] und Kriminologie zur Gesetzgebung war historisch eine sehr enge, beginnend bei *Beccaria,* dessen Werk „dei delitti e delle pene" von 1764[67] von den österreichischen Provinzen Oberitaliens bis hin nach Russland und Amerika maßgeblichen Einfluss auf die Reform der Gesetzgebung hatte.[68] Diesem Beispiel folgend war die Strafrechtswissenschaft in ihrer Tätigkeit lange gerade auf die Schaffung neuen Rechts ausgerichtet, wobei sie wiederum eng mit anderen wissenschaftlichen Disziplinen, allen voran der Philosophie verknüpft war. Von Ende des 18. Jahrhunderts bis in den Anfang des 20. Jahrhunderts wurden im Gebiet des heutigen Deutschlands neue Gesetzgebungsprojekte im

---

63 Ausgenommen sind dabei die grundlegenden Wertvorstellungen, die sich einem wissenschaftlichen Zugang entziehen, *Zipf*, Kriminalpolitik, S. 23 f.

64 *Schulze-Fielitz*, Theorie und Praxis parlamentarischer Gesetzgebung, S. 483.

65 o. S. 9.

66 Die Diskussion über den Begriff der (gesamten) Strafrechtswissenschaft soll hier nicht angesprochen sein.

67 Seither auf Deutsch in unzähligen Ausgaben erschienen, etwa *Beccaria*, Über Verbrechen und Strafen.

68 *Kreissl*, Zwischen Zeuberlehrling und Volkskunstkritiker – Wirkungsweisen kriminologischen Wissens in der Praxis des Kriminaljustizsystems, in: *Cremer-Schäfer/Pilgram/Stangl/Steinert*, Kriminologie, S. 108.

Bereich des Strafrechts stets von prominenten Größen der Strafrechtswissenschaft vorbereitet und begleitet. Erinnert werden soll hier nur etwa an die Beiträge *J.A. Feuerbachs* zum Bayerischen StGB oder *Bindings* zum StGB von 1871.[69] Die Kriminologie war im Zusammenhang der Prävention als Zweck des Strafrechts gefragter Lieferant notwendigen Wissens.[70] In diesen geschichtlichen Kontext passen auch noch die Diskussionen zu den großen Strafrechtsreformen, die in den 1960er Jahren mit dem Entwurf der Großen Strafrechtskommission von 1962 ihren Anfang nahmen und durch den „Alternativentwurf", der von zahlreichen renommierten Strafrechtsprofessoren erstellt worden war, ergänzt wurden.[71]

Diese Hochzeiten der wissenschaftlichen Gesetzgebung dauerten jedoch nicht ewig an. Der Einfluss der Wissenschaft verblasste zunehmend. Während die Gesetzgebung um den Alternativentwurf als Triumph wissenschaftlich motivierter Gesetzgebung gefeiert wird, folgte bald darauf Resignation.[72]

> „Dabei kam man noch in den 70er Jahren zu Feststellungen wie: ‚Jedenfalls im Prinzip anerkannt ist heute die Forderung, dass eine moderne Kriminalgesetzgebung nur auf der Grundlage kriminologischer Erkenntnisse denkbar ist' (Jäger 1976, S. 99). [...]"

Inzwischen „hört sich diese Aussage eher wie eine futuristische Perspektive an."[73]

Ursprung dieser Entwicklungen dürfte die Krise sein, in der sich die (Strafrechts-)Wissenschaft in den 1980er Jahren befand. Die allgemein an den Fortschritt geknüpfte Hoffnung einer „vernünftigen Kontrolle von Natur und Gesellschaft" war „inzwischen durch massive Evidenzen erschüttert worden."[74] Die wissenschaftliche Forschung hinterfragte sich solange selbst, bis ein großer Teil ihrer bisherigen Erkenntnisse ins Wanken geriet.[75]

---

69 *Stübinger*, Strafrecht – zwischen Wissenschaft und Politik, in: *Institut für Kriminalwissenschaften und Rechtsphilosophie Frankfurt a.M.*, Irrwege der Strafgesetzgebung, S. 160 f.; weitere historische Bespiele bei *Vogel*, Strafgesetzgebung und Strafrechtswissenschaft. in: FS Roxin, S. 106.

70 *Albrecht*, Kriminologie, S. 5.

71 *Stübinger*, Strafrecht – zwischen Wissenschaft und Politik, in: *Institut für Kriminalwissenschaften und Rechtsphilosophie Frankfurt a.M.*, Irrwege der Strafgesetzgebung, S. 161.

72 *Maihofer*, Gesetzgebungswissenschaft, in: *Winkler/Adamovich*, Gesetzgebung, S. 6 ff.

73 *Liebl*, Kriminalpolitik und kriminologische Forschung, in: *Lange*, Kriminalpolitik, S. 425.

74 *Habermas*, Die Krise des Wohlfahrtsstaates und die Erschöpfung utopischer Energien, Die neue Unübersichtlichkeit, S. 144.

75 *Beck*, Risikogesellschaft, S. 271.

Für das Strafrecht war dabei die wissenschaftliche Überprüfung der Effizienz der Präventionsprogramme ein traumatisches Erlebnis. Die vormalige „Illusion, die Sanktionen seien wirksam und legitim“ fand sich zerstört.[76] Spezialpräventive Behandlungsprogramme galten als gescheitert.[77] Übrig blieb eine gefühlte Wirkungslosigkeit[78] der Spezialprävention. Diese wurde zum Auslöser großer Umwälzungen im Selbstverständnis und in der Perzeption relevanter Wissenschaft(en). Die bisherigen Strafzwecke sahen sich starker Kritik ausgesetzt.

Parallel zu dieser Sinnkrise verringerte sich nach Ansicht vieler Autoren der Einfluss der Wissenschaft auf die Gesetzgebung. Die großen Strafrechtsreformgesetze in der Zeit zwischen 1969 und 1975 resultierten noch aus jahrelangen Auseinandersetzungen zwischen Politik und Wissenschaft.[79] Diese Zeiten großen Einflusses wissenschaftlicher Erkenntnisse auf die Strafgesetzgebung sind nach Ansicht vieler Autoren längst vorbei.[80] Hinzu komme eine neue Nutzbarmachung des Strafrechts durch die Politik zur Reaktion auf gesellschaftliche Problemlagen.[81] Damit würden Erkenntnisse über Täter und Opfer, wie sie die Kriminologie bisher lieferte, wenig relevant.[82]

Ähnlich klingen auch andere aktuellere Aussagen zum Verhältnis von Wissenschaft und Gesetzgebung:

> „Sich wissenschaftlich untermauerter Expertise auszusetzen, empirische und normative Aufklärungen zur Kenntnis zu nehmen und in praktisch-vernünftiges kriminalpolitisches Handeln umzusetzen, scheint eine Anstrengung darzustellen, für die moderne Strafgesetzgebung in schnelllebigen Zeiten – wo Aktualität, nicht Wirklichkeit das Handeln bestimmt – den politischen Willen nicht aufbringt.“[83]

---

76 *Lüderssen*, Die Krise des öffentlichen Strafanspruchs, S. 14.

77 *Lüderssen*, Die Krise des öffentlichen Strafanspruchs, S. 17 f.

78 Unabhängig von methodischen Einschränkungen etc. blieb als Ergebnis nur das verzweifelte credo „nothing works“ im kollektiven Bewusstsein der Kriminologie hängen; *Garland*, Kultur der Kontrolle, S. 132 ff.

79 *Stübinger*, Strafrecht – zwischen Wissenschaft und Politik, in: *Institut für Kriminalwissenschaften und Rechtsphilosophie Frankfurt a.M.*, Irrwege der Strafgesetzgebung, S. 152.

80 *Institut für Kriminalwissenschaften und Rechtsphilosophie der Johann Wolfgang Goethe-Universität*, Vowort, in: *Institut für Kriminalwissenschaften und Rechtsphilosophie Frankfurt a.M.*, Irrwege der Strafgesetzgebung, S. 7; *Neubacher*, ZStW 118 (2006), 857 (863).

81 *Hassemer*, NStZ 1989, 553 (558); *Calliess*, NJW 1989, 1338 (1338); *Wohlers*, Deliktstypen des Präventionsstrafrechts, S. 36 ff.

82 *Albrecht*, Kriminologie, S. 5, ff.

83 *Institut für Kriminalwissenschaften und Rechtsphilosophie der Johann Wolfgang Goethe-Universität*, Vowort, in: *Institut für Kriminalwissenschaften und*

Noch weiter gehend wird sogar von einer Tendenz der Verunglimpfung von Experten und professionellen Eliten gesprochen.[84] Doch auch Autoren, die nicht so weit gehen, halten die Verwirklichung wissenschaftlicher Forderungen im Gesetzgebungsprozess für schwierig.

Demgegenüber wird etwa von *Kreissl* dem Kriminaljustizsystem insgesamt sowie auch der Rechtspolitik eine „hohe Rezeptionsfähigkeit für kriminologisches Wissen“ attestiert; die Debatte über angemessenes staatliches Strafen sei „durch und durch verwissenschaftlicht“.[85]

Insgesamt wird der Einfluss der Wissenschaft also völlig unterschiedlich eingeschätzt. Im Folgenden soll durch die Darstellung dessen, wie wissenschaftliche Einflussnahme auf politische Prozesse aktuell funktionieren könnte, versucht werden, sowohl Anhaltspunkte für die weitgehend zurückhaltende Einschätzung als auch für die abweichende Ansicht zu finden.

In einem ersten Schritt sollen die strukturellen Verknüpfungen von Wissenschaft und politischem Prozess aufgezeigt werden. In einem zweiten Schritt soll dann dargestellt werden, welche inhaltlichen Gründe es für eine eher zurückhaltende Bewertung des Einflusses wissenschaftlicher Forschung auf die politische Realität der Strafgesetzgebung geben könnte.

b) Wissenschaftliche Politikberatung

(1) Wissenschaftliche Politikberatung als Forschungsgegenstand

Es gibt eine Vielzahl von Veröffentlichungen, die die Möglichkeiten der wissenschaftlichen Einflussnahme auf politische Prozesse und insbesondere die Gesetzgebung thematisieren. Der Oberbegriff dazu ist der der wissenschaftlichen Politikberatung. Darunter versteht man den „Versuch [...] die Inhalte und Strukturen von Politik, unter Einbeziehung rationaler, wissenschaftlich begründeter Aussagen und Kenntnisse [...] zu gestalten und damit zu einer rational begründeten und legitimierten Form der Politik zu gelangen – ohne jedoch die Autonomie originär politischer Entscheidungen bzw. deren Spielraum

---

Rechtsphilosophie Frankfurt a.M., Irrwege der Strafgesetzgebung, S. 7; ebenso *Garland*, Kultur der Kontrolle, S. 70.

84 *Garland*, Kultur der Kontrolle, S. 59.

85 Alle Zitate bei *Kreissl*, Zwischen Zeuberlehrling und Volkskunstkritiker – Wirkungsweisen kriminologischen Wissens in der Praxis des Kriminaljustizsystems, in: *Cremer-Schäfer/Pilgram/Stangl/Steinert*, Kriminologie, S. 110.

einzuschränken“.[86] Die Erkenntnisse aus diesen Arbeiten können möglicherweise Rückschlüsse auf die Durchsetzbarkeit einer als wissenschaftlich fundiert verstandenen „rationalen Kriminalpolitik“ geben. Einige davon sollen darum im Folgenden soweit relevant vorgestellt werden.

Die möglichen Aussagen sind aber einzuschränken. Es mangelt trotz aller Versuche an verlässlichen empirischen Forschungen zu einem Einfluss von wissenschaftlichen Erkenntnissen auf die Strafgesetzgebung. *Liebl* versucht zwar eine Untersuchung, wobei ihm jedoch eine konkrete Aussage aufgrund der zahlreichen aufgeworfenen Probleme und methodischen Schwierigkeiten nicht möglich ist.[87] Auf das Fehlen belastbarer empirischer Untersuchungen weist auch *Heinrich* hin, wobei er bemerkt, dass der Einfluss allgemein als gering angesehen wird.[88] Dieser Mangel an verlässlichen empirischen Aussagen und die Schwierigkeit, solche zu erlangen, sind sicherlich Gründe dafür, dass die Einschätzungen des Einflusses wissenschaftlicher Erkenntnisse auf den Prozess der Strafgesetzgebung so unterschiedlich ausfallen.

Weiterhin soll hier die vollständige Darstellung, wie allgemein politische Entscheidungen fallen, welche allgemeinen politikwissenschaftlichen Erkenntnisse es über Struktur und Prozesse der Willensbildung es gibt, nicht versucht werden; das würde den Rahmen dieser Arbeit bei weitem sprengen.

Insofern werden die drei hier untersuchten Beispiele[89] insbesondere dazu dienen, die aufgeworfenen theoretischen Fragen ein wenig greifbar zu machen.

(2) Vielfalt an Arten und Zeitpunkten der Politikberatung

Grundsätzlich ist eine Beeinflussung der Gesetzgebung durch die Wissenschaft auf mehrere Arten denkbar.[90] Die „in der Strafrechtslehre bei weitem häufigste“ und wohl „bei weitem ineffektivste“ Art der „rein wissenschaftliche[n] Verbreitung kriminalpolitisch bedeutsamer Erkenntnisse und Meinungen, etwa durch Veröffentlichung in Fachzeitschriften“[91] soll hier nicht von Interesse sein. Selbst

---

86 *Heinrich/Lange*, Kriminalpolitik, politische Steuerung und wissenschaftliche Politikberatung, in: *Lange*, Kriminalpolitik, S. 431 f.

87 *Liebl*, Kriminalpolitik und kriminologische Forschung, in: *Lange*, Kriminalpolitik, S. 418 ff.

88 *Heinrich/Lange*, Kriminalpolitik, politische Steuerung und wissenschaftliche Politikberatung, in: *Lange*, Kriminalpolitik, S. 441.

89 U. S. 29 ff.

90 Grundlegend *Amelung*, ZStW 92 (1980), 19.

91 *Amelung*, ZStW 92 (1980), 19 (64); dazu auch u. S. 71.

bei genauer Untersuchung der Lesegewohnheiten von Politikern könnten daraus kaum verlässliche Aussagen auf eine Beeinflussung der Strafgesetzgebung gezogen werden.

Eine Beratung ist zu jedem Zeitpunkt innerhalb des Gesetzgebungsverfahrens denkbar, wobei einer möglichst frühzeitigen Beratung der größte Einfluss zugesprochen wird.[92] Diese Phase der Zielsetzung ist auch diejenige, in der es um die Frage des Anlasses der Regelung geht. Aus diesem Grund soll der Komplex der Zielsetzung mit der Untersuchung der Anlässe einem gesonderten Kapitel vorbehalten bleiben, das zugleich den zentralen Teil der vorliegenden Arbeit bildet.[93]

(3) Modelle wissenschaftlicher Politikberatung

Innerhalb der Politikberatung werden drei Modelle unterschieden[94]:

1. Das *dezisionistische Modell*, wonach „es Aufgabe des Politikers [ist], Ziele zu formulieren, und Aufgabe des Wissenschaftlers, wertfreie Informationen zur Beantwortung der Frage zu liefern, mit welchen Mitteln diese Ziele zu erreichen sind."[95] Nach diesem Modell ist die Wissenschaft der Politik als Helfer untergeordnet, der erst dann herangezogen wird, wenn die Entscheidung über die Ziele bereits gefallen ist; „wissenschaftliche Politikberatung erhält den Charakter einer Dienstleistung."[96]
2. Nach dem *technokratischen Modell* steht „die Einbeziehung bzw. Steuerungsfunktion wissenschaftlicher Kenntnisse […] [im] Vordergrund. Diese Kenntnisse prägen aus ihrer inneren Rationalität begründet einen ‚one best way' der Politik, der als wissenschaftlich-technischer Sachzwang politische Entscheidungen determiniert."[97] Demnach „ergibt sich nach dieser Auffassung die einzig mögliche Entscheidung von selbst."[98]

92 *Amelung*, ZStW 92 (1980), 19 (24).

93 U. S. 71.

94 *Heinrich/Lange*, Kriminalpolitik, politische Steuerung und wissenschaftliche Politikberatung, in: *Lange*, Kriminalpolitik, S. 433.

95 *Amelung*, ZStW 92 (1980), 19 (20).

96 *Heinrich/Lange*, Kriminalpolitik, politische Steuerung und wissenschaftliche Politikberatung, in: *Lange*, Kriminalpolitik, S. 433.

97 *Heinrich/Lange*, Kriminalpolitik, politische Steuerung und wissenschaftliche Politikberatung, in: *Lange*, Kriminalpolitik, S. 433.

98 *Amelung*, ZStW 92 (1980), 19 (21).

3. „Das *pragmatische Modell* stellt die Interaktion zwischen politischen Akteuren und beratender Wissenschaft in den Mittelpunkt.“[99] Es geht *Habermas* folgend[100] davon aus, dass

> „politische Entscheidungen in der Demokratie keine punktuellen Akte sind, sondern aus Kommunikationsprozessen hervorgehen. Wissenschaftliche Beratung der Politik ist daher ein Vorgang wechselseitiger Kommunikation zwischen Politikern und Wissenschaftlern.“[101]

Das technokratische Modell wird inzwischen für die Beschreibung der Beziehung zwischen Wissenschaft und Politik nicht mehr als adäquat angesehen. Es überschätze insgesamt die Möglichkeiten des Einflusses der Wissenschaft auf politische Prozesse und leugne

> „die Subjektivität der Stellungnahme zu politischen Problemen und damit letztlich die Subjektivität der am politischen Prozeß Beteiligten, den Einfluß ihrer Biographie und ihrer spezifischen sozialen Lage auf die Beurteilung dessen, was politisch richtig ist. Dies widerspricht der historischen Erfahrung und den hierauf gegründeten Voraussetzungen der Demokratie.“[102]

Ebenso wie *Voß*[103], *Stächelin*[104] und *Vogel*[105] die Aspekte der Kommunikation und des Diskurses als maßgeblich für die Rolle der Wissenschaft bei der Erreichung des Ziels rationaler Gesetzgebung ansehen, hält auch Amelung das *pragmatische Modell* für vorzugswürdig. Allerdings sei dabei noch zu untersuchen, inwieweit „die Realität diesem Idealbild gelungener Kommunikation zwischen Politik und Wissenschaft entspricht“.[106] So hält etwa *Heinrich* die aktuelle Beziehung zwischen Wissenschaft und Politik mit dem dezisionistischen Modell für am besten beschrieben.[107]

---

99 *Heinrich/Lange*, Kriminalpolitik, politische Steuerung und wissenschaftliche Politikberatung, in: *Lange*, Kriminalpolitik, S. 434; Hervorhebung des Verfassers.

100 *Amelung*, ZStW 92 (1980), 19 (21), Fn. 4.

101 *Amelung*, ZStW 92 (1980), 19 (21).

102 *Amelung*, ZStW 92 (1980), 19 (21).

103 *Voß*, Symbolische Gesetzgebung, S. 214 ff.

104 *Stächelin*, Strafgesetzgebung im Verfassungsstaat, S. 331 ff.

105 *Vogel*, Strafgesetzgebung und Strafrechtswissenschaft. in: FS Roxin, S. 110 ff.

106 *Amelung*, ZStW 92 (1980), 19 (21).

107 *Heinrich/Lange*, Kriminalpolitik, politische Steuerung und wissenschaftliche Politikberatung, in: *Lange*, Kriminalpolitik, S. 442.

(4) Funktionen der Politikberatung

Der Politikberatung kommen allgemein zwei denkbare Funktionen zu: Die der *Information* und die der *Legitimation.*[108] Das oben genannte pragmatische Modell sieht dabei den Sinn der Politikberatung hauptsächlich in dem durch Kommunikation erzeugten Informationsaustausch. Ebenso versteht sich die Funktion der Politikberatung im Kontext rationaler Kriminalpolitik oftmals als reines Informationsmittel.

Dabei wird jedoch übersehen, dass die Legitimationsfunktion politisch eine äußerst relevante ist: Politikberatung nach dem pragmatischen Modell, die nur der Informationsgewinnung dient, kann es nicht geben. Dies wird deutlich, wenn man im Ausgangspunkt die unterschiedlichen Zielrichtungen von Politik und Wissenschaft betrachtet, die sich deutlich in der Selektion der Informationen zeigt, die in der Politik für relevant erachtet werden. *Heinrich* fasst dies treffend wie folgt zusammen:

> „Wichtige Informationen zeichnen sich in der politischen Logik dadurch aus, dass sie politische Schäden verhindern und die eigene Machtposition verfestigen bzw. ausbauen. Richtig sind Informationen dann, wenn sie aktuell oder strategisch für die politische Profilierung genutzt werden können. Wissenschaftlich richtige und wichtige Informationen müssen in dieser Hinsicht nicht ebenfalls politisch richtig und wichtig sein.“[109]

Angesprochen ist hier auch bereits die später noch zu vertiefende Problematik der unterschiedlichen Rationalität bzw. Logik, wie *Heinrich* schreibt, wissenschaftlicher und politischer Tätigkeiten. Die Politik steht dabei zudem unter Druck, ihre Entscheidungen als wissenschaftlich begründbar auszuweisen[110], diese also über die Wissenschaft zu legitimieren. Damit ist die Erfüllung der Informationsfunktion von vornherein einem systemisch bedingten Druck ausgesetzt.

So darf man dann hinsichtlich der unterschiedlichen Funktionen der Politikberatung und vor dem Hintergrund der Zielsetzung der rationalen Kriminalpolitik die von *Vogel* beschriebene besondere Eignung eines (pragmatischen) Modells der kommunikativen Politikberatung für die Beschreibung der „legitimationssichernde[n] Funktion der Beteiligung von Experten“[111] nicht als Argument *für* eine Förderung dieses Modells sehen. Die besondere Eignung des Diskurses zur Verfolgung von Legitimationszwecken, die sich aus der von *Vogel* beschriebenen Notwendigkeit

---

108 *Heinrich/Lange*, Kriminalpolitik, politische Steuerung und wissenschaftliche Politikberatung, in: *Lange*, Kriminalpolitik, S. 434.

109 *Heinrich/Lange*, Kriminalpolitik, politische Steuerung und wissenschaftliche Politikberatung, in: *Lange*, Kriminalpolitik, S. 435.

110 *Göppinger/Bock*, Kriminologie, S. 46.

111 *Vogel*, Strafgesetzgebung und Strafrechtswissenschaft. in: FS Roxin, S. 115.

des Diskurses zur Legitimation ergibt, müsste im Gegenteil *gegen* derlei Politikberatung sprechen. Denn das Ziel der gesetzgebungswissenschaftlichen Politikberatung sollte das „bessere" Gesetz und nicht allein das besser legitimierte Gesetz sein.[112] Das Diskursmodell kann jedoch sicherlich *trotz* seiner Eignung im Bereich der politischen Legitimation für die Politikberatung eine sinnvolle Forderung sein, sofern es die Wirkweisen für eine optimale Berücksichtigung wissenschaftlicher Expertise beschreibt.

(5) Strukturelle Hemmnisse: Selektion wissenschaftlicher Erkenntnisse

Ein Hindernis für die Durchführung rationaler Kriminalpolitik sieht *Heinrich* in der faktischen Möglichkeit der Politik eine Auswahl der wissenschaftlichen Erkenntnisse zu treffen, die in den politischen Prozess Eingang finden. Als Oberbegriff für politisch relevante wissenschaftliche Information werde dabei derjenige der Praxisrelevanz oder des Praxisbezugs benutzt. Erkenntnisse, die nicht als ausreichend praxisfähig gelten, würden zwar wahrgenommen, gingen aber inhaltlich nicht in die politische Entscheidung ein. „Das Gebot der ‚Praxisorientierung' wird dabei zum alles entscheidenden Selektionskriterium erhoben."[113] Das Stigma der fehlenden Praxisnähe[114] könne dabei auch Ausschlussargument für Erkenntnisse sein, die für die angestrebte politische Entscheidung nicht zielführend sind.

> „‚Mangelnde Praxisfähigkeit' ist dabei ein rechtlich und öffentlich konformerer Ausschließungsgrund als die aufwendige und konfliktreiche Diskussion".[115]

Dabei würden insbesondere solche Positionen ausgeschlossen, „die nicht der subjektiven kriminalistischen Erfahrung bzw. den Praxiswünschen entsprechen". Damit hätten sie „nur eine geringe Chance der Aufnahme und Durchsetzung im politischen wie auch polizeilichen Prozess."[116] In der Folge setzten sich für die Politikberatung diejenigen wissenschaftlichen Ansätze durch, die den Erfordernissen

---

112 *Noll*, Gesetzgebungslehre, S. 63 f.

113 *Heinrich/Lange*, Kriminalpolitik, politische Steuerung und wissenschaftliche Politikberatung, in: *Lange*, Kriminalpolitik, S. 440.

114 *Heinrich/Lange*, Kriminalpolitik, politische Steuerung und wissenschaftliche Politikberatung, in: *Lange*, Kriminalpolitik, S. 442; ebenso *Tenhaef*, Öffentliche Anhörungen der Fachausschüsse des Deutschen Bundestages im parlamentarischen Entscheidungsprozeß bis zur 10. Wahlperiode;, S. 311.

115 *Heinrich/Lange*, Kriminalpolitik, politische Steuerung und wissenschaftliche Politikberatung, in: *Lange*, Kriminalpolitik, S. 441.

116 Alle Zitate bei *Heinrich/Lange*, Kriminalpolitik, politische Steuerung und wissenschaftliche Politikberatung, in: *Lange*, Kriminalpolitik, S. 442.

der politischen Praxis am besten entsprechen.[117] Das Stichwort des Praxisbezugs stellt damit eine Forderung an wissenschaftliche Arbeit dar, deren Beurteilung allein der Politik überlassen bleibt.

(a) Politische Reaktionen – Nutzung der Möglichkeiten

Die große Bedeutung derartiger Selektionsmöglichkeiten sieht auch schon *Amelung*: Die öffentliche Einholung wissenschaftlicher Expertise könne der Politik Bindungen auferlegen; eine Entscheidung gegen die bekannt gewordene wissenschaftliche Autorität führe zu einem Verlust an Ansehen.[118] Aus diesem Grund berge die wissenschaftliche Beratung auch politische Risiken.[119] Diese Einschätzung bestätigen auch andere Autoren, wonach insbesondere unabhängige Forschung eine unkalkulierbare Größe darstelle und als im Zweifelsfalle zu vermeidendes Risiko gelte.[120]

Mögliche Reaktionen sind dann entweder der völlige Verzicht auf wissenschaftliche Expertise oder der Versuch die Ergebnisse der wissenschaftlichen Beratung möglichst von vornherein unter Kontrolle zu halten.[121]

Zusätzlich kann durch die Auswahl der Sachverständigen Einfluss genommen werden.[122] *Liebl* hält dabei die Frage nach den Mechanismen der Vergabe von Gutachteraufträgen, Forschungsaufträgen und -geldern als möglicherweise aussagefähiger für die Untersuchung des Einflusses der Kriminologie auf die Kriminalpolitik als die Analyse von Gesetzgebungsprotokollen.[123]

(b) Folgen

Eine Folge der politischen Selektion kann die Vereinnahmung wissenschaftlicher Erkenntnisse für andere als die intendierten Maßnahmen sein: Ein Beispiel dafür ist die Anhebung der Strafrahmen für Gewaltdelikte als Reaktion auf die Kritik

117 *Kreissl*, Zwischen Zeuberlehrling und Volkskunstkritiker – Wirkungsweisen kriminologischen Wissens in der Praxis des Kriminaljustizsystems, in: *Cremer-Schäfer/Pilgram/Stangl/Steinert*, Kriminologie, S. 110.

118 *Amelung*, ZStW 92 (1980), 19 (70).

119 *Amelung*, ZStW 92 (1980), 19 (70).

120 *Heinrich/Lange*, Kriminalpolitik, politische Steuerung und wissenschaftliche Politikberatung, in: *Lange*, Kriminalpolitik, S. 441.

121 *Amelung*, ZStW 92 (1980), 19 (70).

122 *Amelung*, ZStW 92 (1980), 19 (70).

123 *Liebl*, Kriminalpolitik und kriminologische Forschung, in: *Lange*, Kriminalpolitik, S. 413.

an ungleich höheren Strafrahmen für Vermögensdelikte, statt der Absenkung letzterer.[124]

Weiterhin steht die Wissenschaft durch die Forderung nach Praxisrelevanz und durch selektive Förderung und Beauftragung unter Druck. Sie kann dadurch in die Versuchung geführt werden, ihre Forschung einer bestimmten politischen Richtung zur Verfügung zu stellen, um von deren Vertretern noch als relevant angesehen zu werden. Zwar gewinnt die Wissenschaft auf der einen Seite an Bedeutung, wenn sie zum Argumentationshelfer einer politischen Position wird. Das bleibt jedoch nicht folgenlos:

> „Sie ist dann aber zugleich immer in Gefahr, als einseitig gebunden wahrgenommen zu werden und der politischen Konkurrenz von Expertise und Gegenexpertise unterworfen zu werden. Dabei wird wissenschaftliche Beratung in immer stärkerem Umfang zur reinen Dienstleistung und verliert unter den Bedingungen der politischen Verwertbarkeit ihr wesentliches Potenzial, Probleme frühzeitig zu erkennen bzw. auf sie aufmerksam zu machen. Sie ist dann nur ein im politischen Prozess genutztes Instrument ohne eigenständigen Wert oder gar Erkenntnisgewinn."[125]

Aus der Möglichkeit der Selektion wissenschaftlicher Erkenntnisse durch die Politik anhand unwissenschaftlicher Kriterien ergibt sich nicht nur ein Hindernis für die Durchsetzung einer rationalen Kriminalpolitik. Ebenso leidet die Wissenschaft, die nur in Unabhängigkeit funktionieren kann. Damit ist auch die Qualität der wissenschaftlichen Expertise vom Selektionsdruck betroffen.

(c) Ungleiche Erkenntnismöglichkeiten

Heinrich zeigt noch ein weiteres strukturelles Problem auf: Maßgebliche Akteure, die im politischen Prozess die Rolle der Beratung inne hätten, stammten weitgehend selbst aus dem staatlichen Sektor, seien also aus Polizei, Justiz und Verwaltung.[126] Dies liege nicht nur an den bereits genannten Selektionsmöglichkeiten, die ebenfalls zu einer Präferierung staatsnaher Expertise führen kann. Zusätzlich sei bestimmtes Wissen, etwa zu Sicherheitsfragen und zu den Anforderungen der Exekutive für die Gefahrenabwehr „am ehesten bei der damit unmittelbar beschäftigten Exekutive

124 *Rzepka*, Kriminologische Wissenschaften – Aufklärung über oder für Kiminalpolitik und -praxis?, in: *Cremer-Schäfer/Pilgram/Stangl/Steinert*, Kriminologie, S. 127 ff.

125 *Heinrich/Lange*, Kriminalpolitik, politische Steuerung und wissenschaftliche Politikberatung, in: *Lange*, Kriminalpolitik, S. 439.

126 *Heinrich/Lange*, Kriminalpolitik, politische Steuerung und wissenschaftliche Politikberatung, in: *Lange*, Kriminalpolitik, S. 437.

vorhanden".[127] So liegen einige notwendige Informationen nur bei Behörden vor. Diese entscheiden dann mehr oder minder autonom über den Zugang dazu durch externe Experten.[128] Erschwert wird der Zugang weiter durch die „vergleichsweise hohen Geheimhaltungsinteressen" im Bereich der Sicherheitspolitik[129], zu der die Strafgesetzgebung weitgehend gehört.[130] Für die staatlichen Institutionen ergibt sich aus diesen ungleichen Zugangsmöglichkeiten zu relevanten Daten ein entscheidender Vorteil.[131] Dieser liegt nicht nur in einem Erkenntnisvorsprung. Zusätzlich liegt darin ein Kritikpunkt, der gegenüber externer wissenschaftlicher Arbeit jederzeit eingewandt werden kann:

> „Zu einfach ist es möglich, die Expertise als ‚unvollständig' oder ‚realitätsfern' zu qualifizieren und damit zu ignorieren."[132]

Darunter leidet der politische Einfluss. Weitere Folge der Beschränkung der maßgeblichen Experten kann eine Reduktion der wahrgenommenen Inhalte „auf polizeiliche Verschärfungswünsche"[133] sein.

Einen Ausdruck der beschriebenen Struktur stellt die Dominanz staatlicher Forschungseinrichtungen in vielen Bereichen dar. Selbst wenn bei diesen wohl von einem gewissen Einfluss auf politische Entscheidungen ausgegangen werden kann, sollte dies nicht als Beleg wissenschaftlichen Einflusses auf die Gesetzgebung verstanden werden. Da innerhalb der staatlichen Forschungseinrichtungen durch die Restriktionen der hierarchischen Verwaltungsorganisation zumindest potenziell die Möglichkeit der Einflussnahme auf die Ausrichtung der Forschung und Expertise bestehe, könne dort kaum von unabhängiger wissenschaftlicher Beratung gesprochen werden.[134]

---

127 *Heinrich/Lange*, Kriminalpolitik, politische Steuerung und wissenschaftliche Politikberatung, in: *Lange*, Kriminalpolitik, S. 438.

128 *Heinrich/Lange*, Kriminalpolitik, politische Steuerung und wissenschaftliche Politikberatung, in: *Lange*, Kriminalpolitik, S. 438.

129 *Heinrich/Lange*, Kriminalpolitik, politische Steuerung und wissenschaftliche Politikberatung, in: *Lange*, Kriminalpolitik, S. 438.

130 Dazu u. S. 125.

131 *Heinrich/Lange*, Kriminalpolitik, politische Steuerung und wissenschaftliche Politikberatung, in: *Lange*, Kriminalpolitik, S. 438.

132 *Heinrich/Lange*, Kriminalpolitik, politische Steuerung und wissenschaftliche Politikberatung, in: *Lange*, Kriminalpolitik, S. 439.

133 *Hassemer*, StV 1993, 664 (664).

134 *Heinrich/Lange*, Kriminalpolitik, politische Steuerung und wissenschaftliche Politikberatung, in: *Lange*, Kriminalpolitik, S. 440.

Somit ergeben sich auch aus den strukturellen Gegebenheiten Hindernisse für die Durchsetzung wissenschaftlicher Forderungen.

(6) Inhaltliche Hemmnisse

Ein nicht zu vernachlässigender Punkt besteht darin, dass es sich bei strafgesetzgeberischen Entscheidungen, insbesondere Kriminalisierungen, um normative Entscheidungen handelt. In solchen Fragen ist schon allgemein der Nutzen einer wissenschaftlichen Herangehensweise fraglich. Bisherige Versuche, die Frage nach der Strafwürdigkeit eines Verhaltens wissenschaftlich zu erfassen, wie es mit dem materiellen Verbrechensbegriff und dem sogenannten systemkritischen Rechtsgutsbegriff versucht wird, konnten bisher keine übergesetzlichen Kriterien finden, die die gesetzgeberische Entscheidung für oder gegen die Strafbarkeit eines Verhaltens genau regeln könnten.[135]

Als weiterer Grund für geringen Einfluss der Wissenschaft bei der kritischen Kommentierung neuer Gesetzesvorhaben ist auch mangelndes kritisches Potential der Wissenschaft denkbar. Diese wäre dann nicht nur einerseits Folge der bereits genannten politischen Interessen, die wissenschaftliche Diskurse nur sehr begrenzt beinhalten und andererseits struktureller Bedingungen, die der wissenschaftlichen Kritik den Zugang zur politischen Debatte im Prozess der Normgenese erschweren. Darüber hinaus könnte ein weiterer Grund für geringe Einflussnahmemöglichkeiten auch die inhaltliche Ausrichtung der entsprechenden Wissenschaften sein.

So wird etwa vorgebracht, dass die Erkenntnisse einer täterfixierten Kriminologie in einem Umfeld, das die Spezialprävention ebenso wie Konzepte der Abschreckung für gescheitert erklärt und vermehrt gesellschaftliche Problemlagen in den strafrechtlichen Blick nimmt, notwendig an Relevanz einbüßten.[136]

Nach *Stübinger* liege ein Grund dafür, dass die Wissenschaft an Kritikfähigkeit einbüße, „zumindest mittelbar in einer veränderten Grundlagenansicht."[137] Damit könnten in der Entwicklung der wissenschaftlichen Forschung selbst Gründe für verringerte Fähigkeiten, konstruktive Kritik zu üben, liegen.

---

135 Siehe dazu ausführlicher u. S. 250 und die dortigen Nachweise.

136 *Albrecht*, Kriminologie, S. 5.

137 *Stübinger*, Strafrecht – zwischen Wissenschaft und Politik, in: *Institut für Kriminalwissenschaften und Rechtsphilosophie Frankfurt a.M.*, Irrwege der Strafgesetzgebung, S. 161.

(a) Positivismus als Hindernis

Ein weiteres Hindernis für eine Kritik an der Gesetzgebung sieht *Naucke* im Positivismus *Radbruch*'scher Prägung[138]. Nach diesem gibt es kein erkennbares Unrecht, das ganz natürlich in die Form des Strafgesetzes gebracht wird; das Gesetz ist bloße Form und als solches verbindlich und zu achten. „Auch das ungerechte Gesetz gilt."[139] Eine inhaltliche Begrenzung für den Gegenstand strafrechtlicher Normen kann es so nicht geben. Das Strafgesetz kann alles sein: „Recht, Unfug und Unrecht. Eine Einschränkung ist nicht möglich."[140] Ziel ist dabei letztlich die Rechtssicherheit. Diese allerdings „läßt sich mit jedem Inhalt füllen, ist aber in der Sache immer Schutz des jeweiligen Staates."[141]

Diese (durchaus sehr kritische und angreifbare) Interpretation des Positivismus soll hier nur dazu dienen, ein Problem der Rechtswissenschaft zu verdeutlichen: Ausgehend von einer solchen „Gesetzesüberhöhung" ist es unter Gerechtigkeitsgesichtspunkten irrelevant, welchen Inhalt ein Gesetz hat; dies mache den „Juristen wehrlos gegen Entartungen"[142]: Die Frage danach, ob das Gesetz gut ist oder schlecht, stelle sich nicht, solange es nur Gesetz ist und befolgt und durchgesetzt wird. Übrig bliebe dann allein die auslegende Befassung mit dem als gegeben angesehenen Gesetz.

---

138 *Naucke*, Die Aushöhlung der strafrechtlichen Gesetzlichkeit durch den relativistischen, politisch aufgeladenen strafrechtlichen Positivismus, in: *Institut für Kriminalwissenschaften und Rechtsphilosophie Frankfurt a.M.*, Vom unmöglichen Zustand des Strafrechts, S. passim.

139 *Naucke*, Die Aushöhlung der strafrechtlichen Gesetzlichkeit durch den relativistischen, politisch aufgeladenen strafrechtlichen Positivismus, in: *Institut für Kriminalwissenschaften und Rechtsphilosophie Frankfurt a.M.*, Vom unmöglichen Zustand des Strafrechts, S. 492.

140 *Naucke*, Die Aushöhlung der strafrechtlichen Gesetzlichkeit durch den relativistischen, politisch aufgeladenen strafrechtlichen Positivismus, in: *Institut für Kriminalwissenschaften und Rechtsphilosophie Frankfurt a.M.*, Vom unmöglichen Zustand des Strafrechts, S. 492.

141 *Naucke*, Die Aushöhlung der strafrechtlichen Gesetzlichkeit durch den relativistischen, politisch aufgeladenen strafrechtlichen Positivismus, in: *Institut für Kriminalwissenschaften und Rechtsphilosophie Frankfurt a.M.*, Vom unmöglichen Zustand des Strafrechts, S. 494.

142 *Naucke*, Die Aushöhlung der strafrechtlichen Gesetzlichkeit durch den relativistischen, politisch aufgeladenen strafrechtlichen Positivismus, in: *Institut für Kriminalwissenschaften und Rechtsphilosophie Frankfurt a.M.*, Vom unmöglichen Zustand des Strafrechts, S. 494.

(b) Der Umgang mit Straftheorien als Hindernis

Als weiteres Hemmnis kann das Verhältnis der Strafrechtswissenschaft zu den Straftheorien gesehen werden. Während sich allgemein die Ansicht durchsetzt, dass Spezialprävention nicht funktioniere, verliert dieser Gedanke auch seine Legitimität.[143] Auf dem Vormarsch befinden sich folglich (wieder) generalpräventive und absolute Theorien.

Allerdings haftet der positiven Generalprävention das Etikett der Nichtüberprüfbarkeit an[144]. Daraus ergibt sich das Problem, dass hier empirische Forschung keine Rolle mehr spielen kann; die intendierten Präventionswirkungen müssen zunächst einfach unterstellt werden. Allerdings lässt sich die These der Nichtüberprüfbarkeit nicht ohne weiteres Aufrecht erhalten, so dass sich hier Chancen für weiterführende empirische Forschung ergeben.[145]

Für theoretische Kritik kann sich ein Argumentationsproblem ergeben. Sieht man, der (neueren Spielart der) positiven Generalprävention folgend, den Zweck der Strafe darin, mit ihr die Unverbrüchlichkeit der Rechtsordnung unter Beweis zu stellen, das Vertrauen in die Bestands- und Durchsetzungskraft der Rechtsordnung und die Rechtstreue der Bevölkerung zu stärken[146], scheint es für die intendierte Präventionswirkung keine Rolle zu spielen, welchen Inhalt die zu bestärkende Rechtsordnung hat.[147] Selbstverständlich nehmen die meisten Vertreter einer Theorie der positiven Generalprävention daneben auch zu inhaltlichen Grenzen Stellung. Für die Straftheorie spielen diese jedoch erst einmal keine Rolle. Sie scheidet damit in bestimmten Fällen als Argument aus.

Am weitaus bedenklichsten erscheint jedoch der Umgang der Strafrechtswissenschaft mit ihren Straftheorien, der sich hier abzeichnet. Mit dem Verlust des Ansehens spezialpräventiver Theorie zeigte sich ein Wandel der Popularität dieser Strafzwecke.[148] Daraus könnte man folgern, dass mit den generalpräventiven Theorien versucht wird, die sich aus empirischer Nachprüfung ergebenden Probleme zu umgehen.[149] Das scheint nicht nur etwas zu polemisch. Die Bedenken

---

143 *Bock*, JuS 1994, 89 (95) m.w.N.

144 *Prittwitz*, Strafrecht und Risiko, S. 217; *Bock*, JuS 1994, 89 (97 ff.); *Calliess*, NJW 1989, 1338 (1341); *Rzepka*, Kriminologische Wissenschaften – Aufklärung über oder für Kiminalpolitik und -praxis?, in: *Cremer-Schäfer/Pilgram/Stangl/Steinert*, Kriminologie, S. 123; *Schumann*, Positive Generalprävention, S. 14 m.H. auf Hassemer.

145 Dazu u. S. 174.

146 *Roxin*, AT I, §§3 Rn. 27.

147 *Beck*, Unrechtsbegründung und Vorfeldkriminalisierung, S. 40.

148 *Roxin*, AT I, §§3 Rn. 20; *Bock*, JuS 1994, 89 (95).

149 *Lüderssen*, Die Krise des öffentlichen Strafanspruchs, S. 15 f.

ergeben sich vielmehr aufgrund des Umgangs mit den Ergebnissen empirischer Forschung. Während ein Bewusstsein für die Empirie noch begrüßenswert ist, sind die daraus gezogenen Konsequenzen jedoch eher verstörend:

Allein der empirische Nachweis, dass die bisher die Strafe legitimierenden Ziele (wohl) nicht ganz erreicht werden, lässt weite Teile der Wissenschaft diese Ziele fast vollständig aufgeben. Die Reaktion lässt sich auch so umschreiben: Wenn wir unsere Ziele nicht erreichen, suchen wir uns eben andere Ziele. Das kehrt aber die Rolle der Straftheorien um: Mit den Strafzwecken wird nicht mehr formuliert, welchen Sinn Strafe haben soll, sondern welchen Sinn sie noch haben kann. Der Strafzweck wird nicht postuliert sondern gesucht und beschrieben. Die Strafrechtswissenschaft reagiert nur noch.

Das bedeutet auch, dass das Strafrecht in seiner aktuellen Form als gegebene Tatsache angesehen wird. Damit besteht die Gefahr, dass die Wissenschaft ihre Fähigkeit einbüßt, durch ihre Kritik Vorgaben zu machen. Kein Wunder, wenn die Befürchtung geäußert wird, dass die Strafrechtswissenschaft am *status quo* hänge und unfähig werde, Alternativen zu formulieren.[150] Mit den oben beschriebenen Grundeinstellungen sieht *Stübinger* eine Tendenz zur „bloß nachzeichnenden dogmatischen Arbeit".[151] Gemeint ist damit eine Fokussierung auf die strafrechtliche Dogmatik, auf die Auslegung der Normen und die Beobachtung der Kasuistik.

Diese Fokussierung lässt sich für den (Straf-)Juristen vom ersten Studientag an als eine Selbstverständlichkeit beobachten und begleitet ihn von den zu lösenden Fällen der Anfängervorlesungen bis ins Staatsexamen und den Alltag in Justiz und Strafverteidigung. Dass in dieser Konstellation schon für den Studenten die Beschäftigung mit anderen Fragen als denen der Strafbarkeit nach dem bestehenden Gesetz als entweder überflüssig oder zumindest als zwar spannend aber aufgrund mangelnder (Examens-)Relevanz als nicht weiter verfolgbar gilt, ist nicht verwunderlich.

Es lässt sich vermuten, dass im universitären Umfeld Strafrechtswissenschaftler großen Erfolg in Form von Auflagenhöhe und Zitierhäufigkeit mit ihren Publikationen am ehesten dann erlangen, wenn sie die Nachfrage der Praxis und der

---

150 *Stübinger*, Strafrecht – zwischen Wissenschaft und Politik, in: *Institut für Kriminalwissenschaften und Rechtsphilosophie Frankfurt a.M.*, Irrwege der Strafgesetzgebung, S. 165 ff.

151 *Stübinger*, Strafrecht – zwischen Wissenschaft und Politik, in: *Institut für Kriminalwissenschaften und Rechtsphilosophie Frankfurt a.M.*, Irrwege der Strafgesetzgebung, S. 161.

Studenten mit Gesetzesauslegungen bedienen. Da solcherlei Erfolg auch maßgeblich die Chancen für eine Professur beeinflussen kann, kann sich diese Herangehensweise auch auf den Zugang zu akademischen Ämtern auswirken.

Die Folge des ausbildungsbedingten Niveaugefälles zugunsten dogmatischer Kenntnisse führt zwangsläufig zu beschränkten Möglichkeiten der wissenschaftlichen Beratung bei anderen Gesichtspunkten.[152] Eine so aufgestellte Strafrechtswissenschaft kann freilich kaum etwas zu einer Norm sagen, die noch in Planung ist, soweit es nicht ihre handwerkliche Formulierung betrifft – sobald sie aber Gesetz ist, beginnt der Wettlauf um ihre Deutung.

(c) Zwischenergebnis

Die vorgestellten Überlegungen weisen darauf hin, dass sich nicht nur aus den strukturellen Gegebenheiten, sondern auch aus den Inhalten (strafrechts-) wissenschaftlicher Beschäftigung große Hemmnisse für eine wirklich kritikfähige Politikberatung auf dem Feld der Strafgesetzgebung ergeben. Der Blick auf die Strafrechtswissenschaft erinnert an die frühesten Forderungen der Gesetzgebungswissenschaft, diese insbesondere auch als Teil der juristischen Ausbildung zu betreiben[153]; sie erscheinen unverändert aktuell. Hinzu kommen die strukturellen Hemmnisse. Eine rationale Kriminalpolitik im Sinne wissenschaftlich fundierter Gesetzgebung scheint vor großen Durchsetzungsschwierigkeiten zu stehen.

4. Wissenschaftliche Politikberatung durch öffentliche Anhörungen in den Ausschüssen des Bundestags (Hearings)

Mit dem Zwischenergebnis, dass die rationale Kriminalpolitik vor großen Schwierigkeiten steht, ist jedoch noch nicht erklärt, wie andere Autoren zu dem Befund einer Verwissenschaftlichung der Strafgesetzgebung kommen. Diese könnte sich neben der Heranziehung einzelner wissenschaftlicher Arbeiten im Zuge der oben beschriebenen Selektionsprozesse durch die übliche Heranziehung von Sachverständigen in Expertenanhörungen der Parlamentsausschüsse (sogenannten Hearings) ergeben.

---

152 *Voß*, Symbolische Gesetzgebung, S. 179.

153 O. S. 5.

Wie bereits gesehen[154] wird allgemein einer möglichst frühzeitigen Beratung der größte Einfluss zugestanden, wobei als erste Phase die unten getrennt untersuchte[155] Phase der Zielfindung beschrieben wird. Zum Zeitpunkt der Anhörung ist jedoch die Zielfindungsphase bereits abgeschlossen.

Mehr noch: Das Hearing im parlamentarischen Ausschuss findet in der Regel während eines laufenden Gesetzgebungsverfahrens und damit nach Einbringung eines ausgearbeiteten Gesetzesentwurfs ins Parlament statt. Ein Großteil derjenigen Gesetzesentwürfe, die später zu Gesetzen werden, werden durch die Ministerialbürokratie ausgearbeitet.[156] Die dort erarbeiteten Referentenentwürfe stellen den Abschluss des vorparlamentarischen Verfahrens dar und sind das Ergebnis eines politischen Prozesses; sie sind von (partei-)politischen Vorgaben geprägt.[157] Die so entstandenen Regierungsentwürfe, die zu diesem Zeitpunkt bereits „einen dornenreichen Weg hinter sich haben“[158], stellen dann in der Regel keine Diskussionsgrundlagen mehr dar, „sondern sie erscheinen als durchzusetzende Gestaltungsentscheidungen der politischen Staatsführung“[159]. Es kommt zu einer weitgehenden Vorfestlegung durch die ministerielle Vorbereitung der Gesetzentwürfe, bei der das Parlament „komplexe rechtliche Probleme auf einen schlichten, binären Code von Zustimmung oder Ablehnung“ reduziert sieht[160]. Eine Ablehnung allerdings ist verbunden mit einem politischen Prestige- und Autoritätsverlust des zuständigen Ministers oder der Regierung und der sie stützenden Parteien allgemein;[161] die auch nur teilweise Ablehnung eines Gesetzentwurfs durch den Bundestag würde in den Medien als erhebliche Erschütterung des für die Regierung erforderlichen Vertrauens beschrieben werden.[162] Eine „politische Kritik und Änderungen im

---

154 O. S. 16.

155 U. S. 71; die herausragende Bedeutung der frühen Phasen der Gesetzgebung macht ein solches Vorgehen aus Gründen der Übersichtlichkeit sinnvoll.

156 *Stächelin*, Strafgesetzgebung im Verfassungsstaat, S. 267; *Lange/Schenck/Heinrich*, Formulierung, Implementation und Evaluierung von kriminalpolitischen Programmen, in: *Lange*, Kriminalpolitik, S. 142.

157 *Schulze-Fielitz*, Theorie und Praxis parlamentarischer Gesetzgebung, S. 259 und 282 ff.

158 *Amelung*, ZStW 92 (1980), 19 (66).

159 *Schulze-Fielitz*, Theorie und Praxis parlamentarischer Gesetzgebung, S. 284 f.

160 *Stächelin*, Strafgesetzgebung im Verfassungsstaat, S. 267.

161 *Stächelin*, Strafgesetzgebung im Verfassungsstaat, S. 267; *Schulze-Fielitz*, Theorie und Praxis parlamentarischer Gesetzgebung, S. 284 f.

162 *Busse*, Gesetzgebungsarbeit und Bundesregierung – Politik und Planung, in: *Schrekkenberger/Merten*, Grundfragen der Gesetzgebungslehre, S. 62.

Grundsätzlichen“ sind so kaum noch möglich[163]. Die späteren Gesetzgebungsentscheidungen sind inhaltlich somit bereits vor dem Beginn der Arbeit des Parlaments weitgehend festgelegt[164]. Die Möglichkeiten wissenschaftlicher Einflussnahme müssen zu diesem Zeitpunkt also äußerst skeptisch beurteilt werden.

Zusätzlich zum ungünstigen Zeitpunkt innerhalb des Gesetzgebungsverfahrens sieht *Amelung* bei der Politikberatung durch Anhörungen ein weiteres grundsätzliches Problem in der Flüchtigkeit des Kontaktes zwischen Politik und Wissenschaft.[165]

Wenn demnach Anhörungen nur schwer den Zweck erfüllen können, den Gesetzgebungsprozess entscheidend zu steuern, stellt sich die Frage, wieso sie überhaupt abgehalten werden. Die Antwort auf diese Frage ergibt sich wohl aus der doppelten Funktion der Politikberatung, nämlich Information und Legitimation.[166] Da die Möglichkeit einer direkten Verarbeitung der Erkenntnisse der Anhörung im Gesetzestext als offensichtlich gering erscheint, kann die Informationsfunktion nicht im Vordergrund stehen. Demnach überwiegt die Legitimationsfunktion der Anhörung bei weitem ihre Informationsfunktion.[167] Für das Ideal der rationalen Kriminalpolitik ist der Befund ernüchternd:

> „Kriminalpolitische Planung im eingangs skizzierten idealen Sinn wird in dieser Form eher demonstriert als wirklich betrieben.“[168]

Angesprochen ist an dieser Stelle ein erstes Mal die Frage nach expressiven bzw. symbolischen Tendenzen in der Strafgesetzgebung.[169]

5. Wissenschaftliche Politikberatung in der Praxis: Drei Beispiele

a) Die Expertenanhörung bei der Schaffung von § 238 StGB

Der mit „Nachstellung“ überschriebene § 238 StGB lautet nun:

> (1) Wer einem Menschen unbefugt nachstellt, indem er beharrlich

---

163 *Schulze-Fielitz*, Theorie und Praxis parlamentarischer Gesetzgebung, S. 282.

164 *Lange/Schenck/Heinrich*, Formulierung, Implementation und Evaluierung von kriminalpolitischen Programmen, in: *Lange*, Kriminalpolitik, S. 142.

165 So auch *Voß*, Symbolische Gesetzgebung, S. 179.

166 o. S. 18.

167 *Stächelin*, Strafgesetzgebung im Verfassungsstaat, S. 285; so auch *Voß*, Symbolische Gesetzgebung, S. 180.

168 *Amelung*, ZStW 92 (1980), 19 (66).

169 Dazu u. S. 46.

1. seine räumliche Nähe aufsucht,
2. unter Verwendung von Telekommunikationsmitteln oder sonstigen Mitteln der Kommunikation oder über Dritte Kontakt zu ihm herzustellen versucht,
3. unter missbräuchlicher Verwendung von dessen personenbezogenen Daten Bestellungen von Waren oder Dienstleistungen für ihn aufgibt oder Dritte veranlasst, mit diesem Kontakt aufzunehmen,
4. ihn mit der Verletzung von Leben, körperlicher Unversehrtheit, Gesundheit oder Freiheit seiner selbst oder einer ihm nahe stehenden Person bedroht oder
5. eine andere vergleichbare Handlung vornimmt und dadurch seine Lebensgestaltung schwerwiegend beeinträchtigt, wird mit Freiheitsstrafe bis zu drei Jahren oder mit Geldstrafe bestraft.

(2) Auf Freiheitsstrafe von drei Monaten bis zu fünf Jahren ist zu erkennen, wenn der Täter das Opfer, einen Angehörigen des Opfers oder eine andere dem Opfer nahe stehende Person durch die Tat in die Gefahr des Todes oder einer schweren Gesundheitsschädigung bringt.

(3) Verursacht der Täter durch die Tat den Tod des Opfers, eines Angehörigen des Opfers oder einer anderen dem Opfer nahe stehenden Person, so ist die Strafe Freiheitsstrafe von einem Jahr bis zu zehn Jahren.

(4) In den Fällen des Absatzes 1 wird die Tat nur auf Antrag verfolgt, es sei denn, dass die Strafverfolgungsbehörde wegen des besonderen öffentlichen Interesses an der Strafverfolgung ein Einschreiten von Amts wegen für geboten hält.

(1) Gang der Gesetzgebung

Die ersten Vorschläge aus Hessen und Baden-Württemberg zu einem Gesetz, das Stalking als Straftatbestand normieren sollte, kamen gefolgt von einem Vorschlag aus Bayern 2004 über den Bundesrat in den Bundestag.[170] Wesentliche Bestandteile dieser Vorschläge waren die Einführung eines Auffangtatbestandes („oder eine andere vergleichbare Handlung") bei der Beschreibung des verbotenen Verhaltens und der sogenannten Deeskalationshaft auf strafprozessualer Ebene. Im März 2005 griff die damalige Bundesregierung das Thema auf und legte kurz vor dem Ende der 15. Legislaturperiode einen eigenen Gesetzentwurf vor, der einen abschließenden Katalog von Tathandlungen ohne Auffangtatbestand und keine Regelung zu einem besonderen Haftgrund enthielt. Die „andere vergleichbare Handlung" wurde aus Besorgnis über die Bestimmtheit der Norm damals noch kritisch gesehen. Durch das Ende der Legislaturperiode kam es zu keinem Abschluss des Gesetzgebungsverfahrens.

170 *Albrecht*, Stalking – Wissenschaftliche Perspektiven, in: *Weiß/Winterer*, Stalking und häusliche Gewalt, S. 35111.

In der nächsten Legislaturperiode wurde der Gesetzentwurf des Bundesrates[171] parallel zu einem erneuten Vorschlag der Bundesregierung in den Bundestag eingebracht. Die Sache wurde am 11.05.2006 in den Rechtsausschuss überwiesen, wo am 18.10.2006 eine Expertenanhörung durchgeführt wurde. Als „Kompromiss“[172] wurde in der Beschlussempfehlung schließlich der Vorschlag der Regierung um die beiden Punkte des Auffangtatbestandes und der „Deeskalationshaft“ ergänzt[173]; das Gesetz wurde sodann am 30.11.2006 in der Fassung der Beschlussempfehlung, die nun weitgehend der des ursprünglichen Bundesratsentwurfs entsprach, verabschiedet.

(2) Die Anhörung

Von 31 Mitgliedern des Rechtsausschusses sowie ihrer Stellvertreter[174], also insgesamt potentiell 62 Abgeordneten des Bundestages, waren bei der öffentlichen Anhörung zwölf Abgeordnete anwesend.[175] Hinzu kamen je ein Fraktionsmitarbeiter von Bündnis90/Die Grünen, FDP und CDU/CSU, zwei Mitarbeiter der Fraktion der SPD, drei Ministerialbeamte aus dem BMJ und ein Vertreter des BMFSFJ, sowie sieben Vertreter des Bundesrates.[176]

In der zweieinhalbstündigen Anhörung waren als Experten geladen:[177] Eine Staatsanwältin als Vertreterin der Kommission „Gewalt gegen Frauen und Kinder“ des Deutschen Juristinnenbundes, Vertreter von zwei „Interventionsstellen“, an die sich Stalkingopfer wenden können, ein Staatsanwalt, der Richter am BGH *Nack*, Prof. Dr. Dr. *Kühl* als Rechtsexperte, die Journalistin *Schumacher*, die aber als Opfer sprach,[178] ein Vertreter des deutschen Journalistenverbandes und der Psychologe Prof. Dr. *Voß*. Das Protokoll umfasst inklusive der schriftlichen Stellungnahmen 135 Seiten, die in der Zeit vom 18.10.2006 bis zur Abgabe der Beschlussempfehlung am 29.11.2006 sicherlich haben verarbeitet werden können.

---

171 *Bundesrat*, BT-Drs. 16/1030.

172 *Schumacher*, Keine Privatsache! Stalking wird zur Straftat, in: *Zypries*, Die Renaissance der Rechtspolitik, S. 18.

173 *Bundestag Rechtsausschuss*, BT-Drs. 16/3641, S. 4.

174 http://webarchiv.bundestag.de/cgi/show.php?fileToLoad=1251&id=1134, abgerufen am 22.12.2012.

175 *Bundestag Rechtsausschuss*, Protokoll der 30. Sitzung, S. I f.

176 *Bundestag Rechtsausschuss*, Protokoll der 30. Sitzung, S. III ff.

177 *Bundestag Rechtsausschuss*, Protokoll der 30. Sitzung.

178 *Bundestag Rechtsausschuss*, Protokoll der 30. Sitzung, S. 24.

Die Änderungen gegenüber dem Gesetzentwurf der Bundesregierung lassen aber keinen großen Einfluss der Anhörung erkennen. Vielmehr handelt es sich um die Aufnahme der Forderungen des Bundesrates aus dessen Gesetzentwurf auf Einführung des Auffangtatbestandes, von Qualifikationstatbeständen und der sogenannten Deeskalationshaft.[179] Bei der Frage nach dem Einfluss der Anhörung auf die Beschlussempfehlung ergibt sich aus den vorliegenden Quellen kein eindeutiges Ergebnis:

Die Einführung des Auffangtatbestandes wird damit gerechtfertigt, dass dieser erforderlich und die Regelung verfassungsrechtlich zulässig sei.[180] Dies widerspricht allerdings sowohl der mündlichen[181], als auch der schriftlichen[182] Stellungnahme *Kühl*s zu dieser Frage. Das spricht gegen einen Einfluss seiner Aussagen auf das Gesetz. Dennoch folgt die Beschlussempfehlung in der Formulierung „innertatbestandliche Analogie" zur Beschreibung des Auffangtatbestandes der Stellungnahme *Kühl*s.

Nack hingegen hält den Auffangtatbestand zwar für problematisch, aber noch „für vertretbar"[183]. Diese Aussage könnte die Gesetzgebung beeinflusst haben. Naheliegend ist trotz der Erörterung dieses Themas in der Anhörung allerdings auch die These, dass keine der Aussagen maßgeblichen Einfluss hatte, und dass zur Herbeiführung eines politischen Konsenses mit dem Bundesrat der Auffangtatbestand aus dessen Vorschlag übernommen worden ist. Insgesamt entspricht die Beschlussempfehlung in vielen Teilen dem Bundesratsentwurf; dies legt den Schluss nahe, dass mit der inhaltlichen Angleichung eine Ablehnung des Regierungsentwurfs vermieden werden sollte. Die Diskussion der Vorschrift in der Anhörung und die teilweise, aber nicht konsistente Übernahme der Ansichten der Experten verweisen eher auf die Legitimationsfunktion der Anhörung.

Die Einladung des psychiatrischen Experten, der in seiner Stellungnahme umfangreiches statistisches Material lieferte, deutet auf ein Interesse an kriminologischem Wissen zum Phänomen des Stalking hin. Auch die Entwürfe weisen stets auf Erkenntnisse aus der Forschung zum Stalking hin. Insofern lässt sich die These mangelnden Interesses an wissenschaftlicher Beratung nicht belegen. Damit liegen sowohl für die Erfüllung der Informationsfunktion als auch dafür, dass die Legitimationsfunktion eine wichtige Rolle spielte, Anzeichen vor.

---

179 *Bundestag Rechtsausschuss*, BT-Drs. 16/3641, S. 13.

180 *Bundestag Rechtsausschuss*, BT-Drs. 16/3641, S. 13.

181 *Bundestag Rechtsausschuss*, Protokoll der 30. Sitzung, S. 16 f.

182 *Kühl*, Stellungnahme zum Gesetzgebungsverfahren Stalking, S. 8.

183 *Bundestag Rechtsausschuss*, Protokoll der 30. Sitzung, S. 34.

b) Die öffentliche Anhörung vor dem Innenausschuss im Verfahren der Schaffung von § 52a WaffG

(1) Gang der Gesetzgebung

§ 52a WaffG n.F. wurde am 24.7.2009 verkündet und trat am 25.7.2009 in Kraft[184]. Das stellte die sechste Änderung des Waffengesetzes seit seiner Neufassung 2003 dar; die letzte Änderung war zu diesem Zeitpunkt etwa ein Jahr alt.[185] Der Gesetzgebung war folgendes Ereignis vorangegangen:

> „Am 11. März 2009 tötete ein 17-Jähriger in einer Schule im baden-württembergischen Winnenden mit einer halbautomatischen Kurzwaffe (Kaliber 9 x 19 mm) 15 Menschen und sich selbst. Nach den polizeilichen Ermittlungen gehörte die Schusswaffe dem Vater des Täters, der diese als Sportschütze legal besaß, jedoch nicht in dem vorgeschriebenen Waffenschrank aufbewahrte, so dass der Täter unberechtigt auf die Waffe zugreifen konnte."[186]

Die Tat löste große öffentliche Anteilnahme aus. In der Folge wurde eine Bund-Länder-Arbeitsgruppe mit einer Analyse beauftragt.[187] Ziel der Arbeitsgruppe war es unter anderem, „das bereits laufende Gesetzgebungsverfahren zur Änderung des Sprengstoffrechts auch für die Änderung des Waffengesetzes zu nutzen."[188] Die ursprüngliche Fassung des Gesetzentwurfs der Bundesregierung zur Änderung des Sprengstoffgesetzes vom 8.4.2009 war auf Änderungen des SprengG beschränkt, die überwiegend auf Richtlinien zurückgingen oder Bereinigungen enthielten.[189] Der Innenausschuss übernahm die weitere Formulierungsarbeit und fügte dem ursprünglichen Gesetzesentwurf zur Änderung des SprengG in der Beschlussempfehlung die Neuschaffung des Straftatbestandes des § 52a WaffG hinzu.[190] Am 15.6.2009 kam es zu einer öffentlichen Anhörung von Experten im Innenausschuss.[191] Zwei Tage später, am 17.6.2009 konnte der Innenausschuss seinen Bericht und seine Beschlussempfehlung veröffentlichen.[192] Einen Tag später, am 18.6.2009, wurde das Gesetz mit den gerade eingefügten Änderungen im

---

184 Bundesgesetzblatt I 2009, S. 2062.
185 *Braun*, HFR 2011, 11 (11 Fn. 2).
186 *Deutscher Bundestag – 16. Wahlperiode*, BT-Drs. 16/13423, S. 69.
187 *Welsch*, KommP Spezial 2009, 138 (138).
188 *Welsch*, KommP Spezial 2009, 138 (138).
189 *Deutscher Bundestag – 16. Wahlperiode*, BT-Drs. 16/12597.
190 *Deutscher Bundestag – 16. Wahlperiode*, BT-Drs. 16/13423, S. 63.
191 *Deutscher Bundestag – 16. Wahlperiode*, BT-Drs. 16/13423, S. 66.
192 *Deutscher Bundestag – 16. Wahlperiode*, BT-Drs. 16/13423.

Bundestag angenommen. Der Bundesrat beschäftigte sich am 10.7.2009 mit dem Gesetz und verzichtete auf die Einschaltung des Vermittlungsausschusses.

Die Gesetz gewordene Vorschrift lautet:

> „Mit Freiheitsstrafe bis zu drei Jahren oder mit Geldstrafe wird bestraft, wer eine in § 53 Absatz 1 Nummer 19 bezeichnete Handlung vorsätzlich begeht und dadurch die Gefahr verursacht, dass eine Schusswaffe oder Munition abhanden kommt oder darauf unbefugt zugegriffen wird."

Für die Tathandlung wird auf § 53 Abs. 1 Nr. 19 verwiesen. § 53 Abs. 1 Nr. 19 WaffG wiederum beschreibt die Tathandlung als „entgegen § 36 Abs. 1 Satz 2 oder Abs. 2 eine Schusswaffe aufbewahrt". Der objektive Tatbestand umfasst demnach als Tathandlung eine unsachgemäße Aufbewahrung und als Taterfolg eine dadurch verursachte Gefahr des Abhandenkommens oder des unbefugten Zugriffs.

(2) Die Anhörung

> „Die öffentliche Anhörung zur Änderung des Waffenrechts, an der sich acht Sachverständige beteiligt haben, hat der Innenausschuss in seiner 100. Sitzung am 15. Juni 2009 durchgeführt."[193]

Neben der Politik kamen insbesondere „die Opfer"[194] sowie Lobbyisten zu Wort.

Da das veröffentlichte Protokoll keine Anwesenheitsliste beinhaltet, sind Angaben über die Anwesenheit von Bundestagsabgeordneten sowie Mitarbeitern der Fraktionen und Ministerien nicht möglich. Der Innenausschuss hatte in der 16. Wahlperiode 36 Mitglieder mit jeweils einem Stellvertreter[195], so dass potentiell 72 Abgeordnete an der Anhörung hätten teilnehmen können. Zu Wort meldeten sich jedenfalls nur acht Abgeordnete.[196]

Die Sachverständigen waren: Ein Vertreter der Initiative „Keine Mordwaffen als Sportwaffen!", zwei Landesinnenminister, ein Staatsanwalt als Praktiker, eine Kriminologin, ein Vertreter der Polizei und je ein Vertreter der Sportschützen und der Jäger.[197] Neben der Pressesprecherin des Aktionsbündnisses Winnenden, die auch zu Wort kam, war ein weiterer Vertreter des Bündnisses anwesend. Da neben der Strafvorschrift mehrere andere umstrittene Änderungen geplant waren, beschäftigten sich die Teilnehmer der Sitzung nur verhältnismäßig wenig mit §52a WaffG.

---

193 *Deutscher Bundestag – 16. Wahlperiode*, BT-Drs. 16/13423, S. 66.

194 Dazu ausführlich u. S. 139.

195 http://webarchiv.bundestag.de/cgi/show.php?fileToLoad=1270&id=1134; abgerufen am 22.12.2012.

196 *Innenausschuss*, BT-Drs., 1 (7).

197 *Innenausschuss*, BT-Drs., 1.

Zu einer Diskussion dogmatischer Fragen kam es dabei sehr begrenzt, als MdB *Grindel* den Staatsanwalt *Hofius* fragte, ob „diese Kombination von Vorsatz, bezogen auf die Nichteinhaltung von Aufbewahrungspflichten und dadurch Herbeiführung einer konkreten Gefahr" tatsächlich „völlig neu im Strafrecht" sei und ob es dort „erhebliche rechtliche Bedenken [gebe], überhaupt einen solchen Tatbestand in dieser Form zu formulieren"[198], wobei es ihm darum ging zu erfahren, ob in „den entsprechenden Staatsanwaltschaften [...] damit gearbeitet werden"[199] könne. Das Thema war dann mit der Antwort von *Hofius* beendet, wonach er keine Probleme sehe, da es keine Neuheit sei, „einen Grundtatbestand zu normieren, der in vorsätzlicher Weise zu begehen ist und auf die Folge abzustellen"[200], womit er – wie sich noch zeigen wird – durchaus Unrecht hatte[201].

(a) Die Hinzuziehung der Kriminologin *Bannenberg* – rationale Kriminalpolitik?

Die Hinzuziehung der Kriminologin und einzigen akademischen Wissenschaftlerin geschah infolge der Initiative des Aktionsbündnisses Winnenden als zusätzliche achte „neben den sieben von den Fraktionen entsprechend ihrer Stärke zu benennenden Sachverständigen."[202] Schon allein aus dieser Auswahl der Sachverständigen lässt sich auf ein zunächst allenfalls marginales Interesse der Politik an wissenschaftlicher Beratung schließen.[203] In der öffentlichen Anhörung wurden an sie zahlreiche Fragen gestellt und sie kam ausführlich zu Wort – offensichtlich war ihr Wissen bei den Beteiligten der Anhörung doch von Interesse.

Damit ist allerdings über den Einfluss (kriminologischer) Wissenschaft auf das Gesetzgebungsverfahren noch nichts gesagt. Im Gegenteil lassen sich hier mehrere Indizien für die Richtigkeit der oben skizzierten allgemein skeptischen Beurteilung der Effizienz wissenschaftlicher Einflussnahme in Hearings auch im konkreten Verfahren finden:

Zweifel an einer erfolgreichen Beeinflussung der Gesetzgebung ergeben sich bereits durch die zeitliche Abfolge der Verfahrensschritte. Die öffentliche

198 *Innenausschuss*, BT-Drs., 1 (26).
199 *Innenausschuss*, BT-Drs., 1 (26).
200 *Innenausschuss*, BT-Drs., 1 (30).
201 u. S. 207.
202 *Innenausschuss*, BT-Drs., 1 (8).
203 So auch *Pott*, Über das Zweckdenken in der Strafgesetzgebung, dargestellt am Beispiel der Neuregelung des Betruges durch das 6. StrRG., in: *Institut für Kriminalwissenschaften und Rechtsphilosophie Frankfurt a.M.*, Irrwege der Strafgesetzgebung, S. 95.

Anhörung endete am 15.6.2009 erst um 18:30 Uhr.[204] Dennoch konnte der Innenausschuss nur zwei Tage später, am 17.6.2009 seinen Bericht und seine Beschlussempfehlung veröffentlichen.[205] Bereits einen Tag später wurde das Gesetz mit den gerade eingefügten Änderungen im Bundestag angenommen. Das spricht gegen eine sorgfältige Einarbeitung der Ergebnisse der Anhörung.

Verstärkt wird dieser Eindruck durch den Umfang der Dokumente der Anhörung: Insgesamt wurden zusätzlich zur mündlichen Anhörung 34 Seiten schriftlicher Sachverständigenstellungnahmen, die zwischen dem 10.6.2009 (*Grafe*) und dem 14.6.2009 (Prof. Dr. *Bannenberg*) datiert sind, eingereicht.[206]

Aufschlussreich ist auch, dass das zügige Vorgehen bereits zu Beginn der Anhörung entschieden war, so dass deren Vorsitzender MdB *Edathy* mitteilen konnte:

> „Der Zeitplan für das weitere parlamentarische Verfahren ist sehr eng gesteckt. Wir werden bereits am Mittwoch im Innenausschuss eine Beschlussempfehlung zu dem Gesetzentwurf verabschieden und für Donnerstag ist die 2./3. Beratung im Plenum vorgesehen."[207]

Auch aus dieser Aussage lässt sich schließen, dass kaum damit gerechnet wurde, dass die Anhörung den Bedarf weiterer größerer Gesetzgebungsarbeiten oder gar grundsätzlicher Änderungen des Vorhabens zur Folge haben würde. Erst recht wurde nicht mit Änderungen gerechnet, die weitere Beratung zur Folge haben würden.

(b) Inhaltliche Auswirkungen des Hearings

Eine Untersuchung inhaltlicher Änderungen am neuen § 52a WaffG ist schwierig. Dies liegt daran, dass kein Parlamentsdokument mit einer Gesetzesformulierung existiert, die vor der verabschiedeten Fassung in der Beschlussempfehlung des Innenausschusses vom 17.6.2009 verfasst worden wäre. Dennoch lässt sich die Formulierung der Strafvorschrift teilweise rekonstruieren.

§ 52a WaffG n.F. trat am 25.7.2009 in Kraft. Ende März 2009 begannen die Diskussionen.[208] Bereits am 13.5.2009 konnten von den beiden stellvertretenden Fraktionsvorsitzenden der Regierungskoalition *Bosbach* (CDU) und *Körper* (SPD)

---

204 *Innenausschuss*, BT-Drs., 1 (61).

205 *Deutscher Bundestag – 16. Wahlperiode*, BT-Drs. 16/13423.

206 *Bundestag*, http://webarchiv.bundestag.de/archive/2010/0304/bundestag/ausschuesse/a04/anhoerungen/Anhoerung_25/Stellungnahmen_SV/index.html.

207 *Innenausschuss*, BT-Drs., 1 (61).

208 *Schuler*, http://www.zeit.de/online/2009/14/waffenrecht-innenstaatssekretaere/seite-1.

Ergebnisse einer „Koalitionsarbeitsgruppe zur Modifizierung des Waffenrechts" vorgestellt werden[209], die am 27.5.2009 nahezu wortgleich vom Bundesministerium des Inneren in einer Pressemitteilung veröffentlicht wurden.[210] Darin wurde die „Strafbewehrung der vorschriftswidrigen Aufbewahrung von Schusswaffen und Munition, wenn dadurch Gefahr besteht, dass diese Gegenstände abhanden kommen" in einem neu zu schaffenden § 52a WaffG angekündigt.

In der ersten und einzigen Parlamentsdrucksache, die eine Formulierung des § 52a WaffG enthält, nämlich der Beschlussempfehlung des Innenausschusses entspricht die Vorschrift vollständig der Beschreibung in den vorherigen Äußerungen.[211] Vor der Gesetzesänderung waren Verstöße gegen die Aufbewahrungsvorschriften mit einem Bußgeld bedroht (§ 53 I Nr. 19 WaffG a.F.).[212] Der objektive Tatbestand des § 52a WaffG beschreibt als Tathandlung einen vorsätzlichen Verstoß gegen die Aufbewahrungsvorschriften und als Taterfolg eine dadurch verursachte Gefahr des Abhandenkommens oder des unbefugten Zugriffs. Dies entspricht genau den Ankündigungen.

Da diese Ankündigungen bereits mehrere Wochen vor der öffentlichen Anhörung am 15.6.2009 gemacht wurden, ist nicht davon auszugehen, dass das Hearing zu inhaltlichen Änderungen an der geplanten Vorschrift führte.

(c) Zusammenfassung

In der Anhörung selbst kam es zu keiner vertieften Auseinandersetzung mit Fragen der Gesetzesformulierung. Die kriminologischen Erkenntnisse dagegen wurden ausführlich aufgegriffen. Ein Eingang in die Formulierung des konkreten Gesetzes scheint jedoch nicht stattgefunden zu haben. Dies ergibt sich insbesondere aus der kurzen zeitlichen Abfolge von Hearing und Beschlussempfehlung. Eine Analyse der vor dem Hearing gemachten Vorschläge bestätigt dies. Damit spricht hier viel gegen eine Beeinflussung durch wissenschaftliche Beratung im Hearing. Die oben genannten theoretischen Einschätzungen sehen sich hier bekräftigt.

Auch war der Informationswert für den Gesetzesvorschlag gering; es muss also auf die Legitimationsfunktion der wissenschaftlichen Beratung verwiesen werden.

---

209 *Bosbach*, http://www.cducsu.de/Titel__modifizierung_des_waffenrechts_als_konsequenz_der_amoktat_von_winnenden/TabID__6/SubTabID__9/InhaltTypID__3/InhaltID__13062/Inhalte.aspx.

210 *Bundesministerium des Inneren*, http://www.bmi.bund.de/SharedDocs/.Pressemitteilungen/DE/2009/05/aenderung_waffenrecht.html.

211 *Deutscher Bundestag – 16. Wahlperiode*, BT-Drs. 16/13423, S. 63.

212 *Braun*, HFR 2011, 11 (20).

c) Die Anhörung bei der Schaffung von § 89a StGB

Die Absätze 1 und 2 der mit „Vorbereitung einer schweren staatsgefährdenden Gewalttat" überschriebenen Vorschrift, die den Tatbestand beschreiben, lauten:

> (1) Wer eine schwere staatsgefährdende Gewalttat vorbereitet, wird mit Freiheitsstrafe von sechs Monaten bis zu zehn Jahren bestraft. Eine schwere staatsgefährdende Gewalttat ist eine Straftat gegen das Leben in den Fällen des § 211 oder des § 212 oder gegen die persönliche Freiheit in den Fällen des § 239a oder des § 239b, die nach den Umständen bestimmt und geeignet ist, den Bestand oder die Sicherheit eines Staates oder einer internationalen Organisation zu beeinträchtigen oder Verfassungsgrundsätze der Bundesrepublik Deutschland zu beseitigen, außer Geltung zu setzen oder zu untergraben.
>
> (2) Absatz 1 ist nur anzuwenden, wenn der Täter eine schwere staatsgefährdende Gewalttat vorbereitet, indem er
>
> 1. eine andere Person unterweist oder sich unterweisen lässt in der Herstellung von oder im Umgang mit Schusswaffen, Sprengstoffen, Spreng- oder Brandvorrichtungen, Kernbrenn- oder sonstigen radioaktiven Stoffen, Stoffen, die Gift enthalten oder hervorbringen können, anderen gesundheitsschädlichen Stoffen, zur Ausführung der Tat erforderlichen besonderen Vorrichtungen oder in sonstigen Fertigkeiten, die der Begehung einer der in Absatz 1 genannten Straftaten dienen,
> 2. Waffen, Stoffe oder Vorrichtungen der in Nummer 1 bezeichneten Art herstellt, sich oder einem anderen verschafft, verwahrt oder einem anderen überlässt,
> 3. Gegenstände oder Stoffe sich verschafft oder verwahrt, die für die Herstellung von Waffen, Stoffen oder Vorrichtungen der in Nummer 1 bezeichneten Art wesentlich sind, oder
> 4. für deren Begehung nicht unerhebliche Vermögenswerte sammelt, entgegennimmt oder zur Verfügung stellt.

(1) Gang der Gesetzgebung

Am 31.7.2006 deponierten zwei Männer in zwei Regionalzügen selbst gebaute Sprengsätze, die konstruktionsbedingt nicht detonierten.[213] Am 4.9.2007 wurden drei Männer, die mehrere Terrorangriffe auf deutsche Städte verüben wollten und dazu Sprengstoff herstellten, in einem Haus im Sauerland verhaftet.[214] Unter dem

---

213 *BGH*, http://juris.bundesgerichtshof.de/cgi-bin/rechtsprechung/document.py?Gericht=bgh&Art=pm&pm_nummer=0013/10.

214 http://www.stern.de/politik/deutschland/sauerland-attentaeter-anschlaege-auf-grossstaedte-geplant-638157.html, abgerufen am 28.11.2011.

Eindruck dieser Ereignisse[215], mit denen die Gefahr von Terrorangriffen in Deutschland „erneut nachdrücklich vor Augen geführt“[216] wurde, kam es zu gesetzgeberischen Bemühungen, die am 30.1.2008 zu einem ersten Gesetzentwurf des Bundesrates führten.[217] Inhalt dieses Gesetzentwurfs war eine Ausweitung der Anwendung deutschen Strafrechts auf bestimmte Fälle mit Auslandsbezug durch eine Ergänzung von § 5 StGB, sowie eine Ergänzung von §§ 129 und 129a StGB um die sogenannten Sympathiewerbung, die vorher straflos war.[218] Zudem sollte durch eine Änderung von § 129a StGB der „Aufenthalt in Ausbildungslagern terroristischer Vereinigungen“ unter Strafe gestellt werden.[219]

Am 28.11.2008 erging ein Rahmenbeschluss des Rates der Europäischen Union zur Änderung des Rahmenbeschlusses 2002/919/JI zur Terrorismusbekämpfung. Darin wurden nunmehr die Mitgliedsstaaten aufgefordert, die erforderlichen Maßnahmen zu treffen, um (unter anderem) die öffentliche Aufforderung zur Begehung einer terroristischen Straftat, die Anwerbung für terroristische Zwecke und die Ausbildung für terroristische Zwecke als Straftaten zu qualifizieren. Bezug genommen[220] wurde dabei auf das Übereinkommen des Europarates zur Verhütung des Terrorismus[221], das am 16.5.2005 gezeichnet und am 24.10.2006 durch Deutschland unterzeichnet, jedoch erst am 17.3.2011 ratifiziert wurde.[222]

Der mit dem Entwurf der Fraktionen von CDU und SPD (BT-Drs. 16/11735) vom 27.01.2009 gleichlautende[223] Gesetzentwurf der Bundesregierung vom 25.03.2009[224] wurde in der Fassung der Beschlussempfehlung des Rechtsausschusses vom 26.5.2009[225] am 28.5.2009 mit den Stimmen der Vertreter der Koalition und gegen die Stimmen der Oppositionsvertreter in zweiter und dritter Lesung im Bundestag beschlossen; der Vorschlag auf BT-Drs. 16/11735 wurde in diesem Zusammenhang für erledigt erklärt, der Bundesratsentwurf abgelehnt;

---

215 *Kauder*, ZRP 2009, 20 (21 f.).
216 *Bundesrat*, BT-Drs. 16/7958, S. 1.
217 *Bundesrat*, BT-Drs. 16/7958.
218 *Bundesrat*, BT-Drs. 16/7958, S. 1 und 6 ff.
219 *Bundesrat*, BT-Drs. 16/7958, S. 6.
220 *Rat der Europäischen Union*, Amtsblatt der Europäischen Union 2008 (2).
221 *Europarat*, http://conventions.coe.int/Treaty/GER/Treaties/Html/196.htm.
222 *Bundesgesetzblatt*, BGBl. 2011, 300.
223 *Bundestag Rechtsausschuss*, BT-Drs. 16/13145, S. 1.
224 *Bundestag*, BT-Drs. 16/12428.
225 *Bundestag Rechtsausschuss*, BT-Drs. 16/13145.

das Gesetz passierte ohne Anrufung des Vermittlungsausschusses kurz vor der parlamentarischen Sommerpause[226] am 10.7.2009 auch den Bundesrat.[227]

Die Anhörung von Experten vor dem Rechtsausschuss zu den drei Gesetzentwürfen fand am 22.4.2009 statt.[228] Am 4.8.2009 trat das „Gesetz zur Verfolgung der Vorbereitung von schweren staatsgefährdenden Gewalttaten" in Kraft.[229]

Über den ursprünglichen Vorschlag des Bundesrates hinaus wurden neben dem Aufenthalt in einem Ausbildungslager zahlreiche weitere Vorbereitungshandlungen sowie die Verbreitung und Verschaffung von Anleitungen zur Begehung einer schweren staatsgefährdenden Straftat (§ 91 StGB-neu) unter Strafe gestellt.

Das Gesetz war bereits in der Entwurfsphase Gegenstand umfangreicher Kritik[230], die sich insbesondere auf die weite Vorverlagerung der Strafbarkeit und die verfassungsrechtliche Bedenklichkeit berief.

(2) Die Anhörung

Von 31 Mitgliedern des Rechtsausschusses sowie ihrer Stellvertreter[231], also insgesamt potentiell 62 Abgeordneten des Bundestages waren bei der zweieinhalbstündigen öffentlichen Anhörung neben neun Sachverständigen aus Justiz, BKA und Verfassungsschutz, der Anwaltschaft und der akademischen Forschung insgesamt acht Abgeordnete anwesend, von denen fünf während der Anhörung sprachen und/oder Fragen stellten.[232] Hinzu kamen sieben Fraktionsmitarbeiter, drei Ministerialbeamte aus dem BMI und sieben aus dem BMJ, sowie fünf Vertreter des Bundesrates.[233]

(a) Zweigeteilte Einschätzung

Ebenso wie in vorhergehenden und späteren Stellungnahmen zeigten sich auch in der Anhörung große Unterschiede in der Beurteilung der geplanten Vorschrift:

---

226 NK-*Paeffgen*, § 89a, Rn. 1.

227 NK-*Paeffgen*, § 89a, Rn. 1 Fn. 1.

228 *Bundestag Rechtsausschuss*, Protokoll der 137. Sitzung.

229 *Bundesgesetzblatt*, BGBl. 2009, 2437.

230 *Sieber*, NStZ 2009, 353; *Deckers/Heusel*, ZRP 2008, 169; *Radtke/Steinsiek*, ZIS 2008, 383; *Montag*, DRiZ 2008, 141; *Gierhake*, ZIS 2008, 397; *Montag*, DRiZ 2008, 141; *Radtke/Steinsiek*, JR 2010, 107 (307) m.w.N.

231 http://webarchiv.bundestag.de/cgi/show.php?fileToLoad=1251&id=1134, abgerufen am 22.12.2012.

232 *Bundestag Rechtsausschuss*, Protokoll der 137. Sitzung, S. VI.

233 *Bundestag Rechtsausschuss*, Protokoll der 137. Sitzung, S. III f.

Für rechtlich weitgehend unproblematisch hielten sie aus je unterschiedlicher Perspektive der Richter am BGH *Graf*[234], Bundesanwalt *Griesbaum*[235], der Professor für Öffentliches Recht Dr. *Heintzen*[236] und Dr. *Rogner* vom Bundesamt für Verfassungsschutz[237]. Angeführt wurde dabei, dass die Vorschrift als Reaktion auf neue Herausforderungen notwendig sei um, eine Lücke zu schließen.[238] Ihre (verfassungsrechtlich notwendig zu prüfende) Erforderlichkeit ergebe sich aus der Gefährlichkeit des (islamistischen) Terrorismus[239], die insbesondere mit der Ausbildung zu „menschlichen Waffen“[240] in sogenannten Terrorcamps verbunden sei, und daraus, dass ein „Nichterlass zwar milder, aber nicht gleich wirksam“ wäre.[241] Die vorgetragenen strafrechtlichen Einwände ergäben sich nicht aus dem Grundgesetz, insbesondere sei diesem keinesfalls ein Gebot der strikten Trennung von Gefahrenabwehr und Strafverfolgung oder ein Verbot der Strafbarkeit von Vorbereitungshandlungen zu entnehmen. Vielmehr statuiere dieses in Art. 26 im Bereich des Staatsschutzes sogar eine Pflicht zur Pönalisierung von Vorbereitungshandlungen.[242] Weiterhin sei die Vorschrift ausreichend bestimmt.[243]

Fundamentalkritik wurde dagegen von den Strafrechtswissenschaftlern *Dr. Gierhake* und *Prof. Dr. Jeßberger* und der Berichterstatterin des Strafrechtsausschusses der Bundesrechtsanwaltskammer *Müller-Jacobsen* geäußert: Die geplanten Vorschriften seien „rechtsstaatlich nicht haltbar“.[244] Kritisiert wurde an den geplanten Vorschriften insbesondere, dass sie überflüssig seien, weil eine Strafbarkeitslücke nicht bestehe.[245] Zudem sei kein Verhalten umschrieben, das die Qualität von Kriminalunrecht habe[246], was sich nach der herrschenden Rechtsgutstheorie auch aus dem fehlenden engen Bezug zu einer Rechtsgutsbeeinträchtigung ergebe.[247] Dies führe durchaus zur Verfassungswidrigkeit der Vorschriften.[248] Weiterhin

---

234 *Bundestag Rechtsausschuss*, Protokoll der 137. Sitzung, S. 4.
235 *Bundestag Rechtsausschuss*, Protokoll der 137. Sitzung, S. 5 ff.
236 *Bundestag Rechtsausschuss*, Protokoll der 137. Sitzung, S. 8 ff.
237 *Bundestag Rechtsausschuss*, Protokoll der 137. Sitzung, S. 18.
238 *Bundestag Rechtsausschuss*, Protokoll der 137. Sitzung, S. 5, 20, 26, 38, 41f., 77, 87 ff.
239 *Bundestag Rechtsausschuss*, Protokoll der 137. Sitzung, S. 6, 18 ff., 26 ff.
240 So Graf, *Bundestag Rechtsausschuss*, Protokoll der 137. Sitzung, S. 4.
241 So Heintzen in *Bundestag Rechtsausschuss*, Protokoll der 137. Sitzung, S. 87.
242 *Bundestag Rechtsausschuss*, Protokoll der 137. Sitzung, S. 8 f.
243 *Bundestag Rechtsausschuss*, Protokoll der 137. Sitzung, S. 4, 9, 74, 87 ff.
244 *Bundestag Rechtsausschuss*, Protokoll der 137. Sitzung, S. 1.
245 *Bundestag Rechtsausschuss*, Protokoll der 137. Sitzung, S. 16 f., 50 f.
246 *Bundestag Rechtsausschuss*, Protokoll der 137. Sitzung, S. 1 ff ff.
247 *Bundestag Rechtsausschuss*, Protokoll der 137. Sitzung, S. 10, 14, 48 ff.
248 *Bundestag Rechtsausschuss*, Protokoll der 137. Sitzung, S. 43 f.

verstießen sie gegen das Tatprinzip und machten in unzulässiger Weise Gesinnung und Gefährlichkeit zum Gegenstand der Strafwürdigkeit.[249] Das „Prinzip" der Straflosigkeit von Vorbereitungshandlungen Einzelner werde aufgegeben.[250] Die Vorschriften seien zudem an mehreren Stellen nicht ausreichend bestimmt.[251]

Prof. Dr. Sieber ging es vor allem darum, einen möglichen Kompromiss zwischen „berechtigten Interessen der Ermittlungsbehörden" und strafrechtlichen Prinzipien aufzuzeigen; folglich wollte er nur an bestimmten Punkten Einschränkungen machen, plädierte aber deutlich für eine sorgfältige Überarbeitung des Entwurfs[252]. Der Präsident des BKA *Ziercke* machte keine Angaben zur rechtlichen Beurteilung der Vorschrift, sondern größtenteils Ausführungen zu den Erkenntnissen zum islamistischen Terror und betonte dabei die bestehende Gefahr.[253]

Die ambivalente Beurteilung des Gesetzentwurfs zieht sich auch durch die Beurteilung der Anhörung im Rechtsausschuss: Die Fraktionen der CDU/CSU und der SPD sind der Ansicht, dass nach der Anhörung keine Änderungen am Entwurf erforderlich seien. Die Anhörung und insbesondere die Aussagen der Praktiker hätten gezeigt, dass ein Bedürfnis für die neuen Strafvorschriften bestehe. Ferner sei bestätigt worden, dass es keine verfassungsrechtlichen Einwände gebe und die vereinzelt vorgetragene Kritik gegen die Strafbarkeit von Vorbereitungshandlungen Einzelner nicht überzeuge.[254]

Im völligen Gegensatz dazu macht sich die Fraktion von Bündnis90/Die Grünen einige Ansichten der gesetzeskritischen Sachverständigen zu eigen und führt aus, dass die Strafbarkeit nicht in den Bereich des Wollens und Denkens vorverlagert werden dürfe. Sie ist der Ansicht, „die Sachverständigenanhörung habe ergeben, dass der Gesetzentwurf in verfassungsrechtlicher, materiell-strafrechtlicher und strafprozessualer Hinsicht auf erhebliche Bedenken stoße", und dass der Gesetzentwurf „essentiell in Frage gestellt worden" sei.[255]

Insgesamt zeigt sich die Haltung der Fraktionen gegenüber dem Gesetzentwurf auch nach der Sachverständigenanhörung unverändert. Daraus lässt sich schließen, dass sie in dieser späten Phase der Gesetzgebung nur noch dazu dient, Argumente für die eigene Position zu finden. Das entspricht der Legitimationsfunktion.

---

249 *Bundestag Rechtsausschuss*, Protokoll der 137. Sitzung, S. 2 f., 16 ff.

250 *Bundestag Rechtsausschuss*, Protokoll der 137. Sitzung, S. 2, 14 ff.

251 *Bundestag Rechtsausschuss*, Protokoll der 137. Sitzung, S. 14, 23, 52 ff.

252 *Bundestag Rechtsausschuss*, Protokoll der 137. Sitzung, S. 20 ff. und 52 ff.

253 *Bundestag Rechtsausschuss*, Protokoll der 137. Sitzung, S. 25 ff.

254 *Bundestag Rechtsausschuss*, BT-Drs. 16/13145, S. 6.

255 *Bundestag Rechtsausschuss*, BT-Drs. 16/13145, S. 6; die Fraktion der FDP verweist in ihrer Äußerung an gleicher Stelle nicht auf die Sachverständigenanhörung.

(b) Analyse der gestellten Fragen

Weiter aufschlussreich scheint eine Analyse der von den Bundestagsabgeordneten gestellten Fragen an die Sachverständigen. Dazu soll die politische Position zu den Gesetzesentwürfen mit den Postionen der Sachverständigen, an die Fragen gestellt wurden, in Beziehung gesetzt werden. Dabei sind zwei Lager unterscheidbar: Das dem Gesetzesvorhaben ablehnend gegenüberstehende und das dem Vorhaben gegenüber zustimmend stehende: Die Einteilung der anwesenden Politiker entspricht ihrer Fraktionszugehörigkeit. Getragen und dann auch verabschiedet wurde der Entwurf der Bundesregierung von den damaligen Regierungsfraktionen von SPD und CDU/CSU. Ablehnung fand er bei den Fraktionen von Bündnis90/ Die Grünen und Die Linke.

Die Haltung der vertretenen Sachverständigen gegenüber dem Gesetzentwurf der Bundesregierung kann man – vereinfacht – ebenso in die beiden Lager einteilen: Eine ablehnende Haltung vertraten *Müller-Jacobsen* und *Gierhake*, und – etwas weniger dezidiert – *Jeßberger. Sieber* kann als zwar kritisch, aber um Ausgleich bemüht eingeordnet werden. Seine Position soll, ebenso wie die von *Ziercke*, als neutral und als außerhalb der beiden Lager stehend angesehen werden. Dem Gesetzentwurf weitgehend zustimmend zeigten sich *Rogner, Griesbaum, Graf* sowie *Heintzen*, der seine Aussagen darauf beschränkte, dass er nur keine verfassungsrechtlichen Einwände sehe.

MdB Dressel (SPD) stellte seine Fragen an die Sachverständigen *Ziercke, Rogner, Griesbaum, Graf* und *Sieber*. MdB *Kauder* (CDU/CSU) stellte seine Fragen an *Graf, Heintzen* und *Griesbaum*. MdB *Montag* (Die Grünen) stellte Fragen an *Graf, Jeßberger* und *Sieber*. MdB *Jelpke* (Die Linke) wandte sich an *Müller-Jacobsen, Gierhake* und *Jeßberger*.

Die Gegenüberstellung von Fragendem und Befragtem hinsichtlich der Einstellung zum Gesetzesvorhaben ergibt, dass diese nur bei einer einzigen Konstellation voneinander abweicht, nämlich bei der Frage *Montag*s an *Graf*. Dazu ist allerdings anzumerken, dass es dabei darum ging, *Graf* die Möglichkeit zu geben zwei Statements klarzustellen, die *Montag* für missverständlich und angreifbar hielt; sie seien bei ihm „fürchterlich schräg angekommen“[256]. Letztendlich wendet sich *Montag* damit gegen die ursprünglichen Aussagen *Grafs*. In der Antwort relativierte *Graf* seine ursprünglichen Aussagen, die teilweise absichtlich provozierend gewesen seien.[257] Die Kommunikation in der Anhörung bleibt letztlich lagerintern

256 *Bundestag Rechtsausschuss*, Protokoll der 137. Sitzung, S. 30 f.
257 *Bundestag Rechtsausschuss*, Protokoll der 137. Sitzung, S. 42 f.

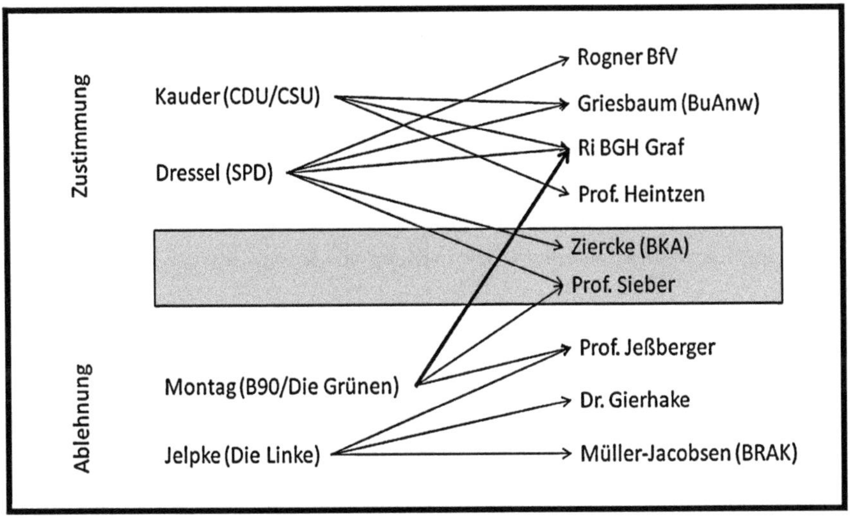

Abbildung 1: Analyse der Fragen

bis auf einen Angriff. Auch diese Konstellation kann ein Hinweis auf die Legitimationsfunktion der Sachverständigenanhörung sein. Es drängt sich der Gedanke auf, dass die Abgeordneten durch die Fragen Bestätigungen für ihre bereits vorgefasste Ansicht suchen. Diese erhoffen sie sich von denjenigen Sachverständigen, die eine entsprechende Ansicht geäußert haben.

(c) Inhaltliche Auswirkungen der Anhörung

Während die obige Einschätzung eine grobe bleiben musste, weil es aus Gründen der Übersichtlichkeit der Untersuchung bereits an einer methodisch notwendigen Ausarbeitung von objektiven Vergleichskriterien hinsichtlich der Einstellung gegenüber dem Gesetzentwurf fehlt, ist eines sehr einfach festzustellen: nämlich ob nach der Anhörung überhaupt Änderungen am Gesetzentwurf vorgenommen wurden. Gefunden werden kann eine einzige Änderung, die zwischen ursprünglichem Entwurf auf Drs. 16/12428 und der Beschlussempfehlung für notwendig befunden worden war. Diese betraf eine redaktionelle Klarstellung:[258] die Einfügung des Wortes „oder" zwischen der letzten und vorletzten Alternative des Abs. 2.[259] Bereits aus diesem Grund kann man keinen maßgeblichen Einfluss der Anhörung annehmen.

258 *Bundestag Rechtsausschuss*, BT-Drs. 16/13145, S. 6.
259 *Bundestag Rechtsausschuss*, BT-Drs. 16/13145, S. 4.

(d) Zusammenfassung

Insgesamt finden sich durchaus Anzeichen einer vertieften Auseinandersetzung mit wissenschaftlicher Kritik auch seitens der politischen Befürworter des Gesetzgebungsvorhabens. Einen darüber hinaus gehenden Einfluss auf das Ergebnis der Gesetzgebung kann man jedoch keineswegs annehmen. Vielmehr bedienen sich die politischen Akteure der wissenschaftlichen Expertisen zur Untermauerung ihrer Ansichten; die wissenschaftliche Beratung dient damit der Legitimation. Die Anhörung führte nicht zu einer Überarbeitung des Gesetzentwurfs.

d) Eine erste Einschätzung der Praxis der Gesetzgebung

Die These *Kreissls*, dass die Politik eine hohe Rezeptionsfähigkeit für wissenschaftliche Erkenntnisse aufweise[260], findet sich hier nach dem ersten Anschein in den drei untersuchten Verfahren bestätigt: Auf wissenschaftliche Arbeiten wird in der Regel Bezug genommen. Dennoch bleibt Ernüchterung hinsichtlich des tatsächlichen Einflusses wissenschaftlicher Expertise auf die Gesetzgebung – jedenfalls soweit diese über kriminalistische Gefahreinschätzungen hinausgeht. Der engste Kontakt zwischen Wissenschaft und Politik findet in den Sachverständigenanhörungen der Ausschüsse statt, und bei diesen lässt sich eine Informationsfunktion der Beratung kaum nachweisen. Vielmehr dienen die Anhörungen der Untermauerung bereits vorgefasster politischer Anschauungen mittels der wissenschaftlichen Aussagen.[261] Es lässt sich nur die Einschätzung *Stächelin*s und *Voß'* bestätigen[262], dass die Legitimationsfunktion eindeutig überwiegt.

6. Zusammenfassung: Was bleibt von der rationalen Kriminalpolitik?

Bisher konnte gezeigt werden, dass die Möglichkeiten der Durchsetzung wissenschaftlicher Forderungen im Gesetzgebungsverfahren eher gering sind. Dies

260 *Kreissl*, Zwischen Zeuberlehrling und Volkskunstkritiker – Wirkungsweisen kriminologischen Wissens in der Praxis des Kriminaljustizsystems, in: *Cremer-Schäfer/Pilgram/Stangl/Steinert*, Kriminologie, S. 110. o. S. 13.

261 Ebenso *Tenhaef*, Öffentliche Anhörungen der Fachausschüsse des Deutschen Bundestages im parlamentarischen Entscheidungsprozeß bis zur 10. Wahlperiode;, S. 310 f.

262 *Stächelin*, Strafgesetzgebung im Verfassungsstaat, S. 285; so auch *Voß*, Symbolische Gesetzgebung, S. 180.

liegt sowohl an den systemimmanenten Mechanismen der Gesetzgebung[263] als auch an den Akteuren auf beiden Seiten – Wissenschaft und Politik. Die rationale Kriminalpolitik tut sich schwer; sie ist in einem Zwiespalt:

> „Einerseits soll Kriminalpolitik wissenschaftliche Fundierung vorweisen, um rational zu sein. Andererseits konterkarieren die Eigenheiten der Politik die hehren Ansprüche der Wissenschaft."[264]

Die wissenschaftliche Politikberatung erfolgt allem Anschein nach nicht zum alleinigen Zwecke der möglichst vollständigen Umsetzung wissenschaftlicher Rationalitätsforderungen. Dies lässt erahnen, dass im politischen Prozess andere Überlegungen eine gewichtigere Rolle spielen.

a) Irrationale Politik? – Gesetzgebung als politischer Prozess

Die Strafgesetzgebung betrifft einen Teilbereich der Politik, der emotional aufgeladen ist; die Menschen verstehen Kriminalität als Bedrohung bzw. werden gerade erst solche Verhaltensweisen kriminalisiert, die als Bedrohung empfunden wurden. Es geht also um die Regelung von Sachverhalten, die den Menschen (u.a.) Angst machen.[265] In dieser Konstellation ist es verständlich, dass „nicht nur rationale, sondern auch irrationale Impulse wirksam sind."[266] Der Stand einer auf Rationalität bauenden Wissenschaft ist hier entsprechend schwer. So hat auch die bisherige Untersuchung der Heranziehung wissenschaftlicher Erkenntnisse im Gesetzgebungsverfahren gezeigt, dass sie von dem Ideal einer „rationalen Kriminalpolitik" weit entfernt ist. Und auch das Recht als die Gesamtheit der Ergebnisse der Gesetzgebung entspricht nur wenig dem Ideal der Effizienz bzw. Zweckrationalität.[267] In der Folge wäre es denkbar, die Gesetzgebung als irrational zu bezeichnen, wie es einige Autoren tun.[268]

---

263 Allgemein zu den „Rationalitätsgrenzen" des politischen Prozesses *Schulze-Fielitz*, DÖV 1988, 758 (762 ff.).

264 *Putzke*, Was ist gute Kriminalpolitik? in: FS Schwind, S. 119.

265 Zu weiteren Aspekten „emotionaler Kriminalpolitik" *Schüler-Springorum*, Kriminalpolitik für Menschen, S. 186 ff.

266 *Amelung*, ZStW 92 (1980), 19 (49).

267 *Haffke*, Die Legitimation des staatlichen Strafrechts zwischen Effizienz, Freiheitsverbürgung und Symbolik. in: FS Roxin, S. 965.

268 *Schulze-Fielitz*, Theorie und Praxis parlamentarischer Gesetzgebung, S. 455; *Busse*, Gesetzgebungsarbeit und Bundesregierung – Politik und Planung, in: *Schrekkenberger/Merten*, Grundfragen der Gesetzgebungslehre, S. 68 f.; beispielhaft *Jäger*, Irrationale Kriminalpolitik. in: FS Schüler-Springorum, S. 235.

Dieser Schluss würde aber zu kurz greifen.[269] Das konnte beispielsweise *Lüdemann* in seiner Untersuchung der Schaffung einer strafrechtlichen Norm zeigen. Die Entscheidungen der kollektiven Akteure stellten sich als *ex post* vorhersehbar heraus; eine Orientierung der Handelnden am größten Nutzen lag vor. Damit ist die Gesetzgebung durchaus nicht irrational[270] – sie hat allerdings ihre eigenen Kriterien des Vor- und Nachteils.[271]

Entscheidend sind auch spezifische Eigengesetzlichkeiten des politischen Prozesses[272]: Die Gesetzgebung ist in jedem Abschnitt durch eine Dynamik der „Nicht-Linearität, Nicht-Kontinuität, zahlreiche verflochtene Feed-back-Schleifen sowie Vor- und Rückwirkungen"[273] geprägt. Damit stellt schon der Prozess der Gesetzgebung eine Grenze für „Rationalität" im oben beschriebenen Sinn dar.[274] Auch die Strafgesetzgebung entzieht sich somit weitgehend „einem fundamental ‚objektiven' gemeinwohlorientierten Rationalitätsanspruch".[275] Der Gesetzgebungsprozess ist also nicht irrational, sondern entspricht nur nicht der spezifisch wissenschaftlichen „Binnenrationalität".[276] Ihm deswegen die Rationalität absprechen zu wollen, entspringt womöglich einem (zu) einseitigen Rationalitätsbegriff.[277] Es handelt sich um verschiedene Verständnisse des Begriffs Rationalität bzw. um verschiedene Rationalitäten.[278] Daraus ist erkennbar, dass wissenschaftliche Rationalitätsforderungen, die sich insbesondere auch an den gesetzgeberischen Prozess stellen, oft zutiefst unpolitisch gedacht und damit zur angemessenen Erfassung des Gegenstandes der Gesetzgebung ungeeignet sind.[279]

---

269 Kritisch zum Begriff der Rationalität in diesem Kontext auch *Schüler-Springorum*, Kriminalpolitik für Menschen, S. 175 ff.

270 *Schulze-Fielitz*, Theorie und Praxis parlamentarischer Gesetzgebung, S. 458.

271 *Lüdemann*, Die Produktion von Rechtsnormen durch kollektive Akteure, in: *Metze/Mühler/Opp*, Normen und Institutionen, S. 179 passim.

272 *Schulze-Fielitz*, Theorie und Praxis parlamentarischer Gesetzgebung, S. 305 f.

273 *Zeh*, Impulse und Initiativen zur Gesetzgebung, in: *Schreckenberger/Merten*, Grundfragen der Gesetzgebungslehre, S. 36.

274 *Schuppert*, Governance und Rechtsetzung, S. 33.

275 *Schulze-Fielitz*, Theorie und Praxis parlamentarischer Gesetzgebung, S. 305 f., 456 ff.

276 *Kreissl*, Zwischen Zeuberlehrling und Volkskunstkritiker – Wirkungsweisen kriminologischen Wissens in der Praxis des Kriminaljustizsystems, in: *Cremer-Schäfer/Pilgram/Stangl/Steinert*, Kriminologie, S. 110.

277 *Schulze-Fielitz*, Theorie und Praxis parlamentarischer Gesetzgebung, S. 456.

278 *Kaiser*, Kriminologie, S. 1074.

279 *Schuppert*, Governance und Rechtsetzung, S. 32.

b) Das Paradebeispiel: Symbolische Gesetzgebung

Ein Beispiel für die eigene Rationalität politischer Entscheidungen findet sich bei denjenigen Gesetzgebungsakten[280], die häufig als „symbolisch" oder „bloß symbolisch" bezeichnet[281] und so kritisiert werden.[282] Symbolische Gesetzgebung gilt als gesetzgeberische Fehlleistung.[283] „Symbolisches Strafrecht" wird dann als Verdikt für ein nicht zu legitimierendes, schlechtes Recht verwendet, das den Gegensatz zu einem (zweck-)rationalen Recht darstellt.[284] Daraus ergibt sich eine Verbindung zur Forderung nach „rationaler Kriminalpolitik".

Der Begriff des symbolischen Strafrechts ist seit Ende der 1980er Jahre in den Strafrechtswissenschaften weit verbreitet und darüber hinaus zu einem „allgemeinen Topos der Rechtskritik" geworden.[285]

Allerdings ist fraglich, ob „symbolische Gesetzgebung" diesem Anspruch als kritischer Begriff gerecht wird. Mit einem weiten sozialwissenschaftlichen Symbolbegriff bezeichnet der Begriff Symbol nichts anderes als jede Handlung und jedes Objekt, das als Medium für Sinn und damit Kommunikation dient. Damit wären letztlich alle gesetzgeberischen Handlungen symbolisch.[286] Daher macht die Bezeichnung nur dann Sinn, wenn mit Symbolgesetzgebung nicht auf Symbolik im allgemeinen Wortsinn verwiesen, sondern ein engerer Begriffsrahmen gewählt wird.[287]

---

280 Auf die Unterscheidung zwischen Gesetz und Gesetzgebung in diesem Zusammenhang weisen *Kindermann*, Symbolische Gesetzgebung, in: *Grimm/Maihofer*, Gesetzgebungstheorie und Rechtspolitik, S. 225, *Funcke-Auffermann*, Symbolische Gesetzgebung, S. 22 und *Schmehl*, ZRP 1991, 241 (251) hin; das soll hier nicht vertieft werden, da der Schwerpunkt der Untersuchung beim Gesetzgebungsvorgang liegt.

281 z.B. *Kinzig*, ZRP 2006, 255 (258); *Schulte*, Terrorismus- und Anti-Terrorismus-Gesetzgebung, S. 225; sueddeutsche.de 14.05.2009.

282 *Hassemer*, Das Symbolische am symbolischen Strafrecht. in: FS Roxin, S. 1003 und 1011 ff.; *Haffke*, Die Legitimation des staatlichen Strafrechts zwischen Effizienz, Freiheitsverbürgung und Symbolik. in: FS Roxin, S. 970.

283 *Voß*, Symbolische Gesetzgebung, S. 25.

284 *Haffke*, Die Legitimation des staatlichen Strafrechts zwischen Effizienz, Freiheitsverbürgung und Symbolik. in: FS Roxin, S. 970.

285 *Hassemer*, Das Symbolische am symbolischen Strafrecht. in: FS Roxin, S. 1002 f.

286 So bereits *Hassemer*, NStZ 1989, 553 (555); auch *Funcke-Auffermann*, Symbolische Gesetzgebung, S. 55; *Jäger*, Symbolisches Strafrecht – expressive Kriminalpolitik: Die Reform der Sexualdelikte, in: *Institut für Kriminalwissenschaften und Rechtsphilosophie Frankfurt a.M.*, Irrwege der Strafgesetzgebung, S. 51. Zur kommunikativen Wirkung näher weiter unten in diesem Abschnitt.

287 *Hassemer*, Das Symbolische am symbolischen Strafrecht. in: FS Roxin, S. 1002 ff.; *Hassemer*, NStZ 1989, 553 (556).

Es muss also versucht werden, einen eigenen, kritischen Begriff der symbolischen Gesetzgebung zu finden.[288] Dabei ergeben sich Einblicke in die Rationalität der Gesetzgebung.

(1) Beispiele

Um nachzuvollziehen, was mit dem Begriff der symbolischen Gesetzgebung allgemein bezeichnet wird, bietet es sich an, dazu einige Beispiele zu nennen und im Anschluss daran die gemeinsamen Kriterien zu entwickeln.

(a) Fallgruppen symbolischer Gesetzgebung

Einen ersten Zugang bietet die Bildung von Fallgruppen[289], wie sie etwa *Monika Voß* in ihrer Arbeit[290] herausarbeiten konnte.

Eine Gruppe stellen dabei die bloßen Wertbekenntnisse[291] bzw. Appellgesetze dar, bei denen die direkte Verhaltenssteuerung hinter die Beeinflussung des Bewusstseins der Gesellschaftsmitglieder als Zweck zurücktritt. Das Gesetz wird dort zum Programmsatz[292]. Diese Gesetze gelten dann insoweit als ineffektiv, als dass „der vordergründige Sinn der Handlung oder der Norm als unmittelbare Handlungsanweisung hinter dem Ziel der intellektuellen oder emotionalen Beeinflussung verschwindet."[293] Beispiele dafür sind sogenannte *leges imperfectae*, die keine Rechtsfolge und/oder Sanktionsdrohung beinhalten.[294]

Weitere Beispiele bieten die sogenannten Krisengesetze, die – wie etwa bei einem Teil der Gesetzgebung zur Bekämpfung von Terrorismus[295] – darauf abzielen, die Bevölkerung zu beruhigen und staatliche Handlungsmacht zu demonstrieren.[296] Dabei wird auch von Alibigesetzgebung gesprochen, wenn es angesichts eines (gesetzgeberisch) unlösbaren Problems in erster Linie darum geht, das Bedürfnis zu handeln zu befriedigen[297].

---

288 *Voß*, Symbolische Gesetzgebung, S. 40 f.

289 *Schmehl*, ZRP 1991, 241 (252).

290 *Voß*, Symbolische Gesetzgebung.

291 *Voß*, Symbolische Gesetzgebung, S. 26 f.

292 *Voß*, Symbolische Gesetzgebung, S. 30.

293 *Voß*, Symbolische Gesetzgebung, S. 29.

294 *Schmehl*, ZRP 1991, 241 (251); *Voß*, Symbolische Gesetzgebung, S. 29 ff.

295 *Scheerer*, Gesetzgebung im Belagerungzustand, in: *Blankenburg*, Politik der inneren Sicherheit, S. 124 et passim; *Voß*, Symbolische Gesetzgebung, S. 32.

296 *Voß*, Symbolische Gesetzgebung, S. 32.

297 *Schmehl*, ZRP 1991, 241 (253); *Schulte*, Terrorismus- und Anti-Terrorismus-Gesetzgebung, S. 234; ähnlich, aber mit Unterschieden die Benutzung des Begriffs

Eine weitere Gruppe stellt die der Kompromissgesetze dar, bei denen widerstreitende Interessen zu einem Ausgleich gebracht werden mussten, ohne dass dies sinnvoll gelang.[298] Kompromissgesetze zeichnen sich beispielsweise dadurch aus, dass ihr Tatbestand unbestimmt und jeglicher Interpretation offen ist oder dass sie ein strenges Verbot statuieren, das aber nicht durchgesetzt werden kann.[299]

(b) Drei aktuellere Beispiele

Als Beispiele können auch die drei hier genauer untersuchten Gesetze dienen, die in Literatur und/oder Presse jeweils als symbolisch bezeichnet wurden.

Der neugefassten Vorschrift des § 238 StGB etwa komme „wohl eher symbolische Wirkung zu".[300] Sie führe „zur Beruhigung der öffentlichen Erregung [...] und zur Verstärkung des Sicherheitsgefühls."[301] Die „Ausnutzung der symbolischen Ausstrahlungswirkung des Strafrechts" könne jedoch nicht „die von Stalking-Verhalten potentiell beeinträchtigten Rechtsgüter der Handlungs- und Entschließungsfreiheit bzw. des Freiseins von Furcht in signifikant höherem Maße schützen, als dies vorher – etwa durch ein Vorgehen nach Maßgabe des GewSchG – möglich war"[302]. Die „symbolische Ausstrahlung" wurde teilweise auch positiv gewertet: sie sei nützlich für den „inneren Rechtsfrieden des Opfers" und die (general-)präventive Wirkung der Norm.[303]

Ebenso wurde die Gesetzgebung um die §§ 89a und 89b StGB in Zusammenhang mit Symbolgesetzgebung gebracht: Das Ziel des Terrors sei es, die Gesellschaft in „einen Zustand von Angst und Schrecken" zu versetzen, bei dem das Gefühl erzeugt werde,

---

Alibigesetzgebung bei *Kindermann*, Symbolische Gesetzgebung, in: *Grimm/Maihofer*, Gesetzgebungstheorie und Rechtspolitik, S. 234.

298 *Voß*, Symbolische Gesetzgebung, S. 33; *Schmehl*, ZRP 1991, 241 (253); *Kindermann*, Symbolische Gesetzgebung, in: *Grimm/Maihofer*, Gesetzgebungstheorie und Rechtspolitik, S. 239; ausführlich dazu *Schulze-Fielitz*, Der politische Kompromiß als Chance und Gefahr für die Rationalität der Gesetzgebung, in: *Grimm/Maihofer*, Gesetzgebungstheorie und Rechtspolitik, S. 290 et passim.

299 *Voß*, Symbolische Gesetzgebung, S. 33.

300 *Albrecht*, Stalking – Wissenschaftliche Perspektiven, in: *Weiß/Winterer*, Stalking und häusliche Gewalt, S. 43.

301 *Albrecht*, Stalking – Wissenschaftliche Perspektiven, in: *Weiß/Winterer*, Stalking und häusliche Gewalt, S. 43.

302 *Löhr*, Notwendigkeit eines Anti-Stalking-Straftatbestandes, S. 444.

303 *Fünfsinn*, Bedarf es eines Stalking-Bekämpfungsgesetzes?, in: *Weiß/Winterer*, Stalking und häusliche Gewalt, S. 122 Fn. 194 ff.

„der Staat sei nicht in der Lage, Sicherheit vor den ‚übermächtigen' Terroristen zu gewähren. Durch Verabschiedung eines Anti-Terrorismus-Gesetzes soll dieser Zustand unmittelbar beendet und das Vertrauen in die Allmacht des Staates wieder hergestellt werden. Das bedeutet, es soll ein ‚Symbol des wehrhaften Staates' gesetzt werden."[304]

Der Bezeichnung als symbolisch wurde auch entgegengetreten: Obwohl „die geplanten Vorschriften nicht allzu häufig einschlägig sein" würden, handle es sich aufgrund ihrer Bedeutung für die Ermittlungsbehörden nicht um symbolisches Recht.[305]

In den Kontext der Symbolgesetzgebung lässt sich insbesondere auch § 52a WaffG bringen: Mehrmals wurde die mangelnde Durchsetzungsmöglichkeit der Norm thematisiert; Verstöße gegen Aufbewahrungsvorschriften könnten tatsächlich nicht überprüft werden.[306] Aus diesem Grund bliebe die Vorschrift symbolisch.[307] Dass es bei der Verabschiedung des Gesetzes „gar nicht so entscheidend" sei, „ob es tatsächlich einmal zu einer Verurteilung" komme, bestätigten auch Teile der parlamentarischen Mehrheit[308]. Die Vorschrift solle vielmehr „den gesetzgeberischen Willen zum Ausdruck [bringen], dass ein solcher Verstoß mit einer solchen konkreten Gefahr kein Kavaliersdelikt darstellt."[309]

Daneben wurde gerügt, dass die „immer weitere Verschärfung des Waffenrechts" zwar wählerwirksam sei und „zu einer gewissen emotionalen Beruhigung der Bevölkerung" führe, „das grundsätzliche Problem jedoch nicht lösen" könne.[310]

(2) Überblick: Was ist symbolische Gesetzgebung?

Noch ergibt sich daraus nicht, was über den Einzelfall hinaus mit symbolischer Gesetzgebung bezeichnet wird. Bei den genannten Fallgruppen und Beispielen wurden aber bereits einige Gemeinsamkeiten und Regelmäßigkeiten offenbar. Diese

---

304 *Schulte*, Terrorismus- und Anti-Terrorismus-Gesetzgebung, S. 225; ähnlich schon *Scheerer*, Gesetzgebung im Belagerungzustand, in: *Blankenburg*, Politik der inneren Sicherheit, S. 124.

305 *Kauder*, ZRP 2009, 20 (22).

306 *Diehl*, http://www.spiegel.de/panorama/justiz/0,1518,718687,00.html.

307 Welt Online 14.05.2009.

308 *Grindel, (CDU/CSU)*, Plenarprotokoll 16/227, in: *Deutscher Bundestag – 16. Wahlperiode*, Stenografischer Bericht – 227. Sitzung, S. 25176.

309 *Deutscher Bundestag – 16. Wahlperiode*, BT-Drs. 16/13423, S. 72.

310 *Braun*, HFR 2011, 11 (22).

zu beschreiben und zu bewerten versuchen die unterschiedlichen Definitionen des Begriffs der symbolischen Gesetzgebung.[311]

(a) Instrumentelles vs. symbolisches Recht

Nach einer Ansicht stellt sich symbolische Gesetzgebung als Gegensatz zu instrumenteller dar.[312] Unter instrumentellem (Straf-)Recht wird dabei die Gestaltung der tatsächlichen Verhältnisse[313] bzw. Verhaltenssteuerung[314] durch die Belegung unerwünschten Verhaltens mit Sanktionen[315] verstanden.

Gegen diese Unterscheidung gibt es einige Einwände: Inwiefern Recht instrumentell ist, muss sich an dessen Funktionen ablesen lassen, und diese können neben Verhaltenssteuerung auch etwa Konfliktbereinigung oder Herrschaftslegitimation sein.[316] Mehr noch: im strengen Wortsinne „instrumentell" ist das Strafrecht auch, wenn es überhaupt zweckhaft eingesetzt wird. Das allerdings tut auch „die Bevölkerung, die anzeigt oder nicht anzeigt, mit der Polizei und dem Gericht kooperiert oder nicht" usw.[317] Letztlich nutzen also alle – Behörden, Bevölkerung und Gesetzgeber gleichermaßen – Strafrecht instrumentell, so auch der Gesetzgeber, wenn es als Instrument zur Herrschaftssicherung genutzt wird.[318] Das gilt

311 Eine umfassende Darstellung der inzwischen kaum mehr überschaubaren Diskussionen um „Symbolismuskritik und Kritik der Symbolismuskritik" *Hassemer*, Das Symbolische am symbolischen Strafrecht. in: FS Roxin, S. 1009 soll hier nicht versucht werden; vgl. aber im Einzelnen die weiteren Nachweise bei den Autoren in den folgenden Fn.

312 *Schmehl*, ZRP 1991, 241 (251); *Hassemer*, NStZ 1989, 553 (555); *Funcke-Auffermann*, Symbolische Gesetzgebung, S. 44; *Lauterwein*, Symbolische Gesetzgebung, S. 59; *Voß*, Symbolische Gesetzgebung, S. 64 ff.; *Boehme-Neßler*, Unscharfes Recht, S. 281; *Albrecht*, Das Strafrecht im Zugriff populistischer Politik, in: *Institut für Kriminalwissenschaften und Rechtsphilosophie Frankfurt a.M.*, Vom unmöglichen Zustand des Strafrechts, S. 435; *Haffke*, Die Legitimation des staatlichen Strafrechts zwischen Effizienz, Freiheitsverbürgung und Symbolik. in: FS Roxin, S. 970.

313 *Schmehl*, ZRP 1991, 241 (251).

314 *Haffke*, Die Legitimation des staatlichen Strafrechts zwischen Effizienz, Freiheitsverbürgung und Symbolik. in: FS Roxin, S. 957.

315 *Funcke-Auffermann*, Symbolische Gesetzgebung, S. 44 m. Hinweis auf Noll.

316 *Schmehl*, ZRP 1991, 241 (251).

317 *Steinert*, Über symbolisches und instrumentelles Strafrecht, in: *Frehsee/Löschper/Smaus*, Konstruktion der Wirklichkeit durch Kriminalität und Strafe, S. 106.

318 *Steinert*, Über symbolisches und instrumentelles Strafrecht, in: *Frehsee/Löschper/Smaus*, Konstruktion der Wirklichkeit durch Kriminalität und Strafe, S. 107.

genauso, wenn das Strafgesetz überhaupt nicht durchgesetzt werden kann oder zur Bestätigung eigener Moralvorstellungen eingesetzt wird.[319] Es ist dann auch als symbolisches instrumentell, und die instrumentellen Funktionen sollen auf dem Weg der Symbolik erreicht werden.[320]

Bei der Bezeichnung als instrumentell liegt aber nicht nur hinsichtlich des Ziels der Verhaltenssteuerung sondern auch hinsichtlich der Mittel der Durchsetzung eine einseitige und wohl realitätsferne[321] Festlegung vor: Gerade die Theorien der Generalprävention verlangen für die Wirksamkeit der Strafrechtsnorm deren öffentliche Bekanntgabe, so dass auch auf Verhaltenssteuerung angelegtes Strafrecht immer schon seine kommunikativen Aspekte hatte[322] und damit jedenfalls nicht im o.g. Sinn instrumentell wäre.

(b) Effektivität und Rechtsgüterschutz

Um einen kritischen Begriff der symbolischen Gesetzgebung zu finden[323] wird nach einer Definition gesucht, bei der die oben aufgeführten Kritikpunkte entfallen. Ein Ansatz dafür ist die explizite Festlegung auf eine Funktion des Strafrechts im Sinne des Ziels des Rechtsgüterschutzes, ohne sich jedoch hinsichtlich der Mittel festzulegen.[324] Dem symbolischen Gesetz wird dann Ineffektivität im Hinblick auf die Aufgabe des Rechtsgüterschutzes diagnostiziert.[325]

Doch auch hier gibt es Einwände: Die Effektivität müsste nun tatsächlich gemessen werden. Dies ist nicht nur schwierig, sondern teilweise unmöglich.[326] Die Wirksamkeit einer Norm lässt sich nämlich nicht dadurch beurteilen, ob sich die

---

319 *Steinert*, Über symbolisches und instrumentelles Strafrecht, in: *Frehsee/Löschper/Smaus*, Konstruktion der Wirklichkeit durch Kriminalität und Strafe, S. 107.

320 *Schild*, Funktionale und nicht-funktionale Bedeutung des Gesetzes. in: FS Weimar, S. 199.

321 *Steinert*, Über symbolisches und instrumentelles Strafrecht, in: *Frehsee/Löschper/Smaus*, Konstruktion der Wirklichkeit durch Kriminalität und Strafe, S. 104 f.

322 *Hassemer*, Das Symbolische am symbolischen Strafrecht. in: FS Roxin, S. 1012.

323 Vgl. o. S. 46 f.

324 *Lauterwein*, Symbolische Gesetzgebung, S. 29; *Renzikowski*, ZRP 2005, 213 (315).

325 *Hassemer*, Das Symbolische am symbolischen Strafrecht. in: FS Roxin, S. 1004; *Jäger*, Symbolisches Strafrecht – expressive Kriminalpolitik: Die Reform der Sexualdelikte, in: *Institut für Kriminalwissenschaften und Rechtsphilosophie Frankfurt a.M.*, Irrwege der Strafgesetzgebung, S. 52; *Roxin*, AT I, Rdnr. 2 Rn. 37 ff.: Normen, die nicht „konkrete Schutzwirkungen entfalten".

326 *Lauterwein*, Symbolische Gesetzgebung, S. 43; dazu auch u. S. 174.

Menschen ihr entsprechend verhalten oder nicht: Verstöße zeigen nur, dass es notwendig war, diese Norm zu erlassen. Andererseits bedeutet Konformität nicht, dass sie auf der Norm beruht, da auch andere Motivationen ursächlich sein können.[327] Weiterhin kann es diverse Gründe haben, weshalb eine Norm unwirksam hinsichtlich des Rechtsgüterschutzes bleibt wie etwa mangelnder Durchsetzungswillen der Strafverfolgungsbehörden oder entgegenstehende soziale und wirtschaftliche Konstellationen (z.B. Mundraub in Zeiten von Hungersnot). Die Ineffektivität kann dem Gesetzgeber dann nicht vorgeworfen werden; es handelt sich nicht um „schlechte" Gesetzgebung. Insofern kann die Fähigkeit zum Rechtsgüterschutz kaum als Kriterium zur Feststellung dienen, ob eine Norm oder ein Gesetzgebungsakt im kritischen Sinn symbolisch ist oder nicht: Die Kategorie der Symbolgesetzgebung verliert dann ihr kritisches Potential. Das bloße Feststellen der Ineffektivität soll darum auch nach einigen Autoren, die in erster Linie auf den Rechtsgüterschutz abstellen, nicht genügen.[328] Ein weiteres Kriterium muss hinzukommen.

(c) Täuschung

Dieses Kriterium ist das der Täuschung. Es komme dem Gesetzgeber bei Symbolgesetzgebung überwiegend auf etwas anderes an, als es das Ergebnis ausdrückt[329]. Es handle sich um einen „Bluff"[330]. Doch auch dieses Kriterium ist problematisch, da es auf Intentionen „des Gesetzgebers" abstellt, deren Untersuchung praktische Grenzen aufzeigt, wie *Hassemer* in einem berühmten Zitat zusammenfasst:

> „Meistens schweigt der Gesetzgeber über seine Absichten, häufig verschleiert er sie und durchweg ist er sich über seine Intentionen selber nicht im klaren – gerade bei Kompromissgesetzen oder Vorschriften mit unterschiedlichem moralischen Appell (wie etwa die Abtreibungsregelung) gibt es ‚den' Gesetzgeber nur institutionell, aber nicht intentional."[331]

---

327 *Voß*, Symbolische Gesetzgebung, S. 48 f.

328 *Funcke-Auffermann*, Symbolische Gesetzgebung, S. 53.

329 *Schmehl*, ZRP 1991, 241 (252); *Voß*, Symbolische Gesetzgebung, S. 39; nochmals betonend, dass gerade in der Täuschung der Vorwurf liegen müsse *Voß*, Symbolische Gesetzgebung, S. 210 ff.

330 *Jäger*, Symbolisches Strafrecht – expressive Kriminalpolitik: Die Reform der Sexualdelikte, in: *Institut für Kriminalwissenschaften und Rechtsphilosophie Frankfurt a.M.*, Irrwege der Strafgesetzgebung, S. 52.

331 *Hassemer*, NStZ 1989, 553 (555); die Schwierigkeiten sehend auch *Kindermann*, Symbolische Gesetzgebung, in: *Grimm/Maihofer*, Gesetzgebungstheorie und Rechtspolitik, S. 225 ff.

Dennoch kann eine Analyse der Gesetzgebungsmaterialien – wie sie auch in dieser Arbeit vorgenommen wird – einen Teil der Intentionen einiger Akteure der Gesetzgebung aufdecken und damit zumindest teilweise Aufschluss geben[332]. Doch selbst wenn die „wahren Absichten" des Gesetzgebers ermittelbar wären, kann es für eine Kritik an der Gesetzgebung nicht auf sie ankommen, solange das gesetzgeberische Ergebnis gut ist[333]: Was ist schon schlecht daran, wenn ein Politiker vorgibt, an der Lösung eines sozialen Problems interessiert zu sein, obwohl er sich durch die Schaffung einer möglichst guten Fassung einer möglichst sinnvollen Norm ausschließlich profilieren möchte?

(d) Latente und manifeste Funktionen

In der Folge all der Einwände gegen die bisher angeführten Kriterien wurde der Begriff der symbolischen Gesetzgebung weiterentwickelt. Dabei soll es erstens „kein entweder-oder" zwischen instrumentellem und symbolischem Recht geben, sondern nur die Frage nach einem „mehr oder weniger"[334]. Weiterhin soll es in erster Linie auf den „Unterschied von Wirklichkeit und Schein" ankommen; unterschieden werden dabei latente, also eher verborgene und manifeste, also handgreifliche, deutlich erkennbare Funktionen[335]. Es handle sich um Symbolgesetzgebung, wenn „die latenten Funktionen der Norm die manifesten überwiegen: Indem zu erwarten ist, dass durch die Norm und ihre Anwendung eher andere als die von der Norm selbst bezeichneten Zustände realisiert werden"[336]. Auch diese Unterscheidung wirft einige Probleme auf: So zielt die Theorie der positiven

---

332 So auch *Kindermann*, Symbolische Gesetzgebung, in: *Grimm/Maihofer*, Gesetzgebungstheorie und Rechtspolitik, S. 226 und *Schmehl*, ZRP 1991, 241 (251) mit dem Hinweis auf einige Indizien für symbolische Gesetzgebungsakte.

333 *Hassemer*, Das Symbolische am symbolischen Strafrecht. in: FS Roxin, S. 1016 f.; anders zur Beurteilung von Handlungen *Kant*, Grundlegung zur Metaphysik der Sitten, Gesammelte Schriften (Akademie-Ausgabe), Electronic edition. Band 8. Abhandlungen nach 1781, S. 394 und 399 f., wobei seine möglichst frei von Empirie beschriebene Moral (ebenda S. 389 f.) für den durchschnittlichen Wahlbürger zwar durchaus Maßstab für Handlungen des einzelnen Politikers sein mag. Das kann jedoch nicht für die Gesetze als Ergebnisse seiner Politik gelten. Dort muss dem Empirischen schon deshalb größere Bedeutung zugemessen werden, weil das Gesetz noch lange und unabhängig vom „guten Willen" des gesetzgebenden Einzelnen weiter wirkt.

334 *Hassemer*, NStZ 1989, 553 (556): *Hassemer*, Das Symbolische am symbolischen Strafrecht. in: FS Roxin, S. 1016.

335 *Hassemer*, Das Symbolische am symbolischen Strafrecht. in: FS Roxin, S. 1017; auch *Funcke-Auffermann*, Symbolische Gesetzgebung, S. 61.

336 *Hassemer*, NStZ 1989, 553 (556).

Generalprävention auf eine Wirksamkeit der Norm gerade durch latente Funktionen ab[337]. Eine öffentliche Behauptung und Sicherung von Normen[338] oder die Stärkung des Vertrauens in die Unverbrüchlichkeit der Rechtsordnung[339] kann nur funktionieren, wenn nicht manifest ist, dass es der Norm hauptsächlich auf ihre Behauptung ankommt.

(e) Expressive und instrumentelle Handlungen – das Konzept *Voß*'

In ihrer grundlegenden Untersuchung der symbolischen Gesetzgebung[340] kommt *Voß* zu einer Unterscheidung von instrumentellen bzw. funktionellen und expressiven Handlungen, die sie als Kriterium symbolischer Gesetzgebung heranziehen möchte. Dabei sei eine expressive Handlung primär vergangenheitsbezogen und Ausdruck einer Gefühlsstimmung oder eines motivationsbestimmten Drucks, ohne dass die Handlungsfolgen eine große Rolle spielten bzw. antizipiert würden. Der verfolgte Zweck der Bedürfnisbefriedigung wird dann unmittelbar durch die Handlung selbst erreicht. Bei der Frage, ob eine Handlung expressiven Charakter habe, gehe es immer nur um Schwerpunktsetzung bei der Motivation, eine Beurteilung sei immer nur anhand der Handlung selbst und der äußeren Umstände möglich. Maßgebend sei dabei der kulturelle Rahmen[341].

Im Gegensatz dazu sei die instrumentelle Handlung zukunftsbezogen und auf die möglichen Konsequenzen gerichtet, also von dem Willen zukünftiger Zweckverwirklichung getragen.[342] Ein Indiz dafür seien die kognitiven Anstrengungen des Ausführenden.[343] Wegen der Zukunftsorientierung seien bei instrumentellem Handeln nämlich besondere Kenntnisse, z.B. empirische Daten über Kausalzusammenhänge usw., notwendig.[344]

Nach zahlreichen theoretischen Konzepten solle der Gesetzgebungsakt eine primär instrumentelle Handlung sein; dies erkenne man anhand der Forderungen an Berücksichtigung von zukunftsrelevantem Informationsmaterial (Prognose, Beobachtung).[345] Betrachte man jedoch die einzelnen Politiker als Akteure der

337 *Bock*, JuS 1994, 89 (97).
338 NK-*Hassemer/Neumann*, Vorbemerkungen zu § 1, Rn. 290.
339 *Jakobs*, AT, S. 10.
340 *Voß*, Symbolische Gesetzgebung.
341 *Voß*, Symbolische Gesetzgebung, S. 66 ff.
342 *Voß*, Symbolische Gesetzgebung, S. 64 ff.
343 *Voß*, Symbolische Gesetzgebung, S. 67.
344 *Voß*, Symbolische Gesetzgebung, S. 68.
345 *Voß*, Symbolische Gesetzgebung, S. 68.

Gesetzgebung kämen viele Faktoren in den Blick, die dafür sprächen in der Gesetzgebung expressive Handlungen zu sehen: Diese seien etwa die Notwendigkeit der Selbstdarstellung zur Legitimation der Macht, die Notwendigkeit gegenwärtige politische Erfolge zu verbuchen sowie Handlungsfähigkeit und Verantwortungsbewusstsein zu zeigen.[346] Solche Zielsetzungen seien mit der Hoffnung auf sofortige Zweckerreichung verbunden und damit typisch expressiv.[347]

Dennoch kann man keinen kritischen Begriff der Symbolgesetzgebung anhand des Kriteriums der Expressivität entwickeln. Expressivität allein ist nach *Voß* nämlich nur dann inakzeptabel, wenn – entsprechend dem bereits aufgeführten Kriterium der Täuschung – dem Gesetzgeber mangelnde Wahrhaftigkeit vorgeworfen werden könne.[348] Gesetzgebung legitimiere sich auch über den Diskurs, so dass die kommunikativen Aspekte notwendige Bestandteile derselben sind.[349] Gesetzgebung sei eben ein kommunikativer Akt.[350] Diese Einschätzung lässt sich für Politik allgemein bestätigen, etwa mit den Worten *Boehme-Neßlers:*

> „Politik ist schon immer zu einem großen Teil Darstellung gewesen. Sie ist [...] weniger eine instrumentelle als eine expressive und symbolische Praxis. Politische Macht entsteht nicht nur durch Sachkompetenz, sondern weitgehend durch Darstellungskompetenz."[351]

Dazu können durch die kulturelle Angemessenheit einer expressiven Handlung auch Loyalitäts- und Solidaritätsgefühle mit identitätsstabilisierender Wirkung hervorgerufen werden.[352]

Allerdings gebe es auch eindeutig negative Folgen einer Gesetzgebung mit expressiver Schwerpunktsetzung. Zunächst spricht *Voß* das Problem mangelnder Effektivität zur wirklichen Problemlösung an. Der Gesetzgeber könne expressive Wirkungen, wie etwa die Beruhigung der Bevölkerung hervorrufen, „auch wenn sich später die Untauglichkeit des Gesetzes zur Ausschaltung des Grundes der Besorgnis herausstellen sollte."[353] Ein weiteres Problem sei, dass der Gesetzgeber an seine ursprünglich zum Zeitpunkt der expressiven Handlung kundgetane Einschätzung gebunden sei, selbst wenn sich später die Unwirksamkeit der Gesetzgebung

---

346 Dazu noch u. S. 58 ff.
347 *Voß*, Symbolische Gesetzgebung, S. 69 f.
348 *Voß*, Symbolische Gesetzgebung, S. 210 ff.
349 *Voß*, Symbolische Gesetzgebung, S. 214.
350 *Voß*, Symbolische Gesetzgebung, S. 208 f.
351 *Boehme-Neßler*, Unscharfes Recht, S. 354.
352 *Voß*, Symbolische Gesetzgebung, S. 66 ff.
353 *Voß*, Symbolische Gesetzgebung, S. 72.

herausstellen sollte. Ansonsten würde er an Überzeugungskraft und Glaubwürdigkeit und damit an politischem Renommee verlieren. Die zukünftigen Folgen dürften in der politischen Handlung also keine Rolle mehr spielen, da es sonst zu einer Legitimationskrise kommen würde. Der Gesetzgeber sei insofern an seine selbst geschaffenen Fiktionen gebunden, und eine Korrektur seiner Entscheidungen falle ihm deshalb extrem schwer.[354] Dies führe zum Problem des *double-talk*: der Gesetzgeber spreche dann gegen seine Kenntnisse[355].

Die Herausarbeitung der expressiven Seite gesetzgeberischer Handlungen vermag für die Frage nach einem sinnvollen kritischen Begriff der Symbolgesetzgebung nicht unbedingt weiterhelfen. Das Verdienst zeigt sich eher bei der Untersuchung der spezifischen Rationalität der Gesetzgebung, die noch anzusprechen sein wird[356] und die auch Schwerpunkt der Arbeit von *Voß* war.

(f) Sonderfall Generalprävention

Bereits mehrfach angesprochen wurde die interessante Konstellation symbolischer Gesetzgebung im Konzept positiver Generalprävention.[357] Nach dieser Theorie wird das Ziel der Prävention dadurch erreicht, dass durch die Strafe das Vertrauen in die Bestands- und Durchsetzungskraft der Rechtsordnung erhalten und gestärkt wird.[358] Dabei lassen sich nochmals drei Effekte unterscheiden: Ein Lerneffekt durch das Einüben von Rechtstreue; ein Vertrauenseffekt, wenn der Bürger sieht, dass das Recht sich durchsetzt; und ein Befriedungseffekt durch die Erledigung des Konflikts mit dem Täter entsprechend dem allgemeinen Rechtsbewusstsein.[359] Den abstrakten gesetzlichen Strafandrohungen kommen dabei die Aufgaben der Verdeutlichung der geschützten Werte und Normen zu.[360] Damit sind psychologische und intellektuelle Reaktionen beschrieben. Diese setzen jedoch voraus, dass die Bürger nicht nur Kenntnis vom jeweiligen Urteil oder Gesetz erlangen, sondern für eine größtmögliche Wirksamkeit diese Kenntniserlangung besonders

---

354 *Voß*, Symbolische Gesetzgebung, S. 72 ff.

355 *Voß*, Symbolische Gesetzgebung, S. 72 ff.

356 U. S. 58.

357 Ein vollständiger Überblick über die Theorien der positiven Generalprävention wird hier nicht versucht, vgl. dazu beispielsweise *Müller-Tuckfeld*, Integrationsprävention, S. passim oder *Schumann*, Positive Generalprävention, S. 1 ff. mit jeweils weiteren Nachweisen.

358 *Roxin*, AT I, §§3 Rn. 26.

359 *Jakobs*, AT, S. 10.

360 *Streng*, Strafrechtliche Sanktionen, S. 13; *Funcke-Auffermann*, Symbolische Gesetzgebung, S. 79.

eindringlich gestaltet ist, beispielsweise also auch emotional wirkt. Die Erreichung der Ziele positiver Generalprävention setzt damit notwendig voraus, dass das Strafrecht „mit allen Bürgern einen nicht-instrumentellen Kontakt aufnimmt und aufrechterhält."[361] Die oben als symbolisch bezeichneten Charakteristika entsprechen demnach in einigen Belangen den Wirkungen von Gesetzen, wie sie die Theorien positiver Generalprävention beschreiben und gutheißen[362]. *Voß* fasst das wie folgt zusammen: Die Expressivität ist hier notwendige Voraussetzung für den instrumentellen Erfolg.[363]

Was die Gesetzgebung angeht kann der Verweis auf Aspekte positiver Generalprävention zur Entkräftung einer Kritik an „symbolischem Strafrecht" jedoch nicht überzeugen. Nicht nur, dass eine expressive, aber aus positiv-generalpräventiver Sicht sinnvolle und auch legitime Gesetzgebung die Gefahr von Fiktionen beinhaltet.[364] Entscheidender scheint, dass zweifelhaft ist, ob das Ziel der latenten Förderung des Vertrauens in die Rechtsordnung nicht sogar unerreichbar wird, wenn mit immer neuen Gesetzen die Variabilität, Situations- und Machtabhängigkeit der Rechtsordnung manifest wird.[365]

(3) Folgerungen: Gesetzgebungskritik durch „symbolische Gesetzgebung" und „rationale Kriminalpolitik"

Wie gesehen lassen sich für die Umschreibung des Begriffs der symbolischen Gesetzgebung unterschiedliche Ansätze finden, die dann jeweils auch zu anderen Bewertungen kommen. Dennoch lassen sie sich in den Kontext der Forderung nach einer „rationalen Kriminalpolitik" einfügen. Geht man in einem ersten Schritt[366] von einem Modell der Zweckrationalität[367] aus, müsste der Gesetzgeber eigentlich versuchen, das wirkungsoptimale Gesetz zu erlassen. Es zeigte sich aber,

361 *Hassemer*, Das Symbolische am symbolischen Strafrecht. in: FS Roxin, S. 1015; eine „symbolische, kommunikativ vermittelte Stabilisierung" sieht auch *Müssig*, Schutz abstrakter Rechtsgüter, S. 147 als den entscheidenden Punkt positiver Generalprävention.

362 *Funcke-Auffermann*, Symbolische Gesetzgebung, S. 64; *Hassemer*, NStZ 1989, 553 (555); *Roxin*, AT I, §§2 Rn. 38.

363 *Voß*, Symbolische Gesetzgebung, S. 70.

364 *Voß*, Symbolische Gesetzgebung, S. 135 ff.

365 *Kaufmann*, Normen und Institutionen als Mittel zur Bewältigung von Unsicherheit: Die Sicht der Soziologie, in: *Bayerische Rück*, Gesellschaft und Unsicherheit, S. 47; *Prittwitz*, Strafrecht und Risiko, S. 258; *Funcke-Auffermann*, Symbolische Gesetzgebung, S. 62; *Schmehl*, ZRP 1991, 241 (252).

366 So auch die Herangehensweise von *Voß*, Symbolische Gesetzgebung, S. 1, 16 ff.

367 O. S. 11.

dass er sich oftmals nicht an diesem Maßstab orientiert.[368] Die hier aufgeführten Beschreibungen symbolischer Gesetzgebung lassen sich somit weitgehend als grobe Missachtung der Forderungen nach einer „rationalen Kriminalpolitik" zusammenfassen:

Eine „rationale Kriminalpolitik" mit dem Ziel der Verbrechensreduzierung verlangt den instrumentellen Einsatz des Strafrechts zur Zweckerreichung. Ein nicht-instrumenteller Einsatz bzw. einer mit anderem Ziel entspricht diesem Ideal nicht. Dasselbe gilt hinsichtlich eines Strafrechts, das sich nicht allein dem Ziel des Rechtsgüterschutzes verschreibt.

Daraus könnte man nun folgern, dass diese Gesetze irrational seien.[369] Eine solche Sicht vernachlässigt aber erstens die wichtigen Aspekte der Wertrationalität des Strafrechts[370] und der rationalen Fundierung der kommunikativen Aspekte der Gesetzgebung als einem Versuch der Verständigung über die Lösung von Problemen.[371] Zweitens zeigt sich hier wiederum die bereits angesprochene Möglichkeit einer eigenen (Wert- und Zweck-)Rationalität des politischen Prozesses; das Konzept der „rationalen Gesetzgebung" entpuppt sich dann als ein von außen an den Vorgang der Gesetzgebung herangetragenes Postulat.[372] Die Sinnhaftigkeit einer solchen Forderung erscheint wiederum zweifelhaft. Das gilt nicht nur hinsichtlich der verfehlten Bezeichnung „rational" sondern auch aufgrund der Ferne zur politischen Realität und der dadurch eingeschränkten Kritikfähigkeit. Von einem Politiker, der medial präsent sein muss um Wahlerfolg zu haben, beispielsweise zu verlangen, dass er vor seiner öffentlichen Reaktion auf eine aufsehenerregende Straftat kriminologische Untersuchungen studieren oder gar in Auftrag geben solle, ist utopisch. Der bloße Verweis auf Verstöße gegen das Rationalitätsgebot kann somit nicht die wirklichen Probleme der Gesetzgebung benennen. Das gilt insbesondere darum, weil dies für eine Kritik an Symbolgesetzgebung im Kontext der positiven Generalprävention untauglich ist. Nach dieser scheint es möglich, zielgerichtet-instrumentell Rechtsgüter gerade anhand von symbolischen Gesetzgebungsakten zu schützen. Eine solche Norm kann dann auch den Kriterien rationaler Gesetzgebung entsprechen.

---

368 *Haffke*, Die Legitimation des staatlichen Strafrechts zwischen Effizienz, Freiheitsverbürgung und Symbolik. in: FS Roxin, S. 970.

369 *Voß*, Symbolische Gesetzgebung, S. 25.

370 *Haffke*, Die Legitimation des staatlichen Strafrechts zwischen Effizienz, Freiheitsverbürgung und Symbolik. in: FS Roxin, S. 970 ff.

371 *Voß*, Symbolische Gesetzgebung, S. 208.

372 *Voß*, Symbolische Gesetzgebung, S. 83.

Das Problem des Zusammenhangs mit der Theorie positiver Generalprävention bleibt auch bei einem kritischen Begriff der Symbolgesetzgebung ungelöst, der auf ein „mehr oder weniger“ abstellt, mit der Beurteilung von gesetzgeberischen Intentionen vorsichtig bleibt und die Bezeichnungen „instrumentell“ und „effektiv“ vermeidet. Dennoch scheint der Begriff der symbolischen Gesetzgebung den Blick auf einige Probleme zu richten, die sonst weniger diskutiert würden. Darüber hinaus ist er aber zu unscharf, um damit konkrete Kritik üben zu können; diese bleibt pauschal. Immerhin scheint man sich einig, dass eine gewisse Symbolik durchaus legitim und erfolgversprechend[373] sein kann. In der Folge kann er aber als Hinführung zur Beschreibung dahinter liegender Kritikpunkte dienen, wie etwa, dass Symbolik über inhaltliche und konzeptionelle Begründungsdefizite hinweghelfen könne[374] – das Problem ist dann aber nicht das Symbolische, sondern die mangelnde Legitimation. Ebenso wird angeführt, dass symbolische Politik zwar verginge, einmal verabschiedete Gesetze aber die Tendenz hätten zu bestehen.[375] Auch in diesem Fall ist nicht das Symbolische problematisch, sondern die Bestandskraft eines möglicherweise wegen überzogener Strafandrohung oder unbestimmten Tatbestandes schlechten Gesetzes. Dasselbe gilt, wenn bei symbolischen Gesetzen Verstöße gegen die Grundsätze von *ultima ratio* und Verhältnismäßigkeit moniert werden[376]: Dort ist das Problem dann nicht die Symbolik, sondern eben mangelnde Verhältnismäßigkeit und unnötiger Strafrechtseinsatz.

Daneben gibt es aber auch Kritikpunkte, die sich gerade daraus ergeben, dass Gesetzgebung symbolisch betrieben wird. Da ist etwa das von *Voß* angesprochene Problem des *double-talk* zu nennen: Der Gesetzgeber bleibt nicht nur an von ihm als schlecht erkannte Entscheidungen gebunden, sondern muss die zugrundeliegenden Einschätzungen weiter vertreten, um seine Autorität zu wahren. Er spricht dann wider besseren Wissens.

---

373 *Funcke-Auffermann*, Symbolische Gesetzgebung, S. 217; *Anastasopoulou*, Deliktstypen zum Schutz kollektiver Rechtsgüter, S. 230; *Voß*, Symbolische Gesetzgebung, S. 32.

374 *Jäger*, Symbolisches Strafrecht – expressive Kriminalpolitik: Die Reform der Sexualdelikte, in: *Institut für Kriminalwissenschaften und Rechtsphilosophie Frankfurt a.M.*, Irrwege der Strafgesetzgebung, S. 49.

375 *Blankenburg*, Politik der inneren Sicherheit. Eine Einleitung, in: *Blankenburg*, Politik der inneren Sicherheit, S. 9 und 15 ff.

376 So generell für „Einzelfallgesetze“ *Lassak*, Begründingsdefizite in der aktuellen Strafgesetzgebung, in: *Institut für Kriminalwissenschaften und Rechtsphilosophie Frankfurt a.M.*, Irrwege der Strafgesetzgebung, S. 83; differenziert auch *Funcke-Auffermann*, Symbolische Gesetzgebung, S. 218.

Daneben besteht bei der Bewältigung eines sozialen Problems mittels Schaffung einer Norm die Gefahr, dass die sozialen Bezüge des Problems ausgeblendet werden und somit alternative, möglicherweise bessere Politik nicht weiter verfolgt wird.[377] Diese Situation verschärft sich im Strafrecht dadurch, dass es mit seinem System der individuellen Zurechnung auch soziale Probleme individualisiert[378].

Mir scheint, dass die Bezeichnungen „rationale Kriminalpolitik" ebenso wie „symbolische Gesetzgebung" selbst versuchen durch die formelhafte und aufsehenerregende Formulierung die Vorteile der Symbolik für sich zu nutzen. Dabei geht es sicherlich um einen Versuch der Verringerung der Komplexität[379], die sonst bei einer strafrechtstheoretischen Diskussion eines gerade heiß gehandelten Gesetzentwurfs notwendig auftritt und für die meisten Menschen zur Unverständlichkeit der wissenschaftlichen Kritik führt. Aus diesem Grund braucht die Wissenschaft auch Kampfbegriffe. Mit den Vorteilen gehen jedoch auch die Nachteile der Vereinfachung einher: Pauschalisierung, Angreifbarkeit durch genauere Untersuchung und Einengung des Blickfeldes.

III. Politische Kriminalpolitik

Bisher hat sich gezeigt, dass durchaus auch Strafgesetze geschaffen werden, die ihrer „Aufgabe" der Zweckrationalität nicht gerecht zu werden vermögen. Nun stellt sich die Frage nach anderen Funktionen der Gesetzgebung[380]: Wieso werden diese Gesetze sonst geschaffen? Diese Frage gilt es beantworten zu können, um nachhaltig auf die Gesetzgebung einzuwirken. Erst wenn die wirklichen Hintergründe und Motive erkennbar werden, lassen sich diese auch analysieren und kritisieren. Erst das wäre eine Kritik, die der Politik ins Herz blickt. Mit ihr lässt

377 *Amelung*, ZStW 92 (1980), 19 (40).

378 *Albrecht*, Das Strafrecht im Zugriff populistischer Politik, in: *Institut für Kriminalwissenschaften und Rechtsphilosophie Frankfurt a.M.*, Vom unmöglichen Zustand des Strafrechts, S. 434; *Müller-Tuckfeld*, Traktat für die Abschaffung des Umweltstrafrechts, in: *Institut für Kriminalwissenschaften und Rechtsphilosophie Frankfurt a.M.*, Vom unmöglichen Zustand des Strafrechts, S. 478.

379 *Voß*, Symbolische Gesetzgebung, S. 207.

380 *Amelung*, ZStW 92 (1980), 19 (58); dazu auch *Schild*, Funktionale und nicht-funktionale Bedeutung des Gesetzes. in: FS Weimar, S. 196 ff.; eine vollständige Darstellung aller möglichen Funktionen wird an dieser Stelle nicht möglich sein. Die folgenden Punkte beinhalten besonders anschauliche Beispiele.

sich die Hoffnung verbinden, dass sie deutlich mehr Beachtung findet als die Aufstellung abstrakter Forderungen.

1. Strafrechtsgesetzgebung und Machtpolitik

Strafrecht ist das Ergebnis von politischen Prozessen, die Umsetzung politischer Ziele geschieht in aller Regel durch die Erarbeitung entsprechender Gesetzesentwürfe[381], das Gesetz ist „‚geronnene Politik'"[382]. Diese Erkenntnis ist ebenso banal wie folgenschwer. Denn in der Regel wollen politische Akteure – Politiker und Parteien über die jeweilige Wahlperiode hinaus im Amt bleiben. Die Entscheidungen sind deshalb in hohem Maße (macht-)politisch, also davon bestimmt, ob diese dem Machterhalt dienen. Und das können nur Entscheidungen, die als populär eingeschätzt werden.[383] Für die Popularität spielen Sicherheits- und Kriminalitätspolitik eine große Rolle. In einer Untersuchung des Schweizerischen Wissenschaftsrates weisen die Autoren die Politiker darauf hin, dass sie dann unterstützt würden, „wenn sie einen sichtbaren Beitrag an das öffentliche Gut Sicherheit glaubhaft anbieten können"[384]; dessen sind sich Politiker durchaus bewusst.[385]

Im Kontext „symbolischer Gesetzgebung" sollte man sich auch bewusst sein, dass sich seit dem Beginn der dazugehörigen Diskussionen in den 1980er Jahren die Wichtigkeit kommunikativer Aspekte in der Gesetzgebung noch vergrößert haben dürfte. Dies könnte insbesondere eine Folge der Dominanz des Fernsehens und der damit einhergehenden Spielregeln von Einschaltquoten und Unterhaltung sein.[386] Will die Politik möglichst große Reichweite erreichen, muss sie sich der visuellen Logik des Fernsehens unterwerfen, was die Tendenz zu Theatralik und Symbolik verstärkt.[387]

---

381 *Busse*, Gesetzgebungsarbeit und Bundesregierung – Politik und Planung, in: *Schrekkenberger/Merten*, Grundfragen der Gesetzgebungslehre, S. 60.

382 *Schulze-Fielitz*, Theorie und Praxis parlamentarischer Gesetzgebung, S. 378.

383 *Garland*, Kultur der Kontrolle, S. 209; *Lauterwein*, Symbolische Gesetzgebung, S. 64; *Arnim/Brink*, Methodik der Rechtsbildung unter dem Grundgesetz, S. 173 f.

384 *Meier-Dallach/Nef*, Risiko und innere Sicherheit, S. II.

385 *Sack*, Wie die Kriminalpolitik dem Staat aufhilft. Governing through Crime als neue politische Strategie, in: *Lautmann/Klimke/Sack*, Punitivität, S. 32 ff.

386 *Boehme-Neßler*, Unscharfes Recht, S. 354 ff.

387 *Boehme-Neßler*, Unscharfes Recht, S. 354 ff.

Zu einer Politikberatung auf dem Gebiet des Strafrechts muss sich die Wissenschaft der Bedeutung des Politikfeldes für die öffentliche Meinung und die Machtaussichten der Politiker bewusst sein. Unpopuläre Maßnahmen haben hier demnach noch weniger Chancen auf Durchsetzung, als in anderen Bereichen. Gute Politik lässt sich eben nicht immer gut verkaufen.[388] Eine Möglichkeit zum besseren „Absatz" könnte eine entsprechende Formulierung darstellen, um die Attraktivität eines Vorschlags zu erhöhen. Das scheint nicht aussichtslos: Wenn expressive Politik gemacht wird, sind die Inhalte der damit verbundenen Gesetzgebung variabler, da es auf sie weniger ankommt. Es gilt dann die richtigen Mittel zu finden, um eine Maßnahme populär zu gestalten. Dabei können Sicherheit, Risikobeherrschung und Opferschutz wichtige Signalwörter sein.[389] Der wissenschaftlichen Politikberatung käme dann die komplizierte Aufgabe zu, sicherzustellen, dass das Ergebnis des expressiv gestalteten Gesetzgebungsvorgangs ein trotz allem gutes Gesetz wäre. Möglicherweise gilt es für die Wissenschaft aber letztlich auch auf die Einstellungen der Bevölkerung insgesamt einzuwirken, mit der Hoffnung, dass die Politik dieser folgt. Das allerdings dürfte sich auch nicht einfacher gestalten als erfolgreiche Politikberatung.

2. Handlungsfähigkeit und Tatkraft beweisen

Um Popularität zu erreichen sind Problemlösungskompetenz und damit Handlungsfähigkeit und Tatkraft besonders wichtig, wobei es insbesondere auf deren Darstellung ankommt.[390] So wird konstatiert, dass „mitunter trefflich Politik gemacht" werde, die „nach außen verdeutlichen soll, dass der Staat handlungsfähig ist, dass er auf sein Gewaltmonopol pocht und dass er bürgerschaftliche Interessen ernst nimmt."[391] Von einem präsenten und entschlossen handelnden Gesetzgeber gehe dann ein beruhigender öffentlicher Eindruck aus[392].

Der Erlass von Gesetzen ist für die politische Selbstdarstellung besonders gut geeignet. Das liegt nicht zuletzt daran, dass politische Erfolge in kurzen

388 *Lauterwein*, Symbolische Gesetzgebung, S. 64.

389 Dazu ausführlich u. S. 95 ff.

390 *Stächelin*, Strafgesetzgebung im Verfassungsstaat, S. 274 f.; *Voß*, Symbolische Gesetzgebung, S. 69 f.; *Schmehl*, ZRP 1991, 241 (253).

391 *Frevel*, Kriminalpolitik im institutionellen System der Bundesrepublik Deutschland, in: *Lange*, Kriminalpolitik, S. 118.

392 *Hassemer*, JuS 1987, 257 (258).

Zeitabständen begutachtet werden und die Gesetzgebung das dazu benötigte Tempo bieten kann: Mit dem Abschluss des Gesetzgebungsverfahrens liegt unmittelbar ein Ergebnis der politischen Arbeit vor, das als Erfolg vorweisbar ist.[393] Die Bearbeitung von Problemen mittels Gesetzen entspricht auch den Erwartungen der Bürger, die den Rechtsstaat weitgehend als Gesetzesstaat verstehen.[394] Daneben sind Strafgesetzesänderungen im Vergleich zu anderen Maßnahmen für den Staatshaushalt nahezu kostenfrei;[395] damit ist bei diesen auch weniger Widerstand von anderen staatlichen Stellen zu erwarten. Der – sicherlich notwendige – Blick auf den Staatshaushalt verhindert allerdings auch viele möglicherweise im Hinblick auf das Ziel der Kriminalitätsprävention effektivere Maßnahmen.[396] Neue Straftatbestände eignen sich damit einerseits besonders gut für die Selbstdarstellung[397] und können andererseits auch als Verlegenheits- oder Scheinlösung angesichts leerer Kassen verstanden werden. Es fehlt also nicht unbedingt am guten Willen.

a) Die Suche nach Selbstdarstellungsmöglichkeiten

Die politische Zielsetzung führt zu einigen weiteren problematischen Punkten. So braucht der Gesetzgeber, um sich entsprechend zu profilieren, dazu taugliche Situationen. Diese können als die Feststellung eines Handlungsbedarfs zusammengefasst werden.[398] Das Bedürfnis nach Profilierungsmöglichkeiten führt dazu, dass Handlungsbedarf teilweise generiert werden muss, obwohl dieser möglicherweise nicht objektiv besteht. Es kommt zur Regelung von Scheinproblemen oder zur Überdramatisierung von Ereignissen. Beispielhaft dafür ist der Umgang mit aufsehenerregenden Straftaten. Regelmäßig wird dort angesichts angeblicher

---

393 *König*, Zur Überprüfung von Rechtssetzungsvorhaben des Bundes, in: *Grimm/Maihofer*, Gesetzgebungstheorie und Rechtspolitik, S. 175; vgl. dazu auch die Definition für expressive Gesetzgebungsakte bei Voß, o. S. 53.

394 *Karpen*, Zum gegenwärtigen Stand der Gesetzgebungswissenschaft in Europa, in: *Schreckenberger/Merten*, Grundfragen der Gesetzgebungslehre, S. 15; *König*, Zur Überprüfung von Rechtssetzungsvorhaben des Bundes, in: *Grimm/Maihofer*, Gesetzgebungstheorie und Rechtspolitik, S. 171.

395 Vergleiche etwa die Kostenangaben bei *Bundesregierung*, BT-Drs. 16/575, S. 2 und *Bundestag*, BT-Drs. 16/12428, 3.

396 *Stübinger*, Strafrecht – zwischen Wissenschaft und Politik, in: *Institut für Kriminalwissenschaften und Rechtsphilosophie Frankfurt a.M.*, Irrwege der Strafgesetzgebung, S. 149 f.

397 *Stächelin*, Strafgesetzgebung im Verfassungsstaat, S. 270.

398 *Stächelin*, Strafgesetzgebung im Verfassungsstaat, S. 274 ff.

Gesetzeslücken Handlungsbedarf gesehen, auch wenn die einzelne Tat durchaus schon vorher strafbar war.[399]

b) Scheu vor schwierigen Problemen

Während einerseits aktiv Handlungsbedarf generiert wird, kann es andererseits dazu kommen, dass lösungsbedürftige Probleme nicht als solche beschrieben werden, wenn sie zur Selbstdarstellung nicht taugen, etwa weil ihre Lösung sehr schwierig ist. Diese Vorgehensweise empfiehlt etwa der Schweizerische Wissenschaftsrat den Politikern. Er rät in der Sicherheitspolitik Gefahren, zu denen keine Lösung angeboten werden könne, eher nicht in der Öffentlichkeit zu thematisieren, denn: „Gefahrenbilder ohne Handlungschancen sind politisch fragwürdig."[400] Es besteht die Gefahr, dass selbst besonders wichtige soziale Probleme von der Politik gemieden werden, weil ihre prompte Lösung zu komplex oder aussichtslos erscheint. Dasselbe gilt auch für lösbare Probleme, die aber mangels öffentlichen Interesses keinen Imagegewinn erwarten lassen. So bemerkt auch *Noll*, dass es bei den behandelten Themen nicht in erster Linie auf deren gesellschaftliche Wichtigkeit anzukommen scheint.[401] Sofern er aber schreibt, dass die Prioritäten „vielmehr nach Willkür und Zufall gesetzt" würden, ist ihm allerdings zu widersprechen. Dem politischen Kalkül scheint es eher zu entsprechen, dem Zufall möglichst wenig Raum zu geben.

c) Qualitätsmängel als Folge

Das größte Problem dürfte in diesem Zusammenhang aber sein, dass für die kurzfristige Selbstdarstellung „die inhaltliche Qualität und die langfristigen Wirkungen der so auf die politische Agenda gesetzten Vorschläge" von untergeordneter Bedeutung sind; in der Folge „können kriminalpolitische Vorschläge in die Diskussion kommen, die im Verhältnis zu dem anstehenden Problem über das Ziel hinausschießen oder gar untauglich sind."[402] Das spricht auch *Hassemer* an, wenn er meint, dass „die prompte Befriedigung eines ‚Handlungsbedarfs'" Grund für die Schaffung symbolischen Strafrechts (im schlechtesten Sinn) sei.[403]

399 Dazu auch u. S. 181 ff.

400 *Meier-Dallach/Nef*, Risiko und innere Sicherheit, S. VI.

401 *Noll*, Gesetzgebungslehre, S. 56.

402 *Aden*, Problemdefinition und Agendagestaltung in der Kriminalpolitik, in: *Lange*, Kriminalpolitik, S. 127.

403 *Hassemer*, NStZ 1989, 553 (559).

d) Gegenmaßnahmen: Erforderlichkeitsprüfung als Möglichkeit

Auf die Wichtigkeit der genauen Untersuchung, inwiefern objektiv „Handlungsbedarf" besteht, haben bereits vor einiger Zeit eine Vielzahl von Autoren hingewiesen.[404] Als eine der Errungenschaften der Gesetzgebungslehre und als Reaktion auf die „Normenflut" dürfen insofern die Tätigkeiten der Bundesregierung auf diesem Gebiet seit 1982 gelten, die im Rahmen der Rechts- und Verwaltungsvereinfachung im Juli 1983 zu einer verpflichtenden Notwendigkeitsüberprüfung führten.[405] Diese wurde 1984 mit der Formulierung der sogenannten „Blauen Prüffragen" konkretisiert.[406] Danach hatte jedes Ressort der Bundesregierung, das einen Gesetzentwurf vorlegen wollte, einige Fragen zu beantworten, die eine genaue Prüfung der Notwendigkeit des Gesetzgebungsvorhabens ermöglichen sollte.[407] Auf die Fragen wurde in Regierungsbeschlüssen und -anweisungen an die Ministerien in der Folgezeit mehrmals verwiesen[408] bis sie 1996 sogar in den besonderen Teil der damals gültigen Gemeinsamen Geschäftsordnung der Bundesministerien (GGO) aufgenommen wurden.[409] Die Fragen lauten:

(1) Muss überhaupt etwas geschehen?
(2) Welche Alternativen gibt es?
(3) Muss der Bund handeln, oder kann dies den Ländern überlassen werden?
(4) Muss ein Gesetz gemacht werden?
(5) Muss jetzt gehandelt werden?
(6) Ist der Regelungsaufwand erforderlich?

---

404 *Amelung*, ZStW 92 (1980), 19 (25 f.); *Busse*, Gesetzgebungsarbeit und Bundesregierung – Politik und Planung, in: *Schreckenberger/Merten*, Grundfragen der Gesetzgebungslehre, S. 49; *Freibert*, Das ideale Gesetz, in: *Bundesakademie für Öffentliche Verwaltung*, Praxis der Gesetzgebung, S. 32.

405 *König*, Zur Überprüfung von Rechtssetzungsvorhaben des Bundes, in: *Grimm/Maihofer*, Gesetzgebungstheorie und Rechtspolitik, S. 173.

406 *König*, Zur Überprüfung von Rechtssetzungsvorhaben des Bundes, in: *Grimm/Maihofer*, Gesetzgebungstheorie und Rechtspolitik, S. 173; *Bundesminister der Justiz*, Bundesanzeiger 44 (1992) (11 ff.).

407 *Wassermann*, NJW 1999, 1376 (1376 f.).

408 *Bundesminister der Justiz*, Bundesanzeiger 44 (1992) (11 ff. und 24).

409 *Busse*, Gesetzgebungsarbeit und Bundesregierung – Politik und Planung, in: *Schrekkenberger/Merten*, Grundfragen der Gesetzgebungslehre, S. 49 f.; Die GGO regelt „Grundsätze für die Organisation der Bundesministerien, die Zusammenarbeit der Bundesministerien und mit den Verfassungsorganen sowie für den Geschäftsverkehr nach außen. Sie regelt die Mitwirkung bei der Rechtsetzung." (§ 1 Abs. 2 GGO).

(7) Kann die Geltungsdauer beschränkt werden?
(8) Ist die Regelung bürgernah und verständlich?
(9) Ist die Regelung praktikabel?
(10) Stehen Kosten und Nutzen in einem angemessenen Verhältnis?[410]

In der aktuellen Fassung finden sich diese sogenannten Blauen Prüffragen allerdings nicht mehr, da sie nach Fn. 6 zu den §§ 42 ff. durch die Integration ihres wesentlichen Inhalts in die §§ 43 ff. GGO gegenstandslos geworden sind.[411] Der „wesentliche Inhalt" des Fragenkatalogs bezüglich der Notwendigkeitsprüfung findet sich in der aktuellen Fassung der GGO in § 43 Abs. 1 Nr. 1 und Nr. 3. Danach sind in der Begründung des Gesetzentwurfs dessen Notwendigkeit, ob andere Lösungsmöglichkeiten bestehen und ob eine Erledigung der Aufgabe durch Private möglich ist, darzustellen. Für die Frage nach Alternativen (Frage 2 der Blauen Prüffragen) besteht damit eine einseitige Fokussierung auf gesellschaftliche Selbstregulierung, die sich auch im dazu ausgearbeiteten ausführlichen Prüfkatalog der Anlage 5 zur GGO wiederfindet.[412] Die Frage nach Alternativen allgemein findet sich nur im gemäß § 42 Abs. 1 erforderlichen Vorblatt (Anlage 3 zu § 42 GGO).

Damit ist die Notwendigkeitsprüfung in der GGO erstens nicht mehr als notwendiger Teil des Vorverfahrens der Gesetzgebung sondern nur noch als Gegenstand einer Formalie (Begründung, Vorblatt) beschrieben. Daraus muss sich auch eine andere Handhabung ergeben. Meiner Ansicht nach lässt sich durch diese Umgestaltung ein Bedeutungsverlust erkennen. Zweitens gerät die Möglichkeit alternativen staatlichen Handelns dabei etwas aus dem Blick. Die Suche nach und die Berücksichtigung alternativer staatlicher Maßnahmen sind zwar möglicherweise kein Mittel gegen „Normenflut". Sie sind es aber, die bei schwierigen gesellschaftlichen Fragen dazu führen, die möglichst optimale gesetzliche Lösung zu suchen.

Weiterhin ist fraglich, ob die – die Rechtmäßigkeit eines Gesetzes nicht berührenden – Anforderungen des Fragenkataloges oder die Nennung der

410 *Bundesminister der Justiz*, Bundesanzeiger 44 (1992) (11 ff.); ebenso abgedruckt in *Bundesminister der Justiz/Bundesminister des Inneren*, Anhang, in: *Grimm/Maihofer*, Gesetzgebungstheorie und Rechtspolitik; *Wassermann*, NJW 1999, 1376 und *Funcke-Auffermann*, Symbolische Gesetzgebung, S. 24.

411 *Bundesregierung*, http://www.bmi.bund.de/cae/servlet/contentblob/139852/publicationFile/56552/ggo.pdf.

412 Das mag Ausdruck (neo-)liberaler Suche nach Möglichkeiten der Verringerung staatlicher Aufgaben sein. Diese kann im Bereich der Kriminalpolitik zu einer durchaus bedenklichen Verantwortungszuweisung an den Einzelnen führen, vgl. *Krasmann*, Die Kriminalität der Gesellschaft, S. 183 ff.

Erforderlichkeitsprüfung in einem von einem Dutzend Gliederungspunkten der Begründung und im Vorblatt die tatsächliche ergebnisoffene Durchführung einer Prüfung gewährleisten können. Dass die nach § 42 Abs. 1 i.V.m. Anlage 3 der GGO in den Vorblättern zu Gesetzesentwürfen aufzuführende Frage nach Alternativen i.d.R. mit „keine“ beantwortet wird, deutet darauf hin, dass dies nicht der Fall ist.[413]

e) Fazit

Die genaue Prüfung, ob ein Gesetz erlassen werden muss und ob es gerade dieses Gesetz sein soll, wären gute Praktiken, um kritisch zu hinterfragen, welcher Handlungsbedarf tatsächlich besteht. Die Ausgestaltung dieser Prüfung in der GGO weist allerdings darauf hin, dass sie in der politischen Praxis nur einen geringen Stellenwert hat. In dieselbe Richtung weist die standardmäßige Angabe von „keine“ unter den „Alternativen“ auf den Vorblättern der Gesetzentwürfe. Das verwundert nicht, wenn man bedenkt, dass dieselben politischen Akteure, die ihre Handlungsfähigkeit und Tatkraft nachweisen möchten, auch die Grundsätze der GGO erstellen und diese umzusetzen haben. Der Bedarf an Selbstdarstellungsmöglichkeiten überwiegt in der politischen Rationalität anscheinend die gut gemeinten Versuche einer Verbesserung der Gesetzgebung im Sinne „rationaler Kriminalpolitik“.

3. Ohnmacht verbergen

Eine weitere Funktion der Strafgesetzgebung ergibt sich aus dem Zusammenspiel sinkender nationalpolitischer Gestaltungsmacht, von der Bevölkerung an den Staat herangetragener Ansprüche und dem Wunsch nach politischer Selbstdarstellung: Mit Aktivitäten auf dem Gebiet des Strafrechts soll verborgen werden, dass der Staat teilweise machtlos ist.

In vielen Bereichen sind die Möglichkeiten wirksamer Gestaltung durch die Politik stark eingeschränkt. Die globalisierte grenzüberschreitende Wirtschaft bestimmt auch die Geschicke der Menschen in den einzelnen Nationalstaaten. Die Ohnmacht der Politik anlässlich globaler wirtschaftlicher Ereignisse zu gestalten und nicht nur zu reagieren zeigt sich auch bei den aktuellen Krisen rund um

---

413 *Wassermann*, NJW 1999, 1376 (1376); zur parallelen Situation in Österreich ausführlich *Rack*, Die Alternativenlosigkeit von Gesetzesvorlagen der Bundesregierung. in: FS Weimar passim.

Banken und Euro. Daneben verliert der deutsche Gesetzgeber weite Teile seiner Aufgaben und Kompetenzen an die Institutionen der EU. Das Strafrecht und die innere Sicherheit bleiben dabei – noch[414] – Politikbereiche, für die der Staat „originäre Zuständigkeit reklamieren kann“, in denen der einzelne Politiker „noch Gestaltungsinitiative demonstrieren“ kann[415]. Zusätzlich dazu, dass die Steuerungsmöglichkeiten eher abnehmen, nehmen die an die Politik gestellten Erwartungen ständig zu; „Politik und Recht geraten deshalb in die Versuchung diesen Widerspruch durch symbolisches Recht zu lösen.“[416]

Dabei steht zu befürchten, dass zum Verbergen von Schwäche gerade Demonstrationen von Stärke dienen. Das bedeutet auf dem Gebiet der Strafverfolgung in der Regel Unnachgiebigkeit und Härte gegenüber Tätern und Beschuldigten:

> „Ein rabiates Strafrecht ist immer ein Zeichen staatlicher Schwäche.“[417]

In diesem Kontext kann es Aufgabe der Wissenschaft sein, die teilweise Schwäche und Machtlosigkeit des Strafrechts aufzudecken. Beispielsweise geschah dies bei der kritischen Untersuchung der Präventionserfolge im Resozialisierungsvollzug. Das kann allerdings auch bedeuten, öffentlich zu formulieren, dass einige als negativ empfundene Gegebenheiten schlicht hinzunehmen sind. Andererseits kann durch das Aufzeigen sinnvoller Gestaltungsmöglichkeiten der Eindruck eines machtlosen Staates verhindert werden. Hier ist die Wissenschaft gefordert, umsetzbare Konzepte zu entwickeln.

4. Beschwichtigung und Beruhigung der Bevölkerung: Reaktionen auf Unsicherheitsgefühle

In Zeiten der Verunsicherung wird teilweise versucht, Gesetzgebungsakte zur Beschwichtigung zu nutzen. Das kann durchaus auch sinnvoll und wirksam sein.[418]

---

414 Der Einfluss der europäischen Integration steigt auch hier, vgl. S. 189.

415 *Frehsee*, Fehlfunktionen des Strafrechts und der Verfall rechtsstaatlichen Freiheitsschutzes, in: *Frehsee/Löschper/Smaus*, Konstruktion der Wirklichkeit durch Kriminalität und Strafe, S. 34.

416 *Boehme-Neßler*, Unscharfes Recht, S. 338.

417 *Frehsee*, Fehlfunktionen des Strafrechts und der Verfall rechtsstaatlichen Freiheitsschutzes, in: *Frehsee/Löschper/Smaus*, Konstruktion der Wirklichkeit durch Kriminalität und Strafe, S. 34.

418 *Voß*, Symbolische Gesetzgebung, S. 32; *Kindermann*, Symbolische Gesetzgebung, in: *Grimm/Maihofer*, Gesetzgebungstheorie und Rechtspolitik, S. 235 ff.

Der Gesetzgeber wird dann tätig, um auf Unsicherheitsgefühle zu reagieren. Diese wurden seit den 1990er Jahren vermehrt zum Anknüpfungspunkt für Kriminalpolitik[419].

Der Einsatz des Strafrechts für „die symbolische Versicherung der verunsicherten Risikogesellschaft“[420] birgt allerdings nicht unerhebliche Gefahren für die Gesetzgebung. Diese ergeben sich daraus, dass die Politik hier auf Gefühle reagiert. Dabei gibt es kriminologische Erkenntnisse, wonach Gefühle der Verunsicherung[421] und Kriminalitätsfurcht[422] sich teilweise unabhängig von tatsächlicher Bedrohung entwickeln[423]. Die Unsicherheitsgefühle sind also teilweise unberechtigt. Für eine politische Reaktion auf sie ist die Berechtigung allerdings unerheblich.[424] In der Folge basieren kriminalpolitische Vorschläge, die an subjektive Befindlichkeiten anknüpfen, nur bedingt auf einer objektivierbaren Problemlage. Sie bleiben dann „notwendig ein Stück weit beliebig“.[425] Daneben ist eine Politik der Reaktion auf Sicherheitsbedürfnisse unbeschränkt: „Sicherheit ist ein unerreichbares Ziel.“[426] Mit dieser ständig vorhandenen Begründung lässt sich unendlich viel neues Recht schaffen. Zudem kann die sich aus der politischen Thematisierung von Unsicherheitsgefühlen ergebende erhöhte Aufmerksamkeit (und möglicherweise auch Glaubwürdigkeit) vorher nicht vorhandene Ängste erst schüren.[427] Auch wenn

---

419 *Aden*, Problemdefinition und Agendagestaltung in der Kriminalpolitik, in: *Lange*, Kriminalpolitik, S. 126; *Neubacher*, ZStW 118 (2006), 857 (863); *Pieper/Rodriguez*, Einleitung, in: *Pieper*, Gouvernementalität, S. 11 f.

420 *Prittwitz*, „Feindstrafrecht“, in: *Cremer-Schäfer/Pilgram/Stangl/Steinert*, Kriminologie, S. 224.

421 *Kaufmann*, Normen und Institutionen als Mittel zur Bewältigung von Unsicherheit: Die Sicht der Soziologie, in: *Bayerische Rück*, Gesellschaft und Unsicherheit, S. 39.

422 *Kaiser*, Kriminologie, §§33 Rn. 26 m.w.N., *Albrecht*, Kriminologie, S. 366; anders *Garland*, Kultur der Kontrolle, S. 278 ff., aber nur insoweit, dass das Aufkommen des sozialen Phänomens Kriminalitätsfurcht Folge gestiegener Kriminalität gewesen sei. Ebenso *Arzt*, Der Ruf nach Recht und Ordnung, S. 33.

423 Dazu auch u. S. 132.

424 *Hassemer*, StV 1993, 664 (667); *Stübinger*, Strafrecht – zwischen Wissenschaft und Politik, in: *Institut für Kriminalwissenschaften und Rechtsphilosophie Frankfurt a.M.*, Irrwege der Strafgesetzgebung, S. 146.

425 *Aden*, Problemdefinition und Agendagestaltung in der Kriminalpolitik, in: *Lange*, Kriminalpolitik, S. 126.

426 *Bröckling*, Widersprüche 2002, 39 (43); dazu auch u. S. 131.

427 *Aden*, Problemdefinition und Agendagestaltung in der Kriminalpolitik, in: *Lange*, Kriminalpolitik, S. 126.

das zur Herstellung von Handlungsbedarf[428] politisch sinnvoll erscheinen mag, entfernen sich objektive Probleme und politische Maßnahmen dadurch noch weiter voneinander.

Der Wunsch nach Reaktion auf vermeintliche Gefährdungslagen führe dann nach Ansicht einiger Autoren nicht nur zu expressiven, sondern auch zu harschen bzw. punitiven[429] und exkludierenden Rechtssetzungsakten. Angst und Unsicherheit führten in Teilen der Bevölkerung zu Techniken der Realitätsvermeidung, zur Unfähigkeit gesellschaftliche Komplexität zu akzeptieren und letztlich zur Unfähigkeit Mehrdeutigkeiten zu ertragen. Darauf reagiere die Politik mit dem Versuch der Vereinfachung.[430] Für die dazu notwendigen expressiven Akte dienten Stereotypen und Vereinfachungen als Stilmittel.[431]

5. Wertbekenntnisse

Wie bereits angedeutet, können Strafgesetze auch eingesetzt werden, um die Wertschätzung für bestimmte soziale Normen zu demonstrieren:

> „Kriminalisierungsreformen werden in allen politischen Lagern als Mittel symbolischer Wertebekräftigung geschätzt."[432]

Das kann man auch als die soziale Funktion des Strafgesetzes bezeichnen.[433] Dabei geht es einerseits um Abgrenzung gegenüber anderen politischen und gesellschaftlichen Gruppen. Andererseits besteht anscheinend ein gesamtgesellschaftliches Bedürfnis nach Verständigung durch die Bestätigung bestimmter Werte, dessen Befriedigung integrativ wirkt.[434] Beides kann auch durch den Erlass von Gesetzen

---

428 Vgl. o. S. 61 f.

429 *Mühler*, Strafverlangen – Bedingungen für die Variation von Erwartungen an die Strafpraxis des Staats, in: *Metze/Mühler/Opp*, Normen und Institutionen, S. 231; *Satzger*, Trends und Persepktiven einer europäischen Strafrechtspolitik, in: *4. Europäischer Juristentag*, Sammelband, S. 239.

430 *Voß*, Symbolische Gesetzgebung, S. 207.

431 *Voß*, Symbolische Gesetzgebung, S. 206 f.

432 *Albrecht*, Das Strafrecht im Zugriff populistischer Politik, in: *Institut für Kriminalwissenschaften und Rechtsphilosophie Frankfurt a.M.*, Vom unmöglichen Zustand des Strafrechts, S. 435.

433 *Schild*, Funktionale und nicht-funktionale Bedeutung des Gesetzes. in: FS Weimar, S. 200 m.w.N.

434 *Voß*, Symbolische Gesetzgebung, S. 206; vgl. auch *Durkheim*, Über die Teilung der sozialen Arbeit, S. 147 f.

erreicht werden.[435] Vom Staat wird hier die Schaffung von Sicherheit im Sinne von Orientierungssicherheit erwartet.[436]

Systemtheoretisch könnte man dabei von Erwartungsstabilisierung sprechen[437]. Dabei kann es problematisch werden, dass bestimmte Erwartungen bei entsprechender Stabilisierung auch trotz gegenteiliger Erfahrungen, also kontrafaktisch, durchgehalten werden können. Für die intendierte Erwartungsbestätigung wird es dann unerheblich, ob die Zustände tatsächlich den Erwartungen entsprechen. Die Verwirklichung des mit dem Gesetz kommunizierten Zieles spielt somit für die stabilisierende Funktion nur eine geringe Rolle.[438] Hierbei entsteht dann das bereits angesprochene Problem[439] der Bindung des Gesetzgebers an seine getätigten Aussagen, das dann entweder zu *double-talk* oder zu Glaubwürdigkeitskrisen führt. Je weiter zudem Erwartungen erschüttert werden, desto schwieriger wird die Stabilisierung: Der Gesetzgeber ist zu immer extremeren expressiven Akten genötigt.

Die angesprochene Stabilisierungs- und Integrationsleistung sieht auch *Haffke*[440]. Demnach gehe von sozialen bzw. kulturellen Zielen eine (emotional wirkende) Anziehungskraft aus, die dazu führe, dass diese auch auf unerlaubtem Wege zu erreichen versucht würden; die (wertbekennende) Kriminalisierung erreiche dabei eine „emphatische Verstärkung" der erlaubten Handlungsweisen und damit eine Gleichmäßigkeit der emotionalen Besetzung gegenüber diesen Zielen. Das Strafrecht trage gerade durch seinen Wertgehalt zu Integration und Stabilität der Gesellschaft bei[441].

Für die wissenschaftliche Vorbereitung kriminalpolitischer Entscheidungen darf dieser Aspekt der Wertrationalität des Strafrechts nicht außer Acht gelassen werden.[442] Ein Strafrecht, das nur Rechtsgüter schützt, ohne emotionale Besetzung,

---

435 *Voß*, Symbolische Gesetzgebung, S. 34.

436 Dazu *Kaufmann*, Normen und Institutionen als Mittel zur Bewältigung von Unsicherheit: Die Sicht der Soziologie, in: *Bayerische Rück*, Gesellschaft und Unsicherheit, S. 38 f.; zu Sicherheit als staatliche Aufgabe auch u. S. 105.

437 *Voß*, Symbolische Gesetzgebung, S. 36 ff.

438 *Voß*, Symbolische Gesetzgebung, S. 36 ff.

439 O. S. 53.

440 *Haffke*, Die Legitimation des staatlichen Strafrechts zwischen Effizienz, Freiheitsverbürgung und Symbolik. in: FS Roxin, S. 871; in Anlehnung an Merton.

441 *Haffke*, Die Legitimation des staatlichen Strafrechts zwischen Effizienz, Freiheitsverbürgung und Symbolik. in: FS Roxin, S. 971.

442 Ebenso *Schild*, Funktionale und nicht-funktionale Bedeutung des Gesetzes. in: FS Weimar, S. 207 f.

gibt es nur jenseits der Empirie. Es geht bei der Setzung von Strafrechtsnormen also nicht zuletzt um die Frage, was „Gut“ und was „Böse“ sein soll. Eine Wissenschaft der Strafgesetzgebung kann diese Entscheidung dann entweder der Gesellschaft und Politik überlassen und sich der Umsetzung der Entscheidung nach wissenschaftlichen Kriterien widmen oder aber sie muss selbst zu dieser Frage Stellung nehmen können. Etwas technischer gefasst geht es um die Fragen, welche Rechtsgüter geschützt werden sollen bzw. letztlich um den materiellen Gehalt des Verbrechensbegriffs[443] und darum zu bestimmen, wann eine Rechtsgutsbeeinträchtigung dermaßen „gravierend“[444] ist, dass gerade das Strafrecht zum Einsatz kommen soll. Die bisherigen Erkenntnisse auf diesem Gebiet scheinen allerdings die Frage nicht ausreichend präzise zu beantworten, um der Kriminalpolitik verlässliche Grenzen aufzeigen zu können.[445] Weitere Bemühungen in diese Richtung werden sich auch damit auseinandersetzen müssen, welche Handlungen normativ als solche gesehen werden, die Strafe verdienen[446].

6. Legitimierung staatlicher Macht

Bei allen Fallgruppen der Symbolgesetzgebung[447] zeigte sich ein Interesse an kommunikativ vermittelten Reaktionen des Staates auf an ihn herangetragene Anforderungen, die durch das Gesetz befriedigt werden sollten.[448] Dieses Nachgeben gegenüber einem öffentlichen Handlungsdruck wird einerseits als Charakteristikum symbolischer Kriminalpolitik gesehen.[449] Die Rücksicht auf Mehrheitsmeinungen und Stimmungen spielt andererseits für die demokratische Legitimation staatlicher Tätigkeit eine entscheidende Rolle und wird dann auch als „ein völlig legitimes Motiv für kriminalpolitische Entscheidungen“ gesehen.[450] Symbolische

---

443 Auch *Roxin*, AT I, §2 diskutiert diese Fragen unter der Überschrift „Der materielle Verbrechensbegriff“.

444 *Roxin*, AT I, §§2 Rn. 100.

445 Dazu noch u. S. 198.

446 *Haffke*, Die Legitimation des staatlichen Strafrechts zwischen Effizienz, Freiheitsverbürgung und Symbolik. in: FS Roxin, S. 973.

447 Vgl. o. S. 47.

448 *Voß*, Symbolische Gesetzgebung, S. 34.

449 *Jäger*, Symbolisches Strafrecht – expressive Kriminalpolitik: Die Reform der Sexualdelikte, in: *Institut für Kriminalwissenschaften und Rechtsphilosophie Frankfurt a.M.*, Irrwege der Strafgesetzgebung, S. 63.

450 *Anastasopoulou*, Deliktstypen zum Schutz kollektiver Rechtsgüter, S. 230.

Gesetzgebung dient so etwa der Funktion der Gewinnung und Zuführung von politischer Legitimität[451].

Dieser Punkt sollte bei einer wissenschaftlichen Politikberatung keinesfalls vernachlässigt werden. Die öffentliche Meinung sollte dem Wissenschaftler bekannt sein, schon allein um die Umsetzbarkeit bestimmter Vorschläge beurteilen zu können. Das bedeutet allerdings nicht, dass öffentlichen Forderungen nicht kritisch gegenübergestanden werden kann. Im Gegenteil kann wissenschaftliche Politikberatung auch bedeuten, bestimmte Forderungen sowohl hinsichtlich ihrer praktischen Sinnhaftigkeit als auch (auf einer höheren Abstraktionsebene) innerhalb ihres zeit- und ideengeschichtlichen Kontextes zu überprüfen und zu kommentieren. Gerade aus der Untersuchung aktuell gesamtgesellschaftlich konsensfähiger Ideen, denen politische Akteure ebenso zustimmen wie zahlreiche Wissenschaftler, lassen sich tiefere Einblicke in die Logik einer Gesetzgebung finden. Einige Versuche in diese Richtung sind in den Teilen C und D dieser Arbeit zu finden.

IV. Folgerungen für eine wissenschaftliche Befassung mit der Kriminalpolitik

Die eigene Rationalität der Gesetzgebung als politischer Prozess zeigte sich in den bisherigen Überlegungen auf teilweise frappierende Weise. Die Kategorisierung einer Kriminalpolitik, die den wissenschaftlichen Vorgaben folgt, als rationale und die Bezeichnung jeder anderen Kriminalpolitik als irrationale ist demgegenüber ungenau und wenig zielführend. Die Realität der Gesetzgebung würde so nicht ernst genommen. Es stünde zu befürchten, dass eine solche Beschreibung die innere Logik des politischen Prozesses verkennt. Eine Wissenschaft der Gesetzgebung muss diesen aber ernst nehmen.

Der Grund dafür ist nicht die Frage von richtig oder falsch, schlechter oder besser, vernünftig oder unvernünftig, sondern die Frage wissenschaftlichen Einflusses. Denn auch wenn man die Möglichkeit mehrerer divergierender Rationalitäten anerkennt, bleibt es möglich, die theoretischen Ergebnisse juristischer, philosophischer oder soziologischer Rationalität für „besser“, also verwirklichungswert zu halten. Der Wunsch nach Verwirklichung formuliert sich in vielen Fällen notwendig als Forderungen an die Gesetzgebung.

451 *Frevel*, Kriminalpolitik im institutionellen System der Bundesrepublik Deutschland, in: *Lange*, Kriminalpolitik, S. 118.

Erhebt man solche Forderungen, sollte man sich auch über die Chancen ihrer Verwirklichung möglichst im Klaren sein. Vor diesem Hintergrund ergibt sich als ein Ziel der wissenschaftlichen Befassung mit der Strafgesetzgebung: Grundlagen dafür zu schaffen, diejenigen strafrechtlichen Überlegungen, die umsetzbar sind, zu erkennen und an der Umsetzbarkeit derjenigen Forderungen arbeiten, die es noch nicht sind.

Es konnte bereits gezeigt werden, dass die Akteure der Gesetzgebung in Kategorien ihrer eigenen Rationalität denken und – vor allem – entscheiden. Das lässt den Schluss zu, dass Forderungen, die ohne ausreichende Berücksichtigung politischer Rationalität erhoben werden, wenig oder gar keine Aussicht auf Verwirklichung haben. Das wiederum bedeutet keineswegs, dass eine wissenschaftliche Kriminalpolitik die politische Rationalität in jedem Fall adaptieren oder auch nur gutheißen muss. Sie muss sich aber mit ihr auseinandersetzen.

Teilweise differieren politische und wissenschaftliche Rationalität nur wenig. Dann geht es vorwiegend um Kommunikation. Die Wissenschaft muss die Sprache der Politik sprechen können.

Damit ist allerdings noch nicht gesagt, dass die Politik auch zuhört: Die Wissenschaft muss sich auch bewusst sein, dass ihre Beratung im politischen Prozess überwiegend der Befriedigung einer Legitimationsfunktion dient.

Neben der Untersuchung der Formen der Politik und der Gesetzgebung als Prozess, die hier über das schon Gesagte hinaus nicht weiter vertieft werden sollen, spielen für die Frage nach der Umsetzbarkeit auch inhaltliche Aspekte eine entscheidende Bedeutung.

Auch um die inhaltliche Umsetzbarkeit (und Berechtigung) wissenschaftlicher Forderungen zu beurteilen, muss die Gesetzgebung allgemein als rationaler, aber politischer Prozess anerkannt werden. Zudem müssen die speziell in der Strafgesetzgebung tatsächlich wirksamen Ideen und Mechanismen offen gelegt werden. Die in dieser Arbeit vorgenommene Untersuchung der Entstehung einzelner Gesetze kann dafür einige Anknüpfungspunkte liefern. Sie ist ein erster Schritt in diese Richtung.

C. Die Untersuchung der Anlässe der Gesetzgebung: Problemimpulse und Zielsetzungsphase

I. Je früher, desto besser: Die Bedeutung der Zielfindungsphase

Bei einer wissenschaftlichen Untersuchung der Gesetzgebung lässt sich nach den gängigen politischen Entscheidungsmodellen zwischen den folgenden vier Phasen der politischen Entscheidungsfindung unterscheiden: „a) die Zielfindung, b) die Operationalisierung, c) die Implementierung und d) die Evaluierung"[1]; diese Phasen sind nicht immer klar voneinander zu trennen, können in der Praxis sicherlich auch „zirkuläre und sprunghafte Züge annehmen"[2] und stellen somit idealtypische Modelle dar. Dabei kommt den frühen Phasen eine vorentscheidende Bedeutung zu[3]; die weitreichendsten Möglichkeiten der (wissenschaftlichen) Einflussnahme auf den Gesetzgebungsprozess bestehen also dann, wenn bereits zu Anfang der Zielfindung eingegriffen werden kann.[4]

Gründe dafür könnten sein, dass durch politische Entscheidungen der Exekutive und damit insbesondere der Regierung und ihren Ministern Entwicklungen in den jeweiligen Politikfeldern weitgehend präjudiziert werden.[5] Verstärkt wird die Schwierigkeit späterer Einflussnahme auf Gesetzesvorhaben dadurch, dass üblicherweise durch die jeweilige Ministerialbürokratie bereits differenziert ausgearbeitete sogenannten „Regierungsentwürfe" erstellt werden. Diese blockieren im Rahmen politischer Macht Kritik und Änderungen im Grundsätzlichen weitgehend – die maßgeblichen Entscheidungen fallen somit bereits vor

---

1 *Amelung*, ZStW 92 (1980), 19 (24).

2 *Hugger*, Ziel- und Maßnahmenfindung, in: *Bundesakademie für Öffentliche Verwaltung*, Praxis der Gesetzgebung, S. 245.

3 *Funcke-Auffermann*, Symbolische Gesetzgebung, S. 25.

4 Vgl. auch o. S. 16; *Amelung*, ZStW 92 (1980), 19 (24).

5 *Lange/Schenck/Heinrich*, Formulierung, Implementation und Evaluierung von kriminalpolitischen Programmen, in: *Lange*, Kriminalpolitik, S. 139; *Stächelin*, Strafgesetzgebung im Verfassungsstaat, S. 267.

der Entscheidung des Kabinetts.[6] Dem Parlament kommt in dieser Konstellation nur eine Funktion der Darstellung, nicht aber der Herstellung der Gesetzgebung zu.[7] Das zeigt sich auch darin, wie Gesetze als Mittel und Bezugsobjekte zum Beweis politischer Handlungskraft dienen, so etwa, wenn – wie im Beispiel von *Zeh* – bewusst in den Medien verlautbart wird, *die Regierung* habe ein Gesetz beschlossen:

> „Der wahre Politiker soll bekanntlich ‚handeln', und das beweist er mit eben diesem Verhalten. [...] Die eigentliche Gesetzgebung wird zum Vollzug des kraftvoll Entschiedenen."[8]

Will eine Wissenschaft der Gesetzgebung durch Politikberatung Einfluss nehmen, besteht somit ein besonderes Interesse an der Erforschung der frühen Phasen der Gesetzgebung und der dort ablaufenden Mechanismen. Ein Ansatz kann die Beschreibung der Vorgänge in diesen Phasen bei konkreten Gesetzgebungsverfahren sein.

II. Problemimpulse

Als den Beginn eines Gesetzgebungsprozesses und als Teil der Zielfindungsphase kann der von *Noll* sogenannte Problemimpuls angesehen werden. Dieser entspricht dem „individuellen Motiv bei der Handlung des einzelnen"; darunter verstanden werden „alle Gründe, die die gesetzgebenden Gremien dazu bewegen, normativ tätig zu werden."[9] Es handelt sich beim Problemimpuls also um den „Anstoß" oder „Aktionsanlass"[10] der Gesetzgebung. In dieser Arbeit werden die Bezeichnungen (Gesetzgebungs-)Anlass und (Gesetzgebungs- oder Problem-)Impuls folglich synonym verwendet.

---

6 *Schulze-Fielitz*, Theorie und Praxis parlamentarischer Gesetzgebung, S. 282; *Zeh*, Impulse und Initiativen zur Gesetzgebung, in: *Schreckenberger/Merten*, Grundfragen der Gesetzgebungslehre, S. 44.

7 *Lange/Schenck/Heinrich*, Formulierung, Implementation und Evaluierung von kriminalpolitischen Programmen, in: *Lange*, Kriminalpolitik, S. 142; *Stächelin*, Strafgesetzgebung im Verfassungsstaat, S. 267; *Funcke-Auffermann*, Symbolische Gesetzgebung, S. 25.

8 *Zeh*, Impulse und Initiativen zur Gesetzgebung, in: *Schreckenberger/Merten*, Grundfragen der Gesetzgebungslehre, S. 43.

9 *Noll*, Gesetzgebungslehre, S. 72 f.

10 *Hugger*, Ziel- und Maßnahmenfindung, in: *Bundesakademie für Öffentliche Verwaltung*, Praxis der Gesetzgebung, S. 245.

1. Untersuchungsschwerpunkt: materielle Impulse

Eine Vielzahl unterschiedlicher Arten von Impulsen, die den Beginn eines Gesetzgebungsverfahrens markieren, ist denkbar und zwar sowohl hinsichtlich des institutionellen Urhebers (Regierung, Parteien, EU, Wissenschaft, Lobbys/Verbände), der rechtlichen Wirkung (BVerfG-Entscheidungen, Anforderungen aus dem GG, EU-Richtlinien), dem Medium in dem der Impuls Verbreitung findet (Parteiprogramme, Koalitionsvereinbarungen, Presseerzeugnisse, Forschungsveröffentlichungen) als auch hinsichtlich des materiellen Gehalts (Anforderungen des Sozialstaats, demografischer Wandel, Wertewandel, Entwicklungen der Technologie).[11] Es gibt also unterschiedliche *Formen*, in denen Gesetzgebungsanlässe auffindbar sind, z.B. Gerichtsurteile, Parteiprogramme, historische Geschehnisse, innerhalb derer den Koalitionsvereinbarungen eine außerordentliche Bedeutung zugesprochen wird[12]. Bei diesen soll aber zur Präzisierung nicht von Problemimpulsen, sondern von Impulsformen gesprochen werden. Ebenso gibt es zahlreiche Akteure, die bestimmte Probleme als Gesetzgebungsanlass sehen (z.B. Regierungspolitiker), und/oder sie zu diesen werden lassen (z.B. Lobbyisten). Bei diesen kann von Impulsgebern gesprochen werden. Davon zu unterscheiden sind die *materiellen Probleme*, die zum Anlass der Gesetzgebung, zu Impulsen geworden sind; nur diese sollen hier dann auch Problemimpulse genannt werden.

Die bisherigen Versuche der Systematisierung von Gesetzgebungsanlässen befassten sich mehr mit den Impulsgebern und Formen, als mit dem materiellem Gehalt[13], also den Problemimpulsen im engeren Sinn nach der hier verwendeten Terminologie. Daraus ließen sich nur beschränkte Erkenntnisse gewinnen.[14] Wenn hier ein Einblick in die politische Rationalität erreicht werden soll, ist auch eine inhaltliche Beschäftigung mit den entsprechenden Diskursen notwendig. Das bedeutet, dass bei der Untersuchung der Problemimpulse deren materieller Gehalt im Vordergrund stehen muss. Folglich soll hier weniger zwischen denkbaren Impulsformen und Impulsgebern unterschieden werden; im Gegenteil sollen alle Akteure und alle Formen gleichermaßen in die Untersuchung einbezogen werden.

---

11 Eine Aufzählung gebend *Hill*, DÖV 1981, 487 (487 et passim.).

12 *Busse*, Gesetzgebungsarbeit und Bundesregierung – Politik und Planung, in: *Schrekkenberger/Merten*, Grundfragen der Gesetzgebungslehre, S. 58 f.; *Zeh*, Impulse und Initiativen zur Gesetzgebung, in: *Schreckenberger/Merten*, Grundfragen der Gesetzgebungslehre, S. 38.

13 *Zeh*, Impulse und Initiativen zur Gesetzgebung, in: *Schreckenberger/Merten*, Grundfragen der Gesetzgebungslehre, S. 36 ff.; *Hill*, DÖV 1981, 487 (407).

14 Dazu *Schulze-Fielitz*, Theorie und Praxis parlamentarischer Gesetzgebung, S. 266 ff.

2. Einschränkung der möglichen Aussagen

Die möglichen Erkenntnisse sind dabei aus zwei Gründen eingeschränkt. Einerseits ist zu berücksichtigen, dass durch die beteiligten Abgeordneten, „die auch in dieser Phase das gesamte Netzwerk ihrer politischen Beziehungen – zu Parteien und Parteigremien, zu Verbänden, zu landesbezogenen, regionalen und lokalen Interessen usw. – einsetzen wollen und müssen“[15], bereits in die Impulsgebung zahlreiche politische Interessen, Gesichtspunkte und Konflikte einfließen. Auch hier ist also zu beachten, dass es sich bei der Gesetzgebung um einen politischen Prozess handelt.[16]

Zudem ergibt sich schon durch die unterschiedlichen Betätigungen der großen Zahl der beteiligten „impulsgebenden und impulsempfangenden Akteure“ eine nahezu unüberschaubare „Parallelität, Überlagerung und Verflechtung“ der Impulse.[17] Auch beim Beginn der Gesetzgebung handelt es sich um einen „multidimensionalen Vorgang“[18], es sind also (wie teilweise auch in den anderen Phasen der Gesetzgebung) Entstehung, Inhalt und Wirkung eng verwoben,[19] ebenso wie die einzelnen Phasen nicht chronologisch zu trennen sind.[20] *Der* Problemimpuls wirkt nicht gleichmäßig, da es schon *den Gesetzgeber* als solchen nicht gibt[21] und so „auf den unterschiedlichsten Ebenen und Stationen“ verschieden starke Wirkungen auffindbar sind.[22] Weiterhin existiert für jedes einzelne Gesetz eine Vielzahl von Impulsen.[23] Im Ergebnis werden also Problemimpulse gefunden werden können. Deren Kausalität für die Verabschiedung eines einzelnen Gesetzes wird aber nicht genau zu bestimmen sein.

Dazu ergibt sich hier noch eine weitere Einschränkung hinsichtlich der Wirksamkeit bestimmter Probleme: Denkbar wäre auch eine Bezeichnung all jener Probleme als Problemimpuls, die von einzelnen Akteuren zum Anlass für die Initiierung einer Gesetzgebung genommen wurden, ohne dass daraus ein Gesetz

---

15 *Zeh*, Impulse und Initiativen zur Gesetzgebung, in: *Schreckenberger/Merten*, Grundfragen der Gesetzgebungslehre, S. 36.

16 *Hill*, Einführung in die Gesetzgebungslehre, S. 53; dazu o. S. 44.

17 *Zeh*, Impulse und Initiativen zur Gesetzgebung, in: *Schreckenberger/Merten*, Grundfragen der Gesetzgebungslehre, S. 40.

18 *Busse*, Gesetzgebungsarbeit und Bundesregierung – Politik und Planung, in: *Schrekkenberger/Merten*, Grundfragen der Gesetzgebungslehre, S. 57 zur politischen Zielfindung.

19 *Noll*, Gesetzgebungslehre, S. 72 f.

20 *Hill*, Einführung in die Gesetzgebungslehre, S. 66.

21 *Noll*, Gesetzgebungslehre, S. 44.

22 *Hill*, DÖV 1981, 487 (487).

23 *Schulze-Fielitz*, Theorie und Praxis parlamentarischer Gesetzgebung, S. 266 ff, 276 ff.

wurde. Dabei müsste man etwa jede in einem Brief an ein Mitglied des Bundestages geäußerte fixe Idee irgendeines Bürgers als Problemimpuls bezeichnen. Problemimpuls wäre dabei jedes Problem, das für irgendjemanden Impuls einer Gesetzgebungsforderung war. Das erscheint für einen Begriff, der einer wissenschaftlichen Untersuchung der Gesetzgebung dienen soll, wenig sinnvoll. Die hier angewandte Methode besteht in einer *ex-post*-Untersuchung der Gesetzgebungsvorgänge zu einzelnen Gesetzen. Dadurch verengt sich die Perspektive notwendig auf Probleme, die Anlässe einer erfolgreichen Gesetzgebung waren. Die Untersuchung der so verstandenen Problemimpulse zielt also darauf ab, Erkenntnisse darüber zu erlangen, warum Gesetze gemacht werden.

3. Begriffe: Problemimpuls, Anlass, Zielsetzung, Auslöser

a) Anlass und Auslöser

Das oben beschriebene Kausalitätsproblem wird deutlich, wenn vom Problemimpuls als dem Anlass der Gesetzgebung gesprochen wird. Das zeigt die Gegenüberstellung mit dem Begriff Auslöser: Im alltäglichen Sprachgebrauch unterscheidet man Anlass und Auslöser dadurch, dass der Auslöser eine hinreichende Bedingung darstellt. Was er auslöst, geschieht unabwendbar. Der Anlass hingegen zeichnet sich durch kaum mehr als eine – durchaus gelegene – zeitliche Koinzidenz aus. Wenn er überhaupt kausal wird, dann nur im Sinne einer *conditio sine qua non.* Sein wirklicher Einfluss ist hingegen unklar.

Nun müsste für möglichst weitreichende Erkenntnisse die Suche nach den Auslösern der Gesetzgebung angestrebt werden. Dieses Ziel stellt sich aber angesichts der Beweisprobleme als zu verwegen dar: Der Nachweis einer hinreichenden Bedingung wird kaum je möglich sein. Treffender ist es darum die aufgefundenen Faktoren als Anlässe der Gesetzgebung zu beschreiben.

b) Problemimpuls und Zielsetzung

Aus einem weiteren Grund erscheint *Nolls* Bezeichnung Problemimpuls als besonders sensible Umschreibung eines Forschungsgegenstandes: Mit dem Problemimpuls ist immer auch ein Problem umschrieben, das Anlass der Gesetzgebung ist. Ein Problem ist dabei eine Abweichung des Ist-Zustandes vom Soll-Zustand.[24] Damit wird deutlich, dass ein bestimmter Ist-Zustand alleine noch

24 Dazu noch im Folgenden genauer.

nicht als Problem bezeichnet werden kann. Das ist nur dann möglich, wenn dieser mit einer Anforderung konfrontiert wird, der er nicht genügt. Damit vermag erst das Sollen das Sein zu einem Problem zu machen. Beschreibt man demnach ein Problem, sind für dessen Existenz Ist- und Soll-Zustand untrennbar verbunden.

Überträgt man dies auf das Beispiel der Gesetzgebung wird das Gemeinte deutlicher: Spricht man etwa von Opferschutz oder auch Sicherheit als Problemimpulsen, sind damit *primae facie* nur Zielsetzungen bzw. Soll-Vorgaben umschrieben. An diesen Zielsetzungen werden aber die Ist-Zustände gemessen. Erst durch diesen Vergleich kann ein Zustand zu einem Problem etwa des Opferschutzes oder der Sicherheit werden.

Wie die Wahrnehmung des Ist-Zustandes davon geprägt ist, wie man ihn beschreibt und wie diese Beschreibung davon geprägt ist, wie man den Ist-Zustand haben möchte, wird sich insbesondere im Kapitel D.I. „Risiko und Sicherheit“[25] zeigen. Auch dort verschränken sich Ist- und Soll-Zustand untrennbar zum Problemimpuls.

Beschreibt man demnach die „Anlässe“ der Gesetzgebung, ist es unmöglich festzustellen, in welchem Verhältnis der bestimmte – womöglich grauenerregende – Ist-Zustand und inwiefern die – womöglich völlig überzogenen[26] – Zielsetzungen dafür maßgeblich waren, dass ein Problem gesehen wurde. Folglich können sowohl Ist-Zustände wie etwa aufsehenerregende Einzelfälle, als auch Soll-Zustände bzw. Zielsetzungen wie etwa das Streben nach Sicherheit als Problemimpulse bezeichnet werden.

Mit dem Begriff Problemimpuls wird also einerseits ausgedrückt, dass man einen Anlass der Gesetzgebung sieht, andererseits aber auch deutlich gemacht, dass Ist- und Soll-Zustand für die Wirkung als Anlass gleichermaßen verantwortlich sind.

4. Problemimpulse als teilweise normative Fragen

Der Ausgangspunkt eines Impulses ist immer die Wahrnehmung eines Problems, also einer Abweichung des Ist-Zustandes vom Soll-Zustand, die als unbefriedigend empfunden wird. Der erstrebte Soll-Zustand ist dabei Ausdruck gesellschaftlicher Grundüberzeugung und politisch-normativer Wertungen.[27] Es stellt sich also die Frage, „welche sozialen Zustände auf dem Feld der

25 U. S. 95 ff.

26 Mit den Bezeichnungen „grauenerregend“ und „überzogen“ wird die Abhängigkeit jeder Beschreibung von normativen Elementen nochmals deutlich.

27 *Hugger*, Ziel- und Maßnahmenfindung, in: *Bundesakademie für Öffentliche Verwaltung*, Praxis der Gesetzgebung, S. 246; *Noll*, Gesetzgebungslehre, S. 78 ff.

Kriminalpolitik aus letztlich ethischen Gründen angestrebt werden sollen."[28] Wissenschaftliche Lenkungsversuche haben es hier naturgemäß schwer.[29] Dies liegt wohl auch daran, dass politischer Wille gerade „als ein Zustand definiert [werde], in dem der politisch Handelnde gegenläufige Informationen nicht verarbeitet, sondern ganz auf die Durchsetzung vorgefaßter Wertvorstellungen ausgerichtet ist."[30]

5. Problemdefinition als auch empirische Fragestellung

Demgegenüber ist es eine Frage der empirischen Analyse zu untersuchen, welcher Zustand als unbefriedigend empfunden wird.[31] Diese möglichst genaue Beschreibung des Ist-Zustandes stellt somit die empirische Seite der Zielfindungsphase und die Grundlage der sicheren Feststellung der Differenz zum Soll-Zustand und damit des Ausmaßes des Problems dar.[32] Hierbei kann der Wissenschaft eine tragende Rolle zukommen. Die damit angesprochene kritische und objektive Prüfung, ob und inwiefern Regelungsbedarf vorhanden ist, wird als eine der wichtigsten Anforderungen an ein „ideales Gesetz" gesehen.[33] Dieser Wichtigkeit steht aber die bereits angesprochene „höchst unglückliche Lage" der Wissenschaft im Angesicht als besonders stark und selbstverständlich angesehener Sozialnormen, die in strafrechtliches Gewand gebracht werden sollen, entgegen.[34]

6. Problemimpuls und Handlungsbedarf

Ausgehend davon, dass es für Politiker notwendig ist, sich zu profilieren, um bei den nächsten Wahlen Chancen auf ein gutes Ergebnis zu haben, ist es ständiger

28 *Amelung*, ZStW 92 (1980), 19 (24).
29 *Amelung*, ZStW 92 (1980), 19 (65).
30 *Amelung*, ZStW 92 (1980), 19 (65) m.H. auf Deutsch.
31 *Noll*, Gesetzgebungslehre, S. 78 ff.
32 *Amelung*, ZStW 92 (1980), 19 (25).
33 *Freibert*, Das ideale Gesetz, in: *Bundesakademie für Öffentliche Verwaltung*, Praxis der Gesetzgebung, S. 32; auch o. S. 62.
34 *Amelung*, ZStW 92 (1980), 19 (65); mit zusätzlichen Begründungen auch *Aden*, Problemdefinition und Agendagestaltung in der Kriminalpolitik, in: *Lange*, Kriminalpolitik, S. 133.

Bestandteil des politischen Tagesgeschäfts, Profilierungsmöglichkeiten zu suchen und wahrzunehmen.[35]

Besonders wirksam sind politische Selbstdarstellungen dann, wenn es um Themen geht, die im Fokus des öffentlichen Interesses stehen, oder um als zentral angesehene gesellschaftliche Probleme.[36] Dabei können die Medien zu Partnern werden, die ihrerseits ein Interesse an absatzfördernden skandalisierbaren Verhaltensweisen oder Zuständen haben[37], wie beispielsweise die umfassenden Untersuchungen zur Verstärkung der Kriminalitätsfurcht durch Medien[38] zeigen.

Im Bereich der Verbrechensbekämpfung bieten sich einige Möglichkeiten für die Politik, die dort bestehenden Ängste „in Wählerstimmen umzumünzen"[39]. Die politische Handlungsfähigkeit soll auch mithilfe der Kriminalpolitik unter Beweis gestellt werden.[40]

Im politischen Alltag wird die Bezeichnung Handlungsbedarf genutzt, um Situationen zu beschreiben, in denen der Bedarf politischen Handelns festgestellt wird.[41] Aus Sicht der Politik stellt das Vorliegen von Handlungsbedarf den Ausgangspunkt der Tätigkeit dar. Insofern beschreiben sowohl Problemimpuls als auch Handlungsbedarf auslösende Momente der Gesetzgebung.

Problemimpulse werden hier nur jene Probleme genannt, die Anlässe einer Gesetzgebung geworden sind.[42] Es handelt sich also um Probleme, die nicht nur hinsichtlich der Differenz zwischen Ist- und Soll-Zustand eine bestimmte Schwelle überschritten haben, sondern bei denen noch andere Faktoren hinzukamen, die dazu führten gesetzgeberisch tätig zu werden. Beispiele für diese anderen Faktoren sind unter anderem Profilierungsbedarf oder aktuelle

---

35 O. S. 61.

36 *Stächelin*, Strafgesetzgebung im Verfassungsstaat, S. 274 f.

37 *Stächelin*, Strafgesetzgebung im Verfassungsstaat, S. 275; *Liebl*, Kriminalpolitik und kriminologische Forschung, in: *Lange*, Kriminalpolitik, S. 410; auch u. S. 184

38 etwa *Albrecht*, Das Strafrecht im Zugriff populistischer Politik, in: *Institut für Kriminalwissenschaften und Rechtsphilosophie Frankfurt a.M.*, Vom unmöglichen Zustand des Strafrechts, S. 429; *Stübinger*, Strafrecht – zwischen Wissenschaft und Politik, in: *Institut für Kriminalwissenschaften und Rechtsphilosophie Frankfurt a.M.*, Irrwege der Strafgesetzgebung, S. 142; *Amelung*, ZStW 92 (1980), 19 (49).

39 *Stübinger*, Strafrecht – zwischen Wissenschaft und Politik, in: *Institut für Kriminalwissenschaften und Rechtsphilosophie Frankfurt a.M.*, Irrwege der Strafgesetzgebung, S. 146.

40 *Aden*, Problemdefinition und Agendagestaltung in der Kriminalpolitik, in: *Lange*, Kriminalpolitik, S. 129.

41 dazu auch *Stächelin*, Strafgesetzgebung im Verfassungsstaat, S. 274 f.

42 O. S. 73 f.

Informationslage. Erst im Moment der Überschreitung der Schwelle und des Hinzutretens der anderen Faktoren kann ein Problem als Problemimpuls wirksam werden. Und dieser Moment ist derselbe, in dem gesetzgeberischer Handlungsbedarf gesehen wird. Erst der Handlungsbedarf kann aus dem Problem einen Problemimpuls werden lassen.

Einen Erkenntnisvorteil bietet die Einführung des Begriffs Handlungsbedarf hier also vor allem dadurch, dass dieser – anders als der des Problemimpulses – dem politischen Wortschatz entspringt und somit in den Quellen der Gesetzgebungsverfahren auffindbar ist. Weiterhin rückt durch die Erkenntnis, dass es bereits ein politisches Interesse an Problemen gibt, da diese die notwendige Grundlage der Selbstdarstellung sind, auch die „Genese des strafgesetzgeberischen Handlungsbedarfs"[43] in den Blick. Diesen Punkten wird im Folgenden an den relevanten Stellen Rechnung getragen werden, ohne sie jedoch zu vertiefen, da sie zu weit vom Kern dieser Arbeit wegführen.

7. Zusammenfassung: Der Begriff des Problemimpulses in dieser Arbeit

Mit dem Problemimpuls wird einer der Forschungsgegenstände der vorliegenden Arbeit umschrieben.

Beim Problemimpuls nach der hier verwendeten Terminologie kann zunächst von einem Problem ausgegangen werden. Dieses lässt sich als Abweichung des Ist- vom Soll-Zustand umschreiben.[44] Das Problem ist also weder der Ist- noch der Soll-Zustand, sondern allein die Abweichung der beiden.

Dieses Problem erlangt in der politischen Mechanik zu irgendeinem Zeitpunkt Bedeutung hinsichtlich eines Gesetzgebungsvorhabens. Das ist erst dann der Fall, wenn unter anderem hinsichtlich des Problems Handlungsbedarf gesehen wird.[45]

Die Art der Bedeutung des Problems für die Gesetzgebung kann dabei nicht gemessen werden, so dass keine Aussagen über die Kausalbeziehung getroffen werden sollen. Insofern wird nur von einem Anlass der Gesetzgebung gesprochen.[46]

---

43 So die Überschrift des betreffenden Abschnitts bei *Stächelin*, Strafgesetzgebung im Verfassungsstaat, S. 274.

44 O. S. 76.

45 O. S. 77.

46 O. S. 75.

Die Perspektive auf die Probleme ist in der vorliegenden Arbeit rückwärtsgewandt. Betrachtet werden nur solche Umstände, die bereits in Zusammenhang mit einem Gesetzgebungsverfahren, das zur Verabschiedung eines Gesetzes geführt hat, gestanden haben. Nur diese werden hier als Problemimpulse bezeichnet.[47]

Unbeachtlich ist für die Bezeichnung als Problemimpuls, wie das Problem in die Gesetzgebung eingeführt worden ist, und zwar sowohl hinsichtlich der Akteure als auch der Form.[48] Unerheblich ist auch, ob das Problem mehr als Beschreibung des Ist- oder eher als Beschreibung des Soll-Zustandes formuliert wird.[49] So kann sowohl eine einzelne Tat als Problem beschrieben werden wie auch Opferschutz[50] allgemein: Solange damit die Abweichung des Ist-Zustandes vom Soll-Zustand formuliert werden soll, handelt es sich um ein Problem.

Ist diese zum Anlass einer Gesetzgebung geworden, wird sie hier als Problemimpuls bezeichnet. Bedeutungsgleich wird zur besseren Lesbarkeit die Bezeichnung (Gesetzgebungs-)Anlass verwendet.

III. Untersuchung der Problemimpulse an Beispielen

1. Ausgangsthese: Bestimmte Problemimpulse als wiederkehrende Faktoren bei der Schaffung neuen Strafrechts

Als Ausgangspunkt soll an dieser Stelle die These aufgestellt werden, dass es bestimmte Impulse gibt, die sich bei der Schaffung neuen Strafrechts wiederholen. Bei diesen Impulsen handelt es sich – so die These weiter – um Sicherheit, Risikodenken und Opferschutz, die allgemein Wirkung entfalten. Zudem gibt es Einzelfälle, die in bestimmten Konstellationen wirken. Zur Untersuchung der These soll nun in einem ersten Schritt überprüft werden, *ob* Risikodenken, Sicherheit und Opferschutz sowie Einzelfälle Anlass zur Gesetzgebung waren. Werden diese Anlässe vorgefunden, lässt sich bereits hier feststellen, dass die als Problemimpuls wirksamen Faktoren auch als begünstigend bei der Ausweitung des Strafrechts angesehen werden können.

---

47 O. S. 73.
48 O. S. 72.
49 O. S. 75.
50 U. S. 166.

Für die Untersuchung des Problemimpulses soll in einem ersten Arbeitsschritt nur auf die explizite Nennung von Sicherheit und Opferschutz als Ziel eines Gesetzes bzw. von einer expliziten Beschreibung des zu regelnden Problems als Risiko eingegangen werden. Daneben werden sich bei den Beispielen auch andere Problemimpulse aus den Gesetzgebungsmaterialien ergeben, die in der These noch keinen Eingang gefunden haben. Ausgehend von den aufgefundenen Problemimpulsen wird dann versucht werden, diese systematisch zu erfassen, um eine Grundlage für Aussagen über ihren Einfluss auf die Strafgesetzgebung als Ganzes zu schaffen.

2. Unmöglichkeit einer vollständigen Erfassung

Ergänzend zu den allgemeinen Einschränkungen der möglichen Erkenntnisse aufgrund der Tatsache, dass es diverse Beteiligte und immer eine Vielzahl von Impulsen gibt[51], kommen hier noch weitere Hindernisse hinzu. So ist bei der folgenden Untersuchung klar, dass eine vollständige Analyse aller motivierend wirkenden Faktoren auch wegen der teilweise nicht vorhandenen Dokumentation unmöglich ist. Das betrifft sowohl die Frage danach, *wieso* eine Norm geschaffen wurde als auch die Frage, wieso gerade *diese* Norm geschaffen wurde. Dennoch lassen sich anhand der vorhandenen Materialien – die politische Auseinandersetzung muss als Ausgangspunkt der Untersuchung dienen[52] – einige Aussagen zu den wirksamen Problemimpulsen machen.

3. § 238 StGB

a) Stalking in der öffentlichen Wahrnehmung – Spektakuläre Einzelfälle

Seit Beginn der 1980er Jahre war das Phänomen Stalking im angloamerikanischen Raum thematisiert worden. In Deutschland gab es (rechts-) wissenschaftliche Publikationen zum Thema seit der Jahrtausendwende.[53] 2001 kam es zur Schaffung des GewSchG.[54] Parallel wuchs auch das Interesse der Medien an

---

51 O. S. S. 73.

52 *Schmehl*, ZRP 1991, 241 (252).

53 *Neubacher*, ZStW 118 (2006), 857 (865); *Schumacher*, Keine Privatsache! Stalking wird zur Straftat, in: *Zypries*, Die Renaissance der Rechtspolitik, S. 15.

54 *Schumacher*, http://beck-online.beck.de/?vpath=bibdata%2Fkomm%2FNomos-BR-Erl%2FGewSchG%2Fcont%2FNOMOS-BR-Erl.GewSchG.Einleitung_.gl1.htm;

Fällen der Nachstellung, wobei Einzelfälle, in denen abgewiesene Männer ihre ehemaligen Partnerinnen mit dem Tode bedrohen und schließlich umbringen, als typische Stalking-Fälle beschrieben worden sind.[55] Kommentiert wurden die Fälle damit, dass die Polizei nichts habe tun können und dass diese Eskalationen mit einem eigenen Straftatbestand hätten vermieden werden können.[56] Daraus resultierte eine besondere Emotionalisierung. In Verbindung mit den dazu aufgeführten Statistiken, wonach es sich bei Stalking um ein häufiges Phänomen handle, wurde die Bevölkerung alarmiert. Dieses Schema zur Beschreibung des Phänomens Stalking anhand von besonders drastischen Einzelfällen, bei denen die Tötung „der tragische Höhepunkt eines Stalking-Prozesses“[57] gewesen sei, griffen auch Politiker als Grundlage der Begründung der ersten Gesetzesvorhaben auf.[58]

Als Impulse der Gesetzgebung dienten somit mehrere besonders spektakuläre Fälle, bei denen es zu Eskalationen mit schwerer Gewalttätigkeit kam.

b) Unzufriedenheit mit der bisherigen Rechtslage: Strafbarkeitslücken

Als weitere Begründung für gesetzgeberischen Handlungsbedarf wurde angeführt, dass die bisherigen Regelungen des GewSchG und des StGB keine adäquate Handhabe des Problems erlaubten.[59] Zwar waren unstreitig viele der Handlungen, die typischerweise Teil des Stalking sind, vom StGB in Straftatbestände erfasst, etwa in §§ 223, 123, 240, 241 und 239 StGB.[60] Allerdings sollte zusätzlich die Tatsache berücksichtigt werden, dass es sich beim Stalking um eine Vielzahl heterogener Einzelhandlungen handelt. Dieser Gesichtspunkt habe bisher nicht berücksichtigt

---

Schumacher, Keine Privatsache! Stalking wird zur Straftat, in: *Zypries*, Die Renaissance der Rechtspolitik, S. 15 f.

55 *Löhr*, Notwendigkeit eines Anti-Stalking-Straftatbestandes, S. 128; so z.B. bei *Schumacher*, Keine Privatsache! Stalking wird zur Straftat, in: *Zypries*, Die Renaissance der Rechtspolitik, S. 15.

56 *Neubacher*, ZStW 118 (2006), 857 (865); vgl. auch z.B. SZ v. 14.07.2004, Feuilleton oder Die Welt v. 11.12.2005, abrufbar unter http://www.welt.de/print-wams/.article136104/Monatelang_terrorisierte_er_seine_Frau_dann_toetete_er_sie.html.

57 *Wagner*, FPR 2006, 208 (209).

58 *Bundesrat*, BT-Drs. 16/1030, S. 6.

59 *Schumacher*, Keine Privatsache! Stalking wird zur Straftat, in: *Zypries*, Die Renaissance der Rechtspolitik, S. 16; *Krüger*, FPR 2011, 219 (220).

60 *Fünfsinn*, Bedarf es eines Stalking-Bekämpfungsgesetzes?, in: *Weiß/Winterer*, Stalking und häusliche Gewalt, S. 115; *Meyer*, ZStW 115 (2003), 249 (266).

werden können und führte angeblich dazu, dass sich die Opfer von der Polizei zu wenig verstanden sahen.[61] Weiterhin sei der Schutz durch das GewSchG nicht ausreichend, da es danach notwendig ist, erst eine zivilgerichtliche Verfügung einzuholen, und erst der Verstoß dagegen war (und ist) nach § 4 mit Strafe bewehrt.[62] Dies stelle eine Strafbarkeitslücke dar.[63]

Bei Evaluationen der Praxis des GewSchG forderte zwar die Mehrheit *aller* befragten Experten (darunter Richter, Staatsanwälte, Rechtsanwälte, Beratungsstellen, Frauenhäuser, Polizei, Gerichtsvollzieher und Mitarbeiter der Jugendämter) keinen eigenen Straftatbestand; anders stellten sich jedoch die Verhältnisse *innerhalb eines Teils* der Befragten dar. So forderte die Mehrheit der Opfer bzw. Beratungsstellen und der Vertreter von Polizei und Staatsanwaltschaft einen eigenen Straftatbestand.[64] Deren Forderungen wurden dann auch bei der Begründung der Gesetzesentwürfe aufgegriffen.[65] Die notwendige bessere Information der Polizei und die Schließung der Strafbarkeitslücke könne nur durch die Schaffung eines besonderen Straftatbestands ermöglicht werden.[66] Diese Gedanken greift auch der Gesetzentwurf der Bundesregierung auf. Danach sei der spezifische Unrechtsgehalt vom geltenden Strafrecht nicht ausreichend erfasst, das Gefährdungspotenzial werde nicht selten unterschätzt; das bestehende strafrechtliche Instrumentarium werde als unzulänglich empfunden, und der Entwurf schaffe hier Abhilfe.[67]

Ein Problemimpuls war hier somit das Ziel der „Lückenschließung" im Sinne der Strafbarkeit eines als strafwürdig empfundenen[68] aber bisher straflosen Verhaltens. Es handelt sich somit um Gesetzgebung zur Schließung von „Strafbarkeitslücken".[69]

---

61 *Gesetzentwurf der Bundesregierung*, BT-Drs. 16/575, S. 1.

62 *Fünfsinn*, Bedarf es eines Stalking-Bekämpfungsgesetzes?, in: *Weiß/Winterer*, Stalking und häusliche Gewalt, S. 117 f.

63 *Fünfsinn*, Bedarf es eines Stalking-Bekämpfungsgesetzes?, in: *Weiß/Winterer*, Stalking und häusliche Gewalt, S. 120; *Gesetzentwurf der Bundesregierung*, BT-Drs. 16/575, S. 1.

64 *Neubacher*, ZStW 118 (2006), 857 (867); *Schumacher*, Keine Privatsache! Stalking wird zur Straftat, in: *Zypries*, Die Renaissance der Rechtspolitik, S. 17.

65 *Gesetzentwurf der Bundesregierung*, BT-Drs. 16/575, S. 1; s. zum Opferschutz genauer u. S. 83 ff. und S. 139 ff.

66 *Fünfsinn*, Bedarf es eines Stalking-Bekämpfungsgesetzes?, in: *Weiß/Winterer*, Stalking und häusliche Gewalt, S. 120; *Gesetzentwurf der Bundesregierung*, BT-Drs. 16/575, S. 1.

67 *Bundesregierung*, BT-Drs. 16/575, S. 6.

68 *Bundesregierung*, BT-Drs. 16/575, 6.

69 Dazu auch *Kertai*, JuS 2011, 976 (981).

c) Sicherheit

Ein eindeutiger Rekurs auf den Topos „Sicherheit“ ergibt sich nicht aus den Gesetzesmaterialien.

Dennoch bringen mehrere Autoren die Gesetzgebung mit einem Streben nach Sicherheit in Verbindung: Dem Phänomen des Stalking sei ein hohes Maß an rechtspolitischer Aufmerksamkeit gewiss gewesen, da es an Sicherheitsgefühlen rühre.[70] Der Bereich der Sicherheit sei betroffen, weil Stalking mit Kriminalitätsfurcht und Unsicherheitsgefühlen verbunden sei.[71] Ebenso wird aus der zusätzlichen Einführung des besonderen Haftgrundes des § 112a StPO darauf geschlossen, dass das Ziel der Gesetzgebung „maximale Sicherheit“ gewesen sei.[72] Die gleiche Folgerung wird aus der Heranziehung eines Vertrauensrechtsgutes als Schutzzweck der Norm gezogen.[73]

Die aufgeführten Bezüge zur Sicherheit sind nicht ohne Weiteres verständlich; weiteren Aufschluss wird erst die Beschreibung von Sicherheit als Problemimpuls geben.[74]

d) Opferschutz

(1) Entwurfsbegründung und Parlamentsdebatten

Die Begründungen der Gesetzesentwürfe nahmen allesamt in irgendeiner Form Bezug auf die Stalkingopfer. Dieser Bezug zeigt sich bereits durch die Frequenz der Heranziehung des Begriffs „Opfer“ bei der Auswertung der Materialien: In der Bundestagssitzung zur zweiten und dritten Beratung des Gesetzentwurfs fiel das Wort „Opfer“ (auch zusammengesetzt im Wort „Opferschutz“) 60-mal in 45 Minuten, also rund 1,3-mal pro Minute; im Protokoll ergibt das rund sechs Nennungen pro Seite.[75] Der Gesetzentwurf der Bundesregierung inklusive der Stellungnahme des Bundesrats und der Gegenäußerung der Bundesregierung enthält auf zehn Seiten, von denen zwei allein durch die Zuleitung an den Bundestagspräsidenten gefüllt sind, 46mal das Wort „Opfer“ (auch in zusammengesetzter Form).

---

70 *Albrecht*, Stalking – Wissenschaftliche Perspektiven, in: *Weiß/Winterer*, Stalking und häusliche Gewalt, S. 43.

71 *Albrecht*, Stalking – Wissenschaftliche Perspektiven, in: *Weiß/Winterer*, Stalking und häusliche Gewalt, S. 19.

72 *Neubacher*, ZStW 118 (2006), 857 (868).

73 *Kargl*, Vertrauen als Rechtsgutsbestandteil, in: *Neumann/Prittwitz*, „Personale Rechtsgutslehre“ und „Opferorientierung im Strafrecht“, S. 82 f., dazu auch u. S. 220.

74 U. S. 95.

75 *Bundestag*, BT-Drs. Plenarprotokoll 16/70, S. 6948 ff.

Betrachtet man nur die acht Seiten, die den Gesetzentwurf und die Stellungnahmen von Bundesrat und -regierung beinhalten, ergibt sich ein Schnitt von nahezu sechs Nennungen des Wortes „Opfer“ pro Seite.[76]

Justizministerin *Zypries* formulierte wie folgt:

> „Wir wollen Opfer schützen und sicherstellen, dass die Täter bestraft werden.“[77]

Darüber bestand auch mit der Opposition Einigkeit.[78] Ebenso bezog man sich im Bundesrat auf das Ziel des Gesetzes, „die Opfer von sog. Stalkern besser als bisher zu schützen.“[79]

(2) Expertenanhörung

Im Rechtsausschuss wurde eine zweieinhalbstündige Expertenanhörung zum Gesetzgebungsverfahren durchgeführt.[80] Angehört wurden als Experten unter anderem Vertreter von zwei „Interventionsstellen“ an die sich Opfer von Stalking wenden können[81] und die Journalistin *Schumacher*, die durch ihre Bücher über Stalking, die auch auf eigenen Opfererfahrungen basieren, bekannt geworden ist, und die als Opfer sprach.[82] Bei acht Experten waren damit drei Vertreter von „Opferinteressen“.

(3) Zusammenfassung

Sowohl in den Gesetzgebungsmaterialien als auch in der Zusammensetzung der Sachverständigen der Anhörung zeigt sich, dass das Gesetzgebungsverfahren eng mit dem Ziel des Opferschutzes verknüpft war. Opferschutz war ein wichtiges, wenn nicht das prominenteste Ziel der Regelung.

e) Bestrebungen zur Erweiterung strafprozessualer Befugnisse

Mit dem verabschiedeten Gesetz wurde § 238 StGB in den Katalog der Taten des besonderen Haftgrundes des § 112a StPO aufgenommen.[83] Dies stellte nicht nur

---

76 *Gesetzentwurf der Bundesregierung*, BT-Drs. 16/575, S. 1 ff.
77 *Bundestag*, BT-Drs. Plenarprotokoll 16/70, S. 6949.
78 *Bundestag*, BT-Drs. Plenarprotokoll 16/70, S. 6953 f.
79 *Bundesrat*, BR Plenarprotokoll 2007 (29).
80 s. auch o. S. 29.
81 *Bundestag Rechtsausschuss*, Protokoll der 30. Sitzung.
82 *Bundestag Rechtsausschuss*, Protokoll der 30. Sitzung, S. 24.
83 o. S. 29.

einen Nebenaspekt dar, da gerade durch die Verhängung von Haft ein besonderes effektiver Opferschutz erwartet wurde.[84]

Auf den Gesichtspunkt der Eröffnung der Möglichkeit strafprozessualer Ermittlungsmaßnahmen als wirksame Maßnahmen zur Beendigung von Nachstellungen nehmen auch mehrere Autoren Bezug[85]. So etwa *Fünfsinn*, der betont und positiv würdigt, dass die Norm polizeiliches Vorgehen legitimiere.[86] Ebenso beschreibt der Aachener Staatsanwalt *Peters* aus Sicht der staatsanwaltlichen Praxis[87] den Vorteil der Einführung des Tatbestandes damit, dass „schon nach einer ersten verantwortlichen Vernehmung des Beschuldigten unter Hinweis auf die mögliche Strafbarkeit wegen Nachstellung die Täter ihre Verhaltensweisen einstellen".[88] Der Vorteil soll also sein, dass die Existenz der Strafnorm strafprozessuale Maßnahmen (Beschuldigtenvernehmung) ermöglicht.

Das sehen viele andere Autoren kritisch; § 238 StGB sei ein Ermittlungsparagraf[89] und vernachlässige den eigentlichen Sinn der Strafe.

Jedenfalls spielte das Ziel der Erweiterung strafprozessualer Ermittlungsmöglichkeiten eine wichtige Rolle als Anlass der Gesetzgebung. Die Schaffung einer Norm, deren Rechtsfolge die strafrechtliche Sanktion ist, zu dem Zweck eine andere Rechtsfolge, nämlich die der Eröffnung der Möglichkeiten der StPO zu bewirken, wirft eine Vielzahl von Fragen[90] auf. Hier zeigt sich die Wichtigkeit der Untersuchung des Problemimpulses: Sie ist notwendig, um zur Diskussion dieser Fragen gelangen zu können.

f) Risiko

Direkte Bezüge zum Ziel der Risikominimierung oder zum Verständnis von Stalking als Risiko sind nicht aus den Gesetzesmaterialien ersichtlich. In der Literatur gibt es Versuche durch die Analyse von Risikofaktoren Vorhersagen

---

84 *Bundestag Rechtsausschuss*, BT-Drs. 16/3641, S. 15; *Bundestag*, BT-Drs. Plenarprotokoll 16/70, S. 6952; dazu nochmal u. S. 175 f.

85 *Schumacher*, Keine Privatsache! Stalking wird zur Straftat, in: *Zypries*, Die Renaissance der Rechtspolitik, S. 19.

86 *Fünfsinn*, Bedarf es eines Stalking-Bekämpfungsgesetzes?, in: *Weiß/Winterer*, Stalking und häusliche Gewalt, S. 122.

87 *Peters*, NStZ 2009, 238.

88 *Peters*, NStZ 2009, 238 (239).

89 *Neubacher*, ZStW 118 (2006), 857 (871); dazu u. S. 180 ff.

90 Z.B. *Sieber*, NStZ 2009, 353 (355 et passim.); Schuldgrundsatz: *Radtke/Steinsiek*, JR 2010, 107 (107); Stichwort Symbolgesetzgebung, dazu u. 46; vgl. auch u. S. 180 ff.

bezüglich der Wahrscheinlichkeit von Eskalationen zu treffen, wobei diverse Faktoren gefunden wurden.[91] Ein wichtiger Punkt bei der Verringerung der Risiken der Fortdauer des Stalking und der Eskalation wird dabei in der Existenz und Anwendung effektiver rechtlicher Mittel gesehen.[92] Auf diesen Sachverhalt wird in den Gesetzgebungsmaterialien zwar implizit verwiesen.[93] Ein direkter Bezug dieser Forschung auf die deutsche Gesetzgebung ist allerdings nicht ersichtlich.

4. § 52a WaffG

a) Der Einzelfall – Der Bezug zur Bluttat in Winnenden

Neben der Nennung der Tat vom 11.3.2009 als Auslöser der gesetzgeberischen Aktivität in der Beschlussempfehlung des Innenausschusses[94] wird der Bezug zum Einzelfall durch die Analyse der Gesetzesmaterialien evident: In der Bundestagsdebatte zur zweiten und dritten Beratung des Gesetzentwurfs fällt allein der Begriff Winnenden 17-mal in den fünf Reden der Abgeordneten *Grindel* (CDU/CSU), *Wolff* (FDP), *Fograscher* (SPD), *Jelpke* (Die Linke) und *Stokar von Neuform* (Bündnis 90/Die Grünen). (Das Protokoll umfasst für diesen Teil sieben Seiten.) *Fograscher* fasst dies in ihrer Rede vor dem Bundestag wie folgt zusammen:

> „Der schreckliche Amoklauf von Winnenden im März dieses Jahres hat uns veranlasst, das geltende Waffenrecht nochmals auf den Prüfstand zu stellen."[95]

In gleicher Weise wird in der Sitzung des Bundesrats erwähnt, dass die Gesetzesänderung „[u]nter dem Eindruck des tragischen Ereignisses von Winnenden"[96] zustande kam. Dieser Bezug sollte auch inhaltlich Eingang in den Entwurf finden, so dass der Innenausschuss seinen Gesetz gewordenen Vorschlag entsprechend beschreibt:

---

91 Zahlreiche Nachweise bei *Löhr*, Notwendigkeit eines Anti-Stalking-Straftatbestandes, S. 132 ff.

92 *Mullen/MacKenzie*, Assessing and Managing Risk in Stalking Situations, in: *Bettermann/Feenders*, Stalking, S. 61.

93 Dazu auch 81.

94 O. 32.

95 *Fograscher*, Plenarprotokoll 16/227, in: *Deutscher Bundestag – 16. Wahlperiode*, Stenografischer Bericht – 227. Sitzung, S. 25179.

96 *Hövelmann* in: *Bundesrat*, BR Plenarprotokoll 2009 (302).

„Mit einer solchen Regelung werden künftig solche Verstöße unter Strafe gestellt, wie sie dem Amokläufer von Winnenden den Zugriff auf die Tatwaffe erst ermöglicht haben.“[97]

Das einzelne Ereignis in Winnenden kann somit als Anlass der Gesetzgebung bezeichnet werden.

b) Sicherheit

Der Aspekt der Sicherheit spielte in der Schaffung des § 52a WaffG eine entscheidende Rolle. Dabei gibt es bereits einen allgemeinen Bezug des Waffenrechts zum Politikfeld der Inneren Sicherheit[98]: Inzwischen wird § 52a WaffG sogar als Teil des Rechts der öffentlichen Sicherheit und Ordnung gesehen.[99] Doch auch darüber hinaus lässt sich für das konkrete Verfahren dieser Bezug nachweisen.[100] So fiel in der zweiten und dritten Beratung der entsprechenden Gesetzentwürfe der Begriff Sicherheit 24-mal, wobei der stenografische Bericht an dieser Stelle sieben Seiten umfasst.[101] Die Politiker waren sich dabei einig[102], dass durch das Gesetz für mehr Sicherheit gesorgt würde.[103] Das müsse auch das Ziel sein, da die Gewährung öffentlicher Sicherheit in der Verantwortung aller staatlichen Ebenen liege und ernst genommen werden müsse.[104] Maximierung der Sicherheit war das Ziel: Alle Möglichkeiten, die zu einem zusätzlichen Sicherheitsgewinn führen würden, hätten beschlossen werden müssen und wären auch beschlossen worden.[105]

c) Risiko

Aus der Analyse der Gesetzesmaterialien ergeben sich keine eindeutigen Verweise darauf, dass es um den Umgang mit einem Risiko ging. Allerdings bezieht sich im

97 *Deutscher Bundestag – 16. Wahlperiode*, BT-Drs. 16/13423, S. 72.

98 *Lehmann/Grotthuss/Soens*, Großkommentar aktuelles Waffenrecht 2010, §§1 Rn. 9.

99 *Lehmann/Grotthuss/Soens*, Großkommentar aktuelles Waffenrecht 2010, §§36 Rn. 6.

100 *Mundinger*, Kriminalistik 2010, 161 (161).

101 *Deutscher Bundestag – 16. Wahlperiode:* Stenografischer Bericht – 227. Sitzung (2009), S. 25175 ff.

102 *Stokar Neuforn*, in: *Deutscher Bundestag – 16. Wahlperiode*, Stenografischer Bericht – 227. Sitzung, S. 25181.

103 *Grindel, (CDU/CSU)*, Plenarprotokoll 16/227, in: *Deutscher Bundestag – 16. Wahlperiode*, Stenografischer Bericht – 227. Sitzung, S. 25176.

104 *Fograscher*, Plenarprotokoll 16/227, in: *Deutscher Bundestag – 16. Wahlperiode*, Stenografischer Bericht – 227. Sitzung, S. 25179.

105 *Grindel, (CDU/CSU)*, Plenarprotokoll 16/227, in: *Deutscher Bundestag – 16. Wahlperiode*, Stenografischer Bericht – 227. Sitzung, S. 25177.

durchgeführten Hearing die Kriminologin *Prof. Dr. Bannenberg* mehrmals auf den Gesichtspunkt der Risikominimierung, am deutlichsten wenn sie sagt:

> „Es geht im Grunde um die vernünftige Erkenntnis, wie kann man das erhebliche Risiko, dass es zu weiteren Toten und derartigen Vorfällen kommt, mindern?"[106]

d) Opferschutz

Hinweise auf eine Bedeutung von „Opferschutz" bei der Schaffung des § 52a WaffG ergeben sich insbesondere aus der Rolle der „Opferverbände" in der öffentlichen Anhörung vor dem Rechtsausschuss. An dieser nahmen je ein Vertreter der Initiative „Keine Mordwaffen als Sportwaffen!" sowie die Pressesprecherin des „Aktionsbündnisses Winnenden" aktiv teil. Beide machten – teils vehement[107] – in der öffentlichen Anhörung Druck auf die anwesenden Politiker, deren Aufgabe es sei, „eine Gesetzesänderung da vorzunehmen, wo wir sie für erforderlich erachten"[108].

Beim Aktionsbündnis Winnenden handelt es sich um einen Zusammenschluss der von der Bluttat unmittelbar betroffenen Familien, also um Opfer der Straftat oder um deren Angehörige. Bei der „Initiative" hingegen handelte es sich um einen Zusammenschluss unbeteiligter Bürger, „in der Absicht, mit Hilfe von Bürgerengagement künftig solche Mordserien zu vermeiden".[109] Ihre Forderung richtete sich auf ein weitgehendes Verbot von Waffen als Sportgeräten.

Sowohl beim „Aktionsbündnis" als auch bei der „Initiative" handelte es sich somit um Vertreter von Interessen der Opfer. Diese Interessen wurden für die Neuaufnahme der Strafvorschrift in das WaffG von beteiligten Politikern als mit ursächlich angesehen; in ihren Reden verwiesen mehrere Abgeordnete auf die Gespräche und die Interessen der Angehörigen und Opfer.[110] Mit dem Gesetz sollte ihren „großen Erwartungen"[111] entsprochen werden.

---

106 *Innenausschuss*, BT-Drs., 1 (55).
107 *Innenausschuss*, BT-Drs., 1 (13).
108 *Innenausschuss*, BT-Drs., 1 (22).
109 *Innenausschuss*, BT-Drs., 1 (11).
110 *Fograscher*, Plenarprotokoll 16/227, in: *Deutscher Bundestag – 16. Wahlperiode*, Stenografischer Bericht – 227. Sitzung, S. 251780; *Grindel, (CDU/CSU)*, Plenarprotokoll 16/227, in: *Deutscher Bundestag – 16. Wahlperiode*, Stenografischer Bericht – 227. Sitzung, S. 25176 und 25177 ff.; *Stokar Neuforn*, in: *Deutscher Bundestag – 16. Wahlperiode*, Stenografischer Bericht – 227. Sitzung, S. 25181.
111 *Hövelmann* in: *Bundesrat*, BR Plenarprotokoll 2009 (302).

5. § 89a StGB

Im Zusammenhang mit Anti-Terror-Gesetzgebung wird die These einer mehr oder minder konzertierten, planmäßigen Veränderung des staatlichen Systems geäußert.[112] Ob sich eine solche These allerdings schon im Hinblick auf die zahlreichen Akteure und ihre divergierenden Interessen überhaupt belegen lässt, erscheint zweifelhaft; jedenfalls soll dies hier keineswegs versucht werden. Gegenstand der vorliegenden Arbeit ist allein eine Untersuchung der sichtbar gewordenen Zielsetzungen und Problemimpulse.

a) Die Einzelfälle – Die Sauerlandattentäter und der Aufenthalt in sogenannten Terrorcamps

Mit der Festnahme der sogenannten Sauerland-Gruppe am 4. September 2007 geriet die Ausbildung in „Terrorcamps" in den öffentlichen Fokus, nachdem bekannt geworden war, dass die drei Festgenommenen im pakistanisch-afghanischen Grenzgebiet geschult worden waren.[113] Insbesondere auch die diesbezüglichen Aussagen der Beschuldigten vor Gericht hätten „erschreckend deutlich gezeigt, dass die Ausbildung in den Camps in Afghanistan und Pakistan dringend verhindert werden muss."[114] Der erste Entwurf des Bundesrates hatte entsprechend seinen Schwerpunkt auf der Bestrafung des Aufenthalts in terroristischen Ausbildungslagern.[115] Auch wenn der schließlich verabschiedete Entwurf der Bundesregierung in den Tathandlungen weit über die ursprünglich intendierte Strafbarkeit des Aufenthalts in Ausbildungslagern hinausging[116], blieb dieser stets Aufhänger der Diskussionen

---

112 *Brunett/Gräfe*, Gouvernementaltiät und Anti-Terror-Gesetze, in: *Pieper*, Gouvernementalität, S. 57; *Schulte*, Terrorismus- und Anti-Terrorismus-Gesetzgebung, S. 227.

113 http://www.stern.de/politik/deutschland/sauerland-attentaeter-anschlaege-auf-grossstaedte-geplant-638157.html, abgerufen am 28.11.2011; http://www.zeit.de/online/2007/37/terrorcamps-illegal, abgerufen am 7.12.2011; http://www.stern.de/politik/deutschland/terrorabwehr-hardliner-dringen-auf-schaerfere-gesetze-597133.html, abgerufen am 7.12.2011.

114 *Bouffier*, http://www.hessen.de/irj/hessen_Internet?rid=HStK_15/hessen_Internet/nav/5ef/5ef5072f-a961-6401-e76c-d1505eb31b65,d3170ec3-886c-3321-4fbf-1b144e9169fc,,,11111111-2222-3333-4444-100000005004%26_ic_uCon_zentral=d3170ec3-886c-3321-4fbf-1b144e9169fc.htm&uid=5ef5072f-a961-6401-e76c-d1505eb31b65.

115 *Bundesrat*, BT-Drs. 16/7958, S. 6 f.

116 *Gazeas/Grosse-Wilde/Kießling*, NStZ 2009, 593 (593); BeckOK StGB-*Heintschel-Heinegg*, § 89a, Rn. 1.

und vielzitiertes Beispiel.[117] Sowohl im Gesetzentwurf der Bundesregierung[118] als auch in der Beschlussempfehlung des Rechtsausschusses[119] wurde einleitend explizit auf die im September 2007 verhinderten Anschläge verwiesen. Das Gesetz wird aus diesem Grund teilweise auch als „Terrorcamp-Gesetz" bezeichnet.[120]

Zumindest für die in § 89a Abs. 2 StGB beschriebene Tathandlung lässt sich somit ein Bezug zum Einzelfall darstellen. Dieser kann als einer der Problemimpulse gesehen werden.

b) Unzufriedenheit mit der bisherigen Rechtslage: Strafbarkeitslücken

Ein weiterer Impuls für die Verabschiedung der Vorschrift war die Unzufriedenheit mit dem bisherigen Rechtsstand. Ziel war es, bestimmte Fälle im Bereich der Vorbereitungshandlungen von organisatorisch nicht gebundenen Gewalttätern zu erfassen, die bislang strafrechtlich nicht verfolgt werden konnten.[121] Vorbereitungshandlungen waren in § 129a StGB nur dann umfasst, wenn sich die Vorbereitung in der Organisation in einer Vereinigung i.S.d. Vorschrift niederschlug.[122] Ergänzt wurde die sich so ergebende Strafbarkeit durch § 30 StGB. Dieser kommt allerdings nur bei einem Zusammenwirken mehrerer Personen zur Anwendung[123]. Im Übrigen waren Vorbereitungshandlungen bis zum Versuchsbeginn straflos. Die (angeblich) außerordentlich kurze Phase zwischen Vorbereitung, Versuch und Vollendung wurde als Grund dafür gesehen, dass ein möglichst frühzeitiges Eingreifen des Strafrechts erforderlich sei.[124]

Die Gesetzeslage, die nur den organisierten Tätern gerecht werde, wurde „in Zeiten der Bedrohung durch den internationalen islamistischen Terrorismus"[125]

---

117 *Geis*, in: *Deutscher Bundestag – 16. Wahlperiode*, Stenografischer Bericht – 224. Sitzung, S. 24568; *Stünker*, in: *Deutscher Bundestag – 16. Wahlperiode*, Stenografischer Bericht – 224. Sitzung, S. 24570; *Kauder*, in: *Deutscher Bundestag – 16. Wahlperiode*, Stenografischer Bericht – 224. Sitzung, S. 24562; *Kauder*, ZRP 2009, 20 (22); *Rogner*, Entwurf eines Gesetzes zur Verfolgung der Vorbereitung von schweren staatsgefährdenden Gewalttaten (GVV), S. 3 f.; *Ziercke*, Stellungnahme zur Vorbereitung der öffentlichen Anhörung vor dem Rechtsausschuss des Bundestages, S. 1.

118 *Bundestag*, BT-Drs. 16/12428, 1 f.

119 *Bundestag Rechtsausschuss*, BT-Drs. 16/13145, S. 1.

120 *Kühl*, § 89a, Rn. 1.

121 *Bundestag*, BT-Drs. 16/12428, 12.

122 *Bundestag*, BT-Drs. 16/12428, 1–2; *Kühl*, § 89a, Rn. 1.

123 Allg. A.; vgl. z.B. Sch/Sch-*Heine*, § 30, Rn. 1.

124 *Bundestag*, BT-Drs. 16/12428, 1.

125 *Kauder*, ZRP 2009, 20 (21 f.).

als unbefriedigend angesehen, da der „organisatorisch nicht gebundene Einzeltäter, der terroristische Taten vorbereitet",[126] ebenso gefährlich sei.[127] Dies stelle eine „Schutzlücke" im materiellen Strafrecht dar, die geschlossen werden musste.[128]

Damit kann als einer der Problemimpulse die Einschätzung gesehen werden, dass bestimmte wegen ihrer Gefährlichkeit als strafwürdig angesehene[129] Fälle nicht strafbar waren. Es handelt sich somit auch hier um Gesetzgebung zur Schließung von „Strafbarkeitslücken".

c) Bestrebungen zur Erweiterung strafprozessualer Befugnisse

Weiterhin spielte der Wunsch nach einer Ausweitung der Möglichkeiten der Strafverfolgungsbehörden eine entscheidende Rolle. Nach dem Gesetzentwurf der Bundesregierung war es Ziel, „den für die Strafverfolgung zuständigen Behörden ein dem Bereich der Terrorismusbekämpfung erforderliches und angemessenes Ermittlungsinstrumentarium zur Verfügung zu stellen."[130] Anscheinend wurde das bisherige „Ermittlungsinstrumentarium" als nicht angemessen und ausreichend angesehen. Dies zeigte sich bereits durch die Aufnahme des § 89a StGB als Katalogtat in den Vorschriften der StPO zur Telekommunikationsüberwachung (§ 100 a StPO), akustischen Wohnraumüberwachung (§ 100 c StPO), Durchsuchung (§ 103 Abs. 1 S. 2 StPO), zu Kontrollstellen auf Straßen und Plätzen (§§ 103, 111 StPO), zum Haftgrund der Wiederholungsgefahr (§ 112 a StPO) und zur Vermögensbeschlagnahme (§ 443 StPO – Artikel 3 des Gesetzentwurfs).

Das Ziel des Gesetzgebers „sich und seinen Sicherheitsorganen die polizeilichen, nachrichtendienstlichen und strafprozessualen Eingriffsmöglichkeiten [zu] erweitern"[131] wird in der Literatur teilweise als das wahre und „– freilich nur selten offen ausgesprochene – Hauptziel"[132] gesehen. Das zeige sich insbeson-

---

126 *Kauder*, ZRP 2009, 20 (21 f.).

127 *Bundestag*, BT-Drs. 16/12428, 1–2; *Kühl*, § 89a, Rn. 1; BeckOK StGB-*Heintschel-Heinegg*, § 89a, Rn. 1–3.

128 *Zypries*, Rede der Bundesministerin der Justiz, in: *Deutscher Bundestag – 16. Wahlperiode*, Stenografischer Bericht – 224. Sitzung, S. 24547; Griesbaum in *Bundestag Rechtsausschuss*, Protokoll der 137. Sitzung, S. 5.

129 *Bundestag*, BT-Drs. 16/12428, 12.

130 *Bundestag*, BT-Drs. 16/12428, 13, 3.

131 NK-*Paeffgen*, § 89a, Rn. 1.

132 NK-*Paeffgen*, § 89a, Rn. 3; ebenso *Radtke/Steinsiek*, JR 2010, 107 (107).

dere durch die Aufnahme von § 89a StGB in den Katalog der Vorschrift über die Sicherungshaft nach § 112a StPO.[133]

Ohne unbedingt eine Qualifizierung als „Hauptziel“ vorzunehmen, wird die Möglichkeit der Einleitung von Ermittlungsmaßnahmen von weiten Teilen der Literatur als jedenfalls prägend für die Vorschrift gesehen; die Norm sei als „Türöffner“ für weitreichende prozessuale Befugnisse zu verstehen.[134]

Bestätigt sehen kann sich diese Auffassung durch Aussagen der am Gesetzgebungsverfahren beteiligten Politiker, wonach die Vorschriften nicht sehr oft zu Verurteilungen führen würden, jedoch „sinnvolle Ermittlungsansätze“ bzw. schlicht Ermittlungen ermöglichten.[135] Ganz offen formuliert das *Kauder*, wenn er beschreibt, dass das Gesetz nur geschaffen wurde, weil ein „Scharnier“ gesucht worden war, „um Ermittlungsansätze bewerkstelligen zu können“.[136]

d) Europa- und Völkerrechtliche Vorgaben

Nicht ohne Einfluss waren einerseits die europäischen Erfahrungen mit Terroranschlägen[137] und andererseits die diesbezüglichen Reaktionen auf europäischer Ebene. So erging am 13.6.2002 der Rahmenbeschluss der EU zur Terrorismusbekämpfung, der in der durch Rahmenbeschluss 2002/919/JI vom 28.11.2008 geänderten Fassung die zentrale Grundlage der europäischen Anti-Terror-Politik darstellt.[138] Dieser Rahmenbeschluss erlegt den Mitgliedsstaaten umfangreiche Pönalisierungspflichten auf.[139] Die Mitgliedsstaaten wurden unter anderem aufgefordert, die erforderlichen Maßnahmen zu treffen, um die öffentliche Aufforderung zur Begehung einer terroristischen Straftat, die Anwerbung für terroristische Zwecke und die Ausbildung für terroristische Zwecke als Straftaten festzulegen.

Bezug genommen[140] wurde dabei auf das Übereinkommen des Europarates zur Verhütung des Terrorismus[141], das am 16.5.2005 gezeichnet und bereits am

133 NK-*Paeffgen*, § 89a, Rn. 3.

134 BeckOK StGB-*Heintschel-Heinegg*, § 89a, Rn. 1; *Gazeas/Grosse-Wilde/Kießling*, NStZ 2009, 593 (593).

135 *Kauder*, ZRP 2009, 20 (22).

136 *Bundestag Rechtsausschuss*, Protokoll der 137. Sitzung, S. 30.

137 *Bundestag*, BT-Drs. 16/12428, 1.

138 *Hecker*, Europäisches Strafrecht, S. 375.

139 *Hecker*, Europäisches Strafrecht, S. 375.

140 *Rat der Europäischen Union*, Amtsblatt der Europäischen Union 2008 (2).

141 *Europarat*, http://conventions.coe.int/Treaty/GER/Treaties/Html/196.htm.

24.10.2006 durch Deutschland unterzeichnet, aber erst am 17.3.2011 ratifiziert wurde.[142] Trotzdem verwies die deutsche Gesetzgebung bereits 2009 explizit auf das Übereinkommen des Europarats zur Verhütung des Terrorismus.[143]

Durch die sich hier ergebenden unions- bzw. völkerrechtlichen Verpflichtungen für den deutschen Strafgesetzgeber wurde dessen Entscheidungsspielraum zwar beschränkt.[144] Dennoch war die Verabschiedung des § 89a StGB nicht durch europarechtliche Vorgaben determiniert: Während das Gesetzgebungsverfahren bereits mit dem Bundesratsentwurf vom 30.1.2008[145] eingeleitet worden war, traten mit dem geänderten Rahmenbeschluss erst Ende 2008 zwingende Vorgaben in Kraft.[146] Daneben geht das deutsche Gesetz auch inhaltlich weit über die Vorgaben hinaus.[147]

Nichtsdestotrotz kann auch die europarechtliche Implikation als Auslöser angesehen werden. Hier handelt es sich um besondere Impulsformen. Dem steht nicht entgegen, dass die deutsche Strafnorm über die Vorgaben hinaus ging; das Abkommen des Europarates wirkte dennoch motivierend. Gleiches gilt für die Tatsache, dass erst mit der Ratifikation des Übereinkommens 2011 und der Änderung des Rahmenbeschlusses Ende 2008 zwingende Vorgaben für Deutschland bestanden: Als impulsgebend können auch nicht zwingende Vorgaben wirken.

e) Sicherheit

Der Bezug zur Sicherheit als erstrebtem Soll-Zustand ergibt sich bereits aus dem Tatbestand selbst. So beinhaltet die sogenannten Staatsschutzklausel[148] als Beschreibung der Auswirkungen der schweren Gewalttat in Absatz 1, dass diese

---

142 *Bundesgesetzblatt*, BGBl. 2011, 300.

143 *Bundestag*, BT-Drs. 16/12428, 2.

144 *Jeßberger*, Schriftliche Fassung meiner Stellungnahme anlässlich der öffentlichen Anhörung vor dem Rechtsausschuss des Deutschen Bundestages am 22. April 2009, S. 6.

145 *Bundesrat*, BT-Drs. 16/7958.

146 NK-*Paeffgen*, § 89a, Rn. 4; *Bundesrechtsanwaltskammer*, BRAK-Stellungnahme 13/2009, S. 5.

147 BeckOK StGB-*Heintschel-Heinegg*, § 89a, Rn. 1; NK-*Paeffgen*, § 89a, Rn. 4; *Gazeas/Grosse-Wilde/Kießling*, NStZ 2009, 593 (593); *Jeßberger*, Schriftliche Fassung meiner Stellungnahme anlässlich der öffentlichen Anhörung vor dem Rechtsausschuss des Deutschen Bundestages am 22. April 2009, S. 7.

148 BeckOK StGB-*Heintschel-Heinegg*, § 89a, Rn. 5.

„nach den Umständen bestimmt und geeignet ist, […] die Sicherheit eines Staates oder einer internationalen Organisation zu beeinträchtigen […].“

Weiterhin zeigt sich die Bedeutung dieses Aspekts durch die Analyse des Gesetzentwurfs der Bundesregierung, in dessen 24 Seiten das Wort Sicherheit 18-mal vorkommt[149]. Der Entwurf begründet die Notwendigkeit des Gesetzes u.a. damit, dass auch „und vor allem unter Sicherheitsaspekten […] eine Vorverlagerung des Strafrechtsschutzes geboten“ sei.[150] Die damalige Bundesministerin der Justiz *Zypries* bezieht sich in ihrer Bundestagsrede zum GVVG ebenso auf Sicherheit als maßgeblichen Topos[151].

Explizit spricht auch *Hanning*, bis November 2009 Staatssekretär im Bundesministerium des Innern, den Aspekt der Sicherheit als Problemimpuls an. Bei ihm ist das Problem als Differenz zwischen Ist- und Soll-Zustand sowie dessen Impulswirkung deutlich zu erkennen: Den Ist-Zustand nach Überzeugung der Sicherheitsbehörden beschreibt er so, dass die Freiheit durch äußere Einflüsse bedroht sei.[152] Diese Einschätzung veranlasse die Sicherheitsbehörden dazu, „im Zielkonflikt zwischen Freiheit und Sicherheit nach einer neuen Balance zu suchen“[153] und den Schwerpunkt in Richtung Sicherheit zu verlagern. Das entspricht einer (Neu-) Definition des Soll-Zustandes. Daraus wird dann ein Anlass zur Gesetzgebung abgeleitet, wenn *Hanning* bemerkt, dass aus dieser Situation „Handlungsdruck“[154] entspringe.

f) Opferschutz

Auf die Opfer von Terroranschlägen wird im Gesetzentwurf der Bundesregierung an vier Stellen Bezug genommen, von denen zwei im hiesigen Kontext relevant sind: Auf Seite12 wird die Strafwürdigkeit der Vorbereitungshandlungen mit der abstrakten Gefährlichkeit für die potentiellen Opfer begründet; auf Seite 20 wird das Bedürfnis für die Ausdehnung des Anwendungsbereichs des § 112a StPO auf

149 *Bundestag*, BT-Drs. 16/12428.

150 *Bundestag*, BT-Drs. 16/12428, 1.

151 *Zypries*, Rede der Bundesministerin der Justiz, in: *Deutscher Bundestag – 16. Wahlperiode*, Stenografischer Bericht – 224. Sitzung, S. 24547.

152 *Hanning*, Sicherheit gewährleisten – Freiheit wahren, in: *Huster/Rudolph*, Vom Rechtsstaat zum Präventionsstaat, S. 200.

153 *Hanning*, Sicherheit gewährleisten – Freiheit wahren, in: *Huster/Rudolph*, Vom Rechtsstaat zum Präventionsstaat, S. 197.

154 *Hanning*, Sicherheit gewährleisten – Freiheit wahren, in: *Huster/Rudolph*, Vom Rechtsstaat zum Präventionsstaat, S. 200.

Delikte nach § 89a StGB mit den schweren Folgen für die Opfer dieser Taten erklärt.[155]

Daneben widmet auch das Übereinkommen des Europarates zur Verhütung des Terrorismus dem Schutz der Opfer einen eigenen Artikel.[156]

Somit kann ein Bezug zum Opferschutz festgestellt werden; dieser war einer der Ziele des Gesetzes.

g) Risiko

Zwar erwähnt allein der Entwurf der Bundesregierung[157] an 33 Stellen Gefahren und Gefährlichkeit; eine Bezeichnung der Problemlage als Risiko erfolgt jedoch nicht. Die bloße Analyse des Wortgebrauchs lässt somit keinen Schluss darauf zu, dass das Gesetz Risikominimierung als Problemimpuls hatte.

6. Zusammenfassung

Bei der Untersuchung der einzelnen Gesetze ließen sich diverse Problemimpulse auffinden. Bei diesen konnten Wiederholungen und Schemata erkannt werden. Sicherheit und Opferschutz erschienen dabei ebenso als Ziele der Gesetzgebung wie Bestrebungen „Lücken zu schließen" oder Ermittlungsmöglichkeiten auszuweiten. Daneben bezogen sich alle drei Gesetzesvorhaben auf einen oder mehrere Einzelfälle, die Thema in den Medien gewesen waren. Es bietet sich nun an, sich vom Beispiel abzuwenden und die aufgefundenen Anlässe abstrakt zu analysieren, wobei wieder auf die Einflussmöglichkeiten einer wissenschaftlichen Beratung auf die Gesetzgebung eingegangen werden kann.

---

155 *Bundestag*, BT-Drs. 16/12428.

156 *Rat der Europäischen Union*, Amtsblatt der Europäischen Union (Artikel 10).

157 *Bundestag*, BT-Drs. 16/12428.

D. Analyse und Diskussion der aufgefundenen Problemimpulse

I. Risiko und Sicherheit

Insbesondere bei der Schaffung von § 52a WaffG und § 89a StGB ließ sich Sicherheit auf einer ersten Untersuchungsebene als Problemimpuls erkennbar machen. Insofern kann bereits festgestellt werden, *dass* Sicherheit als Problemimpuls Wirksamkeit entfaltet. Versucht werden soll in diesem Abschnitt zunächst eine Annäherung an den Begriff Sicherheit allgemein, wobei sich ein enger Zusammenhang mit dem Risiko zeigen wird. In einem weiteren Schritt sollen die Konsequenzen für die Strafgesetzgebung aufgezeigt werden. In einem dritten Schritt werden dann Sicherheit und Risiko als Problemimpulse beleuchtet, wobei sowohl Möglichkeiten als auch Hindernisse für eine wissenschaftliche Einflussnahme aufgezeigt werden.

1. Zukunftsungewissheit als Leitmotiv

Die vorliegende Untersuchung neuerer Gesetzgebung stellt teilweise auch eine zeitgeschichtliche Untersuchung dar. Das macht es notwendig, in der gebotenen Kürze den zeitgeschichtlichen Rahmen darzustellen, sofern dieser die mit der Strafgesetzgebung verbundenen Hoffnungen und Erwartungen widerspiegelt.

a) Risikogesellschaft: Alltägliche Bedrohungen

Bei dem Versuch der Beschreibung der Gegenwart als Epoche tauchen verschiedene Bezeichnungen auf. Eine davon ist die der Risikogesellschaft. Den Begriff der Risikogesellschaft prägte sicherlich vor allem *Ulrich Beck* mit seinem gleichnamigen Werk. Darin beschreibt er eine – wie er meint – neue Epoche, die eine Weiterentwicklung der Industriegesellschaft sei.[1] Sie zeichne sich insbesondere durch einen Wandel der gesellschaftlichen Probleme und der Sicht auf diese aus.[2] Als Ursache dafür sieht *Beck* ausgehend von Beispielen wie der atomaren

---

1 *Beck*, Risikogesellschaft, S. 13.

2 *Beck*, Risikogesellschaft, S. 17.

Bedrohung und der Umweltzerstörung die vielfältigen „Risiken und Selbstbedrohungspotentiale“ für die menschliche Existenz, die die Industriegesellschaft im Zuge ihrer Entwicklung „in einem bis dahin unbekannten Ausmaße“[3] schaffe bzw. schon geschaffen habe. Sie betreffen in Ursache und Wirkung große Teile der Gesellschaft und sind meist Folgen des industriellen Systems.

Nach *Beck* sind Risiken oder Gefährdungen (*Beck* verwendet diese beiden Begriffe synonym), wie sie die „neue Epoche“ kennzeichnen, unter anderem dadurch bestimmt, dass es sich um „Großgefahren“ handelt, die für den Einzelnen nicht ohne Weiteres erkenn- und deutbar sind; es bedürfe wissenschaftlicher Messinstrumente, um diese überhaupt erkennbar zu machen.[4] Darüber hinaus bedürfe es aber noch einer Deutung als Gefährdung, also einer weiteren normativen Komponente.[5] Um zu wissen, dass von einer festgestellten Situation (in *Beck*s Beispiel etwa eine Schadstoffkonzentration in einem Lebensmittel) eine Gefahr ausgeht, müsse zunächst ein Kausalzusammenhang zwischen möglichem Schaden und festgestelltem Sachverhalt erkannt werden.[6] Diese Kausalbeziehungen seien jedoch nicht sinnlich erfassbar, womit Risiken letztlich erst aufgrund der darin liegenden Wertung als solche verstanden werden können.[7] Bei diesen Prozessen spielt die Wissenschaft zwar eine wichtige Rolle, doch habe sie mit der Ausdifferenzierung ihrer Erkenntnisse ihre einstige Deutungshoheit verloren. Die einstige

> „wissenschaftliche Religion der Wahrheitsverfügung und -verkündigung wurde im Zuge ihrer Verwissenschaftlichung *säkularisiert*. Der Wahrheitsanspruch der Wissenschaft hat der bohrenden wissenschaftstheoretischen und -empirischen Selbstbefragung nicht standgehalten.“[8]

Die Aussagen wissenschaftlicher Expertise hätten so einen Ruch der Beliebigkeit erhalten.[9] Damit sei die Empfindung von Bedrohungen sozialen Wandlungen und Strömungen gegenüber offen.[10]

Soweit lässt sich zusammenfassen, dass unsere Zeit nach *Beck* auch von immer neuen, vorher nicht gekannten Bedrohungen unserer Existenz und ihrer

---

3 *Beck*, Risikogesellschaft, S. 25.
4 *Beck*, Risikogesellschaft, S. 35.
5 *Beck*, Risikogesellschaft, S. 36.
6 *Beck*, Risikogesellschaft, S. 36 f.
7 *Beck*, Risikogesellschaft, S. 36.
8 *Beck*, Risikogesellschaft, S. 271.
9 *Beck*, Risikogesellschaft, S. 271.
10 *Beck*, Risikogesellschaft, S. 30.

Grundlagen geprägt ist. Diese Bedrohungen sind dabei einem steten Wandel unterworfen. Das Leben erweist sich, auch was diese Bedrohungen angeht, als ständig wandelbar.

b) Folgen: Unsicherheitserfahrungen

In diesen zwei Punkten der Wandelbarkeit von Bedrohungen und dem Verlust der Autorität wissenschaftlicher Weltdeutung nähert sich die Analyse *Becks* derjenigen anderer Autoren.

Habermas nennt es die „Neue Unübersichtlichkeit", die sich daraus ergibt, dass die Hoffnungen in die vernünftige Kontrolle von Natur und Gesellschaft durch Wissenschaft und Technik „durch massive Evidenzen erschüttert worden" seien.[11]

Die Gesellschaft stellt sich als immer komplexer und vielfältiger dar.[12] Die Beschleunigung des sozialen Wandels unter dem Einfluss von Technologie, globalisierter Wirtschaft und staatlicher Tätigkeit beeinflusst unsere Erwartungsstrukturen und hat unseren Möglichkeitshorizont erweitert: Wir halten heute weit mehr für zukünftig möglich als frühere Generationen.[13] Die menschliche Existenz erweist sich also gerade durch die Ablösung göttlicher Festschreibungen durch wissenschaftliche Weltdeutung als wandelbar. Diese Wandelbarkeit bezieht sich inzwischen allerdings nicht nur auch auf wissenschaftliche Erkenntnisse etwa hinsichtlich der Bedrohungen der Risikogesellschaft, sondern ebenso auf die Verhältnisse der Menschen untereinander. Es werden „auch kulturelle Orientierungen erschüttert und die Theorien über das soziale und kulturelle Selbst, die darin ihre Begründung gefunden haben."[14]

Aus den beschriebenen „Freisetzungsprozessen der Moderne"[15] ergibt sich erst einmal eine größere individuelle (Wahl-)Freiheit. Allerdings werden dabei viele Situationen als undurchschaubar empfunden. Sie stellen so die Menschen vor kaum zu fällende Entscheidungen.[16] Das Überangebot an Möglichkeiten führt

---

11 *Habermas*, Die Krise des Wohlfahrtsstaates und die Erschöpfung utopischer Energien, Die neue Unübersichtlichkeit, S. 144.

12 *Kaufmann*, Normen und Institutionen als Mittel zur Bewältigung von Unsicherheit: Die Sicht der Soziologie, in: *Bayerische Rück*, Gesellschaft und Unsicherheit, S. 45.

13 *Kaufmann*, Normen und Institutionen als Mittel zur Bewältigung von Unsicherheit: Die Sicht der Soziologie, in: *Bayerische Rück*, Gesellschaft und Unsicherheit, S. 39; das mag sich mit den letzten zwei, drei Generationen geändert haben.

14 *Evers/Nowotny*, Über den Umgang mit Unsicherheit, S. 23.

15 *Schmidt-Semisch*, Kriminalität als Risiko, S. 65 f.

16 *Kaufmann*, Normen und Institutionen als Mittel zur Bewältigung von Unsicherheit: Die Sicht der Soziologie, in: *Bayerische Rück*, Gesellschaft und Unsicherheit, S. 39.

auch zu Unsicherheit.[17] Oder kurz gesagt: Mehr Informationen führen zu mehr Unsicherheit.[18]

Es kommt zu kollektiven Erfahrungen der Verunsicherung, die ihre Ursachen in einer objektiven und einer subjektiven Seite haben.[19] Zunächst wirken dabei die äußeren Umstände, die uns neue bisher nicht gekannte Bedrohungen vor Augen führen. Das Ausmaß der möglichen Schäden intensiviert dabei unsere Wahrnehmung der Bedrohung, selbst wenn die persönliche Betroffenheit dadurch nicht wächst.[20] Man fühlt sich vom Tod durch eine unvermeidbare Naturkatastrophe mehr bedroht als von herabfallenden Dachziegeln; durch den Wegfall tausender Arbeitsplätze durch eine Unternehmenspleite eher alarmiert, als durch eine einzelne Kündigung – obwohl die persönliche Betroffenheit identisch ist.

Hinzu kommen die subjektiven Faktoren des Verlustes des Vertrauens in die Wissenschaft und ihres Fortschrittes, der bestimmte Gefährdungen („Großgefahren" der Risikogesellschaft) erst hervorgebracht hat oder zumindest die damit verbundenen Zukunftsversprechen anscheinend nicht einlösen konnte. Die Folge sind Orientierungslosigkeit und eine weitere Intensivierung der Ungewissheit und damit der Wahrnehmung von Unsicherheit.

c) Kontingenzerfahrungen und Unsicherheit

Die gerade beschriebenen Probleme von Ungewissheit und daraus folgender Unsicherheit bekommen eine zusätzliche Brisanz, wenn sie als Probleme der Zukunftsbewältigung verstanden werden.

Zunächst belastet uns ein Überangebot an Möglichkeiten, zu wählen und zu entscheiden. Dennoch müssen diese unangenehmen Entscheidungen getroffen werden: Nur so kann man auf die ungewisse Zukunft Einfluss zu nehmen.[21] Wenn

---

17 *Kaufmann*, Normen und Institutionen als Mittel zur Bewältigung von Unsicherheit: Die Sicht der Soziologie, in: *Bayerische Rück*, Gesellschaft und Unsicherheit, S. 39.

18 *Lübbe*, Sicherheit. Risikowahrnehmung im Zivilisationsprozess, in: *Bayerische Rück*, Risiko ist ein Konstrukt, S. 35.

19 *Evers/Nowotny*, Über den Umgang mit Unsicherheit, S. 22 f.

20 *Lübbe*, Sicherheit. Risikowahrnehmung im Zivilisationsprozess, in: *Bayerische Rück*, Risiko ist ein Konstrukt, S. 31.

21 *Kaufmann*, Normen und Institutionen als Mittel zur Bewältigung von Unsicherheit: Die Sicht der Soziologie, in: *Bayerische Rück*, Gesellschaft und Unsicherheit, S. 39.

„für die Unwägbarkeiten des menschlichen Lebens nicht mehr ein göttliches *fatum* verantwortlich gemacht werden konnte, wurde es möglich und unabweisbar nötig, die bedrohlichen Seiten der Kontingenz aus eigener Kraft unter Kontrolle zu bringen.“[22]

Daraus ergibt sich ein Entscheidungszwang.[23] Die Kontingenz erschwert die Entscheidung zusätzlich. Die Zukunft ist für uns – mehr als es zu irgendeiner Zeit je der Fall war – „das Ungewisse schlechthin“.[24] Die gestiegene Zukunftsungewissheit wird als belastend empfunden; das Bedürfnis nach Vorhersehbarkeit steigt.[25]

Wir müssen also nicht nur zwischen unzähligen Möglichkeiten wählen. Das wäre womöglich eine noch erträgliche Anforderung. Hinzu kommt aber, dass wir kaum wissen, welche dieser Möglichkeiten sich als die richtige herausstellen wird. Es ist also die Kombination aus fehlender Orientierung und Überangebot an Möglichkeiten einerseits und Kontingenz und Entscheidungszwang andererseits, aus denen sich Unsicherheit ergibt.[26]

d) Leitmotive: Kontingenzbewältigung und Unsicherheit

Zusammengefasst stellt Kontingenzbewältigung als der Versuch der Bewältigung der beschriebenen Situation ein Leitmotiv unserer Zeit dar. Gleichzeitig besteht diese Situation erst durch eine allgemeine Verunsicherung bzw. allgemeine Unsicherheitsgefühle. Das bedeutet auch, dass auf dem Gesetzgeber ein enormer Druck lastet, die entsprechenden Erwartungen zu befriedigen.[27]

In dieser Situation spielt das Strafrecht sicherlich seine Rolle.[28] Die Erwartungen, die an das Strafrecht herangetragen werden, sind die, die an staatliche Maßnahmen insgesamt gestellt werden. In den Entwicklungen des Strafrechts lassen sich damit auch Auswirkungen gesellschaftlicher Entwicklungen wiederfinden.[29] Und andersherum

22 *Bröckling*, Widersprüche 2002, 39 (42).

23 *Kaufmann*, Normen und Institutionen als Mittel zur Bewältigung von Unsicherheit: Die Sicht der Soziologie, in: *Bayerische Rück*, Gesellschaft und Unsicherheit, S. 39.

24 *Kaufmann*, Normen und Institutionen als Mittel zur Bewältigung von Unsicherheit: Die Sicht der Soziologie, in: *Bayerische Rück*, Gesellschaft und Unsicherheit, S. 39.

25 *Lübbe*, Sicherheit. Risikowahrnehmung im Zivilisationsprozess, in: *Bayerische Rück*, Risiko ist ein Konstrukt, S. 34.

26 *Kaufmann*, Normen und Institutionen als Mittel zur Bewältigung von Unsicherheit: Die Sicht der Soziologie, in: *Bayerische Rück*, Gesellschaft und Unsicherheit, S. 39.

27 *Hassemer*, NStZ 1989, 553 (558).

28 *Herzog*, Gesellschaftliche Unsicherheit, S. 50.

29 *Hassemer*, NStZ 1989, 553 (557).

wird auch das Strafrecht durch eine Betrachtung des gesamtgesellschaftlichen und politischen Kontextes besser verstehbar.[30]

Insofern geben die gesellschaftlichen Leitmotive zumindest Aufschluss über das Strafrecht. Wenn Unsicherheit zu einem Leitmotiv unserer Zeit zu zählen ist, erscheint es wenig verwunderlich, dass auch Sicherheit als ihr Gegenstück eine große Rolle spielt.

2. Sicherheit als Leitmotiv

Während die (deutsche) Gesellschaft ein nie zuvor gekanntes Maß an Gesundheitsfürsorge und Lebensstandard in jeglicher Hinsicht für alle erlebt, scheint Sicherheit dennoch ein wichtiges Anliegen zu sein. Das Bedürfnis nach Sicherheit scheint allgemein groß zu sein und nicht abnehmen zu wollen.[31] Sicherheit ist eines der wichtigsten Themen unserer Zeit[32] und „der zentrale Wertbegriff unserer Gesellschaft“[33]. Wenig überraschend ist dann auch im Zusammenhang mit neuerer Gesetzgebung im Bereich der Strafverfolgung der Terminus „Sicherheit“ immer wieder zu hören. Nicht nur im Kontext der hier untersuchten Beispiele, sondern auch bei der Schaffung neuer strafprozessualer Ermittlungsbefugnisse, wie der Online-Dursuchung oder der heimlichen Abhörmaßnahmen, bei der permanenten Neustrukturierung der (nachträglichen) Sicherungsverwahrung und eben auch bei der Neukriminalisierung – fast immer ist die Rede von der Sicherheit, die es zu schützen, gewährleisten, garantieren gelte. Der Begriff der Sicherheitspolitik hat sich in diesem Zusammenhang etabliert. Bereits hier kann angenommen werden, dass die Idee der Sicherheit bei der Installation neuen Strafrechts eine entscheidende Rolle spielt.[34]

Doch was ist gemeint, wenn von Sicherheit die Rede ist? Um das zu klären, soll der Begriff kurz in seinem historischen und verfassungstheoretischen Kontext

---

30 *Steinert*, Kriminalsoziologische Bibliographie 1988, 3 (8); in diese Richtung auch *Silva Sanchez*, Die Expansion des Strafrechts, S. 3 und passim.

31 *Kaufmann*, Normen und Institutionen als Mittel zur Bewältigung von Unsicherheit: Die Sicht der Soziologie, in: *Bayerische Rück*, Gesellschaft und Unsicherheit, S. 38; *Bitzilekis*, Sicherheit und Freiheit durch das Strafrecht. Ein „nicht juristischer“ Ansatz zu einem „juristischen“ Problem. in: FS Puppe, S. 16.

32 *Kaufmann*, Normen und Institutionen als Mittel zur Bewältigung von Unsicherheit: Die Sicht der Soziologie, in: *Bayerische Rück*, Gesellschaft und Unsicherheit, S. 46.

33 *Daase*, APuZ 2010, 9 (9).

34 so auch *Silva Sanchez*, Die Expansion des Strafrechts, S. 13 f.

dargestellt werden. Es geht um die Rolle der Sicherheit im Gefüge staatlicher Tätigkeiten. Dabei sind auch die Fragen aufgeworfen, wie sich die dominante Rolle der Sicherheit auf die Strafgesetzgebung auswirkt, wie der Begriff innerhalb der politischen Argumentation genutzt werden kann, welche Mechanismen erkennbar sind und welche Effekte diese nach sich ziehen. In einem dritten Schritt soll im Teil F der Arbeit gezeigt werden, welche Rolle der Begriff gerade im Zusammenhang mit Gefährdungsdelikten spielt.

a) Sicherheit als Teil des „Staatsvertrags“

Ein Ausgangspunkt für die Bestimmung des Gehalts des Sicherheitsbegriffs als Ziel staatlicher Maßnahmen allgemein und (Straf-)Gesetzgebung im Speziellen kann die Theorie des Staatsvertrags nach *Hobbes* sein. Danach ist die Überwindung des Naturzustands des drohenden Bürgerkrieges zu Gunsten der Sicherheit des Einzelnen für Leib und Leben die Gegenleistung für die Aufgabe der unbegrenzten Freiheit des Einzelnen und damit der ureigene Zweck des Staates.[35] Darauf bezieht sich auch *Depenheuer*, wenn er schreibt:

> „Das Strukturprinzip aller politischen Herrschaft lautet: Sicherheit gegen Gehorsam, Schutz gegen treue Dienste.“[36]

Nicht zufällig wird von ihm der Begriff der Sicherheit im Zusammenhang mit Art. 87a GG diskutiert, der die Streitkräfte betrifft. In diesem Zusammenhang bedeutet Sicherheit erst einmal die Sicherheit vor Angriffen fremder Staaten, also Frieden. Dieser Sicht entspricht auch der Begriff der Sicherheit in Art. 24 Abs. 2 GG, nach dem sich der Bund „zur Wahrung des Friedens einem System gegenseitiger kollektiver Sicherheit einordnen“ kann.

Früh schon wurde, insbesondere von *Locke*, dieser Staatszweckbestimmung durch *Hobbes* entgegengehalten, dass der Staat auch eine Bedrohung für die Bürger, insbesondere ihrer Freiheit, aber auch von deren Leib und Leben darstellen kann.[37] Der Staat wird damit „zur gleichzeitigen Bedrohung, so dass sich das liberale Bedürfnis nunmehr auch auf Sicherheit vor dem Staat richtet.“[38] Erstmals[39]

35 *Calliess*, ZRP 2002, 1 (3); *Isensee*, JZ 1999, 265 (271); *Isensee*, Das Grundrecht auf Sicherheit, S. 3; dazu auch *Naucke*, Der materielle Verbrechensbegriff im 19. Jahrhundert, in: *Klippel*, Naturrecht im 19. Jahrhundert, S. 279 ff.

36 *Depenheuer*, Art. 87a, Rn. 1.

37 *Isensee*, JZ 1999, 265 (271); *Isensee*, Das Grundrecht auf Sicherheit, S. 6.

38 *Calliess*, ZRP 2002, 1 (4).

39 *Stoll*, Sicherheit als Aufgabe, S. 5.

ist damit auch das „Verhältnis von Freiheit und Sicherheit“ angesprochen. Die Entwicklung von Differenzierungen und Abwägungen zwischen der Sicherheit durch den Staat und der Sicherheit vor dem Staat wird damit notwendig.[40] Mit dieser Kritik erfährt sowohl die Frage nach dem Zweck des Staates[41] als auch der Begriff der Sicherheit eine Erweiterung in Richtung bürgerlicher Freiheit. Der Begriff der Sicherheit im Kontext staatlicher Aufgabenbestimmung ist demnach einem Wandel unterworfen.[42]

b) Wandel der „Sicherheitskultur“

Die bereits hier zu Tage getretene Wandelbarkeit des Sicherheitsbegriffs wurde für die deutsche Politik von *Daase* in seiner Darstellung des „Wandels der Sicherheitskultur“[43] näher beleuchtet. Unter Sicherheitskultur versteht er dabei die Überzeugungen, Werte und Praktiken, die das Sicherheits- und Unsicherheitsempfinden von Staaten, Gesellschaften und Individuen bestimmen und die Sicherheitspolitik prägen[44]. Dabei stellt er eine stetige Erweiterung des Begriffs der Sicherheit dar.[45]

In einem ursprünglichen Verständnis, wie es gerade schon kurz dargestellt wurde, und wie es in der (westeuropäischen) Politik auch noch in den 1950er und 60er Jahren verbreitet war, bezieht sich Sicherheit auf den Staat und die Gewährleitsung von Frieden; angesprochen ist primär die Sicherheit des Staates und die Verteidigung seiner Souveränität.[46] Sicherheit des Staates umfasst dabei erst einmal militärische Aspekte. Mit der politischen Entspannung der 1970er Jahre traten jedoch andere Problemfelder in den Blick; Ölkrisen und später Umweltkatastrophen machten den Staaten klar, dass ihr Wohl nicht nur von der Kontrolle militärischer Bedrohungen abhängt.[47] Seit dieser Zeit kam den Ideen *Locke*s folgend die Sicherheit der Bürger des Staates, also der Bevölkerung in den Blick.[48] Ziel wurde es, dem Kollektiv der Bürger ein Leben in Frieden und Freiheit zu

---

40 *Calliess*, ZRP 2002, 1 (4); *Isensee*, Das Grundrecht auf Sicherheit, S. 6.

41 *Isensee*, JZ 1999, 265 (270 f.).

42 Den Wandel des Sicherheitsdiskurses abhängig von wechselnden Paradigmen stellt *Volkmann*, JZ 2004, 696 dar.

43 *Daase*, APuZ 2010, 9.

44 *Daase*, APuZ 2010, 9 (9).

45 *Daase*, APuZ 2010, 9 (10).

46 *Daase*, APuZ 2010, 9 (10).

47 *Daase*, APuZ 2010, 9 (11).

48 *Isensee*, JZ 1999, 265 (271).

ermöglichen, so dass sie Produktivität und Wohlstand entwickeln können.[49] Erst in den 1990er Jahren gewann das Konzept der „menschlichen Sicherheit“ an Bedeutung. Bezugsobjekt war nicht mehr die Bevölkerung, sondern das menschliche Individuum. Damit bedeutet Sicherheit nicht mehr nur den Schutz vor Krieg und Gewalt, sondern auch derjenigen Funktionen, die ein individuelles Leben in Freiheit und Würde ermöglichen. Der Blick weitete sich für neue Gefahren der Sicherheit, wie etwa soziale Not, Krankheit, Armut, Arbeitslosigkeit und Kriminalität.[50] Damit wurden neben Militär-, Wirtschafts- und Umweltpolitik unter dem Begriff der „humanitären Sicherheit“ auch die Menschenrechte zum Teil der Sicherheit. Eine Folge der Einbeziehung einstmals getrennter Politikfelder in den Bereich der Sicherheit dürfte das Verschwimmen der Grenzen zwischen diesen sein. Der Einsatz des Militärs in den neuen Bereichen der Sicherheit ist nun nicht mehr abwegig und wird diskutiert.[51] Politisch führt der Bezug auf den Begriff der menschlichen Sicherheit, der selbst seine Grenzen nicht genau setzen kann, zu einer diffusen Forderung nach allseitigem Schutz.[52]

c) Ein weiter und diffuser Begriff

Dem Befund von *Daase*, wonach der Begriff der Sicherheit durch seine Ausweitung auf die menschliche Sicherheit an Kontur verloren habe, entsprechen die Sicherheitsbegriffe in zahlreichen juristischen Arbeiten. Eine genaue Definition des Begriffs der Sicherheit findet sich bei keinem der juristischen Autoren, die zu diesem Thema Stellung nehmen; möglich erscheint höchstens eine Festlegung auf einen Aspekt der Sicherheit, der zum Thema genommen wird.[53] Verwiesen wird insoweit weitgehend auf die Unmöglichkeit einer genauen Umschreibung[54]: „Sicherheit ist ein vielschichtiger Begriff.“[55] Ebenso verzichtet *Stoll* auf eine Definition: „Die mit dem Begriff der Sicherheit verbundenen Inhalte und Vorstellungen

49 *Daase*, APuZ 2010, 9 (10).
50 *Daase*, APuZ 2010, 9 (10).
51 *Daase*, APuZ 2010, 9 (12).
52 *Daase*, APuZ 2010, 9 (11).
53 So etwa bei *Isensee*, Das Grundrecht auf Sicherheit, S. 21 f.
54 In diesem Sinne auch *Denninger*, Prävention und Freiheit, in: *Huster/Rudolph*, Vom Rechtsstaat zum Präventionsstaat, S. 92.
55 *Calliess*, ZRP 2002, 1 (1); ebenso *Kaufmann*, Normen und Institutionen als Mittel zur Bewältigung von Unsicherheit: Die Sicht der Soziologie, in: *Bayerische Rück*, Gesellschaft und Unsicherheit, S. 38.

lassen sich kaum abstrakt und positiv beschreiben“[56]. Der Begriff sei vielmehr vage und wandelbar; er sei sinnvariabel und ein „Blankettbegriff“.[57] Der Inhalt werde „durch den jeweiligen aktuellen Anlass bestimmt“.[58]

Dennoch lassen sich durchgehend zwei Facetten beschreiben. Erstens wird Sicherheit primär negativ definiert. Dies tut etwa *Kaufmann:*

> „Sicherheit herrscht dort, wo man sich des zuverlässigen Schutzes seiner Unversehrtheit gewiß sein und deshalb von Sorge befreit sein kann.“[59]

In seiner Definition bestimmt sich Sicherheit (unter anderem) durch die Absenz von Sorgen. Mit der negativen Definition ergibt sich auch eine Folge für die Erfahrbarkeit von Sicherheit: Sie wird insbesondere dann bemerkbar, wenn mit Sorgen ihr Gegenteil erfahren wird. Besonders deutlich formuliert *Stoll* diesen Aspekt:

> „Von Sicherheit ist die Rede, wenn der Eindruck besteht, dass Vorgänge und gesellschaftliche Zustände sie vermissen lassen. Sie hat dann eine gesellschaftliche Bedeutung, wenn sich Empfindungen des Unbehagens und der Unsicherheit zu einem gesellschaftlichen Moment verdichten.“[60]

Es wird also dann von Sicherheit gesprochen, wenn es an ihr mangelt; spricht man von ihr, gibt es sie nicht. Sicherheit ist demnach der Zustand, der herbeigesehnt wird, wenn Unsicherheit besteht.[61] Der Begriff der Sicherheit verweist damit stets auf ein darauf gerichtetes Bedürfnis.

Dabei zeigt sich auch die zweite Facette: Weil Sicherheit auch ein Bedürfnis beschreibt, beinhaltet sie immer eine starke emotionale, subjektive Komponente.

Eine positive Umschreibung des Begriffs der Sicherheit ist soweit kaum gelungen. Wird Sicherheit als Begründung für politische Akte wie etwa die Gesetzgebung herangezogen, stellt sich die Frage nach den Folgen dieser Vagheit.[62]

d) Sicherheit vs. Freiheit

Eine letzte Möglichkeit einer genaueren Bestimmung des Begriffs der Sicherheit könnte die bereits eingangs genannte Gegenüberstellung von Freiheit und

---

56 *Stoll*, Sicherheit als Aufgabe, S. 1.

57 *Isensee*, Das Grundrecht auf Sicherheit, S. 22.

58 *Stoll*, Sicherheit als Aufgabe, S. 1.

59 *Kaufmann*, Normen und Institutionen als Mittel zur Bewältigung von Unsicherheit: Die Sicht der Soziologie, in: *Bayerische Rück*, Gesellschaft und Unsicherheit, S. 38.

60 *Stoll*, Sicherheit als Aufgabe, S. 1.

61 *Herzog*, Gesellschaftliche Unsicherheit, S. 52 ff.

62 Dazu S. 132 ff.

Sicherheit sein. Die dabei angesprochene Diskussion ist zwar eine alte, doch wird sie aktuell wieder vehement geführt.[63] So mehren sich Stimmen, wonach die Kritik *Locke*s und damit einhergehend die Betonung auf Sicherheit *vor* dem Staat auf den absolutistischen Staat der Zeit und Konzeption *Hobbes'* gemünzt gewesen sei und auf den „modernen" Verfassungsstaat schlicht nicht passe: Die Sicherheit vor dem Staat sei hier bereits durch die rechtsstaatliche Ordnung gewährleistet; als staatliche Aufgabe bliebe allein die Schaffung von Sicherheit durch den Staat.[64] In einer Extremposition fasst *Hanning* diese Sicht der Dinge so zusammen:

> „Die Sicherheitsbehörden sind überzeugt, dass die äußere Bedrohung der Freiheit heute deutlich höher ist als es die Bedrohung der Freiheit durch den Staat im Nachkriegsdeutschland jemals war."[65]

Die Bedenken gegenüber staatlichen Befugnissen und das Bedürfnis nach Sicherheit vor dem Staat seien schlicht historische Relikte, die aus den geschichtlichen Erfahrungen mit Gestapo und Stasi resultierten aber längst nicht mehr existierten.[66] Sicherheit sei dabei „die Grundlage, auf der Freiheit sich erst vollends entfalten" könne; zwischen Freiheit und Sicherheit bestehe „damit ein untrennbarer Sach- und Sinnzusammenhang". Deshalb sei jeder Gewinn an Sicherheit im demokratischen Rechtsstaat eine Stärkung der Freiheit und demgemäß ein Freiheitszugewinn.[67]

Auch hier zeigt sich letztlich wieder die Ambivalenz des Begriffs der Sicherheit, der einerseits Sicherheit des Staates oder des Einzelnen, sowie für Leib und Leben und andererseits ebenso Rechtssicherheit und soziale und wirtschaftliche Sicherheit umfassen kann. Das bedeutet aber auch, dass es den so oft herangezogenen

---

63 Dazu nur beispielsweise *Haas* in BVerfGE 115, 320 (374) und die Reaktion darauf von Denninger in *Denninger*, Prävention und Freiheit, in: *Huster/Rudolph*, Vom Rechtsstaat zum Präventionsstaat, S. 94 oder *Bosbach*, Der Rechtsstaat in Zeiten des Terrors – Warum für die Sicherheitspolitik jeder Tag der 12. September ist, in: *Huster/Rudolph*, Vom Rechtsstaat zum Präventionsstaat, S. 139; ausführlich auch *Bitzilekis*, Sicherheit und Freiheit durch das Strafrecht. Ein „nicht juristischer" Ansatz zu einem „juristischen" Problem. in: FS Puppe.

64 *Rzepka*, Kriminologische Wissenschaften – Aufklärung über oder für Kiminalpolitik und -praxis?, in: *Cremer-Schäfer/Pilgram/Stangl/Steinert*, Kriminologie, S. 120.

65 *Hanning*, Sicherheit gewährleisten – Freiheit wahren, in: *Huster/Rudolph*, Vom Rechtsstaat zum Präventionsstaat, S. 200.

66 *Hanning*, Sicherheit gewährleisten – Freiheit wahren, in: *Huster/Rudolph*, Vom Rechtsstaat zum Präventionsstaat, S. 199 f.

67 Alle Zitate bei Haas in BVerfGE 115, 320 (374); ebenso *Isensee*, Das Grundrecht auf Sicherheit, S. 21.

klaren Gegensatz zwischen Sicherheit und Freiheit nicht nur deshalb nicht gibt, weil es ohne Sicherheit keine Freiheit geben könne[68], sondern auch, weil Sicherheit selbst schon zwei Seiten – die Sicherheit *vor* dem und die Sicherheit *durch* den Staat – hat. Aus diesem Grund erscheint die Gegenüberstellung einzig zur Pointierung und Vereinfachung[69], nicht aber zur wissenschaftlichen Beschreibung sinnvoll.[70] Sie soll in dieser Arbeit dann auch nicht weiterverfolgt werden.

e) Sicherheit als staatliche Aufgabe

Trotz der gerade beschriebenen Differenzen sind sich in einem Ausgangspunkt – von der Formulierung abgesehen – nahezu alle Autoren einig: Es ist eine Aufgabe des Staates, Sicherheit zu gewährleisten.[71] Das ergebe sich nicht erst aus dem Text der Verfassung, sondern bereits aus der rechtsstaatlichen Tradition und dem Gedanken des Staatsvertrags.[72]

Sicherheit als staatliche Aufgabe habe

> „als zivilisatorische Leistung unserer Gesellschaft (als Ergebnis eines historischen Lernprozesses) eine solche Selbstverständlichkeit erlangt, dass sogar die Verfassung zu diesem Thema schweigt: Nirgendwo findet sich im Grundgesetz eine Staatszielbestimmung Sicherheit".[73]

Ausgehend von den Grundrechten und dem Grundsatz der Rechtsstaatlichkeit könne demnach auch aus dem Grundgesetz eine staatliche Pflicht zur Gewährleistung von Sicherheit abgeleitet werden.[74] Im Kontext der staatlichen Aufgaben wird ihr ein besonderer Stellenwert zugewiesen.

---

68 BVerfGE 115, 320 (374).

69 So auch *Frehsee*, Fehlfunktionen des Strafrechts und der Verfall rechtsstaatlichen Freiheitsschutzes, in: *Frehsee/Löschper/Smaus*, Konstruktion der Wirklichkeit durch Kriminalität und Strafe, S. 30.

70 Dazu wäre sicherlich auch eine genaue Definition des Begriffs der Freiheit notwendig. Diese erscheint aber kaum weniger problematisch als die des Begriffs der Sicherheit.

71 *Depenheuer*, Art. 87a, Rn. 2, *Calliess*, ZRP 2002, 1 (5), *Hanning*, Sicherheit gewährleisten – Freiheit wahren, in: *Huster/Rudolph*, Vom Rechtsstaat zum Präventionsstaat, S. 207; *Stoll*, Sicherheit als Aufgabe, S. 1 passim; *Isensee*, JZ 1999, 265 (270 f.); ebenso aus soziologischer Persepktive für den Staat als Insitution *Kaufmann*, Normen und Institutionen als Mittel zur Bewältigung von Unsicherheit: Die Sicht der Soziologie, in: *Bayerische Rück*, Gesellschaft und Unsicherheit, S. 42, den „von Ungewißheit entlastenden Effekt von Institutionen" betonend.

72 S. dazu bereits o. S. 100 ff.

73 *Calliess*, ZRP 2002, 1 (1); ebenso auch *Isensee*, Das Grundrecht auf Sicherheit, S. 16.

74 *Calliess*, ZRP 2002, 1 (5).

So sieht *Isensee* die Gewährleistung von Sicherheit in verschiedenen Ausprägungen nicht nur als eine Aufgabe, sondern als den Zweck des Staates an.[75] Inhaltlich seien bei der Bestimmung des Staatszweckes drei Stufen zu unterscheiden, die historisch aufeinander folgten[76]: Die Garantie der Sicherheit für Leib und Leben und der Schutz vor dem drohenden Bürgerkrieg im Sinne von *Hobbes*, die Garantie von Freiheit bzw. Sicherheit vor dem Staat im Sinne von *Locke* und die Abfederung der sich aus der Freiheit ergebenden Ungleichheiten im Sinne einer Pflicht zur Garantie eines Mindeststandards an „sozialer Sicherheit".[77] Dabei könne sich der Staat inzwischen nicht mehr der Aufgabe der Gewährleistung auch der materiellen Voraussetzungen des Freiheitsgebrauchs, also eines gewissen Standards an sozialer Sicherheit, entziehen.[78]

In dieselbe Richtung weisen eine Reihe von Äußerungen verschiedener Autoren, wonach etwa die Gewährleistung von Sicherheit durch den Staat Voraussetzung für „die Ausbildung gesellschaftlicher Normalität und berechenbarer Lebensverhältnisse"[79] oder „ein Grundbedürfnis des Menschen gegenüber Gesellschaft und Staat"[80] sei. Oder drastisch:

> „Der Rechtsstaat hat [...] die Verpflichtung seine Bürger zu schützen und so deren Freiheit zu garantieren. Am Ursprung jeder Zivilisation steht das Bemühen, Menschen gegen elementare Existenzrisiken abzusichern."[81]

Verfassungstheoretisch argumentiert *Depenheuer*, wenn er betont, dass eine verfassungsmäßige Ordnung „– sachlich wie logisch –" überhaupt erst bestehen könne, wenn „Bestand und Sicherheit des Staates" gewährleistet seien.[82] Damit sei Sicherheit als staatliche Aufgabe eine „Verfassungsvoraussetzung", der sich der Staat nicht entsagen könne, „ohne seinen Herrschaftsanspruch und seine

---

75 Zur geschichtlichen Herleitung des Staatszweckes Sicherheit auch *Isensee*, Das Grundrecht auf Sicherheit, S. 3 ff. und 10 f.

76 *Isensee*, JZ 1999, 265 (271); so auch schon *Isensee*, Das Grundrecht auf Sicherheit, S. 17.

77 *Isensee*, JZ 1999, 265 (271); diese drei Stufen korrespondieren jeweils mit Inhalten des Begriffs der Sicherheit, vgl. o. 101.

78 *Isensee*, JZ 1999, 265 (271); *Huster/Rudolph*, Vom Rechtsstaat zum Präventionsstaat?, in: *Huster/Rudolph*, Vom Rechtsstaat zum Präventionsstaat, S. 13; *Volkmann*, JZ 2004, 696 (698 f.).

79 *Depenheuer*, Art. 87a, Rn. 2.

80 *Stoll*, Sicherheit als Aufgabe, S. 1.

81 *Hanning*, Sicherheit gewährleisten – Freiheit wahren, in: *Huster/Rudolph*, Vom Rechtsstaat zum Präventionsstaat, S. 207.

82 *Depenheuer*, Art. 87a, Rn. 2.

Garantenstellung für die freiheitliche Verfassungsform in Frage zu stellen."[83] Sicherheit als Staatsaufgabe stehe damit nicht zur Disposition des Verfassungsgebers; er habe sie schlicht zu erfüllen.[84]

Wenn es nun eine Aufgabe des Staates ist, Sicherheit zu gewährleisten, ist weiter zu klären, wie diese Aufgabe bewältigt wird und welche Auswirkungen dies auf die Strafgesetzgebung hat.

f) Das Grundrecht auf Sicherheit

Die am weitesten gehende Interpretation der Staatsaufgabe der Sicherheit findet sich wohl in dem Gedanken eines Grundrechts auf Sicherheit. Ausgangspunkt ist dabei, dass sich aus der Menschenwürdegarantie des Art. 1 Abs. 1 GG und den Grundrechten in Kombination mit den „elementaren rechtsstaatlichen Pflichten der Achtungs- und Schutzpflicht" des Art. 1 Abs. 2 GG die staatliche Sicherheitsaufgabe auch aus dem Grundgesetz ableiten lasse, so dass diese nach „heute herrschender Auffassung" anerkannt sei.[85] Hier wird also *aus den Grundrechten* eine staatliche Sicherheitsgarantie abgeleitet. Darüber noch hinaus geht jedoch das Postulat eines *Grundrechts auf Sicherheit*, wie es zuerst von *Isensee*[86] formuliert worden ist.

(1) Dogmatische Herleitung: Das Konzept Isensees

Isensee leitet ausgehend von *Hobbes*, *Locke* und der preußischen Aufklärung die Bedeutung von Sicherheit als staatliche Aufgabe ab.[87] In einer ganzen Reihe klassischer Menschenrechtserklärungen in historischen Verfassungen aus diversen Weltgegenden von Amerika bis Frankreich weist er die Existenz eines Anspruchs des Bürgers auf Sicherheit nach.[88] Daraus folgert er, dass sich der neuzeitliche Staat dadurch legitimiere, dass er dem Bürger Sicherheit gewährleiste.[89] Aus den bereits genannten[90] drei Stufen der Sicherheit folgert er, dass Sicherheit und Freiheit keine Gegensätze seien, sondern zwei Seiten einer Medaille, nämlich der Sicherheit als Schutz durch den Staat als *status positivus* und

83 *Depenheuer*, Art. 87a, Rn. 2.
84 *Depenheuer*, Art. 87a, Rn. 2.
85 Alle Zitate bei *Calliess*, ZRP 2002, 1 (5).
86 *Isensee*, Das Grundrecht auf Sicherheit.
87 *Isensee*, Das Grundrecht auf Sicherheit, S. 3 ff.
88 *Isensee*, Das Grundrecht auf Sicherheit, S. 12 ff.
89 *Isensee*, Das Grundrecht auf Sicherheit, S. 17.
90 O. S. 104 f.

der Rechtswahrung und dem Schutz vor dem Staat als *status negativus.*[91] Im Folgenden beschreibt er diesen von ihm sogenannten *status positivus libertatis* genauer.[92] Dabei geht er von der „Fundamentalebene der Sicherheit" aus, nämlich des Schutzes der Bürger vor dem Übergriff anderer.[93] Schutzobjekte seien dabei Leben und körperliche Unversehrtheit, Freiheit und Eigentum.[94]

Der Text des Grundgesetzes lege sein Hauptaugenmerk auf die Wahrung der Freiheit vor dem Staat; dabei antworte es auf die Furcht vor dem geschichtlich erfahrenen totalitären Staat.[95] Nur so erkläre sich die Abfassung der Grundrechte als Absicherungen gegen den Staat entgegen der beschriebenen üblichen geschichtlichen Bedeutung der Sicherheit.[96] Dass sich demgegenüber aus den Grundrechten auch eine Inpflichtnahme des Staates ergebe, habe aber das Bundesverfassungsgericht[97] erstmals für das Recht auf Leben in seiner ersten Abtreibungsentscheidung 1975 klar formuliert.[98] Das Grundrecht auf Leben habe somit zwei Funktionen: die Abwehr des staatlichen Eingriffs einerseits und die Konstituierung einer staatlichen Schutzpflicht. Damit werde das Grundrecht zu einem Eingriffstitel, wobei die Inpflichtnahme des Staates jedoch nicht schon zu einem subjektiven Recht führe.[99] Weiter konkretisiert habe das Bundesverfassungsgericht die Idee der grundrechtlichen Schutzpflichten in seinen Entscheidungen zur Terrorismus-Abwehr[100]. Diese Doppelseitigkeit der Grundrechte anzuerkennen sei auch nach klassisch-liberaler Staatstheorie gerechtfertigt; nur die Gewährleistung von Sicherheit auch durch den Staat und dessen Verpflichtung „den Bürgerfrieden institutionell zu gewährleisten" ermögliche es, Anarchie zu vermeiden.[101] Grundrechte allein als Abwehrrechte zu sehen sei ein lückenhaftes Verständnis und verkürze und pervertiere diese:

> „Grundrechte denaturieren unter diesen Bedingungen zu Privilegien des Rechtsbrechers."[102]

---

91 *Isensee*, Das Grundrecht auf Sicherheit, S. 21.
92 *Isensee*, Das Grundrecht auf Sicherheit, S. 21.
93 *Isensee*, Das Grundrecht auf Sicherheit, S. 21.
94 *Isensee*, Das Grundrecht auf Sicherheit, S. 23.
95 *Isensee*, Das Grundrecht auf Sicherheit, S. 27.
96 *Isensee*, Das Grundrecht auf Sicherheit, S. 27.
97 BVerfGE 39, 1 = NJW 1975, 573; JZ 1975, 205.
98 *Isensee*, Das Grundrecht auf Sicherheit, S. 27 f.
99 *Isensee*, Das Grundrecht auf Sicherheit, S. 28.
100 *Isensee*, Das Grundrecht auf Sicherheit, S. 28 f.
101 *Isensee*, Das Grundrecht auf Sicherheit, S. 32.
102 *Isensee*, Das Grundrecht auf Sicherheit, S. 32.

Insofern gehen *Isensees* Gedanken nicht über die Anerkennung der grundrechtlichen Schutzpflichten hinaus. Allerdings zieht er aus dem Zusammenspiel der zwei Aspekte, die Grundrechte (negativ) zu achten und sie (positiv) zu schützen, den Schluss, dass die Gesamtheit der Schutzpflichten ein Grundrecht auf Sicherheit bildeten.[103] Mit diesem Grundrecht wandle sich die Perspektive von den Schutzpflichten, die den Staat treffen, hin zum einzelnen Bürger.[104] Daraus ergebe sich aber nicht ein subjektives stets einklagbares Recht auf Schutz jedes Einzelnen: Die Schutzpflichten seien gesetzesabhängig, und dem Gesetzgeber stehe ein Ermessensspielraum zu; weiterhin könne sich auch aus den Gesetzen ein Eingriffsermessen der Verwaltung ergeben.[105] Es bestehe aber ein subjektives Recht daran, dass der Gesetzgeber überhaupt tätig wird, und dass die Verwaltung in ihren Ermessenentscheidungen die „grundrechtlichen Belange des Schutzbedürftigen" berücksichtigt.[106]

Das Grundrecht auf Sicherheit betrifft eine grundsätzliche Verlagerung der Schwerpunkte im Grundrechtsverständnis, der beide Grundrechtsfunktionen betrifft: Der vorher maßgebliche Abwehraspekt rückt deutlich in den Hintergrund. Sicherheit *vor* dem Staat verliert an Bedeutung. Die Einbeziehung des Einzelnen als Rechtsträger verstärkt diese Tendenz. Sicherheit wird zu seinem Anspruch gegen den Staat: Der Schutzaspekt wird damit zentral. Zugleich wird Sicherheit in diesem Zusammenhang nur als Sicherheit *durch* den Staat verstanden.

(2) Kritik

Bereits gegen die grundsätzliche Anerkennung von grundrechtlichen Schutzpflichten, zumindest als Begründung für eine Pflicht des Gesetzgebers zum Erlass von Strafnormen, wird eingewandt, dass sich dadurch die Grundrechte in ihr Gegenteil verkehrten; das widerspräche ihrem Sinn.[107] Doch auch bei grundsätzlicher Anerkennung der grundrechtlichen Schutzpflichten stößt die Konzeption *Isensees* auf teilweise heftige Kritik. Während die Auffassung des Grundrechts auf Sicherheit primär das Ergebnis unterschiedlicher Schwerpunktsetzung ist, betrifft die Kritik dann auch hauptsächlich diese Schwerpunktsetzung. Sie verlege den Fokus weg von der klassischen Funktion der Grundrechte[108], die ursprünglich „in erster Linie als Grundfreiheiten und Abwehrrechte gegen staatliche Eingriffe wahrgenommen"

---

103 *Isensee*, Das Grundrecht auf Sicherheit, S. 33.
104 *Isensee*, Das Grundrecht auf Sicherheit, S. 34.
105 *Isensee*, Das Grundrecht auf Sicherheit, S. 50.
106 *Isensee*, Das Grundrecht auf Sicherheit, S. 51.
107 BVerfGE 39, 1 (73) = NJW 1975, 573; JZ 1975, 205.
108 BeckOK GG-*Lang*, Art. 2, Rn. 27.

werden konnten.[109] Durch den „Kunstgriff“[110] des Grundrechts auf Sicherheit würden die an sich nur reflexhaft wirkenden Schutzpflichten „im Sinne eines Grund- bzw. Menschenrechts generalisiert“[111]. Der Grundrechtsbezug sei jedoch falsch, da sich die Sicherungspflicht des Staates schon allein aus dem Gesellschaftsvertrag ergebe.[112] Das dabei zutage tretende Staatsbild, in dem Sicherheit das zentrale Anliegen darstelle, führe dazu, dass die Sicherheitsaufgabe so stark betont werde, dass „die Schutzaufgabe den Staat und seine Befugnisse wesentlich bestimmt“[113]; sie werde „zur zentralen Staatsaufgabe, zum primären Verfassungsauftrag gemacht.“[114] Dem Staat selbst werde dabei die Sicherheit als abstrakter Wert zugeschrieben, der sich gegen das Individuum richten könne, so dass die staatliche Sicherheit nicht mehr der Freiheit diene, sondern diese überwiege.[115] Indem die Grundrechte Schutzpflichten statuieren, würden sie zu Eingriffsermächtigungen.[116] Dadurch entstehe ein „Ermächtigungvehikel“, das in der Lage sei, nahezu grenzenlose Eingriffe zu rechtfertigen[117]. Dabei kehre sich sowohl das Verhältnis zwischen Staat und Bürger als auch das Verhältnis von Freiheit und Sicherheit radikal um[118].

Die vorgetragenen Bedenken sehen sich hier teilweise bestätigt: Das Grundrecht auf Sicherheit ist nicht nur Ausdruck sondern auch Antrieb einer neuen Schwerpunktsetzung (dazu sogleich). Diese führt in der Strafgesetzgebung zu bedenklichen Konsequenzen.[119]

(3) Kriminalpolitische Bedeutung

(a) Das Grundrecht auf Sicherheit als Ausdruck neuer Schwerpunktsetzung in der Kriminalpolitik

Trotz der genannten Einwände hat sich die Idee des Grundrechts auf Sicherheit stark verbreitet. Und auch wenn nicht immer von einem Grundrecht gesprochen

---

109 *Denninger*, Prävention und Freiheit, S. 16.
110 *Albrecht*, Kriminologie, S. 110.
111 *Stoll*, Sicherheit als Aufgabe, S. 4.
112 *Albrecht*, Kriminologie, S. 110.
113 *Stoll*, Sicherheit als Aufgabe, S. 5.
114 *Stächelin*, Läßt sich das „Untermaßverbot“ mit einem liberalen Strafrechtskonzept vereinbaren?, in: *Institut für Kriminalwissenschaften und Rechtsphilosophie Frankfurt a.M.*, Vom unmöglichen Zustand des Strafrechts, S. 272.
115 *Albrecht*, Kriminologie, S. 110.
116 *Denninger*, Prävention und Freiheit, S. 16.
117 *Denninger*, Prävention und Freiheit, S. 17.
118 *Albrecht*, Kriminologie, S. 111.
119 U. S. 135 ff., S. 228 ff. und S. 230 ff.

wird, führte das Konzept des Grundrechts zumindest zu einer weiteren Akzentuierung der staatlichen Schutzpflichten. Ab den 1970er Jahren ist das Konzept zunächst für den Bereich der Inneren Sicherheit fruchtbar gemacht worden[120], so dass es gerade im Bereich der Kriminalpolitik augenfällige Ergebnisse produziert (hat). Das mag auch damit zu tun haben, das die Entscheidung des Bundesverfassungsgericht zum Schwangerschaftsabbruch, in der erstmals explizit grundrechtliche Schutzpflichten beschrieben wurden, das Strafrecht betraf.[121] So schreibt *Stoll* auch, dass „der Begriff des Grundrechts auf Sicherheit wesentlich zu einer Neuorientierung beigetragen" habe und die verfassungsrechtliche Argumentation dazu führen konnte, den Schluss zu ziehen, „dass der Schutz des Einzelnen vor Gewalt und Kriminalität grundrechtlich geboten" sei.[122]

Diesem grundrechtlichen Hintergrund kann sich die Politik nur schwer entziehen. Die vormals nur verfassungsdogmatische Neuerung schlägt sich seit nunmehr geraumer Zeit in der politischen Diskussion nieder. So begründete bereits 1995 die damalige (und aktuelle) Bundesministerin der Justiz *Leutheusser-Schnarrenberger* ihren Rücktritt damit, dass Deutschland sich in einer Entwicklung „weg vom Konzept des liberalen Rechtsstaates, dessen Recht primär Abwehrrecht des Bürgers ist, hin zum Konzept des konservativen Schutzstaates, dessen Recht primär Eingriffsrecht des Staates ist"[123], entwickle. Ein Bild einer noch nachhaltigeren Entwicklung zeichnet *Frehsee*, wenn er den Rücktritt der Justizministerin, so positiv er ihm sonst gegenüberstehe, als „ein wenig rührend" bezeichnet, da die genannte Entwicklung „doch nichts Neues"[124] sei.

Neben allen anderen Verflechtungen kann man einen weiteren Grund für die enge Verbindung dieses Gedanken zum hier relevanten Bereich der Strafverfolgung darin sehen, dass die Betonung staatlicher Sicherheitsverpflichtung einer auf *Hobbes* zurückzuführenden Argumentation entspringt; maßgeblicher Teil dieser Konzeption ist auch das staatliche Gewaltmonopol.[125] Darauf bezieht sich *Stoll*, wenn er schreibt:

120 *Stoll*, Sicherheit als Aufgabe, S. 4.

121 BVerfGE 39, 1 = NJW 1975, 573; JZ 1975, 205.

122 *Stoll*, Sicherheit als Aufgabe, S. 4.

123 Zit. nach *Frehsee*, Fehlfunktionen des Strafrechts und der Verfall rechtsstaatlichen Freiheitsschutzes, in: *Frehsee/Löschper/Smaus*, Konstruktion der Wirklichkeit durch Kriminalität und Strafe, S. 14; vgl. auch Süddeutsche Zeitung vom 15.12.1995, S. 1.

124 *Frehsee*, Fehlfunktionen des Strafrechts und der Verfall rechtsstaatlichen Freiheitsschutzes, in: *Frehsee/Löschper/Smaus*, Konstruktion der Wirklichkeit durch Kriminalität und Strafe, S. 14.

125 *Calliess*, ZRP 2002, 1 (1).

> „Dem Bild des Staates, der der Gewalt zwischen den Bürgern ein Ende setzt, Sicherheit gewährleistet und sich dadurch legitimiert, entspricht in mancher Hinsicht die ausschließliche staatliche Strafgewalt, an die sich eine diesem Vorstellungsbild von Sicherheit entsprechende Pflicht knüpft.“[126]

Damit ergibt sich die enge Verknüpfung von Sicherheit und staatlichem Gewaltmonopol, welches wiederum in der Strafgewalt seinen stärksten Ausdruck findet, bereits aus den zugrunde liegenden staatstheoretischen Überlegungen.

Zusammenfassend lässt sich der Gedanke des Grundrechts auf Sicherheit als (verstärkender) Teil einer Entwicklung sehen. In dieser wird den grundrechtlichen Schutzpflichten und damit dem Ideal der „Sicherheit“ gegenüber deren Abwehrfunktion stetig wachsende Bedeutung beigemessen. Das kann auch als Teil, Ausdruck und Folge einer grundsätzlichen Neuformulierung des Verhältnisses zwischen Bürger und Staat verstanden werden. Deren Konsequenzen zeigen sich insbesondere im Bereich der Strafverfolgung.

(b) Verfassungsdogmatische Konsequenzen – Muss das Parlament bestimmte Strafrechtsnormen erlassen?

Auch wenn die Verfassungsgerichtsrechtsprechung ein Grundrecht auf Sicherheit bisher nicht anerkennt, hat sie verschiedentlich betont, dass sich aus den Grundrechten Schutzpflichten ergeben.[127] Das stellt jedenfalls den dogmatischen Ausgangspunkt dar, um aus den Grundrechten auch die Pflicht des Staates abzuleiten, Sicherheit zu gewährleisten.[128] Mit der Anerkennung verfassungsrechtlicher Schutzpflichten ist zu klären, wie und wann der Staat in Erfüllung seiner Pflicht tätig werden muss.[129] Dabei stellt sich hier die Frage, was das für die Schaffung von Strafrechtsnormen bedeutet, in einem ersten Schritt also inwiefern die staatlichen Schutzpflichten die Tätigkeit des Gesetzgebers betreffen.

(i) Inhalte der Schutzpflicht

Als Auslöser einer staatlichen Pflicht zum Einschreiten werden diverse Kriterien genannt, wobei selbst bei Zugrundelegung eines Grundrechts auf Sicherheit keine eindeutigen und allgemeingültigen Aussagen gemacht werden

---

126 *Stoll*, Sicherheit als Aufgabe, S. 15.

127 BeckOK GG-*Lang*, Art. 2, Rn. 27.

128 S.o. 105.

129 *Stächelin*, Läßt sich das „Untermaßverbot“ mit einem liberalen Strafrechtskonzept vereinbaren?, in: *Institut für Kriminalwissenschaften und Rechtsphilosophie Frankfurt a.M.*, Vom unmöglichen Zustand des Strafrechts, S. 268.

könnten.[130] Es komme auf die Intensität der Gefahr für das grundrechtliche Rechtsgut an, wobei jedoch auch zu berücksichtigen sei, inwiefern durch die Schutzmaßnahme wiederum in Grundrechte eingegriffen wird.[131] Außerdem komme es auf die Qualität des betroffenen Rechtsguts an.[132] Ebenso könne die Schutzpflicht dadurch eingeschränkt sein, dass die drohenden Gefahren keine irreparablen Schäden hervorzubringen vermögen.[133] Als Mittel zur Erfüllung der Schutzaufgabe sollen alle Formen staatlichen Handelns tauglich sein, „Prävention wie Repression, Gefahrenabwehr wie Strafe, Eingriff wie Fürsorge".[134]

(ii) Gesetzgeberische Schutzpflicht

Das Parlament erfüllt die ihm zukommende Schutzpflicht bzw. Sicherheitsaufgabe insbesondere durch entsprechende Gesetzgebung.[135] Das Recht spielt hier also eine wesentliche Rolle.

Diese spielt es nach *Stoll* auch dadurch, dass Sicherheit durch den Staat nur dann geschaffen werden könne, wenn er eine bestimmte staatliche Ordnung zur Geltung bringen wolle.[136] Der Auftrag des Staates liege demnach „vorgreifend in der Gestaltung und Entwicklung einer solchen Friedens- und Rechtsordnung".[137] So gesehen beruhe Sicherheit wesentlich auf dem Recht.

Zudem hat die Erfüllung von Schutzpflichten stets auch eine Abwägung zwischen mehreren Grundrechten zum Inhalt; diese Abwägung kann abstrakt in Form des Gesetzes vorgenommen werden. *Di Fabio* bezeichnet das als „Schutz durch typisierte, gesetzgeberische Grundrechtsabwägung".[138]

Ein Beispiel dafür wäre, dass (fahrlässige) Körperverletzungen verbietende Strafnormen stets Eingriffe in die allgemeine Handlungsfreiheit zum Schutz des Grundrechts auf körperliche Unversehrtheit darstellen. Die Pönalisierung bestimmter Verhaltensweisen ist also eine typisierte Abwägung zugunsten der körperlichen

130 *Isensee*, Das Grundrecht auf Sicherheit, S. 37.

131 *Isensee*, Das Grundrecht auf Sicherheit, S. 37.

132 *Isensee*, Das Grundrecht auf Sicherheit, S. 37; *Di Fabio*, Art. 2, Rn. 41.

133 *Isensee*, Das Grundrecht auf Sicherheit, S. 38.

134 *Isensee*, Das Grundrecht auf Sicherheit, S. 39.

135 *Stoll*, Sicherheit als Aufgabe, S. 433.

136 *Stoll*, Sicherheit als Aufgabe, S. 18.

137 *Stoll*, Sicherheit als Aufgabe, S. 18; diesen Gedanken auf die preußische Aufklärung zurückführend *Isensee*, Das Grundrecht auf Sicherheit, S. 8, dann allerdings betonend, dass Sicherheit nicht allein Sache der Rechtssetzung, sondern vornehmlich eine Sache der Rechtsdurchsetzung sei, *Isensee*, Das Grundrecht auf Sicherheit, S. 40 f.

138 *Di Fabio*, Art. 2, Rn. 86.

Unversehrtheit. Vor diesem Hintergrund könne der Staat seinen Schutzpflichten im Bezug auf die körperliche Unversehrtheit – und gerade diese ist besonders häufig Inhalt der Diskussionen über Sicherheit – „in vielfältigen Situationen dadurch gerecht [werden], dass er durch Erlass bestimmter Rechtsnormen die Entscheidung für das Recht auf körperliche Unversehrtheit in der Abwägung mit anderen Grundrechten vornimmt.“[139] Somit wird erkennbar, dass für die Legislative die oben beschriebenen Schutzpflichten bzw. Sicherheitsaufgaben gerade auch *durch Strafgesetzgebung* erfüllen werden können und vielfach wohl auch sollen. Eine andere Frage ist, ob die Aufgaben gerade auf diese Weise erfüllt werden müssen.

(iii) Pönalisierungspflichten? – Das Untermaßverbot

Aus dem Wortlaut der Verfassung ergibt sich nur aus Art. 26 Abs. 1 Satz 2 GG für „Handlungen, die geeignet sind und in der Absicht vorgenommen werden, das friedliche Zusammenleben der Völker zu stören, insbesondere die Führung eines Angriffskrieges vorzubereiten“ eine grundgesetzliche Pflicht des Gesetzgebers zur Pönalisierung.[140] Aber auch darüber hinaus ist es denkbar, dass die Schutzpflichten bestimmte gesetzgeberische Entscheidungen des Parlaments vorgeben bzw. verlangen.

So wird unter Hinweis auf die „staatliche Sicherheitsaufgabe“ gefordert, dass dem Staat ein „rechtlich effektives Instrumentarium“ zur Verfügung stehen müsse, „um den sich wandelnden Gefahrenpotentialen angemessen begegnen zu können.“[141] Während solche Forderungen einerseits vage bleiben und andererseits recht weit gehen, ist damit jedenfalls der Gesichtspunkt der Effektivität angesprochen. Diesen zieht auch das Bundesverfassungsgericht insbesondere in seinen Entscheidungen zum Schwangerschaftsabbruch heran, um die Anforderungen an den Gesetzgeber zu konkretisieren und sie mit dem sogenannten Untermaßverbot zu kennzeichnen:[142] Danach soll der Gesetzgeber wirksame Regelungen zum Schutz der grundrechtlichen Schutzgüter schaffen.[143] Das Parlament muss in bestimmten Fällen also handeln.

Grundsätzlich steht ausgehend von der Legitimation der parlamentarischen Entscheidung durch die demokratischen Mehrheiten dem Gesetzgeber ein großer

---

139 *Di Fabio*, Art. 2, Rn. 86.

140 *Roxin*, AT I, §§2 Rn. 95.

141 Alle Zit. *Depenheuer*, Art. 87a, Rn. 11.

142 BVerfGE 88, 203 (203) = NJW 1993, 1751; JuS 1994, 69.

143 BVerfGE 88, 203 (203 und 254) = NJW 1993, 1751; JuS 1994, 69; *Stoll*, Sicherheit als Aufgabe, S. 432.

„Einschätzungs-, Wertungs- und Gestaltungsspielraum“ zu.[144] Auch dieses Ermessen ist jedoch begrenzt. Geht man von einem Grundrecht auf Sicherheit aus, ergibt sich eine grundrechtliche Begrenzung des Ermessens bereits aus diesem.[145] Doch auch ohne Anerkennung eines eigenen Grundrechts spielen hier die grundrechtlichen Schutzpflichten eine Rolle. Aus ihnen wird das Untermaßverbot abgeleitet, das eine Begrenzung des gesetzgeberischen Gestaltungsspielraums darstellt.[146] Es formuliert Mindestanforderungen an die Ausgestaltung des Schutzes, abhängig einerseits von der Schutzbedürftigkeit und dem Rang des betroffenen Rechtsguts und andererseits vom Gewicht der damit kollidierenden Rechtsgüter[147].

Die aus den grundrechtlichen Schutzpflichten abgeleitete staatliche Sicherheitsaufgabe erlegt dem Gesetzgeber mit dem Untermaßverbot also einen Maßstab zur Pflicht zum Tätigwerden auf. Für die Strafgesetzgebung bedeutet das aber noch nicht, dass sich bereits aus den Schutzpflichten ein allgemeines Gebot zur Neuschaffung strafrechtlicher Normen ergibt. Das folgt bereits aus dem *ultima-ratio*-Charakter des Strafrechts[148], wonach es „schon wegen seines am stärksten eingreifenden Charakters“ nicht als primäres Schutzinstrument anzusehen ist und seine Verwendung dem Verhältnismäßigkeitsgrundsatz unterliegt.[149] Damit bedarf es für Pönalisierungsgebote eines weiteren Begründungsschrittes.[150] Der Einsatz des Strafrechts sei nach dem Bundesverfassungsgericht aber geboten, „wenn ein bestimmtes Verhalten über sein Verbotensein hinaus in besonderer Weise sozialschädlich und für das geordnete Zusammenleben der Menschen unerträglich, seine Verhinderung daher besonders dringlich ist.“[151]

Die Anforderungen an den Gesetzgeber für den Einsatz des Strafrechts pendeln so zwischen weitem Ermessensspielraum und Zurückhaltung wegen des *ultima-ratio* Charakters einerseits und Untermaßgebot im Hinblick auf den Schutz besonders wichtiger Rechtsgüter andererseits. Ein fester Maßstab besteht so jedenfalls nicht. Nur in wenigen Konstellationen ergibt sich aus der Verfassung ein Pönalisierungsgebot.[152] Keinesfalls folgt dieses schon aus jeglicher Gefahr für jedwedes Rechtsgut.

---

144 BVerfGE 88, 203 (262) = NJW 1993, 1751; JuS 1994, 69.
145 *Isensee*, Das Grundrecht auf Sicherheit, S. 39 f.
146 BVerfGE 88, 203 (262) = NJW 1993, 1751; JuS 1994, 69.
147 *Di Fabio*, Art. 2, Rn. 41.
148 *Roxin*, AT I, §§2 Rn. 95 und 97 ff.; dazu auch *Kertai*, JuS 2011, 976 (980).
149 BVerfGE 88, 203 (258) = NJW 1993, 1751; JuS 1994, 69.
150 *Schulz*, StV 1994, 38 (41).
151 BVerfGE 88, 203 (258) = NJW 1993, 1751; JuS 1994, 69.
152 *Roxin*, AT I, §§2 Rn. 95.

(iv) Empirie und verfassungsrechtliche Anforderungen an Erforderlichkeit und Geeignetheit

Mit dem Gesichtspunkt der *ultima ratio* – also der Frage danach, ob nicht bereits andere Mittel ausreichen – ist wieder der Gesichtspunkt der Effektivität angesprochen. Dabei kann man hinterfragen, wie effektiv das Strafrecht tatsächlich ist. Als schärfste Reaktion des Staates kommt ihm in Sachen Effektivität erst einmal ein Vertrauensvorschuss zu.[153] Diese Vermutung für die besondere Wirkungskraft lässt sich im Einzelfall kaum widerlegen: Einen positiven Nachweis besonderer Effektivität kann man bei der *ex-ante*-Entscheidung des Gesetzgebers schon deshalb nicht verlangen, weil es bei einer Neuregelung keine empirischen Daten bezüglich ihrer Wirkung geben kann. Erst recht gibt es keine Daten zu nicht Gesetz gewordenen Alternativen. Ein Einzelfallvergleich scheidet damit aus. Und auch grundsätzlich lässt sich die Effektivität strafrechtlicher Maßnahmen empirisch schwer überprüfen.[154] Für die Theorie der positiven Generalprävention soll ein empirischer Nachweis sogar unmöglich sein.[155]

Dieser Problematik entgeht das BVerfG, wenn es eine Überprüfung der Prämissen des Gesetzgebers in seinen Entscheidungen weitgehend unterlässt. Dennoch geht es in seiner Entscheidung zum Schwangerschaftsabbruch von einer grundsätzlichen Wirksamkeit des Strafrechts zur Erfüllung der staatlichen Schutzaufgabe aus:

> „Handelt es sich bei der Aufgabe, das menschliche Leben vor seiner Tötung zu schützen, um eine elementare staatliche Schutzaufgabe, so läßt es das Untermaßverbot nicht zu, auf den Einsatz auch des Strafrechts und die davon ausgehende Schutzwirkung frei zu verzichten."[156]

Eine wohlbegründete grundsätzliche Skepsis gegenüber der Wirksamkeit strafrechtlicher Verbote, Verletzungen und Gefährdungen zu verhindern, kann den genannten Vertrauensvorschuss wohl auch kaum zerstören. Ihr bleibt aber die Rolle, Behauptungen, wonach gerade das Strafrecht das einzig wirksame Mittel zum Rechtsgüterschutz sein soll, kritisch zu hinterfragen. Situationen, in denen das Strafrecht die einzige effektive Möglichkeit darstellt, wird man aus dieser

---

153 *Stächelin*, Läßt sich das „Untermaßverbot" mit einem liberalen Strafrechtskonzept vereinbaren?, in: *Institut für Kriminalwissenschaften und Rechtsphilosophie Frankfurt a.M.*, Vom unmöglichen Zustand des Strafrechts, S. 273.

154 Allgemein zum Problem des Nachweises der Wirkung strafrechtlicher Maßnahmen *Bock*, JuS 1994, 89.

155 Vgl. dazu u. S. 176.

156 BVerfGE 88, 203 (258) = NJW 1993, 1751; JuS 1994, 69.

Sicht kaum finden. Der Verweis auf das Untermaßverbot verkürzt die gerade angesprochenen notwendigen Überlegungen und Abwägungen; das Untermaßverbot kann so zu einem „Motor legislativen Handelns“ werden, der den Gesetzgeber „aktiviert und dynamisiert, zum Schutze des einen Rechtsguts in ein anderes einzugreifen.“[157]

(c) Zwischenergebnis

Eine pauschale Argumentation, wonach sich aus der Sicherheitsaufgabe die staatliche Pflicht ergebe, neues Strafrecht zu schaffen, ist regelmäßig falsch. Das Untermaßgebot und der Gedanke der staatlichen Sicherheitsaufgabe sind aber Ausdruck eines bestimmten Staatsverständnisses, das auf die Kriminalpolitik nicht ohne Einfluss bleiben kann und auch nicht blieb. Das lässt sich exemplarisch an den hier gewählten drei Beispielen zeigen. Bedeutung und Wirkweise dieses Einflusses sowie die Verknüpfung von Rechtsgüterschutzaufgabe und grundrechtlicher staatlicher Schutzaufgabe wird im Folgenden zu untersuchen sein.

(4) Exkurs: Europarechtliche Perspektive

Ähnlich wie auf bundesdeutscher Ebene stellt sich die Situation auf der Ebene des europäischen Gemeinschaftsrechts dar; auch dort setzt sich die Priorisierung der Sicherheit fort.[158] Im Gemeinschaftsrecht kann man die Thematik vorwiegend an zwei Normen festmachen: Art. 67 Abs. 3 AEUV und Art. 1 der EU-Grundrechtscharta.

(a) Grundrechtliche Schutzpflichten

Die Charta der Grundrechte der Europäischen Union wurde mit Inkrafttreten des Vertrags von Lissabon am 01.12.2009 verbindliches Recht.[159] Art. 1 lautet:

> Die Würde des Menschen ist unantastbar. Sie ist zu achten und zu schützen.

Damit entspricht der Wortlaut von Art. 1 S. 2 der Grundrechtscharta weitgehend Art. 1 Abs. 1 S. 2 GG, der im GG den Ausgangspunkt der dogmatischen Ableitung der grundrechtlichen Schutzpflichten und der staatlichen Sicherheitsaufgabe darstellt. Folgerichtig werden auch aus Art. 1 der Charta Schutzpflichten abgeleitet.[160] Das oben Gesagte hat somit zu großen Teilen auch auf europäischer

157 *Denninger*, Vom Elend des Gesetzgebers zwischen Übermaßverbot und Untermaßverbot. in: FS Mahrenholz, S. 569.

158 *Albrecht*, Kriminologie, S. 111.

159 Calliess/Ruffert-*Calliess*, Rn. 1.

160 Calliess/Ruffert-*Calliess*, Rn. 5.

Ebene Gültigkeit. Die weitere Konsequenz einer staatlichen Sicherheitsaufgabe ergibt sich innerhalb der EU jedoch auch unmittelbar aus dem Vertragstext (dazu sogleich).

(b) Die EU als Raum der Sicherheit – Konsequenzen für das Strafrecht

Art. 67 Abs. 1 AEUV beschreibt die EU als einen Raum der Freiheit, der Sicherheit und des Rechts. Damit wird das Vertragsziel aus Art. 3 Abs. 2 EUV wiederholt, welches erstmals im am 2.10.1997 unterzeichneten und am 1.5.1999 in Kraft getretenen Vertrag von Amsterdam formuliert worden war.[161]

Artikel 67 Absatz 3 AEUV präzisiert das Sicherheitsziel hinsichtlich seiner Ausgestaltung und der Mittel zur Erreichung:

> Die Union wirkt darauf hin, durch Maßnahmen zur Verhütung und Bekämpfung von Kriminalität sowie von Rassismus und Fremdenfeindlichkeit, zur Koordinierung und Zusammenarbeit von Polizeibehörden und Organen der Strafrechtspflege und den anderen zuständigen Behörden sowie durch die gegenseitige Anerkennung strafrechtlicher Entscheidungen und erforderlichenfalls durch die Angleichung der strafrechtlichen Rechtsvorschriften ein hohes Maß an Sicherheit zu gewährleisten.

Ziel ist demnach „ein hohes Maß an Sicherheit", ohne diese genauer zu beschreiben. Ausgehend vom ehemaligen Art. 29 EUV, der mit Art. 67 Abs. 3 AEUV wortgleich ist, legt *Denninger* einen Wandel des Verständnisses von Sicherheit dar, der sich in der Fassung der Vorschrift beschreiben lasse. Während nach seiner Ansicht (und der oben angeführten von *Locke* begründeten Argumentation folgend) klassisch Sicherheit auch als Rechtssicherheit gegenüber willkürlichen staatlichen Eingriffen verstanden wurde, zeige die Wahl der Mittel, mit denen laut EUV Sicherheit geschaffen werden soll, eine andere Sichtweise.[162] Die Mittel sind sowohl in Art. 67 AEUV als auch in Art. 3 Abs. 2 EUV insbesondere „Maßnahmen zur Verhütung und Bekämpfung von Kriminalität". Mit diesen Mitteln sei aber – mit der oben eingeführten Terminologie – keineswegs Sicherheit *vor*, sondern allenfalls Sicherheit *durch* den Staat erreichbar. Damit würden die Grundrechte „nicht mehr in erster Linie als Grundfreiheiten und Abwehrrechte gegen staatliche Eingriffe wahrgenommen; sie verwandeln sich [...] in primäre *Schutzpflichten des Staates*."[163] Insofern beschreibt *Denninger* ausgehend vom Text des AEUV den oben angesprochenen Wandel der Akzentuierung der Funktion der Grundrechte

---

161 Calliess/Ruffert-*Suhr*, Art. 67 AEUV, Rn. 9.

162 *Denninger*, Prävention und Freiheit, S. 6 ff.

163 *Denninger*, Prävention und Freiheit, S. 16; Hervorhebung im Original.

als Schutzpflichten. Der Wandel der Sichtweise stellt damit wohl kein deutsches Phänomen, sondern eine (zumindest) gesamteuropäische Entwicklung dar.

Allerdings erwähnt Art. 67 Abs. 3 AEUV explizit die Möglichkeit der Schaffung von Sicherheit durch die Strafrechtssetzung und statuiert eine dahingehende Pflicht, das Strafrecht „erforderlichenfalls" auch einzusetzen. Damit gehen die Interpretationsmöglichkeiten des Europäischen Primärrechts deutlich über das GG hinaus, in dessen Anwendungsbereich es nur in seltenen Ausnahmefällen zu einem Pönalisierungsgebot kommt.[164] Dagegen „sieht das Unionsrecht offensichtlich einen – gerade auch mit den Mitteln des Kriminalstrafrechts zu bewirkenden – umfassenden Schutz der Bürger und der öffentlichen Sicherheit in der EU vor."[165] Auf europäischer Ebene ist somit damit zu rechnen, dass das Motiv der Sicherheit sogar einen noch deutlicheren bestärkenden Einfluss auf die Strafrechtssetzung hat.[166]

3. Der Risikobegriff in dieser Arbeit

Ausgehend von der festgestellten Situation allgemeiner Unsicherheit erklärte sich bereits ein starkes Bedürfnis nach Sicherheit.[167] Wenn die Unsicherheit sich aus Zukunftsungewissheit und Kontingenzerfahrungen ergibt, ist es naheliegend ihr mit einer Methode der Zukunftsbewältigung zu begegnen. Als eine solche kann das Risiko verstanden werden. Dieses stellt eine Form der Wahrnehmung von und des Umgangs mit Gefährdungen dar.[168] Risiko ist danach also nicht nur ein Beobachtungsgegenstand, sondern auch ein Beobachtungskonzept[169], eine Art die Welt zu betrachten.

> „Nichts ist an sich ein Risiko – in der Wirklichkeit gibt es keine Risiken. Umgekehrt kann alles zum Risiko werden: Ob dies der Fall ist, hängt allein von der Art ab, in der man eine Gefahr analysiert, ein Ereignis betrachtet."[170]

---

164 S. 111.

165 *Satzger*, Trends und Persepktiven einer europäischen Strafrechtspolitik, in: *4. Europäischer Juristentag*, Sammelband, S. 224.

166 Vgl. zum Bezug des Gemeinschaftsrechts zu konkreten Gesetzesvorhaben auf dem Gebiet des Strafrechts auch S. 189 ff.

167 O. S. 98 ff.

168 *Wiedemann*, Tabu, Sünde, Risiko: Veränderungen der gesellschaftlichen Wahrnehmung von Gefährdungen, in: *Bayerische Rück*, Risiko ist ein Konstrukt, S. 44 f.

169 *Holzheu/Wiedemann*, Perspektiven der Risikowahrnehmung, in: *Bayerische Rück*, Risiko ist ein Konstrukt, S. 9 f.

170 *Ewald*, KJ 1989, 385 (390); ebenso *Ewald*, Der Vorsorgestaat, S. 210.

Das Risiko stellt damit – so die These – eine Reaktion auf eine vorgefundene Situation der Kontingenz dar. Es befriedigt zeitgenössische Bedürfnisse und bestimmt aus diesem Grund auch maßgeblich unser Denken oder, wie *Nowotny* schreibt:

> „Jede Gesellschaft hat ihre in Religion, Magie oder Wissenschaft begründeten Glaubensgrundsätze entwickelt, die dem einzelnen helfen sollen, mit den Problemen des täglichen Lebens fertig zu werden und mit deren Hilfe er oder sie Unglück vermeiden, oder, wenn es dennoch eintritt, zumindest erklären kann. Und eben darin besteht Risikoabschätzung im weitesten Sinne des Wortes. Es geht darum die von Ungewißheit umgebenen Ereignisse zu erkennen und zu bewerten und die Ungewißheit auf ein zu bewältigendes Maß zu reduzieren."[171]

Um diese These zu rechtfertigen, muss sicherlich in einem ersten Schritt eine Annäherung an den Begriff des Risikos stattfinden.

Von selbst versteht sich, dass es bei dieser Annäherung über das Risiko als soziologische Erscheinung nicht um den (verwaltungs-)rechtlichen Risiko- oder Gefahrenbegriff gehen kann. Nach diesem bezeichnet das Risiko eine im Vergleich mit der Gefahr in der Eintrittswahrscheinlichkeit quantitativ herabgesetzte Situation, die dann unterhalb der Eingriffsschwelle der polizeilichen Gefahrenabwehr liegt.[172] Die Unterscheidung von Gefahr und Risiko erfolgt also anhand des Gefährdungsgrades[173] bzw. der Schadensnähe. Darum wird es nicht gehen, auch wenn die Unterscheidung von Risiko und Gefahr auch im soziologischen Risikobegriff eine Rolle spielen wird.[174]

a) Der Bestseller: Becks Risikogesellschaft

Von der Suche nach einem soziologischen Risikobegriff zum bekanntesten soziologischen Werk, das das Wort Risiko im Titel trägt, ist es kein weiter Weg: *Ulrich Becks* „Risikogesellschaft" war bereits Gegenstand dieser Arbeit.[175] An dieser Stelle soll nun dargestellt werden, was *Beck* unter Risiko versteht.

Nach *Beck* entstehen „aus der Produktion, Definition und Verteilung wissenschaftlich-technisch produzierter Risiken"[176] erhebliche neue Probleme und Konflikte. Kennzeichnend für Risiken seien mehrere Gesichtspunkte: Erstens seien sie

---

171 *Nowotny*, Die reine Wissenschaft und die gefährliche Kernenergie: Der Fall der Risikoabschätzung, in: *Bechmann*, Risiko und Gesellschaft, S. 283.

172 *Reus*, Das Recht in der Risikogesellschaft, S. 24 m.w.N.

173 *Reus*, Das Recht in der Risikogesellschaft, S. 24.

174 U. S. 122.

175 O. S. 95.

176 *Beck*, Risikogesellschaft, S. 25.

erst durch die Vermittlung wissenschaftlicher Expertise als solche erkenn- bzw. deutbar.[177] Zweitens zeichne die neuen Risiken das Ausmaß der Gefährdung aus; diese wirkten über Klassengrenzen hinweg[178] und bärgen das Potential mehr oder minder vollständiger Vernichtung.[179]

Eine genaue Bestimmung des Risikobegriffs erbringt *Beck* an dieser Stelle jedoch nicht; vielmehr beschreibt er mit der Bezeichnung Risiko einige neuere und besondere Bedrohungen und Gefährdungen. In seinem Werk „Risikogesellschaft“ verwendet er die Begriffe Gefährdungen und Risiken synonym.[180]

Für die hier aufgeworfene Frage des Risikos als *Form der Zukunftsbewältigung* kann ein solcher Risikobegriff nicht befriedigen. Es müssen gerade die Besonderheiten des Riskos im Gegensatz zu jedweder Gefährdung herausgearbeitet werden. Einen ersten Zugang könnte eine geschichtliche Betrachtung des Begriffs und der Bedeutung des Risikos bieten.

b) Historische Ursprünge des Risikos: Die Versicherung

Der Ursprung des Wortes Risiko ist unklar[181]: Als Ursprung wird einerseits das griechische Wort „riza“, welches auf das arabische „rizq“ zurück geht, genannt.[182] Andererseits wird auch auf das jüngere italienische Wort „rischiare“ verwiesen; dieses bezeichnet ein Wagnis und die Verlustmöglichkeit bei unsicheren Unternehmungen.[183] Man geht davon aus, dass es in seiner italienischen Verwendung der Seemannssprache entstammt und den Zustand einer Ware auf dem Meer bezeichnet.[184] Nach dem wirtschaftswissenschaftlichen Risikobegriff, den *Knight* bereits 1921 formulierte, bezeichnet das Risiko den Fall, dass Eintrittswahrscheinlichkeiten kalkuliert werden können. Ein Kennzeichen des Risikos ist also dessen Berechenbarkeit. Aus unberechenbaren Gefahren würden mit Hilfe von Statistik und Wahrscheinlichkeitsrechnung berechenbare Risiken.[185]

---

177 *Beck*, Risikogesellschaft, S. 35; dazu bereits o. S. 95.

178 *Beck*, Risikogesellschaft, S. 49.

179 *Beck*, Risikogesellschaft, S. 28.

180 *Prittwitz*, Strafrecht und Risiko, S. 55 f.

181 Ausführlich *Jonen*, Semantische Analyse des Risikobegriffs, S. 4 ff.

182 *Jonen*, Semantische Analyse des Risikobegriffs, S. 5.

183 *Kraif/Wermke*, Duden – Das Fremdwörterbuch, S. 917; *Jonen*, Semantische Analyse des Risikobegriffs, S. 6.

184 *Ewald*, KJ 1989, 385 (389).

185 *Ewald*, KJ 1989, 385 (390); zur engen Verbindung von Wahrscheinlichkeitsrechnung und Risiko auch *Jonen*, Semantische Analyse des Risikobegriffs, S. 6.

So beschreibt *Ewald* eine ganz andere Risikogesellschaft als *Beck*. Die Versicherung stelle Ursprung und Technologie eines grundlegend neuen Gesellschaftsverständnisses dar, weil diese die Welt in eine Welt des Risikos verwandelt habe.[186] Dies geschehe durch eine versicherungsspezifische Sicht der Dinge. Weiter konstatiert *Ewald*, dass sich inzwischen die meisten sozialen Phänomene nur noch in der Kategorie des Risikos sehen lassen.[187]

> „Im Verlauf des gegenwärtigen Jahrhunderts erfahren die Technologie und die Praktiken des Risikos eine ungeheure Konjunktur. Kein soziales Problem wird mehr gelöst, es sei denn durch die Transformation zum Risiko."[188]

Demnach erscheint es sinnvoll, zwischen Gefahren und Risiken zu unterscheiden und für das Risiko den Zusammenhang mit kalkulierten Wahrscheinlichkeiten zu berücksichtigen.

c) Der Begriff des Risikos bei Luhmann

Dezidiert befasst sich *Luhmann* mit dem Versuch, einen eigenen Begriff des Risikos zu bilden. Ausgangspunkt seiner Untersuchung ist seine Feststellung, dass zahlreiche Wissenschaftsdisziplinen den Begriff des Risikos auf je unterschiedliche Weise und unter unterschiedlichen Gesichtspunkten nutzen.[189] Die Folge sei, dass es keinen allgemeinen Begriff des Risikos gebe, „der wissenschaftlichen Ansprüchen genügen könnte."[190] Diese Einschätzung sieht sich bisher bestätigt: Während *Beck* zwar ausführlich beschreibt, was die Risikogesellschaft ausmache, fehlt ebenso wie in der Arbeit von *Prittwitz*, die mehrere Ansätze beschreibt, eine Definition dessen, was mit dem Begriff Risiko genau gemeint sein soll.[191]

(1) Ein erster Definitionsansatz

Der Ausgangspunkt *Luhmanns* ist die Etymologie des Wortes und die Erkenntnis, dass der – auch historische[192] – Kontext, in dem der Begriff des Risikos

---

186 *Ewald*, KJ 1989, 385 (389).

187 *Ewald*, KJ 1989, 385 (386).

188 *Ewald*, KJ 1989, 385 (392).

189 *Luhmann*, Soziologie des Risikos, S. 11 ff.; ebenso *Holzheu/Wiedemann*, Perspektiven der Risikowahrnehmung, in: *Bayerische Rück*, Risiko ist ein Konstrukt, S. 10; *Jonen*, Semantische Analyse des Risikobegriffs, S. 1 f.

190 *Luhmann*, Soziologie des Risikos, S. 14.

191 So auch *Kuhlen*, GA 1994, 356 (352).

192 S.o. S. 120.

steht, einer der Zukunftsungewissheit sei.[193] Das Risiko sei dabei ein Umgang mit einem (zunehmend prekären) Verhältnis zu Zeit, das sich aus den Erfahrungen ergeben habe[194]: Man kann die Zukunft nicht hinreichend kennen, selbst dann nicht, wenn sie von unseren Entscheidungen abhängt. Also sucht man nach dem Maßstab, mit dem man alles richtig gemacht haben kann, selbst wenn das intendierte Ergebnis einer Handlung verfehlt wird. Es geht also um einen Entscheidungsmaßstab, der zum Ziel hat, Fehler zu vermeiden, und dieser Maßstab soll einer der rationalen Kalkulation sein.[195] Die Beurteilung von Sachverhalten mit den Kriterien des Risikos „übersetzt das Problem, wie trotz Ausnutzung von Rationalitätschancen Schäden möglichst vermieden werden können, in Kalkulationsdirektiven."[196] Will man nämlich Schäden vermeiden und erkennt man schließlich, dass dies zu einer starken Einschränkung der Handlungsmöglichkeiten führt, muss man einen Maßstab finden, nach dem Handlungen „die einen im Prinzip vermeidbaren Schaden verursachen können", dennoch mit Blick auf die „Kalkulation der Schadenswahrscheinlichkeit und der etwaigen Schadenshöhe [...] als vertretbar erscheinen" können.[197] Diesen Maßstab soll also das Beurteilen in Risiken geben.

(2) Beobachter erster und zweiter Ordnung

An diesem Punkt bleibt *Luhmann* jedoch nicht stehen. Er fügt eine weitere – entscheidende – Unterscheidung ein: die zwischen Beobachtern erster und zweiter Ordnung.[198] Der Beobachter erster Ordnung ist dabei derjenige, der eine Situation oder ein Problem erkennt und dieses als ein Risiko erfährt. Das ist beispielsweise der Kaufmann, der sich fragt, ob er ein bestimmtes Geschäft eingehen soll, oder der besorgte Bürger, der nachts den kurzen Weg durch den dunklen Park oder den langen Weg entlang der Hauptstraße nehmen kann. Der Beobachter zweiter Ordnung beobachtet als Objekt diesen Kaufmann und stellt dann etwa fest, dass dieser das Problem als ein Risiko versteht. Aus der Sicht des Beobachters zweiter Ordnung geht es also um die Frage, wann sein Beobachtungsobjekt etwas als Risiko versteht; er fragt sich, welche Situationen als Risiken beschrieben werden.

193 *Luhmann*, Soziologie des Risikos, S. 16; ebenso *Holzheu/Wiedemann*, Perspektiven der Risikowahrnehmung, in: *Bayerische Rück*, Risiko ist ein Konstrukt, S. 10.
194 ähnlich *Ewald*, KJ 1989, 385 (389); zur Kontingenz auch o. S. 97 f.
195 *Luhmann*, Soziologie des Risikos, S. 21.
196 *Luhmann*, Soziologie des Risikos, S. 27.
197 *Luhmann*, Soziologie des Risikos, S. 22.
198 Dazu und zum Folgenden *Luhmann*, Soziologie des Risikos, S. 23 ff.

Luhmann nun sucht nach einem Begriff des Risikos, der bezeichnet, was ein „Beobachter (zweiter Ordnung) meint, wenn er eine Beobachtung als Risiko bezeichnet".[199] Es soll also eine Perspektive eingenommen werden, aus der man klären kann, wann andere (Beobachter erster Ordnung) bestimmte Situation als Risiko wahrnehmen.[200]

(3) Risiko und Gefahr

Luhmann kommt nun zu dem Ergebnis, dass er unabhängig von dem gängigen Reflexionsbegriff der Sicherheit (als Gegensatz zum Risiko) eine eigene Unterscheidung finden müsse, die die Perspektive eines Beobachters zweiter Ordnung darstellt. Dabei stellt er fest, dass man nur dann von Risiko spricht,

> „wenn eine Entscheidung ausgemacht werden kann, ohne die es nicht zu dem Schaden kommen könnte."[201]

Das Risiko beinhalte also die Entscheidung.

Auf Basis dieses Zusammenhangs zwischen Risiko und Entscheidung kommt er zur „Unterscheidung von *Risiko* und *Gefahr*. Die Unterscheidung setzt voraus [...], daß im Bezug auf künftige Schäden Unsicherheit besteht."[202] Als Gefahr könne man „jede nicht allzu unwahrscheinliche negative Einwirkung auf den eigenen Lebenskreis"[203] verstehen.

> „Gefahren ist man ausgesetzt."[204]
>
> „Von Risiko sollte man dagegen nur sprechen, wenn die Nachteile einer eigenen Entscheidung zugerechnet werden müssen."[205]

Diese Entscheidung müsse allerdings noch besondere Kriterien erfüllen, insbesondere dass die Alternativen der Entscheidung sich „in Bezug auf die Möglichkeit von Schäden erkennbar unterscheiden."[206]

---

199 *Luhmann*, Soziologie des Risikos, S. 23 ff.

200 *Luhmann*, Soziologie des Risikos, S. 23 ff.

201 *Luhmann*, Soziologie des Risikos, S. 25.

202 *Luhmann*, Soziologie des Risikos, S. 30 f.

203 *Luhmann*, Die Moral des Risikos und das Risiko der Moral, in: *Bechmann*, Risiko und Gesellschaft, S. 327.

204 *Luhmann*, Soziologie des Risikos, S. 32.

205 *Luhmann*, Die Moral des Risikos und das Risiko der Moral, in: *Bechmann*, Risiko und Gesellschaft, S. 327.

206 *Luhmann*, Soziologie des Risikos, S. 32.

Da es bei *Luhmann*s Risikobegriff demnach entscheidend auf die Zurechnung (durch den Beobachter erster Ordnung) zur Entscheidung ankommt, muss man (durch Beobachtung des Beobachters) klären, ob derjenige, der mit einem möglichen Schaden konfrontiert ist, diesen einer Entscheidung zurechnet oder nicht. Es kommt also nicht auf die Frage an, welche Entscheidung denn den Schaden herbeiführt, sondern ob der Schadenseintritt als von einer Entscheidung abhängig verstanden, also zugerechnet wird.[207] Insofern kann alles ein Risiko sein, denn:

> „Im Prinzip könnte man jeden Schaden durch Entscheidung vermeiden und ihn damit als Risiko zurechnen".[208]

Auch *Luhmann* spricht in der Folge von einer Risikogesellschaft, meint dies aber anders als *Beck*. (Industrie-)Technologie ist in seinem Konzept nur ein Beispiel von vielen – allerdings eines, das für den Bereich des Risikos eine „exemplarische, [...] paradigmatische Bedeutung" habe.[209]

d) Der Risikobegriff in dieser Arbeit

Für die hier vorliegende Untersuchung ist der Risikobegriff *Becks* zu ungenau, mit der Frage nach einer neuen Epoche kann das hier verfolgte Ziel einer Analyse aktueller Gesetzgebung nicht erreicht werden. Ob das aktuelle Strafrecht dasjenige einer Risikogesellschaft und damit Risikostrafrecht im Sinne einiger Autoren ist, soll hier ebenso wenig geklärt werden.[210]

Die genaueste Untersuchung des Begriffs fand sich bei *Luhmann*. Seine Ergebnisse entsprechen besser den Bedürfnissen der hier verfolgten Zielsetzung. Bei der vorliegenden Arbeit geht es auch um die Untersuchung politischer Rationalität. Es sollen die Denkprozesse und -muster untersucht werden, die bei der Schaffung neuen Strafrechts wirksam werden. Insofern macht hier nur eine Untersuchung vom Risiko in diesem Kontext Sinn: Nämlich die Frage, wann etwas als Risiko verstanden wird und zu welchen weiteren Folgerungen dieser Befund führt; im Diktum *Luhmanns* also eine Beobachtung zweiter Ordnung. In der Folge kann man Risiko als ein Beobachtungskonzept mit weitreichenden Auswirkungen verstehen.

---

207 *Luhmann*, Soziologie des Risikos, S. 35 f.

208 *Luhmann*, Soziologie des Risikos, S. 36.

209 *Luhmann*, Soziologie des Risikos, S. 105; zu Luhmanns Risikogesellschaft vgl. u. S. 240.

210 Von einem begrenzten Ertrag für eine kritische Analyse der Strafrechtsentwicklung spricht dabei *Kuhlen*, GA 1994, 356 (360).

Es geht damit um Risikorationalität als Teil der politischen Rationalität. Dabei können die Überlegungen *Luhmanns* und *Ewalds* kombiniert werden. Wenn hier von Risiko die Rede ist, soll damit eine bestimmte Art der Zukunftsbewältigung gemeint sein, eine Art mit dem Problem umzugehen, dass man nicht wissen kann, was zukünftig geschehen wird. Das betrifft zwei Blickwinkel der Zukunftsungewissheit.

Erstens geht es dabei um die Kategorisierung des jeweiligen Zukunftsproblems als ein Risiko, also um die Frage danach, unter welchen Voraussetzungen eine bestimmte schlechte, schädliche, zu vermeidende Zukunft eintreten wird. Eine menschliche Entscheidung wird dabei als zumindest eine dieser Voraussetzungen gesehen.

Das Maß des Risikos und das Verhältnis der Voraussetzungen untereinander werden in Wahrscheinlichkeiten ausgedrückt. Dabei ist ein Sachverhalt angesprochen, der unserer alltäglichen Erfahrung entspricht. Es geht um die Wichtigkeit statistischer Erkenntnisse, die unsere Wahrnehmung der Welt entscheidend beeinflussen. Man denke etwa an unsere Kenntnisse zu den Zusammenhängen zwischen Feinstaub aus Autoabgasen und Krebs oder zwischen bestimmten Problemen im Elternhaus und Erfolg in der Schulbildung, Kriminalität oder sogar Übergewicht. Sie alle basieren maßgeblich auf Statistik. Und sie prägen unser Weltbild. Es erscheint plausibel anzunehmen, dass unter ihrem Einfluss nunmehr jegliche Art von Situation als statistisches Problem mit irgendwie bezifferbaren Wahrscheinlichkeiten empfunden werden kann.[211]

Zweitens kann man die Reaktion auf das Problem, nachdem es als Risiko verstanden wurde, betrachten. Es geht hier um die Folgerungen, die sich daraus ergeben, dass die ungewisse Zukunft als auch von einer Entscheidung abhängig empfunden wird.[212]

4. Sicherheit und Strafrecht

Bisher wurde versucht, Sicherheit als Begriff greifbar zu machen und im verfassungsrechtlichen und europäischen Kontext zu lozieren. Weiterführend kann nun eine Beschreibung der Verbindung strafrechtlicher Logik mit der Sicherheitsidee versucht werden. Das wird dabei helfen nachzuvollziehen, wie Sicherheit als Impuls der Strafgesetzgebung wirken kann. Dabei ergibt sich ein erster recht

211 genauer u. S. 239 f.

212 Dazu auch u. S. 236 ff.

allgemeiner Ansatz daraus, dass sich parallel zum Sicherheitsbedürfnis ein anthropologisch erklärbares Bedürfnis nach Institutionen ergibt, die Sicherheit schaffen, und dass das Strafrecht eine solche darstellen kann.[213] Bei dieser Erklärung wäre das Strafrecht allerdings nur eine Institution von vielen möglichen. Es erscheint aber darüber hinaus noch einen engeren sachlichen Bezug zwischen Sicherheit und Strafrecht zu geben.

a) Strafgesetzgebung als Teil der Sicherheitspolitik

Eine erste – eher offensichtliche – Verbindung zwischen Sicherheit und Strafrecht allgemein besteht in der Einordnung der Strafgesetzgebung in den Bereich der Sicherheitspolitik. Unabhängig von den oben bereits skizzierten Problemen der Definition dessen, was mit Sicherheit genau gemeint ist, gehört dazu jedenfalls der Teilbereich der sogenannten „Inneren Sicherheit“. Diese Bezeichnung ist zunächst in Abgrenzung zur äußeren Sicherheit entstanden und ist eng mit der Geschichte der polizeilichen Aufgaben verbunden.[214] Mittlerweile befindet sich einerseits die Abgrenzung zwischen Innerer und Äußerer Sicherheit in Diskussion[215], und andererseits unterliegen die Aufgaben der und Anforderungen an die Polizei einer zu dieser Diskussion parallel verlaufenden Veränderung. Dies führt dazu, dass der Begriff der Inneren Sicherheit „unscharf geworden“ ist.[216] Festhalten lässt sich jedoch trotz des Wandels in diesem Bereich, dass „insbesondere die Strafverfolgung“[217] davon umfasst ist. Damit kann jedenfalls die Strafrechtsgesetzgebung einem Teilbereich der staatlichen Tätigkeit zugerechnet werden, der als Innere Sicherheit beschrieben wird. Bei neuen Strafgesetzen handelt es sich dann regelmäßig um Ergebnisse von Sicherheitspolitik.

b) Sicherheit und Prävention

Bereits angesprochen wurde der Zusammenhang zwischen Sicherheit und Prävention im Zusammenhang mit Art. 67 Abs. 3 AEUV.[218] Nach diesem soll ein hohes

213 *Herzog*, Gesellschaftliche Unsicherheit, S. 50.
214 *Stoll*, Sicherheit als Aufgabe, S. 15.
215 Beispielhaft die Forderung nach Abschaffung oder zumindest Aufweichung der Abgrenzung von innerer und äußerer Sicherheit bei *Hanning*, Sicherheit gewährleisten – Freiheit wahren, in: *Huster/Rudolph*, Vom Rechtsstaat zum Präventionsstaat, S. 206.
216 *Stoll*, Sicherheit als Aufgabe, S. 15.
217 *Stoll*, Sicherheit als Aufgabe, S. 15.
218 O. S. S. 117.

Maß an Sicherheit durch Verhütung von Kriminalität sichergestellt werden. Was das bedeuten kann, beschreibt *Denninger* wie folgt:

> „‚Verhütung' heißt *Prävention*, heißt dem schädigenden Ereignis oder der Straftat *zuvorzukommen*, bedeutet *Vorsorge* zu treffen, dass [...] mögliche Straftaten gar nicht erst [...] unternommen werden (können).“[219]

Prävention kann somit als Antwort auf die Frage, wie Sicherheit geschaffen werden kann bzw. welche inhaltlichen Konsequenzen aus dem gesetzgeberischen Streben nach Sicherheit gezogen werden, verstanden werden.

c) Prävention als plausible Idee im Kontext des Sicherheitsstrebens

Die Idee der Vorsorge ist weit verbreitet:

> „Vorbeugen ist besser als Heilen – das Motto aller Prävention besitzt eine fraglose Plausibilität.“[220]

Prävention gilt überdies als Tugend: In einer Welt, in der einerseits jeder jederzeit vom Schicksal getroffen werden kann, und dem Menschen andererseits Verantwortung für sein Handeln gegeben wird, muss jeder versuchen über die eigene Zukunft Macht zu entfalten.[221] Und das geht über Prävention.

Über diese allgemeine Plausibilität hinaus ergibt sich ein Bedürfnis nach Prävention insbesondere dann, wenn der Schaden, der eintreten kann, als so gravierend empfunden wird, dass dessen Eintritt nicht mehr hingenommen werden kann – es gilt dann diesen zu verhindern. Das ist bei den Bedrohungen, die *Beck* als Kennzeichen der Risikogesellschaft umschreibt, der Fall: Die wahrgenommenen Gefahren haben gerade ein mit ihnen verbundenes Gefühl der Maßlosigkeit und der Allbetroffenheit gemein.[222] Ganz allgemein spielt Prävention gerade dann eine Rolle, wenn man nicht weiß, was die Zukunft bringen kann, diese aber als bedrohlich empfunden wird.

> „Prävention setzt die Kontingenz der Zukunft voraus und versucht sie zu bändigen.“[223]

Sie stellt also ein Mittel der Kontingenzbewältigung dar. Wenn Zukunftsungewissheit eine größere Rolle spielt, steigt die Nachfrage nach Prävention.

---

219 *Denninger*, Prävention und Freiheit, S. 7 f.
220 *Bröckling*, Widersprüche 2002, 39 (39).
221 *Ewald*, Der Vorsorgestaat, S. 83 f.
222 O. S. 119.
223 *Bröckling*, Widersprüche 2002, 39 (42).

d) Prävention als staatliche Aufgabe

Dass Prävention nicht nur Privatsache ist, sondern gerade vom Staat verlangt und durchgeführt wird, erklärt sich aus der durch das Vordringen des Wohlfahrtsstaates veränderten Sicht auf die staatlichen Aufgaben. Der Staat trägt nun auch die Verantwortung für die wirtschaftliche, soziale und kulturelle Entwicklung des Einzelnen. Oder anders ausgedrückt: Ihm kommt die Aufgabe zu, für alle einen Mindeststandard an sozialer Sicherheit zu gewährleisten.[224] Zur Bewältigung dieser Aufgaben sollen soziale Gegebenheiten planvoll gestaltet werden[225]; der Staat entwickelt ein Instrumentarium der Daseinsvorsorge.[226] Ihm kommt eine Präventionsaufgabe zu, der er sich nicht mehr entziehen kann.[227]

Die Bedeutung der Prävention als staatliches Instrument korrespondiert so weitgehend mit der bereits oben angesprochenen Entwicklung weg vom alten, liberalen Staatsbild, mit dem Fokus auf Sicherheit vor dem Staat, hin zu einer Erwartung an den Staat, umfassende Sicherheit zu gewährleisten.[228]

Da der Ruf nach Prävention in Bereichen, in denen mögliche zukünftige Schäden als besonders schwerwiegend empfunden werden, besondere Bedeutung erlangt[229], ist es wenig verwunderlich, dass entsprechende Erwartungen an den Staat gerade im Kontext des Terrorismus besonders hoch sind. In seiner damaligen Funktion fasste der parteilose Staatssekretär im Bundesministerium des Inneren *Hanning* seine Sicht zur Notwendigkeit von Prävention wie folgt zusammen:

> „Gegen die neue Bedrohung terroristischer Anschläge kann der Rechtsstaat sinnvoll nur präventiv verteidigt werden.“[230]

Diese Einschätzung teilt auch der damalige Stellvertretende Vorsitzende der CDU/CSU-Bundestagsfraktion mit der Zuständigkeit unter anderem für die Bereiche Recht und Inneres und heutige[231] Vorsitzende des Innenausschusses des Bundestages *Bosbach* und konkretisiert dies für die Gesetzgebung. Er meint:

---

224 *Isensee*, JZ 1999, 265 (271).

225 *Grimm*, KritV 1986, 38 (42).

226 *Volkmann*, JZ 2004, 696 (700); *Isensee*, JZ 1999, 265 (271).

227 *Grimm*, KritV 1986, 38 (43).

228 *Volkmann*, JZ 2004, 696 (700).

229 o. S. 126.

230 *Hanning*, Sicherheit gewährleisten – Freiheit wahren, in: *Huster/Rudolph*, Vom Rechtsstaat zum Präventionsstaat, S. 207.

231 Oktober 2012.

> „Wir müssen bereits heute die Maßnahmen ergreifen, die Vorbereitungen treffen und die Gesetze verabschieden, von denen wir uns nach einem großen Anschlag in Deutschland wünschen würden, sie rechtzeitig gemacht zu haben. […]
>
> Verantwortliche Sicherheitspolitik bedeutet […], nie wieder einen Tag zu spät einer Gefahr zu begegnen."[232]

Der Staat müsse seiner Präventionsaufgabe gerecht werden und auch Präventionsstaat sein.[233]

e) Sicherheit, Prävention und Risiko

Sicherheit als das auf Sicherheit gerichtete Bedürfnis[234] stellt auch den Punkt dar, an dem sich Sicherheitsdiskurse und Risikoidee treffen. Die Kategorie des Risikos erfüllt hinsichtlich der (Un-)Sicherheit eine „Warnfunktion"[235]. Das wird deutlich, wenn man unter dem Bedürfnis nach Sicherheit versteht, dass in Zeiten gefühlter Unklarheit in Bezug auf die Zukunft jemand eine „Klärung und Ordnung vornehmen soll"[236]. Diese „Klärung und Ordnung" ist auch maßgeblicher Bestandteil der Risikoidee.[237] Sie beinhaltet nämlich wie gesehen[238] die Idee allgemeiner Kalkulierbarkeit und Abschätzbarkeit von Schadenseintritten mittels Statistik und Wahrscheinlichkeitsrechnung.

Mittels des Risikodenkens kann so der Eindruck von Sicherheit geschaffen werden.

Weiterhin richtet sich Prävention als Folge der wachsenden gefühlten Bedrohung durch neue Risiken nicht erst auf die Verhinderung von konkreten Gefahren, sondern bereits auf die Verhinderung, Umverteilung und Begrenzung von Risiken als nur mehr statistisch erkennbare Gefahreintrittsmöglichkeiten.[239] Da das Strafrecht auch

---

232 *Bosbach*, Der Rechtsstaat in Zeiten des Terrors – Warum für die Sicherheitspolitik jeder Tag der 12. September ist, in: *Huster/Rudolph*, Vom Rechtsstaat zum Präventionsstaat, S. 137.

233 *Bosbach*, Der Rechtsstaat in Zeiten des Terrors – Warum für die Sicherheitspolitik jeder Tag der 12. September ist, in: *Huster/Rudolph*, Vom Rechtsstaat zum Präventionsstaat, S. 150.

234 Vgl. o. S. S. 102 f.

235 *Bechmann*, Risiko als Schlüsselkategorie der Gesellschaftstheorie, in: *Bechmann*, Risiko und Gesellschaft, S. 242 f ff.

236 *Stoll*, Sicherheit als Aufgabe, S. 2.

237 *Stoll*, Sicherheit als Aufgabe, S. 2.

238 o. 120.

239 *Volkmann*, JZ 2004, 696 (701).

als Instrument der Prävention gesehen wird, gerät es in diesen „Sog einer Politik der Risikobegrenzung“; Ziel der Strafrechtsgesetzgebung und -anwendung wird Sicherheit.[240] Damit teilt der Begriff der Sicherheit mit dem des Risikos auch die moralische Dimension.[241] Die normative Wirkung wird durch die Kombination der beiden sogar verstärkt: Dieser Begriff der Sicherheit impliziert insoweit stets den Ruf nach Herstellung fehlender Sicherheit. Soll dies aber in Verbindung mit der Risikoidee erfolgen, führt die Feststellung dieses Bedürfnisses zur Handlungspflicht: Da das Risiko die Möglichkeit bzw. Notwendigkeit der Entscheidung beinhaltet (*Luhmann*) und diese Entscheidung auf die Herstellung (jetzt noch) fehlender Sicherheit gerichtet sein soll, ergibt sich hieraus eine normativ aufgeladene *Pflicht zur Entscheidung für die Sicherheit*. So ist es kaum verwunderlich, dass *P.-A. Albrecht* zu der Folgerung kommt, dass der Begriff der Sicherheit sich inzwischen verselbstständigt habe.[242]

f) Strafrecht und Prävention

Traditionell wird zwischen Prävention und Repression unterschieden, wobei Prävention als die Abwehr von Gefahren dem Polizeirecht vorbehalten war, während die Repression Aufgabe des Strafrechts war. Repression bedeutet dabei die Ahndung bereits eingetretener Rechtsverletzungen, hier durch die Strafe; damit ist die repressive Funktion des Strafrechts bezeichnet.[243] Allerdings kann nach heute herrschendem Verständnis Repression nicht ohne Zweck geschehen, denn der mit der Strafe verbundene Eingriff in die Rechte des Täters bedarf der Legitimation. Trotz unterschiedlicher Ansichten, wie dieser Zweck genau erreicht werden soll, sollen Androhung, Verhängung und Vollstreckung der Strafe nach allgemeiner Ansicht der Gesellschaft dienen, indem sie Rechtsverletzungen in der Zukunft vorbeugen.[244] Diese Zielsetzung kann man als Prävention durch Repression umschreiben.[245] Zwar sind Strafzweck und Strafrechtszweck zu unterscheiden, doch ist die Strafe auf den dahinter stehenden Zweck des Strafrechts bezogen.[246] Insofern gilt für das Strafrecht und die Strafe gleichermaßen, dass sie auf Prävention

240 *Albrecht*, Kriminologie, S. 3.

241 Dazu auch u. S. 137.

242 *Albrecht*, Kriminologie, S. 3.

243 *Jescheck/Weigend*, Lehrbuch, S. 4.

244 *Roxin*, AT I, §§3 Rn. 37; *Stratenwerth/Kuhlen*, AT, S. 8 ff.; NK-*Hassemer/Neumann*, Vorbemerkungen zu § 1, Rn. 104 f.; Sch/Sch-*Stree/Kinzig*, Vorbemerkungen zu den §§ 38 ff., Rn. 1; *Lüderssen*, StV 2004, 97 (100).

245 *Jescheck/Weigend*, Lehrbuch, S. 4.

246 *Roxin*, AT I, §§3 Rn. 2.

abzielen. Das moderne Zweckstrafrecht soll also präventiv wirken; es wird durch das Paradigma der Prävention beherrscht.[247] Durch diesen Einzug der Prävention ins Strafrecht verliert allerdings die ursprüngliche Unterscheidung zwischen Repression und Prävention ihre Bedeutung zur Abgrenzung des Strafrechts.[248] Dennoch ist und bleibt die Repression, also das Zurückblickende, auf bereits begangenes Reagierende *das Mittel* zur Prävention und damit ein maßgebliches Merkmal des Strafrechts.

Das *Ziel* der Prävention ist es aber, das den Zusammenhang zwischen Strafrecht und Sicherheit offensichtlich macht. Das Präventionsparadigma öffnet das Strafrecht auch gegenüber Sicherheitsbedürfnissen. Diese Verknüpfung lässt sich nochmals wie folgt zusammenfassen: Ist Sicherheit das (politische) Ziel und Prävention dazu ein Mittel, und ist gleichzeitig das Strafrecht auf Prävention gerichtet, erscheint es logisch, das Strafrecht mit dem Ziel der Sicherheitsschaffung einzusetzen.

Strafrecht → Prävention | Prävention → Sicherheit

Strafrecht → Prävention → Sicherheit

Strafrecht → → → Sicherheit

Abbildung 2: Strafrecht, Prävention, Sicherheit

Das präventive Strafrecht hat so zweifellos auch die Beförderung von Sicherheit als Ziel.[249] Dabei gilt auch für das Strafrecht, dass eine Verstärkung des Präventionswunsches als Reaktion auf Krisenerscheinungen gesehen werden kann.[250]

---

247 *Hassemer*, Sicherheit durch Strafrecht, in: *Institut für Kriminalwissenschaften und Rechtsphilosophie der Johann Wolfgang Goethe-Universität*, Jenseits des rechtsstaatlichen Strafrechts, S. 103.

248 *Müller-Dietz*, Aspekte und Konzepte der Strafrechtsbegrenzung. in: FS Schmitt, S. 101.

249 *Hassemer*, Sicherheit durch Strafrecht, in: *Institut für Kriminalwissenschaften und Rechtsphilosophie der Johann Wolfgang Goethe-Universität*, Jenseits des rechtsstaatlichen Strafrechts, S. 134.

250 *Albrecht*, KritV 1986, 55 (58 f.).

Vor dem Hintergrund der Dominanz der Sicherheitsidee wird die sich von selbst ergebende Nähe des Präventionsstrafrechts zur Logik der Sicherheit insbesondere von *Hassemer* auch kritisch gesehen. Während das Strafrecht sich in ein Gefahrenabwehrrecht[251] verwandle, würden seine Diskurse vom Interesse an der Herstellung und Bewahrung von Sicherheit beherrscht.[252] Diese Funktionalisierung bleibe nicht folgenlos; es bestehe die Gefahr, dass die Unterschiede zwischen den Konzepten von Schuld und Gefährlichkeit sowie zwischen dem formellen und materiellen Strafrecht beseitigt würden.[253]

Die damit angesprochene Kritik soll nicht weiter vertieft werden. Dennoch kann in dieser Arbeit noch gezeigt werden, wie Sicherheit im Einzelfall gerade auch für das materielle Strafrecht zum Anlass der Gesetzgebung wird,[254] und wie diese neuen Gesetze dazu beitragen, das Gesicht der Gesamtheit der Normen des materiellen Strafrechts zu verändern.[255]

5. Sicherheit als Problemimpuls

Bei der Analyse der Gesetzgebungsmaterialien konnten insbesondere bei § 89a StGB Hinweise auf Sicherheit als Impuls der Gesetzgebung gefunden werden. Die bisherigen Überlegungen zum Thema Sicherheit lassen jedoch vermuten, dass sie auch darüber hinaus eine wichtige Rolle bei der Schaffung neuen Strafrechts spielt. Wie Sicherheit genau als Problemimpuls wirkt, soll in der Folge betrachtet werden.

a) Der Ist-Zustand: Sicherheitsdefizite

Grundsätzlich stellt sich, wenn Sicherheit als Impuls wirkt, die Situation vor der Schaffung eines Gesetzes als Sicherheitsmangel dar. Der Ist-Zustand wird als geprägt von einem unbefriedigenden Sicherheitsmanko empfunden. Das impulsgebende

---

251 Gemeint ist hier der juristische Gefahrenbegriff; nicht angesprochen ist die Unterscheidung zwischen Risiko und Gefahr.

252 *Hassemer*, Sicherheit durch Strafrecht, in: *Institut für Kriminalwissenschaften und Rechtsphilosophie der Johann Wolfgang Goethe-Universität*, Jenseits des rechtsstaatlichen Strafrechts, S. 123.

253 *Hassemer*, Sicherheit durch Strafrecht, in: *Institut für Kriminalwissenschaften und Rechtsphilosophie der Johann Wolfgang Goethe-Universität*, Jenseits des rechtsstaatlichen Strafrechts, S. 111.

254 Dazu sogleich.

255 U. Teile E und F; S. 198 ff.

Problem ist also die Diskrepanz zwischen gefühlter und gewünschter Sicherheit. Dabei ergeben sich zwei Probleme:

Erstens ist Sicherheit als Wert kaum messbar. Sie gilt zwar als ein Grundbedürfnis des Menschen gegenüber Gesellschaft und Staat.[256] Eine genaue Definition des Begriffs der Sicherheit ist jedoch kaum möglich, der Begriff ist vielschichtig, weit und vage; sein Inhalt ist anlassabhängig wandelbar.[257] Dabei hat er stets eine maßgebliche subjektive Komponente: Sicherheit wird zweitens auch als Fehlen von Unsicherheit und als Sorgenfreiheit definiert. Für die Sorgenfreiheit kommt es entscheidend auf die empfundene Sicherheit an; fehlt es an dieser, entsteht ein Sicherheitsbedürfnis. Sicherheit wird also dann zum Thema, wenn sie (subjektiv) vermisst wird.[258]

Für den Problemimpuls Sicherheit geht es also darum, ob ein Zustand als ausreichend sicher *empfunden wird*, und nicht darum wie sicher ein Zustand *ist*. Damit öffnet sich die gesetzgeberische Diskussion bereits auf der Ebene der Problemdefinition, die eigentlich wissenschaftlicher Fundierung zugänglich ist oder sein sollte[259], problemlos subjektiven, emotionalen und wertenden Gesichtspunkten. Damit ist bereits die Feststellung des Ist-Zustandes von Wertungsfragen überlagert und empirisch-wissenschaftlicher Diskussion nur schwer zugänglich.

b) Sicherheit und Kriminalitätsfurcht

Der Wunsch nach mehr Sicherheit wird im Bezug auf Kriminalität als Wunsch nach Maßnahmen zur Kriminalitätsverringerung an die Gesetzgebung herangetragen. Auf Grundlage des Präventionsparadigmas, in dem das Strafrecht eine Funktion der Verringerung von Straftat(wahrscheinlichkeit)en innehat, folgt eine alltägliche Vorstellung, dass mit dem Strafrecht Sicherheit geschaffen werden soll.[260] So lässt sich teilweise auch erklären, wie nach Ansicht einiger Autoren hohe Kriminalitätsfurcht ein hohes Strafverlangen fördert.[261]

---

256 *Stoll*, Sicherheit als Aufgabe, S. 1.

257 O. 102; in diesem Sinne auch *Denninger*, Prävention und Freiheit, in: *Huster/Rudolph*, Vom Rechtsstaat zum Präventionsstaat, S. 92.

258 *Stoll*, Sicherheit als Aufgabe, S. 1.

259 S. 77.

260 o. 129; *Hassemer*, Sicherheit durch Strafrecht, in: *Institut für Kriminalwissenschaften und Rechtsphilosophie der Johann Wolfgang Goethe-Universität*, Jenseits des rechtsstaatlichen Strafrechts, S. 103, 111 ff.

261 *Mühler*, Strafverlangen – Bedingungen für die Variation von Erwartungen an die Strafpraxis des Staats, in: *Metze/Mühler/Opp*, Normen und Institutionen, S. 231;

Ergänzen lassen sich diese Überlegungen mit kriminologischen Erkenntnissen, wonach sich Kriminalitätsfurcht und objektive Wahrscheinlichkeiten der Opferwerdung teilweise unabhängig voneinander entwickeln.[262] Dabei ist anzunehmen, dass hohe Kriminalitätsfurcht dazu führt, das Maß an Sicherheit als zu gering anzusehen, bzw. dass sie den Wunsch nach Sicherheit verstärkt.[263] Auch generell muss Verunsicherung und damit ein steigendes Sicherheitsbedürfnis nicht Folge von wirklichen Gefahren für Leib, Leben, Ansehen oder Wohlstand sein.[264] Daneben kommt es hinsichtlich der Furcht, Opfer einer Straftat zu werden, regelmäßig zu einer emotionalen Überbewertung.[265] Ebenso werden Kriminalitätsraten überschätzt.[266] Die tatsächliche Wahrscheinlichkeit, Opfer einer Straftat zu werden, sowie die Kriminalitätsraten können demnach durchaus signifikant sinken, ohne dass dies die Konstatierung eines Sicherheitsmangels ausschließt.

Zusammengefasst ist nicht „die reale Bedrohung durch Kriminalität und Gewalt, sondern die allgemeine Wahrnehmung einer solchen Bedrohung“ der entscheidende Faktor[267], wenn Sicherheit der Anlass der Strafgesetzgebung ist.

c) Erste Einschätzung der Folgen von Kriminalitätsfurcht bzw. Verunsicherung als Problemimpuls

Die beschriebene und teilweise als weit verbreitet angesehene[268] politische Reaktion auf Empfindungen, die teilweise unberechtigt sind, bleibt nicht ohne Folge für die Ergebnisse so motivierter Gesetzgebung. *Prittwitz* etwa spricht

---

Satzger, Trends und Persepktiven einer europäischen Strafrechtspolitik, in: *4. Europäischer Juristentag*, Sammelband, S. 239; ähnlich *Arzt*, Der Ruf nach Recht und Ordnung, S. 63 f. und 66 f.; zum Verhältnis von Kriminalitätswahrnehmung und Strafbedürfnissen *Pfeiffer/Windzio/Kleimann*, MschrKrim 87 (2004), 415 (426 ff.).

262 *Kaiser*, Kriminologie, §§33 Rn. 26 m.w.N., *Albrecht*, Kriminologie, S. 366; anders *Garland*, Kultur der Kontrolle, S. 278 ff., aber nur insoweit, dass das Aufkommen des sozialen Phänomens Kriminalitätsfurcht Folge gestiegener Kriminalität gewesen sei. Ebenso *Arzt*, Der Ruf nach Recht und Ordnung, S. 33.

263 *Arzt*, Der Ruf nach Recht und Ordnung, S. 11 und 60 ff.; *Sieber*, NStZ 2009, 353 (353).

264 *Kaufmann*, Normen und Institutionen als Mittel zur Bewältigung von Unsicherheit: Die Sicht der Soziologie, in: *Bayerische Rück*, Gesellschaft und Unsicherheit, S. 39.

265 *Arzt*, Der Ruf nach Recht und Ordnung, S. 33.

266 *Pfeiffer/Windzio/Kleimann*, MschrKrim 87 (2004), 415 (417 ff.).

267 *Hassemer*, StV 1993, 664 (667).

268 *Neubacher*, ZStW 118 (2006), 857 (863).

von einem Strafrecht für eine „symbolische Versicherung der verunsicherten Risikogesellschaft".[269] Das betrifft erneut die Diskussion um sogenannte Symbolgesetzgebung.[270] Wie gesehen kann und soll diese den Effekt haben, die Bevölkerung zu beruhigen und Vertrauen in die Rechtsordnung wiederherzustellen.[271] Werden Gesetze zur Beschwichtigung gemacht[272], kann das allerdings dazu führen, dass entsprechende Entwürfe vielschichtige Sachverhalte übermäßig vereinfachen und damit der Ausschluss von Bevölkerungsteilen gefördert wird. Daneben kann die Politik in den Fällen, in denen die ausschlaggebenden Unsicherheitsgefühle nicht auf wirklicher Bedrohung basieren, ein Stück weit beliebig werden.[273]

d) Noch mehr Wertungsfragen: „Sicherheit vs. Freiheit" und das impulsgebende Problem

Wie bei jedem Problemimpuls ist auch bei der Sicherheit ein Problem im Sinne einer Abweichung des Ist-Zustandes[274] vom Soll-Zustand der Auslöser der Gesetzgebung. Dabei lässt sich hier der Ist-Zustand stets als Sicherheitsdefizit und der Soll-Zustand als Sicherheitszuwachs beschreiben. Ebenso lässt sich bei der Schaffung einer Strafnorm[275] der Zustand vor der Gesetzesverabschiedung als ein *Rechts*zustand relativ größerer allgemeiner Handlungsfreiheit beschreiben. Diese wird – zumindest abstrakt-theoretisch – durch ein neu geschaffenes gesetzliches Verbot verringert. Denn jedes Verbot schränkt die gesetzliche Handlungsfreiheit ein. Daraus ergibt sich, wieso die Frage danach, inwiefern Freiheit für Sicherheit „eingetauscht" werden solle, regelmäßig Bestandteil der Diskussionen um neue Strafrechtsnormen ist.

Dabei ist bereits umstritten, ob es den (schon bei *Locke* in Auseinandersetzung mit *Hobbes*[276]) angesprochenen Gegensatz zwischen Freiheit und Sicherheit überhaupt

---

269 *Prittwitz*, „Feindstrafrecht", in: *Cremer-Schäfer/Pilgram/Stangl/Steinert*, Kriminologie, S. 224.

270 S. 46.

271 *Voß*, Symbolische Gesetzgebung, S. 102 f.

272 Dazu o. S. 66.

273 *Aden*, Problemdefinition und Agendagestaltung in der Kriminalpolitik, in: *Lange*, Kriminalpolitik, S. 126.

274 Dazu S. 131.

275 Das umfasst selbstverständlich nicht Änderungsgesetze, die den Strafrahmen senken oder Aufhebungsgesetze.

276 *Stoll*, Sicherheit als Aufgabe, S. 5.

gibt.[277] In ihrer abweichenden Meinung im Urteil des Bundesverfassungsgerichts zur Rasterfahndung fasst *Haas* das so zusammen:

> „Sicherheit ist die Grundlage, auf der Freiheit sich erst vollends entfalten kann. Zwischen Freiheit und Sicherheit besteht damit ein untrennbarer Sach- und Sinnzusammenhang. Deshalb sind alle die Sicherheit gewährleistenden Maßnahmen gleichzeitig auch als Maßnahmen zu begreifen, die Freiheitsentfaltung gewährleisten und fördern. Ein Gewinn an Sicherheit stärkt im demokratischen Rechtsstaat die Freiheit, ist demgemäß ein Freiheitszugewinn."[278]

Ähnlich wird das Verhältnis von Freiheit und Sicherheit durch viele politische Akteure beurteilt;[279] so ergänzt *Bosbach*:

> „Sicherheit ist Voraussetzung der Freiheit. Unsicherheit und Angst dagegen sind die Feinde der Freiheit. Es gibt keine Freiheit ohne Sicherheit: Nur wer ohne Angst um sich, seine Familie, seine Mitmenschen, sein Eigentum und Lebensumfeld leben kann, kann Freiheit realisieren."[280]

Mit diesem Befund könnte eine Diskussion um einen angemessenen Ausgleich von Freiheit und Sicherheit bereits beendet sein. –

> „Wenn es doch so einfach wäre!"[281]

Allerdings sind, selbst wenn Sicherheit die Grundlage von Freiheit wäre, Freiheit und Sicherheit zwar keine Gegensätze. Sie stehen aber in einem komplexen gegenseitigen Abhängigkeitsverhältnis zueinander. Auch die Gestaltung dieses Abhängigkeitsverhältnisses, wie immer es auch beschaffen ist, ist bei der Schaffung neuer Strafrechtsnormen betroffen.

Die Entscheidung über das rechte Maß des Ausgleichs zwischen Freiheit und Sicherheit ist empirisch-wissenschaftlichen Kriterien jedoch kaum zugänglich; zu schnell läuft sie auf Wertungen hinaus.[282] Dabei spricht vieles dafür, bereits die Beschreibung des Verhältnisses der Werte Freiheit und Sicherheit als Wertung aufzufassen.

---

277 Die Thematik kann hier selbstverständlich nicht einmal annähernd vollständig dargestellt werden.

278 BVerfGE 115, 320 (374).

279 *Calliess*, ZRP 2002, 1 (2).

280 *Bosbach*, Der Rechtsstaat in Zeiten des Terrors – Warum für die Sicherheitspolitik jeder Tag der 12. September ist, in: *Huster/Rudolph*, Vom Rechtsstaat zum Präventionsstaat, S. 139.

281 *Denninger*, Prävention und Freiheit, in: *Huster/Rudolph*, Vom Rechtsstaat zum Präventionsstaat, S. 94.

282 *Grimm*, Die Freiheit sichern! Ohne starke Bürgerrechte bleibt Sicherheit wertlos, in: *Zypries*, Die Renaissance der Rechtspolitik, S. 25.

Festhalten kann man demnach, auch ohne sich bezüglich der Natur des Verhältnisses von Sicherheit und Freiheit festzulegen, dass bei der Schaffung neuer Strafrechtsnormen stets die Freiheit betroffen ist. Sicherheit als Ziel der Neuregelung zu verstehen, bedeutet dabei stets auch eine implizite Wertung.

An dieser Stelle wird der normative Charakter der Strafrechtsgesetzgebung deutlich.[283] Strafrecht beinhaltet nicht nur Wertungen, sondern basiert auch auf solchen. In dieser Konstellation ist der Stand einer der Zweckrationalität verpflichteten (Straf-)Gesetzgebungswissenschaft schwierig.

Zudem stellt Sicherheit offensichtlich einen allgemein anerkannten Wert dar. Das entfaltet in der politischen Argumentation eine besondere Dynamik. Für den Erfolg eines Politikprogramms ist es dann von größter Bedeutung, glaubhaft einen Beitrag zur Sicherheit anbieten zu können.[284] Weder Politiker noch gesellschaftliche Gruppen können es sich ohne Folge sozialer Sanktionen erlauben, als Verhinderer notwendiger Sicherheitsmaßnahmen zu erscheinen. Folglich können – am Beispiel der Anti-Terror-Gesetzgebung – selbst „solche Interessengruppen, die der Verabschiedung von Anti-Terrorismus-Gesetzen eher zurückhaltend gegenüberstehen, ihre Zustimmung nur schwer verweigern".[285]

Das verringert natürlich die Chancen der wissenschaftlichen Einflussnahme auf die Gesetzgebung, sobald der Ruf nach Sicherheit kritisiert wird.

e) Zusammenfassung

Sicherheit als Problemimpuls ist nicht selten. Die Möglichkeiten der Einflussnahme durch wissenschaftliche Expertise sind in der Zielfindungsphase bei den so motivierten Gesetzen jedoch als gering einzuschätzen. Dies liegt daran, dass bereits die Beschreibung des Ist-Zustandes als Sicherheitsmangel eine Wertung darstellt. Ebenso stellt der Befund nicht ausreichender Sicherheit eine Wertung dar, und auch die Abwägung zwischen Freiheit und Sicherheit ist eine Wertungsfrage.

Nichtsdestotrotz ergeben sich hier Kritikpunkte. Diese betreffen die Gefahren, die davon ausgehen, Unsicherheitsgefühle zum Auslöser von Strafgesetzgebung zu nehmen.

Ein weiterer Grund, mit Sicherheit begründete Gesetze insgesamt kritisch zu betrachten, ergibt sich daraus, dass Sicherheit als Wert einen so großen Stellenwert einnimmt, dass eine offene politische Diskussion erschwert zu sein scheint. Wie

---

283 Dazu o. S. 67 ff.

284 *Meier-Dallach/Nef*, Risiko und innere Sicherheit, S. II.

285 *Schulte*, Terrorismus- und Anti-Terrorismus-Gesetzgebung, S. 226.

Sicherheit als (kriminal-)politisches Argument wirken kann, soll an späterer Stelle genauer untersucht werden.[286]

Für die vorliegende Untersuchung bedeutet das aber auch eine Einschränkung der möglichen Aussagen. Nach alledem ist nämlich davon auszugehen, dass sich Politiker der Durchsetzungskraft des Arguments der Sicherheit bewusst sind. Das legt die Vermutung nahe, dass Sicherheit auch dann als Argument gebraucht wird, wenn sie nicht wirklich Auslöser der Gesetzgebung war. Die Auswertung der Gesetzgebungsmaterialien führte dann zu noch unsicheren Ergebnissen über die Wirksamkeit des Impulses der Sicherheit, als es die Methode und der Charakter des Problemimpulses sowieso schon mit sich bringen.[287] Die vorliegende Untersuchung zeigt vor diesem Hintergrund jedenfalls die Wirksamkeit von Sicherheit als Argument in der kriminalpolitischen Diskussion auf.

6. Risiko als Problemimpuls

In einem ersten Zugriff auf die Gesetzesmaterialien ergaben sich so gut wie keine Hinweise auf Risiko bzw. Risikodenken als Problemimpuls. Nach der genaueren Umschreibung des Begriffs Risiko in dieser Arbeit lassen sich nun aber durchaus Einflüsse des Risikos auf die Gesetzgebung aufzeigen. Risiko stellt sich bei genauerer Untersuchung als wirkmächtiger Problemimpuls dar.

a) Risiko Ist-Zustand

Wie gesehen soll es bei der Untersuchung von Risiko darum gehen, dass Sachverhalte als Risiko im Sinne von *Luhmanns* Definition des Risikobegriffs wahrgenommen werden.[288] Ob ein Sachverhalt als Risiko wahrgenommen wird, betrifft die Beurteilung des *status quo*.

Als Risiko werden diejenigen zukünftigen negativen Entwicklungen angesehen, bei denen der Schadenseintritt (zumindest auch) von einer menschlichen Entscheidung abhängt.[289] Die Straftat als schadensträchtiges Geschehnis ist in mehrerer Weise entscheidungsabhängig: Erstens kann es nicht ohne bestimmte Entscheidungen von Opfer und Täter geschehen. Zweitens – und darum geht es hier – kann man es stets

286 U. S. 230 ff.
287 Dazu o. S. 73.
288 O. S. 123.
289 O. S. 123.

auch als abhängig von einer Entscheidung des Gesetzgebers ansehen. Für ihn stellt sich nämlich hinsichtlich der Möglichkeit eines durch eine Tat verursachten Schadens die Frage, ob sich durch die gesetzgeberische Handlung die Wahrscheinlichkeit eines Schadens spürbar verändern lässt. Wenn also durch die Entscheidung des Gesetzgebers bessere Prävention möglich erscheint, ist die Straftat für ihn Risiko.

Diese Frage danach, ob „etwas getan werden" könne oder nicht, beschäftigte die Gesetzgebung bei den untersuchten Gesetzen mehrmals. So verwiesen etwa die Gesetzesmaterialien zu § 52a WaffG auf die Signifikanz von Zugang zu Waffen und Waffenbenutzung bei sogenannten Schul-Amokläufen, die Gesetzgebung zu § 238 StGB war geprägt von der Suche nach Möglichkeiten der Verhinderung von Stalking oder zumindest von erheblichen Schäden durch Stalking und § 89a StGB wurde maßgeblich damit begründet, dass die neue Strafvorschrift angesichts der terroristischen Bedrohung bessere Schadensverhinderung ermöglichen könne. Dass diese Frage danach, ob der Gesetzgeber *etwas tun könne*, einen Ausgangspunkt der Gesetzgebung darstellt, ist selbstverständlich.

Stellt man diese Frage jedoch unter dem Blickwinkel des Risikos, als Frage nach der Möglichkeit der Vermeidung von Schäden durch Entscheidung, kann man sie in jedem Fall bejahen: Prinzipiell kann so gut wie jeder Schaden durch Entscheidung vermieden werden; alles kann zum Risiko werden.[290] Mehr noch: Es kann davon ausgegangen werden, dass alle Gefahren als Risiken verstanden und Entscheidungen zugerechnet werden.[291] Die Konsequenz daraus ist allerdings, dass die Entscheidung für oder gegen die schadensverhindernde Maßnahme bzw. das Strafgesetz für den Gesetzgeber zum Risiko wird.

> „Wo Vorbeugung möglich erscheint, wie begründet oder unbegründet diese Erwartung auch sein mag, wird es riskant, darauf zu verzichten."[292]

Es liegt also (fast) immer ein Risiko vor.

b) Die normative Dimension des Risikos

Der angestrebte Zustand stellt sich im Kontext des Risikos immer gleich dar: nämlich als Bewältigung des Risikos, in der Regel durch eine Minimierung der Schadenswahrscheinlichkeit. Liegt also erst einmal ein Risiko vor, erzeugt es

---

290 *Luhmann*, Soziologie des Risikos, S. 36; *Ewald*, KJ 1989, 385 (390).

291 *Luhmann*, Soziologie des Risikos, S. 36; *Ewald*, KJ 1989, 385 (392); *Lübbe*, Sicherheit. Risikowahrnehmung im Zivilisationsprozess, in: *Bayerische Rück*, Risiko ist ein Konstrukt, S. 23.

292 *Bröckling*, Widersprüche 2002, 39 (43).

Handlungsdruck in Richtung der sich als möglich zeigenden Prävention. Ist die Entscheidung zugunsten der Prävention möglich, erscheint eine Entscheidung dagegen als höchst problematisch. Das Risiko erhält so eine moralische Dimension.[293]

Darin liegt der Einfluss der Problemdefinition „Risiko“: Sie führt stets zum Wunsch der Behandlung. Die eigentlich normativ offene Beschreibung des Soll-Zustandes ist durch die Definition des Ist-Zustandes als Risiko bereits vorgegeben. Zugespitzt formuliert ergibt sich so das gesetzgeberische Ziel bereits aus dem Problem.

Ansatzpunkt einer Gesetzgebungswissenschaft, die die Gesetzgebung auch hinsichtlich der Zielsetzungsphase noch beeinflussen können will, muss dann bereits der Befund „Risiko“ sein.

c) Wandelbarkeit der Risikoeinschätzung

Für den politischen Einfluss des Risikos spricht *Luhmann* einen weiteren maßgeblichen Punkt an, wenn er darauf hinweist, dass die Beurteilung eines Risikos Wandlungen unterworfen ist.[294] Das betrifft nicht die Frage danach, ob ein Risiko vorliegt, sondern wie dieses hinsichtlich Wahrscheinlichkeit des Schadenseintritts und insbesondere auf die Bereitschaft hin das Risiko zu akzeptieren, individuell beurteilt wird.[295] Damit variieren die Haltung in Bezug auf den als Risiko bewerteten Sachverhalt und die Reaktion darauf. Diese sich aus individuellen Gründen ergebenden Unterschiede können primär zu politisch kaum koordinierbaren Differenzen hinsichtlich der bevorzugten staatlichen Reaktionen führen; die Chancen auf einen politischen Konsens sind gering.[296] Dieses Problem, lässt sich politisch jedoch auch nutzbar machen,[297] wenn die Situation sich ändert und mit ihr auch die Wahrnehmung und Einschätzung des Risikos. Dabei spielen für die Einschätzung

293 O. 128; *Krassmann*, „Punitivität“ als Regierungstechnologie, in: *Stangl*, Innere Sicherheiten, S. 92 f.

294 *Luhmann*, Die Moral des Risikos und das Risiko der Moral, in: *Bechmann*, Risiko und Gesellschaft, S. 329 ff.

295 *Luhmann*, Die Moral des Risikos und das Risiko der Moral, in: *Bechmann*, Risiko und Gesellschaft, S. 329, grober, aber sehr informativer Überblick über die Erkenntnisse der Risikoforschung auch bei *Prittwitz*, Strafrecht und Risiko, S. 103 ff.

296 *Luhmann*, Die Moral des Risikos und das Risiko der Moral, in: *Bechmann*, Risiko und Gesellschaft, S. 329.

297 Man denke auch an die Partei Bündnis 90/Die Grünen: Gemeinsam ist der Anhängerschaft die gleiche Einschätzung des Risikos Kernenergie.

von Risiken die im Moment verfügbaren Informationen eine besondere Rolle: Ein Ereignis wird für wahrscheinlicher gehalten, wenn man ähnliche Ereignisse leicht erinnern kann. Das ist insbesondere nach einem spektakulären Vorkommnis der Fall, während sich die statistische Wahrscheinlichkeit des erneuten Eintritts eines solchen Falls dadurch regelmäßig nicht verändert.[298] Die Diskussion eines Themas in den Tagesmedien bzw. die Berichterstattung über bestimmte Einzelfälle kann so die Risikowahrnehmung verstärken. In diesen Fällen kann sich die vorherige Diskrepanz zu Gunsten deutlicher, politisch nutzbarer Konsenslagen auflösen.[299] Das Risiko macht also den Einzelfall[300] in besonderer Weise politisch nutzbar.

d) Möglichkeiten der Politikberatung

Für die Politikberatung stellt sich die Situation angesichts des Risikos schwierig dar. So behindert die allgemeine Tendenz, mögliche Schäden Entscheidungen zuzurechnen, die Befassung mit anderen Möglichkeiten der Problembewältig als derjenigen des Risikos. Einmal als Risiko beschrieben erzeugen Probleme einen Entscheidungsdruck, der die Entscheidung gegen eine als möglich empfundene Präventionsmaßnahme sehr schwierig werden lässt.

Hinsichtlich der Bewertung von Risiken, bei der wissenschaftliche Erkenntnisse entscheidende Bedeutung haben, spielt wissenschaftliche Politikberatung eine Rolle. Da aber das Problem der unterschiedlichen Einschätzungen besteht, entstehen Spannungen, wenn eine von der Bevölkerungsmehrheit abweichende Risikoeinschätzung politisch durchgesetzt wird. Insofern muss Politikberatung mit entsprechender Information der Öffentlichkeit einhergehen.

II. Opferschutz

Die Analyse der drei Strafgesetze hat in Sachen Opferschutz erstaunliche Übereinstimmungen gezeigt: Bei allen drei Gesetzen spielte Opferschutz eine große Rolle[301]. In der Folge soll darum wie bereits beim Thema Sicherheit in einem

298 *Jungermann/Slovic*, Charakteristika individueller Risikowahrnehmung, in: *Bayerische Rück*, Risiko ist ein Konstrukt, S. 92.

299 *Luhmann*, Die Moral des Risikos und das Risiko der Moral, in: *Bechmann*, Risiko und Gesellschaft, S. 329 f ff.; ein Beispiel aus neuerer Zeit dürften die politischen Reaktionen auf die nuklearen Katastrophen von Fukushima darstellen.

300 Zu Einzelfällen als Problemimpuls auch u. S. 182 ff.

301 O. S. 87; S. 83 und S. 93.

ersten Schritt ein allgemeiner Zugang zum Thema Opferschutz und Strafrecht gefunden werden. Darauf aufbauend soll Opferschutz als Problemimpuls betrachtet werden.

1. Der Begriff des Opfers in dieser Arbeit

Bei der Frage nach dem Einfluss von Opferschutz auf die Gesetzgebung stellt sich zwangsweise die Frage danach, wer die zu schützenden Opfer sind.

Der Begriff des Opfers ist schon innerhalb der Strafrechtswissenschaften schillernd.[302] Ausgehend von unterschiedlichen Erkenntnisinteressen findet sich jeweils ein anderer Schwerpunkt bei der Umgrenzung des Opferbegriffs. So versucht die Viktimologie als Wissenschaft vom Verbrechensopfer[303] anhand des Opferbegriffs ihren Forschungsgegenstand zu umreißen und hat dabei ein Interesse, relevante Bereiche nicht von vornherein einer Befassung zu entziehen. In der Folge wird dort ein relativ weiter Opferbegriff vertreten, unter den jeder gefasst wird, der von einem strafrechtlich relevanten Konflikt betroffen ist, unabhängig davon, ob es sich um einzelne Individuen, Personengruppen oder juristische Personen handelt.[304]

Daneben gibt es auch im Bezug auf Verletzungen durch Menschen Opferbegriffe noch in diversen anderen Zusammenhängen. Ein Beispiel dafür ist der religiöse Begriff des Märtyrers.[305]

Für das Strafrecht findet sich der Begriff des Verletzten, der oftmals als Synonym für den Begriff des Opfers gebraucht wird und somit zur Begriffsklärung herangezogen werden kann.[306] Der Begriff des Verletzten taucht an vielen Stellen innerhalb der StPO auf (§§ 22 Nr. 1, 61 Nr. 2, 111g Abs. 1, 111h Abs. 1, 111k Abs. 1, 374 Abs. 1, 403). Dort wird er wiederum je nach Vorschrift unterschiedlich

302 *Jung*, Viktimologie, in: *Kaiser/Kerner/Sack/Schellhoss*, Kleines kriminologisches Wörterbuch, S. 583.

303 *Sessar*, Über das Opfer: Eine viktimologische Zwischenbilanz. in: FS Jescheck, S. 1138 ff.

304 *Jung*, Viktimologie, in: *Kaiser/Kerner/Sack/Schellhoss*, Kleines kriminologisches Wörterbuch, S. 583 f.

305 Vgl. etwa die kulturgeschichtlichen Ausführungen bei *Hassemer/Reemtsma*, Verbrechensopfer, S. 30 ff.

306 *Götting*, Schadenswiedergutmachung im Strafverfahren, S. 71; *Rössner*, Rechtsgrundlagen und Rechtspraxis, in: *Bundesministerium der Justiz*, Täter-Opfer-Ausgleich in Deutschland, S. 55.

ausgelegt[307] und ist dabei oftmals umstritten. Nach weit verbreiteter Ansicht ist Verletzter, wer durch die schädigende Handlung unmittelbar in seinen Rechten, Rechtsgütern oder rechtlich anerkannten Interessen beeinträchtigt ist.[308] Für die Bestimmung der Verletzteneigenschaft ist demnach auf die Beeinträchtigung eines durch die jeweilige Vorschrift zumindest auch geschützten Rechtsguts abzustellen.[309] Doch auch bei einem Rückgriff auf die Beeinträchtigung eines Rechtsgutes kommt es im Detail wiederum auf das Ziel der Definition des Verletztenbegriffs an, etwa wenn danach gefragt wird, ob derjenige, der Verletzter sein soll, ein hinreichend konkretisiertes Interesse daran hat, ein Klageerzwingungsverfahren zu betreiben.[310]

Entsprechend kann vorgegangen werden, um einen Opferbegriff für diese Arbeit zu finden. Dabei kann es nur um denjenigen Begriff gehen, der innerhalb der gesetzgeberischen Diskussionen Verwendung findet. In den Diskursen der Gesetzgebung, die primär geprägt sind durch die Einlassungen der Politiker und (deren Kommentierung durch) die Medien ist nicht davon auszugehen, dass ein wissenschaftlicher Opferbegriff Verwendung findet. Der Begriff des Opfers ist auch als Alltagsbegriff ausreichend klar verständlich. So muss er dann im politischen Kontext auch dem Alltagsgebrauch entsprechend und präzisiert durch den jeweiligen Kontext verstanden werden.

Aus diesem Grund soll hier eine Festlegung auf eine Definition bewusst unterbleiben, um die Untersuchung für alle Verwendungen im Kontext der Gesetzgebung offen zu lassen, wobei an einigen Stellen durchaus eine Präzisierung notwendig werden wird.[311]

2. Die Wiederentdeckung des Opfers in Strafprozess und Strafgesetzgebung

Das staatliche Strafrecht lässt sich klassisch durch die Loslösung vom Opfer charakterisieren[312]; der Staat besitzt demnach das Monopol der Reaktion auf bestimmte Vorkommnisse. Das Strafverfahren war im Grundsatz vom Opfer bis

307 KK-StPO-*Schmid*, § 172, Rn. 18.

308 *OLG Frankfurt*, NStZ-RR 2002, 174 (174) m.w.N.

309 KK-StPO-*Schmid*, § 172, Rn. 18; *Hefendehl*, GA 1999, 584 (589).

310 *Hefendehl*, GA 1999, 584 (594).

311 So etwa u. S. 142; S. 157 und S. 169.

312 *Schöch*, NStZ 1984, 385 (387); *Neumann*, Die Stellung des Opfers im Strafrecht, in: *Hassemer/Bergalli*, Strafrechtspolitik, S. 225.

auf dessen Rolle als anzeigender Auslöser oder als Zeuge verselbständigt.[313] Vor dem Hintergrund, dass Straftaten auch als soziale Konflikte zu sehen seien[314], wurde dieses Monopol seit den 1970er Jahren zunehmend kritisiert. Die Möglichkeit der Regelung „seines" Konfliktes werde dem Opfer durch den Staat genommen, es werde von diesem „enteignet".[315] Ausgehend von dem sich daraus ergebenden Interesse der Opfer an einer aktiven Teilhabe an der Lösung des strafrechtlichen Konfliktes richteten sich die Forderungen insbesondere auf die Integration von Wiedergutmachung in das strafrechtliche (Sanktionen-)System und auf Veränderungen der Rolle des Opfers im Strafprozess.[316] Die Kritik führte zu reger Gesetzgebung und hatte somit weitreichenden Erfolg.[317]

Die wissenschaftliche Beschäftigung mit dem Opfer führte spätestens mit einem ersten internationalen viktimologischen Symposium 1973 in Jerusalem zur Ausbildung des (kriminologischen) Wissenschaftszweiges der Viktimologie.[318] Dabei wurde die neue Beachtung des Opfers in der Kriminologie auch als Überwindung einer traditionellen Konzentration auf den Täter begrüßt.[319] Damit rückten die Opfer immer stärker in den Blick (strafrechts-)wissenschaftlicher Diskussionen.[320]

Seither lässt sich eine Aufwertung der Rolle des Opfers in der Gesetzgebung erkennen: Die Interessen des Opfers sind zu einer zu berücksichtigenden festen Größe geworden.[321] Damit einher ging eine Kritik an der wissenschaftlichen und öffentlichen Aufmerksamkeit, die dem Täter zu Teil wurde, so „als sei unsere Geduld erschöpft".[322] Bei dieser Abwendung vom Täter hin zum Opfer kann man sogar von einem Paradigmenwechsel sprechen[323]: Opferschutz ist zu einer

---

313 *Sessar*, Über das Opfer: Eine viktimologische Zwischenbilanz. in: FS Jescheck, S. 1149.

314 Kritisch dazu *Seelmann*, JZ 1989, 670 (674).

315 *Schünemann*, NStZ 1986, 193 (194); *Hassemer*, Rücksichten auf das Verbrechensopfer. in: FS Klug, S. 224.

316 *Schneider*, Kriminalpolitik an der Schwelle zum 21. Jahrhundert, S. 42 m.w.N.; *Schöch*, NStZ 1984, 385 (388).

317 Vgl. *Kölbel/Bork*, Sekundäre Viktimisierung, S. 11; *Weigend*, RW 2010, 39 (39) und u. 143.

318 *Sessar*, Über das Opfer: Eine viktimologische Zwischenbilanz. in: FS Jescheck, S. 1138 ff.

319 *Kaiser*, Kriminologie, §§47 Rn. 3; *Sessar*, Über das Opfer: Eine viktimologische Zwischenbilanz. in: FS Jescheck, S. 1139; *Weigend*, RW 2010, 39 (40).

320 *Schneider*, Kriminalpolitik an der Schwelle zum 21. Jahrhundert, S. 38.

321 *Schöch*, NStZ 1984, 385 (385); dazu noch u. S. 155.

322 *Hassemer/Reemtsma*, Verbrechensopfer, S. 14 f.

323 *Hassemer*, Einführung, S. 74; *Safferling*, ZStW 122 (2010), 87 (87).

klingenden Münze geworden.[324] Die Thematisierung der Opferinteressen im Gesetzgebungsverfahren wird teilweise sogar als „inzwischen tragend für die meisten gesetzlichen Änderungen auf dem Gebiet des Strafrechts“ angesehen.[325]

3. Potentielle und wirkliche Opfer

Wenn man vom Verbrechensopfer spricht, ist erst einmal unklar, wer damit gemeint ist. Man kann unterscheiden zwischen dem konkreten Opfer der einzelnen bereits begangenen Tat und dem potentiellen, möglichen oder virtuellen Opfer, das (noch) nicht Opfer geworden ist, sondern befürchtet es zu werden. Diese Unterscheidung ist notwendig, weil die Interessen der beiden sehr unterschiedlich sind.[326]

Das – wie *Hassemer* es nennt – wirkliche Opfer muss mit den Folgen der Tat leben, und diese sind auch bei Gewalttaten häufig psychischer Art; die Tat ist für das Opfer oftmals ein traumatisches Ereignis.[327] Die Forderungen an den Staat und an das Strafrecht sind dann auf einen adäquaten Umgang mit dem Trauma gerichtet.[328] Dabei geht es einerseits darum, mit dem Recht dem Täter die Verantwortung für die Tat zuzuschreiben, um psychologisch naheliegende Selbstzweifel zu verringern.[329] Weiterhin besteht ein Interesse an der Wiederherstellung subjektiver Sicherheit.[330] Das konkrete Verbrechen erschüttert die Sorglosigkeit, die sich vorher aus der mit der Pönalisierung verbundenen staatlichen Zusicherung der Abwehr derartiger Taten ergab. Die staatliche Reaktion bekräftigt diese Zusicherung und kann damit die Wiederherstellung der Sorglosigkeit zumindest erleichtern.[331] Diskutiert wird dabei auch eine Berücksichtigung der beim Opfer eingetretenen

324 *Garland*, Kultur der Kontrolle, S. 52 und 263 ff.; *Hassemer/Reemtsma*, Verbrechensopfer, S. 13; 30 ff.; *Sessar*, Über das Opfer: Eine viktimologische Zwischenbilanz. in: FS Jescheck, S. 1150; *Prittwitz*, Opferlose Straftheorien?, in: *Schünemann/Dubber*, Die Stellung des Opfers im Strafrechtssystem, S. 52; vgl. auch die Beispiele für die Argumentation mit Opferschutz bei *Kölbel/Bork*, Sekundäre Viktimisierung, S. 14 ff.

325 *Rzepka*, Punitivität in Politik und Gesetzgebung, in: *Lautmann/Klimke/Sack*, Punitivität, S. 145.

326 *Kilching*, NStZ 2002, 57 (59).

327 *Schneider*, Kriminalpolitik an der Schwelle zum 21. Jahrhundert, S. 39.

328 Dazu auch mit eigenen Erfahrungen *Hassemer/Reemtsma*, Verbrechensopfer, S. 122 ff.; *Schneider*, Kriminalpolitik an der Schwelle zum 21. Jahrhundert, S. 39.

329 *Hassemer/Reemtsma*, Verbrechensopfer, S. 131.

330 Dazu und zum Folgenden *Hassemer/Reemtsma*, Verbrechensopfer, S. 133 ff.

331 *Hassemer/Reemtsma*, Verbrechensopfer, S. 137.

Enttäuschung des Normvertrauens im Rahmen der Straftheorien.[332] Daneben besteht ein nicht zu unterschätzendes Interesse an Wiedergutmachung materieller Schäden und Schmerzensgeld.[333]

Das potentielle Opfer hingegen hat keine Opfererfahrung, sondern Opferphantasien, die umso stärker ausfallen, wenn die Furcht, Opfer einer Straftat zu werden, besonders groß ist.[334] Es geht ihm somit nicht um Bewältigung der Vergangenheit in der Gegenwart, sondern um Schutz vor möglicher Verletzung in der Zukunft. Die Interessen des virtuellen Opfers sind eher auf Prävention gerichtet.

Bei der Beschreibung aktueller Kriminalpolitik wird regelmäßig davon ausgegangen, dass das Opfer eher entsprechend dem potentiellen Opfer als „symbolische Gestalt"[335] Bedeutung erlangt.[336]

Man kann nun innerhalb verschiedener Teilgebiete des Strafrechts und der Gesetzgebung zwischen der Berücksichtigung der Interessen potentieller undwirklicher Opfer unterscheiden.

a) Potentielle und wirkliche Opfer und strafprozessuale Reformen

Die Wiederentdeckung des Opfers führte auch zu zahlreichen Gesetzesänderungen im Strafprozessrecht.[337] Beachtenswert ist an dieser Stelle, dass diese Gesetzgebung ebenfalls zu großen Teilen auf Einzelfälle Bezug nahm.[338] Im Strafprozess tritt das Opfer nun nicht mehr nur als Teil der Bevölkerung in Erscheinung, das als Anzeigeerstatter Ermittlungen in Gang setzt oder als Zeuge wie jeder andere „zum Objekt"[339] des Strafprozesses gemacht wird.[340] Insoweit bedeutet Opferorientierung erst einmal die Berücksichtigung der konkreten Interessen des einzelnen Opfers

---

332 *Kilching*, NStZ 2002, 57 (59) m.w.N.

333 *Pfeiffer*, Operperspektiven. in: FS Schüler-Springorum, S. 74 ff.

334 *Hassemer/Reemtsma*, Verbrechensopfer, S. 101; s. auch o. S. 132.

335 *Garland*, Kultur der Kontrolle, S. 264.

336 *Kölbel/Bork*, Sekundäre Viktimisierung, S. 83 ff.

337 Überblick bei *Schroth*, NJW 2009, 2916 (2917) und bei *Schneider*, Kriminalpolitik an der Schwelle zum 21. Jahrhundert, S. 41; ausführlich auch *Kölbel/Bork*, Sekundäre Viktimisierung, S. 13 ff.; kritisch zur Rolle der Opfer in diesem Kontext jetzt *Kölbel/Bork*, Sekundäre Viktimisierung, S. passim.

338 *Kölbel/Bork*, Sekundäre Viktimisierung, S. 14 f.; zu Einzelfällen als Auslöser der Gesetzgebung auch u. 183.

339 *Schneider*, Kriminalpolitik an der Schwelle zum 21. Jahrhundert, S. 38.

340 Zur Stellung des Verletzten im Strafverfahren allgemein auch *Kaiser*, Kriminologie, §97 m. zahlreichen Nachweisen.

einer bereits begangenen Straftat. Im Strafprozess geht es also um die Interessen der wirklichen Opfer.

b) Potentielle und wirkliche Opfer in Strafrechtstheorie und -dogmatik

Auch in der Strafrechtstheorie wird die Rolle des Opfers an verschiedenen Stellen zunehmend thematisiert, wobei auch dort zu klären ist, ob das potentielle oder das konkrete Opfer gemeint ist.

(1) Straftheorien ohne (wirkliche) Opfer

Wie bereits angesprochen zeichnet sich ein staatliches Strafrecht gerade durch die Loslösung vom konkreten Opfer aus. Der Staat nimmt sich der Tat an und behandelt diese exklusiv.

Dies zeigt sich etwa in der Rolle des Opfers in absoluten Straftheorien[341]: Ist es Ziel der Strafe, den Rechtsbruch zu vergelten oder die Negation der Negation des Rechts darzustellen, rechtfertigt sich die Strafe in einem überindividuellen theoretischen Bezugsrahmen, in dem die Beschädigung des konkreten Opfers nichts weiter ist, „als der sichtbare Beweis, daß das Recht gebrochen worden war".[342] Das konkrete Opfer spielt zwar eine Rolle, aber sie beschränkt sich darauf, Anschauungsobjekt und Maßstab der Rechtsverletzung zu sein.[343] Versteht man darüber hinaus die absoluten Straftheorien als Programm der Freiheitssicherung, stellt darin das Opfer den (theoretischen) Bezugspunkt der zu sichernden Freiheit dar.[344]

Die Rolle des Opfers wandelt sich in den Präventionstheorien. Nach diesen legitimiert sich das Strafrecht durch seine Präventionsleistungen, die es beispielsweise durch Abschreckung des Täters durch die Strafe und der Allgemeinheit durch eine öffentliche Lektion oder durch Stabilisierung der Norm erreichen soll; in all diesen Ansätzen spielt das konkrete Opfer bereits begangener Taten keine Rolle.[345]

---

341 *Roxin*, AT I, §§3 Rn. 2 ff.

342 *Sessar*, Über das Opfer: Eine viktimologische Zwischenbilanz. in: FS Jescheck, S. 1151.

343 *Hassemer*, Einführung, S. 72; *Prittwitz*, Opferlose Straftheorien?, in: *Schünemann/ Dubber*, Die Stellung des Opfers im Strafrechtssystem, S. 60; *Neumann*, Die Stellung des Opfers im Strafrecht, in: *Hassemer/Bergalli*, Strafrechtspolitik, S. 234.

344 *Albrecht*, Kriminologie, S. 397 f.

345 *Hassemer*, Einführung, S. 72; *Prittwitz*, Opferlose Straftheorien?, in: *Schünemann/ Dubber*, Die Stellung des Opfers im Strafrechtssystem, S. 60; *Kilching*, NStZ 2002, 57 (58); *Seelmann*, JZ 1989, 670 (671); *Albrecht*, Kriminologie, S. 400.

Das ergibt sich aus dem Gedanken der Prävention: Die strafrechtliche Reaktion auf einen Mord kann nicht das konkrete Opfer schützen oder schützen wollen.[346] Das gilt aber genauso für das Opfer einer anderen Tat, etwa einer Körperverletzung oder eines Diebstahls. Die Prävention zielt dabei vielmehr darauf ab, andere Personen vor ähnlichen Taten zu schützen. Es geht also um die möglichen zukünftigen Opfer, deren Rechtsgutsverletzungen verhindert werden sollen.[347] In den präventiven Straftheorien spielt das Opfer also nur als das potentielle Opfer eine Rolle.

(2) Rechtsgüterschutz

Eine ähnliche Abstrahierung der Straftat vom konkreten Opfer zeigt sich in der Theorie des Rechtsgüterschutzes. Nach allgemeiner Ansicht ist es Aufgabe des Strafrechts Rechtsgüter zu schützen; in der Rechtsgutsbeeinträchtigung findet sich der materielle Verbrechensbegriff konkretisiert.[348]

Diejenige Tatsache, die den Charakter der Tat als Verbrechen bestimmt, wäre demnach nicht die Verletzung des einzelnen Opfers, sondern die Verletzung eines Rechtsgutes, dessen ersetzbarer Träger das Opfer sein kann. Durch die Deutung des Verbrechens als Rechtsgutsverletzung wird von den konkreten Interessen der Betroffenen abstrahiert.[349] Das Opfer ist im Rechtsgut „objektiviert".[350] Damit erscheine es „nicht (mehr) als Individuum, sondern lediglich als persönlich austauschbarer Rechtsgutsträger"; die Rechtsgutsverletzung erscheine „hauptsächlich als die Verletzung des durch die Rechtsnorm geschützten ideellen Wertes", so dass die konkrete Opferschutzperspektive in diesem Konzept lediglich als Reflexfunktion aufscheine.[351] Das konkrete Opfer einer Straftat tritt in den Hintergrund.

Daraus wird gefolgert, dass das Dogma des Rechtsgüterschutzes den Blick allein auf die potentiellen Opfer lenkt.[352]

---

346 So auch *Amelung*, Der Begriff des Rechtsguts in der Lehre vom strafrechtlichen Rechtsgüterschutz, in: *Hefendehl*, Die Rechtsgutstheorie, S. 181.

347 *Prittwitz*, Opferlose Straftheorien?, in: *Schünemann/Dubber*, Die Stellung des Opfers im Strafrechtssystem, S. 61; *Schünemann*, NStZ 1986, 439 (442).

348 *Roxin*, AT I, §§2 Rn. 1 ff.; SK-*Rudolphi*, Vor § 1, Rn. 2; dazu auch u. S. 250.

349 *Neumann*, Die Stellung des Opfers im Strafrecht, in: *Hassemer/Bergalli*, Strafrechtspolitik, S. 235.

350 *Seelmann*, JZ 1989, 670 (670).

351 Alle Zitate bei *Kilching*, NStZ 2002, 57 (58).

352 *Seelmann*, JZ 1989, 670 (670); *Kilching*, NStZ 2002, 57 (58); dazu auch u. S. 265.

(3) Neuere Strömungen: Opferorientierung in der Strafrechtstheorie und im Sanktionensystem

Etwas anders stellt sich das Bild bei der Betrachtung neuerer Strafrechtstheorien dar, die das Opfer bei der Legitimierung von Strafe und Strafrecht zu berücksichtigen versuchen.

Darüber wird diskutiert, seitdem *Reemtsma* die Frage aufwarf, ob das Opfer ein Recht auf Bestrafung des Täters habe und diese nach sorgfältiger Prüfung bejahte.[353] *Reemtsma* will die Bestrafung des Täters auch aus Opfersicht durch die Bescheinigung, dass das ihm widerfahrene Verbrechen Unrecht und nicht Unglück war und die damit verbundene therapierende Wirkung für das Trauma des Opfers gerechtfertigt wissen.[354] Verbunden damit sei eine schadensverhindernde reintegrative Wirkung für das Opfer, so dass dieser Ansatz im Rahmen der Theorie positiver Generalprävention zu verorten sei.[355] An der Einbeziehung des Interesses des Opfers an Bestrafung gibt es auch grundsätzliche Kritik, wobei vor allem die Idee eines Rechts des Opfers auf Bestrafung abgelehnt wird.[356] Diese wird u.a. damit begründet, dass eine Bestrafung über den Schuldausspruch hinaus von Seiten des Opfers ehrlicherweise nur durch ein Interesse an der Befriedigung von Rache- und Bestrafungsfantasien begründbar sei.[357] Dennoch wurde der Ansatz *Reemtsmas* weitgehend positiv gewürdigt.[358] So könne sich die Strafrechtswissenschaft ob dieses Beitrags zur Diskussion um die Straftheorie glücklich schätzen.[359] Ohne grundsätzlich einer Berücksichtigung der erwähnten Opferinteressen zu widersprechen lehnt etwa *Prittwitz* lediglich die Verortung im Rahmen der positiven Generalprävention ab, allerdings nur zugunsten einer Theorie der positiven opferorientierten Spezialprävention.[360]

---

353 *Reemtsma*, Das Recht des Opfers.

354 *Reemtsma*, Das Recht des Opfers, S. 26 ff.; für einen Anspruch des Opfers, dass die Verletzung festgestellt und thematisiert wird auch *Bannenberg/Uhlmann*, Die Konzeption des Täter-Opfer-Ausgleichs in Wissenschaft und Kriminalpolitik, in: *Bundesministerium der Justiz*, Täter-Opfer-Ausgleich in Deutschland, S. 8. *Weigend*, RW 2010, 39 (43) bezeichnet das als Genugtuung für das Opfer, will darin aber keinen eigen Strafzweck erkennen.

355 *Reemtsma*, Das Recht des Opfers, S. 20.

356 Differenziert, aber im Ergebnis eher ablehnend auch *Weigend*, RW 2010, 39 (45–53 und 57).

357 *Lüderssen*, Opfer im Zwielicht. in: FS Hirsch, S. 886 ff.

358 *Lüderssen*, Opfer im Zwielicht. in: FS Hirsch, S. 886.

359 *Prittwitz*, Positive Generalprävention und „Recht des Opfers auf Bestrafung des Täters". in: FS Hassemer, S. 167.

360 *Prittwitz*, Positive Generalprävention und „Recht des Opfers auf Bestrafung des Täters". in: FS Hassemer, S. 174 f.

Weitergehend fordert *Kilching* eine „inhaltliche Ausweitung der Strafrechtsbegründung auf das Opfer“, bei der neben die allgemeine positive Generalprävention eine auf Reintegration des Opfers ausgerichtete Prävention hinzutrete, bei der das Opfer der Tat kurzzeitig aus dem Wirkungskreis der Generalprävention falle.[361]

Ähnlich, aber ohne eine neue Straftheorie bilden zu sollen, ist der Ansatz der Heranziehung von Opferinteressen im Rahmen der Theorien der positiven Generalprävention, die den Rechtsfrieden durch Erwartungssicherung garantieren wollen.[362] Bei diesen ergibt sich ein Bedürfnis nach Berücksichtigung des konkreten Opfers aus der Gefahr der Vereitelung zivilrechtlicher Regressansprüche durch verhängte Geld- oder Freiheitsstrafen, sowie der sogenannten sekundären Viktimisierung im Strafverfahren, die beide den Rechtsfrieden belasten.[363] Die Nichtberücksichtigung des Opfers wäre dann für das verfolgte Ziel kontraproduktiv.

Mit der gleichen Argumentation mit den Interessen des jeweiligen Opfers wird auch die Schadenswiedergutmachung bzw. der Täter-Opfer-Ausgleich begründet.[364] Diese werden als strafrechtliche Sanktionen seit den 1980er Jahren zunehmend diskutiert und gefordert.[365] Die Orientierung an den Bedürfnissen des konkreten Opfers erlaube dabei die Heranziehung eines im Einzelfall gültigen Maßstabes, der einen rationaleren Umgang mit der Straftat erlaube als der Rückgriff auf das rein fiktive Opfer.[366]

Sowohl im Täter-Opfer-Ausgleich als auch bei den angesprochenen opferorientierten Präventionstheorien geht es demnach um konkrete und nicht um potentielle Opfer.

(4) Viktimodogmatik

Mit einer Orientierung am Opfer argumentiert auch die sogenannte Viktimodogmatik, die insbesondere beim Tatbestandsmerkmal des Irrtums beim Betrug eine

---

361 *Kilching*, NStZ 2002, 57 (59 f.).

362 *Roxin*, AT I, §§3 Rn. 26; *Bannenberg/Uhlmann*, Die Konzeption des Täter-Opfer-Ausgleichs in Wissenschaft und Kriminalpolitik, in: *Bundesministerium der Justiz*, Täter-Opfer-Ausgleich in Deutschland, S. 9.

363 *Seelmann*, JZ 1989, 670 (672).

364 *Kilching*, NStZ 2002, 57 (62); *Frehsee*, Wiedergutmachung und Täter-Opfer-Ausgleich im deutschen Strafrecht – Entwicklung, Möglichkeiten und Probleme, in: *Schünemann/Dubber*, Die Stellung des Opfers im Strafrechtssystem, S. 118 ff.

365 *Sessar*, Über das Opfer: Eine viktimologische Zwischenbilanz. in: FS Jescheck, S. 1154; die Literatur zu diesem Thema ist inzwischen auf ein kaum zu bewältigendes Maß angewachsen; s.a. die Nachweise bei S. 157; vgl. allgemein zu diesem Thema beispielsweise *Kaiser*, Kriminologie, §98.

366 *Seelmann*, JZ 1989, 670 (672).

Strafbarkeit nach § 263 StGB ausschließt, wenn das Opfer sich ohne Weiteres selbst hätte schützen können, wie dies insbesondere der Fall sein soll, wenn es Zweifel bezüglich der Wahrheit der Tatsache, über die getäuscht wurde, hatte.[367]

Als Grund für den Ausschluss der Strafbarkeit wird das *ultima-ratio*-Prinzip genannt, nach dem das Strafrecht nur dann zum Schutz von Rechtsgütern herangezogen werden solle, wenn andere Mittel nicht zur Verfügung stehen.[368] Dieses Prinzip der Subsidiarität wird dabei so verstanden, dass auch nicht-staatliche Mittel des Rechtsgüterschutzes mit einzubeziehen seien[369], so dass der Staat nur dort auf den Plan gerufen sei, „wo der Einzelne seine Daseinsvorsorge und -sicherung nicht selbstständig betreiben kann".[370] Insofern wird mit dem Gesellschaftsvertrag argumentiert. Dieser wird so verstanden, dass der Bürger zwar auf einen Teil seiner Freiheiten verzichte, aber zugleich nur so viel Freiheit aufgeben wolle, wie es im Hinblick auf den notwendigen reziproken Freiheitsschutz geboten sei. Die Preisgabe der Disposition über seine Rechtsgüter gehöre nicht dazu, sofern er über eine eigene diesbezügliche Dispositionsmacht verfüge. Im Verhältnis zwischen Staat und Gesellschaft komme dem Staat immer dann keine Schutzfunktion zu, wenn die Gesellschaft diese Aufgabe besser erledigen könne. Und das sei der Fall, wenn der Einzelne die tatsächlichen und rechtlichen Möglichkeiten zum Selbstschutz habe und so „seinen Rechtsgüterschutz am einfachsten selbst besorgen kann".[371]

Eine umfassende Auseinandersetzung mit diesem Ansatz soll an dieser Stelle nicht versucht werden.[372] Hier sind nur einige Kommentare, die Opferschutz in der Gesetzgebung betreffen, angebracht.

Einen Hauptpunkt der Kritik am viktimodogmatischen Ansatz stellt die Mitberücksichtigung möglichen Selbstschutzes des Bürgers innerhalb des *ultima-ratio*-Prinzips dar. Die damit einhergehende Selbstschutzverpflichtung führe zu einem erheblichen Freiheitsverlust des Bürgers, der sich unablässig der Unversehrtheit seiner Rechtsgüter versichern müsse.[373] Aus diesem Grund sei es auch staatliche Aufgabe ein allgemeines gesellschaftliches Klima zu verhindern, bei dem jeder in

---

367 *Amelung*, GA 1977, 1; *Hassemer*, Schutzbedürftigkeit des Opfers und Strafrechtsdogmatik; *Schünemann*, NStZ 1986, 439; kritisch *Hillenkamp*, Vorsatztat und Opferverhalten.

368 *Roxin*, AT I, §§2 Rn. 97.

369 *Hassemer*, Schutzbedürftigkeit des Opfers und Strafrechtsdogmatik, S. 22 f.

370 *Mühlbauer*, NStZ 2003, 650 (652).

371 MüKo-*Hefendehl*, § 263, Rn. 24.

372 Übersichtlich, differenziert und mit zahlreichen Nachweisen dazu *Roxin*, AT I, §§14 Rn. 15 ff.

373 MüKo-*Freund*, Vorbemerkung zu den §§ 13 ff., Rn. 391; *Roxin*, AT I, §§14 Rn. 21.

jedem einen potentiellen Feind sehen müsse.[374] Letztendlich geht es hier also um unterschiedliche Sichten auf die staatlichen Aufgaben im Hinblick auf die Sicherung von Rechtsgütern.

Grundlage der Viktimodogmatik ist ein Staatsverständnis, bei dem der Staat seine Macht auch im Bezug auf Rechtsgüterschutz möglichst zurückhaltend einzusetzen hat. Dieses Verständnis des Staatsvertrages entspricht allerdings wie gesehen nicht dem aktuellen Staatsverständnis mit der Betonung der Sicherheit und der Interessen potentieller Opfer. Es lässt sich vermuten, dass das Verständnis des Verhältnisses von Staat und Gesellschaft demnach von einer Mehrheit der Bürger und Politiker eher so verstanden wird, dass auch dann staatliche (Schutz-)Maßnahmen eingefordert werden können und zu erfolgen haben, wenn es nicht eindeutig notwendig, sondern allenfalls als irgendwie sinnvoll erscheint. In die aktuellen kriminalpolitischen Tendenzen passen die Überlegungen der Viktimodogmatik nur in anderer Hinsicht gut. Gegen deren Ansätze wird nämlich eingewandt, dass die Rechtsgutsverletzung nicht als Norm- sondern allein als Verletzung des Interesses einer konkreten Person verstanden werde.[375] Das Strafrecht werde insofern individualisiert. Die Viktimodogmatik lässt sich damit in eine Tendenz der Repersonalisierung des strafrechtlichen Denkens einordnen, zu der auch die neuerdings verstärkte Heranziehung von Opferschutz gehört.[376]

Man kann die Viktimodogmatik demnach als Inspiration zu einigen kriminalpolitischen Überlegungen heranziehen. Sie widerspricht den in der Kriminalpolitik vorherrschenden Strömungen jedoch erheblich. In diesem Kontext erscheint die Vorstellung eines Politikers, der den potentiellen Opfern entgegen hält, der Staat werde erst tätig, wenn sie sich nicht mehr selbst schützen könnten, absurd und wirklichkeitsfern. Als praktische Forderungen an eine entsprechende Behandlung von Einzelfragen lassen sich viktimodogmatische Überlegungen kaum realisieren. Sie sind Beispiele rein strafrechtsdogmatischer Rationalität.

(5) Zusammenfassung

Die Wiederentdeckung der Opfer in der Kriminologie wird flankiert von einer „Renaissance des Opfers“[377] in der Strafrechtstheorie und -dogmatik. Während

---

374 Sch/Sch-*Eisele/Lenckner*, Vorbemerkungen zu den §§ 13 ff., Rn. 70 b; *Roxin*, AT I, §§14 Rn. 21.

375 *Neumann*, Die Stellung des Opfers im Strafrecht, in: *Hassemer/Bergalli*, Strafrechtspolitik, S. 230.

376 *Jung*, ZRP 2000, 159 (159 f.); ähnlich *Weigend*, RW 2010, 39 (40 f.).

377 *Jung*, ZRP 2000, 159 (159).

das Opfer ursprünglich höchstens als potentielles Opfer eine Rolle im Strafrechtsdenken spielen konnte, sind mittlerweile auch Rücksichten auf die Interessen wirklicher Opfer sichtbar. Sie dienen etwa zur Begründung der Schadenswiedergutmachung oder sogar als Grundlage einer neuen Straftheorie. Das potentielle Opfer, das sich im Rechtsgut und als Profiteur der Prävention zeigt, bleibt daneben jedoch von tragender Bedeutung. Man kann also davon sprechen, dass die schon lange bestandene Orientierung am potentiellen Opfer nur durch eine Orientierung am aktuellen Opfer ergänzt wurde[378].

c) Potentielle und wirkliche Opfer in der Gesetzgebung

Auch in der gesetzgeberischen Argumentation können virtuelle und wirkliche Opfer unterschieden werden: Bei den bereits angesprochenen Veränderungen der Stellung „des Opfers" im Strafverfahren[379] geht es um das konkrete, wirkliche Opfer, das auch als solches im Strafverfahren auftritt.

(1) Die in den Anhörungen auftretenden Personen als Anhaltspunkt

Schwieriger stellt sich die Unterscheidung bei der Schaffung neuer Normen des materiellen Strafrechts dar. Ein Ansatzpunkt kann es sein, sich die im Gesetzgebungsverfahren als Vertreter der Opferinteressen aufgetretenen Personen und Gruppen anzusehen.

Bei der Expertenanhörung zu § 238 StGB traten die Vertreter von zwei „Interventionsstellen" auf, an die sich Opfer von Stalking wenden können.[380] Ebenso war dort die Journalistin *Schumacher* anwesend. Sie ist durch ihre Bücher über Stalking, die auf eigenen Opfererfahrungen basieren, bekannt geworden und sprach als Opfer.[381] Bei allen drei Personen ist hier denkbar, dass diese für die wirklichen Opfer einer konkreten bereits begangenen Tat und/oder im Interesse der Vermeidung neuer Taten für potentielle Opfer sprachen.[382]

Etwas einfacher scheint die Unterscheidung bei der Änderung des Waffenrechts. An der Anhörung vor der Verabschiedung von § 52a WaffG nahmen je ein Vertreter der Initiative „Keine Mordwaffen als Sportwaffen!" sowie die Pressesprecherin des „Aktionsbündnisses Winnenden" aktiv teil. Beim Aktionsbündnis

---

378 So *Seelmann*, JZ 1989, 670 (671).

379 O. S. 143.

380 *Bundestag Rechtsausschuss*, Protokoll der 30. Sitzung.

381 *Bundestag Rechtsausschuss*, Protokoll der 30. Sitzung, S. 24.

382 Zu § 238 StGB sogleich u.

Winnenden handelt es sich um einen Zusammenschluss der von der Bluttat unmittelbar betroffenen Familien, also um Opfer der Tat oder um deren Angehörige. Demgegenüber handelt es sich bei der „Initiative" um einen Zusammenschluss unbeteiligter Bürger, mit dem Ziel in Zukunft erneute Taten wie diejenige von Winnenden zu vermeiden.[383] Hier scheint eindeutig, dass es sich beim Aktionsbündnis um Vertreter der Interessen wirklicher Opfer und bei der Initiative um Vertreter der Interessen potentieller Opfer handelt.

(2) Generalisierung der Opferinteressen im Gesetzgebungsverfahren

Eine solche Unterscheidung anhand der Personen, die als Vertreter der Opferinteressen auftreten, wäre aber zu voreilig. Dabei würde übersehen, dass auch ein wirkliches Opfer – „als pars pro toto"[384] – zu einem Repräsentanten aller möglichen, potentiellen Opfer werden kann. Ausgelöst wird diese *Sozialisierung der Opferinteressen* – wie *Hassemer* sie nennt[385] – bzw. die *Verallgemeinerung der Opferrolle* – wie *Neumann* sie (in etwas anderem Zusammenhang) nennt[386] – über Mechanismen der Angst und der Solidarisierung. Das konkrete einzelne Opfer wird zur Projektionsfläche für die potentiellen Opfer, zur Allegorie. In der Folge geht es nicht mehr um die Interessen des einzelnen Opfers, sondern um die Interessen der gesamten Bevölkerung:

> „Wer immer im Namen des Opfers spricht, spricht im Namen von uns allen".[387]

Damit stellt das Verbrechen, das die staatliche Reaktion ausgelöst hat, „nicht nur eine Verletzung des Rechts [...], sondern eine Bedrohung der Gesellschaft" dar.[388]

Ein solches Verständnis von Opferschutz besitzt große Argumentationskraft. Nicht zuletzt „wegen der präsumtiven Identifikation des Durchschnittsbürgers nicht mit einem Beschuldigten, sondern mit einem Opfer" hat es die Chance auf Konsensfähigkeit, so dass damit „politische [...] Erfolgshoffnungen"[389] verbunden werden.

So ist wenig verwunderlich, dass es in der zukunftsgerichteten Strafrechtsgesetzgebung, die abstrakt-generelle Regeln aufstellen will, nicht in erster Linie um

383 *Innenausschuss*, BT-Drs., 1 (11).

384 *Schünemann*, NStZ 1986, 193 (197).

385 *Hassemer*, Einführung, S. 76.

386 *Neumann*, Die Stellung des Opfers im Strafrecht, in: *Hassemer/Bergalli*, Strafrechtspolitik, S. 236 f.

387 *Garland*, Kultur der Kontrolle, S. 56.

388 *Krasmann*, Die Kriminalität der Gesellschaft, S. 120.

389 *Schünemann*, NStZ 1986, 193 (200).

das einzelne Opfer einer bereits begangenen Tat, sondern um alle potentiellen Opfer und ihre Angehörigen geht.[390]

Kriminalpolitisch

> „tritt weniger das reale Verbrechensopfer einer konkreten Straftat auf den Plan, als das phantasierte, das generalisierte, das sozialisierte Opfer."[391]

In der Kriminalpolitik ist mit Opferschutz in der Regel der Schutz der potentiellen Opfer gemeint.[392] Bei der Schaffung neuen Strafrechts, das mit Opferschutz begründet wird, besteht somit eine Vermutung dafür, die potentiellen Opfer als maßgeblich anzusehen.

Dieses Konzept der Opferorientierung mit virtuellen Opfern fügt sich ein in ein verändertes Verständnis staatlicher Aufgaben, wie es unter dem Stichwort des Grundrechts auf Sicherheit bereits thematisiert worden ist.[393] Der Bürger, der sich als potentielles Opfer versteht, will vom Staat beschützt werden: Diesem Bedürfnis kommt die Politik nach, indem sie den Staat als Beschützer inszeniert, der sich „auf Seiten der Opfer stellt"[394] um sie „aktiv zu schützen."[395] – „Aus dem Leviathan wird ein Schutzpatron".[396]

(3) Am Beispiel: Potentielle oder wirkliche Opfer bei § 238 StGB?

Die Heranziehung der Opferinteressen bei der Verabschiedung des § 238 StGB ist evident.[397] Das Gesetzgebungsverfahren kann damit als Beispiel für eine kriminalpolitische Tendenz verstärkter Opferorientierung dienen.[398] Unklar bleibt dagegen noch, was hier mit dem „noch effektiveren Schutz vor Nachstellungshandlungen", der „von Seiten [...] der Opfer" gefordert worden war[399], gemeint ist. Eine Analyse der Interessen, mit denen im Gesetzgebungsverfahren argumentiert wurde, vermag hierbei Aufschluss geben. Dabei spricht bei einer

---

390 *Krasmann*, Die Kriminalität der Gesellschaft, S. 269.

391 *Hassemer*, Einführung, S. 76; ebenso *Hassemer/Reemtsma*, Verbrechensopfer, S. 101.

392 *Hassemer*, Einführung, S. 76; ebenso *Hassemer/Reemtsma*, Verbrechensopfer, S. 101.

393 O. S. 110 f.

394 *Krasmann*, Die Kriminalität der Gesellschaft, S. 269.

395 *Hassemer*, Einführung, S. 73.

396 *Hassemer/Reemtsma*, Verbrechensopfer, S. 62.

397 S.o. S. 83.

398 *Kühl*, Stellungnahme zum Gesetzgebungsverfahren Stalking, S. 3; *Fünfsinn*, Bedarf es eines Stalking-Bekämpfungsgesetzes?, in: *Weiß/Winterer*, Stalking und häusliche Gewalt, S. 126 f.

399 *Gesetzentwurf der Bundesregierung*, BT-Drs. 16/575, S. 1.

Neukriminalisierung aber – wie gerade gesehen – eine erste Vermutung dafür, dass mit den Opfern die potentiellen Opfer gemeint sind.[400] Deren Interesse an der Pönalisierung läge in der Vermeidung möglicher zukünftiger Taten.

Angesprochen ist das Präventionsinteresse auch bei den Hinweisen auf die schwerwiegenden Folgen des Stalking wie die Auswirkungen auf die Psyche der Opfer und die einschneidenden Verhaltensänderungen der Betroffenen.[401] Ebenso verläuft die Argumentation im Hinblick auf mögliche Gewalttaten, also die sogenannten Eskalationsfälle:

> „Der Schutz des Strafrechts muss frühzeitig einsetzen, um insbesondere die beschriebene Eskalation, die bis zur Tötung reichen kann, rechtzeitig zu unterbinden."[402]

Es geht demnach um Vermeidung, solange es noch nicht dazu gekommen ist. Das sind Interessen potentieller Opfer.

Anders stellt sich die Argumentation allerdings dar, wenn man die Person, der nachgestellt wird, als (Stalking-)Opfer ansieht, ohne dass es bei ihr schon zu einer der zu vermeidenden Folgen (Furcht, Einschränkungen der Freiheit usw.[403]) gekommen sein muss. So kann man die Aussagen an mehrere Stellen der Gesetzesmaterialien verstehen, wenn es dort um die Verhinderung der genannten Folgen für „die Opfer" geht.[404] Mit den Interessen dieses Personenkreises wird auch die Forderung nach Deeskalationshaft und Qualifikations- und Auffangtatbestand (Abs. 1 Nr. 5) deutlicher, um „100% Schutz"[405] zu ermöglichen. Hier geht es um die Vermeidung der *Intensivierung gegenwärtiger* Beeinträchtigungen. Das Ziel ist Prävention, aber nicht Prävention neuer Taten, sondern Prävention von *Auswirkungen* von Taten, die bereits im Gange sind.

Zwischenziel ist dabei (unter anderem) die Anerkennung des Opfers als Opfer: Im Hinblick auf diese „Opfer" (noch folgenloser Nachstellung) sollte die Verabschiedung des § 238 StGB beispielsweise der Steigerung der Sensibilität der Behörden dienen, an die sie sich wenden.[406] Das Strafrecht soll somit das bisher (subjektiv) wirkliche Opfer zu einem (gesetzlich) anerkannten Opfer machen.[407]

---

400 O. S. 151 ff.

401 *Gesetzentwurf der Bundesregierung*, BT-Drs. 16/575, S. 6.

402 *Wagner*, FPR 2006, 208 (210).

403 Vgl. dazu u. S. 219 ff.

404 Z.B. *Gabel* in: *Bundestag Rechtsausschuss*, Protokoll der 30. Sitzung, S. 5 ff.; exemplarisch *Merk* in: *Bundestag*, BT-Drs. Plenarprotokoll 16/35, S. 2971 f.

405 *Wagner*, FPR 2006, 208 (211).

406 *Gesetzentwurf der Bundesregierung*, BT-Drs. 16/575, S. 1.

407 Zur Definition des Opfers und Opferstatus auch u. S. 267.

Das Opfer wird dann dadurch geschützt, dass das Strafrecht seine Stellung als Opfer anerkennt. Die Prävention richtet sich gerade nicht auf alle potentiellen Opfer, sondern auf die Personen, denen schon nachgestellt wird. Die geschützten Interessen sind somit solche wirklicher Opfer.

(4) Bewertung

Mit einer Orientierung an den Interessen wirklicher Opfer stellt sich die Situation bei der Neuschaffung des § 238 StGB anders dar, als dies die theoretische Einführung zum Opferschutz in der Kriminalpolitik[408] auf den ersten Blick erwarten ließ. Hier hat dem ersten Anschein nach die Thematisierung der Interessen wirklicher Opfer zu einer Strafrechtsverschärfung geführt.

Das muss stutzig machen: Wie soll eine Norm, deren Regelungsinhalt es ist, bestimmtes Verhalten mit Strafe zu belegen, im Interesse der wirklichen Opfer sein, es sei denn, deren Interesse wäre die Bestrafung des Täters? Das ist denkbar und wird teilweise auch vertreten.[409] Das Nachgeben gegenüber Rachebedürfnissen des Opfers wäre jedoch höchst bedenklich.[410] Anzuerkennen ist aber das Interesse der wirklichen Opfer an der in der Bestrafung zutage kommenden Wertung, dass es sich bei der Tat um Unrecht und nicht um Unglück gehandelt habe, was die erwünschte Aufarbeitung der (traumatischen) Tat begünstigen kann.[411] Daneben ist anzunehmen, dass es dem Opfer beim Stalking zunächst wichtig ist, dass der Täter veranlasst wird, seine Belästigungen und Nachstellungen einzustellen. Davon wäre der staatliche Strafanspruch erst einmal nicht berührt.[412] Wieso also gerade eine Strafvorschrift? Eine Erklärung für diesen Mechanismus können zwei Gesichtspunkte geben:

Erstens machte sich hier – wie auch sonst – das potentielle Opfer bemerkbar. Zweitens – und das ist der entscheidende Punkt – spielte die angedrohte Strafe hier eine durchaus ungewöhnliche Rolle. Ziel der Neuregelung war es keineswegs, die Täter einer (gerechten Strafe) zuzuführen und *so* Präventionserfolge zu erreichen; und auch der erhöhte Strafrahmen diente nur dazu, den „besonderen Unrechtsgehalt der Tat deutlich zu machen.“[413]

---

408 O. S. 150 ff.

409 O. S. 146.

410 *Lüderssen*, Opfer im Zwielicht. in: FS Hirsch, S. 886 ff.

411 *Reemtsma*, Das Recht des Opfers, S. 26 ff.

412 *Royen*, Möglichkeiten und Grenzen der strafgerichtlichen Intervention in Fällen des „Stalkings“, in: *Weiß/Winterer*, Stalking und häusliche Gewalt, S. 189.

413 *Bundestag*, BT-Drs. Plenarprotokoll 16/35, S. 2969.

Ziel der Schaffung des § 238 StGB war vielmehr eine Aktivierung der Strafverfolgungsbehörden im Hinblick auf die wirklichen Opfer auf zweierlei Weise: Erstens sollte durch eine Sensibilisierung eine erhöhte Anzeigebereitschaft und ein anderer Umgang mit Anzeigeerstattern erfolgen; die Bevölkerung und Strafverfolgungsbehörden sollten Stalkingfälle insgesamt ernster nehmen. Dieses Ziel scheint erreicht worden zu sein; „diese praktische Bedeutung wird durch die polizeiliche Kriminalstatistik unterstrichen, wonach im Jahr 2008 immerhin 29 273 Fälle erfasst wurden (PKS 2008, S. 42; […]).“[414] Insofern handelt es sich um geplante Folgen symbolischer Normbekräftigung.[415] Das ist soweit zwar durchaus kritisierbar[416], aber noch nicht ungewöhnlich.

Zweitens sollte die Norm aber den Behörden auch die Möglichkeit des Einsatzes strafprozessualer Ermittlungsmaßnahmen erlauben; sie soll kriminalpräventives Vorgehen legitimieren.[417] § 238 StGB kann demnach als „Ermittlungsparagraf“ bezeichnet werden, der darauf abzielt, die Möglichkeiten des Ermittlungsverfahrens nutzbar zu machen; die spätere Verurteilung gerät dabei zur Nebensache.[418]

Die Schaffung des § 238 StGB wurde also nicht nur mit den Interessen potentieller, sondern auch mit Interessen konkreter Opfer begründet. Das bedeutet freilich noch nicht, dass sich daraus keine weiteren Kritikpunkte ergeben können. Symbolgesetzgebung und Ermittlungsparagraf sind dazu zwei Stichwörter.

4. Opferschutz als Teil der staatlichen Schutzaufgabe

Opferschutz als Ziel steht auch in einem Zusammenhang mit dem aktuellen Bild des Staates und seiner Aufgaben.[419] Mit einem Verständnis der Grundrechte auch als Schutzpflichten und der damit verbundenen Betonung der staatlichen Sicherheitsaufgabe[420] lässt sich zugleich auch eine neue Sicht auf das Opfer erkennen. Diese beschreibt gerade der Apologet des Grundrechts auf Sicherheit *Isensee* besonders deutlich: Während es zwar zu den „unverlierbaren Erkenntnissen der

---

414 Sch/Sch-*Eisele*, § 238, Rn. 3.

415 Dazu nochmals ausführlich u. S. 172 ff.

416 Sch/Sch-*Eisele*, § 238, Rn. 3.

417 *Fünfsinn*, Bedarf es eines Stalking-Bekämpfungsgesetzes?, in: *Weiß/Winterer*, Stalking und häusliche Gewalt, S. 122; vgl. auch o. S. 84.

418 *Neubacher*, ZStW 118 (2006), 857 (871); zu den Ermittlungsparagrafen S. 180.

419 Dazu auch *Hassemer/Reemtsma*, Verbrechensopfer, S. 60 ff.

420 O. S. 106 ff.; ebenso *Weigend*, RW 2010, 39 (40).

liberal-menschenrechtlichen Tradition“ gehöre, dass „*auch* der Störer der Rechtsordnung an den Menschenrechten“ teilhabe, bedeute dies nicht, dass „die Menschenrechte *allein* die Rechte des Störers“ seien. Diese seien vielmehr auch und erst recht die Rechte des Opfers. Auch weil eine Sicht der Grundrechte, die diese nur als Abwehrrechte verstehe, die Interessen der Opfer vernachlässige, sei eine solche „Staatsabwehrdoktrin“ abzulehnen.[421] In der Logik der Schutzpflichten müsse das System des Rechtsgüterschutzes als Dreieck der Rechtsbeziehungen zwischen Staat, Störer und Opfer gesehen werden. Zwischen Staat und Störer bestehe ein öffentlich-rechtliches Eingriffsverhältnis und zwischen Staat und Opfer ein öffentlich-rechtliches Leistungsverhältnis.[422]

Mehr noch: *Isensee* beschreibt sogar einen Leistungs*anspruch*, so dass vor dem Hintergrund des Grundrechts auf Sicherheit ein Gesetz verfassungswidrig sein könne, wenn es die potentiellen Opfer nicht ausreichend schützt.[423] Aus diesem Rekurs auf die potentiellen Opfer in der Konzeption *Isensees* ergibt sich nun eine Erklärung für den Stellenwert des Opferschutzes als Ziel der Politik. Opferschutz tritt in einen Zusammenhang mit der staatlichen Schutzaufgabe und dem Staatsziel der Sicherheit und wird zu einem Aspekt dieser grundlegenden Staatszweckbestimmung.

5. Täterinteressen versus Opferinteressen

Das soziale und wissenschaftliche Interesse galt wie gesehen lange Zeit überwiegend dem Täter und seinen Grundrechten, die durch die Staatsgewalt bedroht wurden. Der Täter trat dabei insbesondere als Träger verletzbarer Grundrechte auf. Ebenso wie sich das Verständnis der Grundrechte änderte[424], konnte auch das Bild des Täters als vom staatlichen Eingriff bedrohte Person kaum aufrechterhalten bleiben. Die gesteigerte Präsenz des Verbrechensopfers im öffentlichen Bewusstsein hat für dieses Konsequenzen:[425] Der Täter wird zur Ursache der Opferwerdung und „changiert vom Opfer staatlicher Repression zum Verletzer des Opfers.“[426]

---

421 Alle Zitate bei *Isensee*, Das Grundrecht auf Sicherheit, S. 32; Hervorhebungen im Original.

422 *Isensee*, Das Grundrecht auf Sicherheit, S. 35.

423 *Isensee*, Das Grundrecht auf Sicherheit, S. 40.

424 o. S. 155 und S. 110 ff.

425 *Sessar*, Über das Opfer: Eine viktimologische Zwischenbilanz. in: FS Jescheck, S. 1150.

426 *Hassemer/Reemtsma*, Verbrechensopfer, S. 58.

Das beeinflusst die politischen Forderungen und damit die Gesetzgebung. Die Schutzaufgabe des Staates betrifft auch die Wahrnehmung der Interessen des Opfers.[427] Die Gegenüberstellung von Täter und Opfer bei der Sicht auf die Straftat führt auch zu einer Gegenüberstellung der Interessen von Täter und Opfer in den Reaktionen auf die Tat. Man geht insofern von einem „Nullsummenspiel"[428] aus, bei dem jedes Zugeständnis an den Täter ein Verlust für das Opfer bedeute.[429] Die Interessen des Opfers ernst zu nehmen, verlangt dann eine kritische Sicht auf Täterrechte.

Hinzu kommt, dass das Strafrecht als formalisierte staatliche Konfliktbewältigung durch das Gewaltmonopol und dem damit einhergehenden Gewaltverbot gerade das Opfer in Handlungsneigungen frustriert und ruhig stellt.[430] Der Staat nehme so dem Opfer die Möglichkeit der Rache und müsse diese quasi stellvertretend ausführen. Dabei wird dem Opfer unterstellt, es wolle nicht, dass der Täter gut behandelt werde. Auch aus diesem Grund kann es als geringer Respekt gegenüber dem Opfer gesehen werden, wenn die Rechte des Beschuldigten bzw. Täters stark betont werden.[431] Die „Wiederentdeckung des Opfers" eröffnet so einen emotionalen Zugang zu Verbrechensproblemen, der dazu führen kann den Täter (weiter) auszugrenzen.[432]

In dieser Sichtweise wird von der Politik erwartet, in ihren Vorschlägen Beschuldigtenrechte nur wenig zu betonen.

6. Opferlose Delikte

Etwas überraschend wirkt die starke Betonung von Opferinteressen in der Strafgesetzgebung, wenn demgegenüber nicht nur davon gesprochen wird, dass es „opferlose Delikte" gibt, sondern auch davon, dass die Gesetzgebung in neuerer Zeit

427 O. S. 155 f.

428 *Hassemer*, Einführung, S. 75; *Garland*, Kultur der Kontrolle, S. 264.

429 *Garland*, Kultur der Kontrolle, S. 55 und 264 ff.

430 *Hassemer/Reemtsma*, Verbrechensopfer, S. 23.

431 *Garland*, Kultur der Kontrolle, S. 55; Dagegen ist es freilich mit *Hassemer/Reemtsma*, Verbrechensopfer, S. 29 möglich einzuwenden, dass eine solche Sicht der Dinge, das Bild vom Verbrechensopfer verzerrt – was allerdings nicht bedeutet, dass diese Sichtweise nicht Grundlage politischer Argumentation ist.

432 *Sessar*, Über das Opfer: Eine viktimologische Zwischenbilanz. in: FS Jescheck, S. 1150; *Hassemer/Reemtsma*, Verbrechensopfer, S. 63; *Kölbel/Bork*, Sekundäre Viktimisierung, S. 84 f.

vermehrt gerade solche Verhaltensweisen unter Strafe stelle.[433] Die Bedeutung der opferlosen Delikte habe sich durch die sozialen, wirtschaftlichen und technischen Entwicklungen der letzten Jahrzehnte stetig gesteigert.[434]

Nun stellt sich angesichts der (wachsenden) Bedeutung solcher Delikte die Frage, ob bei diesen von vornherein ein Rekurs auf Opferschutzinteressen im kriminalpolitischen Diskurs logisch ausgeschlossen ist. Die Konsequenz aus der Bejahung dieser Frage wäre eine zumindest starke Relativierung der tatsächlichen Bedeutung von Opferschutz im gesamten kriminalpolitischen Geschehen jenseits der hier untersuchten Beispiele. Denn wie soll der Aspekt des Opferschutzes bei Delikten Einfluss erlangen, bei denen es kein Opfer gibt?

In einem ersten Schritt ist dazu die Frage aufzuwerfen, ob es opferlose Delikte tatsächlich gibt und wie diese dann definiert werden können. Daraus wird sich ergeben, wie der Befund ständig wachsender Bedeutung der opferlosen Delikte mit einer starken Rolle des Opfers in der Strafgesetzgebungspolitik verbunden werden kann.

Regelmäßig wird von opferlosen Delikten gesprochen, wenn keine bestimmte natürliche oder juristische Person materiell oder immateriell geschädigt wurde;[435] wenn also entweder niemand geschädigt wurde oder es kein individuelles Opfer gibt, sondern z.B. die Allgemeinheit oder juristische Personen geschädigt sind.[436]

Für eine weitergehende Definition kommt es maßgeblich auf den zugrundegelegten Opferbegriff und die Frage an, ob nur Personen Opfer sein können.[437] Dabei sind jedoch unterschiedliche Opferbegriffe zu finden, bei denen es jeweils auf das Ziel der Begriffsbildung ankommt:[438] Die Viktimologie fasst den Begriff eher weit, um nicht bestimmte relevante Bereiche von vornherein auszusparen; aus der Perspektive des Rechtsgüterschutzes ist dagegen ein anderes Verständnis vom Opfer folgerichtig.[439] Doch auch ohne sich hier festzulegen, lässt sich feststellen, welche Delikte in der Literatur als opferlos bezeichnet werden.

---

433 *Hassemer/Reemtsma*, Verbrechensopfer, S. 97; *Weigend*, Deliktsopfer und Strafverfahren, S. 536.

434 *Schaffstein*, Überlegungen zum Täter-Opfer-Ausgleich und zur Schadenswiedergutmachung. in: FS Roxin, S. 1074.

435 BeckOK StGB-*Heintschel-Heinegg*, § 46a, Rn. 13.

436 *BGH*, NStZ 2000, 205 (205).

437 Dazu auch o. S. 139.

438 Vgl. dazu und zum folgenden auch o. S. 139.

439 *Jung*, Viktimologie, in: *Kaiser/Kerner/Sack/Schellhoss*, Kleines kriminologisches Wörterbuch, S. 583.

a) Kollektivrechtsgüter schützende Delikte als opferlose Delikte

Nach einer Ansicht werden alle Delikte, die Rechtsgüter der Allgemeinheit schützen wie z.B. die Aussagedelikte, Widerstand gegen Vollstreckungsbeamte und die Umweltdelikte als opferlos angesehen.[440]

Hauptsächlich werden die opferlosen Delikte und damit der Begriff des Opfers im Zusammenhang mit der Vorschrift des Täter-Opfer-Ausgleichs nach § 46a StGB diskutiert, da dort in Abs. 1 Nr. 2 von einer Entschädigung *des Opfers* die Rede ist. Hier geht es also darum zu klären, wer Empfänger einer Entschädigung sein soll. Vor diesem Hintergrund findet sich dann nahezu immer jemand, der zum Ausgleich nach § 46a StGB in Frage kommt, so dass auch Personengruppen und juristische Personen Opfer in diesem Sinn sein könnten.[441] Darüber hinaus wird sogar bei Delikten gegen die Allgemeinheit eine Wiedergutmachung i.S.v. § 46a StGB vorgeschlagen; dabei sei die Allgemeinheit das Opfer.[442]

Ebenso könne beispielsweise eine zuständige Behörde als Repräsentant oder Funktionsträger eines abstrakt gefährdeten Rechtsguts als Opfer gesehen werden.[443]

Zieht man diese Gesichtspunkte heran, gibt es auch bei den Delikten Opfer, die Kollektivrechtsgüter schützen. Sie als opferlos zu bezeichnen erscheint fragwürdig.

b) Konkrete Gefährdungsdelikte als opferlose Delikte

Ähnlich stellt sich die Situation dar, wenn man nach anderer Ansicht grundsätzlich alle Gefährdungsdelikte als opferlos bezeichnet, wobei bei den konkreten Gefährdungsdelikten (wie etwa § 315c Abs. 1 StGB) eine Einschränkung gelten soll, wenn es tatsächlich zum Eintritt einer Verletzung gekommen ist.[444]

---

440 *Rössner*, Rechtsgrundlagen und Rechtspraxis, in: *Bundesministerium der Justiz*, Täter-Opfer-Ausgleich in Deutschland, S. 56; *Schaffstein*, Überlegungen zum Täter-Opfer-Ausgleich und zur Schadenswiedergutmachung. in: FS Roxin, S. 1073.

441 *Rössner*, Rechtsgrundlagen und Rechtspraxis, in: *Bundesministerium der Justiz*, Täter-Opfer-Ausgleich in Deutschland, S. 55 f.

442 *Rössner*, Rechtsgrundlagen und Rechtspraxis, in: *Bundesministerium der Justiz*, Täter-Opfer-Ausgleich in Deutschland, S. 57.

443 *Schaffstein*, Überlegungen zum Täter-Opfer-Ausgleich und zur Schadenswiedergutmachung. in: FS Roxin, S. 1074.

444 *Götting*, Schadenswiedergutmachung im Strafverfahren, S. 72.

Hier ergeben sich weiterführende Hinweise durch die Heranziehung des Begriffs des Verletzten, der – mit teilweise deutlichen Unterschieden in der Auslegung je nach Vorschrift[445] – in der StPO vielfach verwendet wird.[446]

Dabei entspricht es der überwiegenden Meinung, dass Individualrechtsgutsträger regelmäßig nicht Verletzte eines (konkreten und abstrakten) Gefährdungsdelikts im Sinne der StPO sein können.[447] Auch dort wird regelmäßig eine Einschränkung gemacht, wenn es beim Gefährdungsdelikt tatsächlich zum Eintritt der Verletzung kam.[448] Der konkret Gefährdete kann somit, zumindest wenn es zum Schadenseintritt kam, auch als Opfer bezeichnet werden.

c) Abstrakte Gefährdungsdelikte als opferlose Delikte

Nach anderen Ansichten sind die abstrakten Gefährdungsdelikte entweder stets opferlos[449] oder jedenfalls dann, wenn sie Allgemeinrechtsgüter schützen.[450]

Dass der Schutz von Kollektivrechtsgütern die Existenz eines Opfers nicht grundsätzlich ausschließen kann, wurde bereits erwähnt. Weitere Bedenken ergeben sich aus der Diskussion um den Verletzten im Klageerzwingungsverfahren. Dort wird vorgebracht, dass einige kollektive Rechtsgüter gerade für das Individuum „Freiheitsräume und Verwirklichungspotentiale" schaffen würden, wie etwa das Vertrauen in die Rechtspflege oder den Kapitalmarkt, so dass dahinter Individualinteressen stünden; diese „personale Wurzel" lasse es dann auch bei diesen zu, von Verletzten zu sprechen.[451]

Diese Überlegung lässt sich problemlos über den Bereich des Klageerzwingungsverfahrens hinaus anwenden. Danach schließt das Vorliegen eines Kollektivrechtsgutes es nicht aus, dass zumindest mittelbar Interessen Einzelner betroffen sind. Auch diese könnten als Opfer bezeichnet werden.

---

445 KK-StPO-*Schmid*, § 172, Rn. 18; auf die jeweiligen Diskussionen soll hier mangels Relevanz nicht weiter eingegangen werden.

446 *Götting*, Schadenswiedergutmachung im Strafverfahren, S. 70.

447 *Götting*, Schadenswiedergutmachung im Strafverfahren, S. 70; *Schaffstein*, Überlegungen zum Täter-Opfer-Ausgleich und zur Schadenswiedergutmachung. in: FS Roxin, S. 1073.

448 *Götting*, Schadenswiedergutmachung im Strafverfahren, S. 72.

449 *Schaffstein*, Überlegungen zum Täter-Opfer-Ausgleich und zur Schadenswiedergutmachung. in: FS Roxin, S. 1073.

450 *Rössner*, Rechtsgrundlagen und Rechtspraxis, in: *Bundesministerium der Justiz*, Täter-Opfer-Ausgleich in Deutschland, S. 56.

451 *Hefendehl*, GA 1999, 584 (594).

d) Opferlose Delikte als opferverdünnte Delikte im hier relevanten Zusammenhang

Zweifel an der Aussagekraft des Topos der opferlosen Delikte für die Kriminalpolitik scheinen angebracht. Das hängt damit zusammen, dass je nach Blickwinkel eine andere Definition des Opfers oder Verletzten und damit des opferlosen Delikts vorgenommen wird. Bei der Auslegung des § 46a StGB ebenso wie bei der des Verletzten in der StPO konnte weder bei den Gefährdungsdelikten, noch bei den Delikten, die Kollektivrechtsgüter schützen, die Existenz eines Opfers oder Verletzten ausgeschlossen werden. Weitere Zweifel am Begriff des opferlosen Delikts kommen auf, wenn zugegeben wird, dass es auch bei opferlosen Delikten zu einer Beeinträchtigung einzelner Personen kommen könne.[452] Die Unterscheidung zwischen der Beeinträchtigung und der Opferwerdung erscheint problematisch.

Aus der Perspektive des Rechtsgüterdogmas lassen sich die Haupteigenschaften der Delikte, die unter dem Stichwort „opferlos" diskutiert werden, nochmals so zusammenfassen: Es gibt Delikte, die auch verwirklicht sind, wenn es nicht zu einer Verletzung eines Rechtsguts kommt, wie etwa Gefährdungsdelikte und der strafbare Versuch sowie Delikte, bei denen die Rechtsgüter bzw. Interessen einzelner Personen überhaupt nur mittelbar etwa über ihre Zugehörigkeit zu kleineren oder größeren Gruppen bis hin zur Allgemeinheit betroffen sein können, also Kollektivrechtsgüter bzw. Rechtsgüter der Allgemeinheit geschützt sind. Weiterhin gibt es auch Delikte, die diese beiden Punkte verbinden, also erfüllt sind, wenn Kollektivrechtsgüter nur gefährdet sind. All diese Delikte haben als gemeinsames Merkmal, dass eine Rückführung der Begründung der Strafbarkeit auf die Verletzung einer Person und die Existenz eines personalen Opfers Schwierigkeiten bereitet.

Das bedeutet aber nicht, dass es bei diesen Delikten nie ein Opfer geben kann. Die Rede vom „opferlosen" Delikt führt also strenggenommen nicht weiter, wenn der Begriff nicht nur einzelne Tatbestände etwa aus dem Anwendungsbereich des § 46a StGB oder anderer Vorschriften, die ein Opfer oder einen Verletzten zum Tatbestandsmerkmal haben, ausschließen will, sondern auch eine Kategorie in der Diskussion um die Verbindung von Strafrechtslegitimation und Person sowie Kriminalpolitik und Opfer darstellen soll. In der Folge bietet sich ein Ausdruck an, der die Probleme des Begriffs der „opferlosen Delikte" vermeidet und den dahinter stehenden Gedanken wiedergibt, dass es bei einer Vielzahl

452 *Rössner*, Rechtsgrundlagen und Rechtspraxis, in: *Bundesministerium der Justiz*, Täter-Opfer-Ausgleich in Deutschland, S. 56.

von Delikten jedenfalls regelmäßig keine individuell verletzte Person gibt. Dies kann der Begriff von den „opferverdünnten Delikten“ besser leisten, der in der Regel im Zusammenhang mit den opferlosen Delikten herangezogen wird.[453]

e) „Opferverdünnte Delikte“ und Kriminalpolitik mit dem Opfer

Nun bietet sich den gerade beschriebenen Eigenschaften und weiter den Präzisierungen *Hefendehls* im Bezug auf die geschützten Rechtsgüter[454] folgend eine Einteilung in Fallgruppen an. Die erste Gruppe stellen dabei die Delikte dar, bei denen es zu ihrer Verwirklichung nicht zu einer Verletzung kommen muss, also insbesondere konkrete und abstrakte Gefährdungsdelikte.[455] Die nächste Gruppe sind Delikte, bei denen kollektive Rechtsgüter geschützt sind. Dabei ist wiederum zwischen Rechtsgütern mit einer „personalen Wurzel“ hinter denen Individualinteressen stehen[456] und solchen kollektiven Rechtsgütern, die den Staat selbst, einzelne Verfassungsorgane oder die staatliche Tätigkeit im unmittelbaren Kontakt mit dem Bürger schützen[457], zu unterscheiden. Als letzte Gruppe kann man noch die von *Hefendehl* sogenannten Verhaltensdelikte sehen, die auf tief verwurzelten gemeinsamen Kulturüberzeugungen beruhen und die nach seiner Auffassung rechtsgutlose Delikte sind, wie dies beispielsweise bei den Straftaten, welche sich auf Religion und Weltanschauung beziehen (§§ 166 ff. StGB) und den Verboten der Doppelehe (§ 172 StGB) oder der Tierquälerei (§ 17 TierSchG) der Fall sei.[458]

(1) Gefährdungsdelikte und Opferschutz

Dass bei Gefährdungsdelikten mit Opferschutz argumentiert wird, zeigen bereits die untersuchten Beispiele.[459] Für die Notwendigkeit abstrakter Gefährdungsdelikte wird üblicherweise damit argumentiert, dass zum effektiven Rechtsgüterschutz bei objektiv (besonders) gefährlichen Handlungen, deren Folgen unkontrollierbar seien, der Zufall ausgeschaltet und bereits die Schaffung der

453 NK-*Hassemer/Neumann*, Vorbemerkungen zu § 1, Rn. 14 und 253.
454 *Hefendehl*, GA 1999, 584 (592 und passim).
455 Der strafbare Versuch dürfte im Hinblick seiner festen Verwurzelung im Strafrechtsdenken für die Beschreibung aktueller Strafrechtspolitik keine große Relevanz haben.
456 *Hefendehl*, GA 1999, 584 (594).
457 *Hefendehl*, GA 1999, 584 (592).
458 *Hefendehl*, GA 1999, 584 (593 und 597 f.).
459 Zur Einordnung in die Deliktstypen u. S. 206.

Gefahr verhindert werden müsse.[460] Mit dieser Argumentation wird freilich gerade der bessere Schutz der betroffenen Interessen thematisiert. Das Ziel ist es, die gefährdeten Rechtsgüter gerade noch besser zu schützen.[461] Soweit diese Interessen solche Einzelner sind, also Individualrechtsgüter wie beispielsweise Leib und Leben oder das Vermögen, ist die Möglichkeit eines argumentativen Zusammenhangs mit Opferschutz evident. Mehr noch: Der Schutz vor Gefahren entspricht für die Gefährdeten als mögliche zukünftige Opfer inhaltlich dem Ziel des Schutzes möglicher zukünftiger, also potentieller Opfer. Dieser Schutz potentieller Opfer ist es aber gerade, der – wie gesehen[462] – in der Kriminalpolitik die größte Wirksamkeit zu entfalten vermag.

Außerdem kann bereits die Gefährdung, wenn sie eine individualisierbare Person betrifft, diese empfindlich treffen. Ob man diese Person als Opfer bezeichnet, ist eine andere Frage, doch scheint in diesen Fällen die Existenz eines Opfers zumindest nicht kategorisch auszuschließen zu sein.

(2) Kollektive Rechtsgüter und Opferschutz

Bei Normen, die zwar als Kollektivrechtsgüter schützende Delikte bezeichnet werden, bei denen aber dahinterstehende Individualinteressen ausgemacht werden können, ist eine Argumentation mit dem Opfer unproblematisch. Ein Beispiel ist der Schutz des Straßenverkehrs, der (zumindest auch) den Zweck hat, möglichst die Unversehrtheit von Leib, Leben und des Vermögens Einzelner zu gewährleisten.[463] Dort führt die Verletzung des Kollektivrechtsguts auch zu einer Verletzung eines personalen Opfers. Dass das für die Verletzteneigenschaft im Klageerzwingungsverfahren teilweise anders gesehen wird, wenn eine Person nur gefährdet wird, liegt einerseits am Ausschluss der Antragsbefugnis nach § 172 Abs. 3 StPO, wenn ein Privatklagedelikt (hier: fahrlässige Körperverletzung, § 230 StGB) vorliegt.[464] Andererseits können die hier relevanten Überlegungen dadurch nicht widerlegt

---

460 *Hefendehl*, Kollektive Rechtsgüter, S. 168; *Anastasopoulou*, Deliktstypen zum Schutz kollektiver Rechtsgüter, S. 64 f.; *Koriath*, GA 2001 (74); *Kauder*, ZRP 2009, 20 (20 und passim).

461 *Hefendehl*, Kollektive Rechtsgüter, S. 168.

462 O. S. 150.

463 Allein Individualinteressen sieht hier *Hefendehl*, Kollektive Rechtsgüter, S. 141 und *Hefendehl*, GA 1999, 584 (593) geschützt. Die hier auffindbare Verknüpfung von Individualinteressen und Vertrauensrechtsgut mag auch Ursache für den Streit um das Verhältnis von Individual- und Kollektivrechtsgut bei §§ 315b ff StGB sein. Vgl. dazu nur *Kühl*, § 315c, Rn. 1 m.w.N.

464 *OLG Stuttgart*, NStZ 1997, 254 (255); *Hefendehl*, GA 1999, 584 (596).

werden: Bei der Argumentation mit dem Schutz des Opfers geht es schließlich wie gerade gesehen auch bei Gefährdungsdelikten um den Schutz vor Verletzungen.

Ähnlich stellt sich die Situation bei Kollektivrechtsgütern dar, die gesellschaftliche Institutionen schützen, die für das Individuum Freiheitsräume garantieren sollen[465], wie etwa der Schutz des Vertrauens in den Kapitalverkehr, des Urkundenwesens oder des Wettbewerbs. Auch dort geht es letztlich um die Interessen Einzelner, so dass diese als Opfer der Beeinträchtigungen dieser Institutionen beschrieben werden können. Der Unterschied ist hier aber, dass der Einzelne lediglich vermittelt über seine Zugehörigkeit zur Allgemeinheit betroffen ist. Diesen Gedanken greifen auch diejenigen Auffassungen auf, die bei der Verletzung solcher „Allgemeinrechtsgüter“ die Allgemeinheit als Opfer bzw. Verletzte ansehen wollen[466]. Eine Betroffenheit nur über die Zugehörigkeit zur Allgemeinheit schließt allerdings eine politisch relevante Opfereigenschaft nicht aus. Im Gegenteil findet sich hier das generalisierte Opferinteresse der potentiellen Opfer[467] wieder, das als typisch für die Gesetzgebung beschrieben wird.

(3) Der Staat als Repräsentant bei der Verletzung kollektiver Rechtsgüter

Noch weiter decken sich Opferschutz als Argument in der Gesetzgebung und Überlegungen zu den opferverdünnten Delikten, wenn auch staatliche Stellen wie die zuständigen Behörden als Opfer gesehen werden, wobei sie ihre Opfereigenschaft dadurch erhalten, dass sie Repräsentanten oder Funktionsträger des (abstrakt gefährdeten) Rechtsguts sein könnten.[468] Hierbei solidarisiert sich der Staat nicht nur im Sinne eines *buddy state*[469] mit der Bevölkerung als potentielle Opfer, sondern repräsentiert diese bei der Ausübung staatlicher Tätigkeit. Eine Argumentation mit den Interessen der Opfer in der Gesetzgebung (und ebenso in der Rechtsprechung usw.) entspricht vollständig der beschriebenen Repräsentation der Opferinteressen durch den Staat.

Wenn auch die oben angeführte Meinung zur Opfereigenschaft staatlicher Stellen nicht unwidersprochen ist[470], konnten die bisherigen Überlegungen bereits

465 *Hefendehl*, GA 1999, 584 (594).

466 *Rössner*, Rechtsgrundlagen und Rechtspraxis, in: *Bundesministerium der Justiz*, Täter-Opfer-Ausgleich in Deutschland, S. 57.

467 O. S. 151.

468 *Schaffstein*, Überlegungen zum Täter-Opfer-Ausgleich und zur Schadenswiedergutmachung. in: FS Roxin, S. 1074.

469 *Krasmann*, Die Kriminalität der Gesellschaft, S. 269.

470 Einige Nachweise bei *Kühl*, § 46a, Rn. 1b.

zeigen, dass „opferlose“ Delikte, die Rechtsgüter der Allgemeinheit bzw. Kollektivrechtsgüter zum Schutzgut haben, eine Argumentation mit den Interessen der Opfer nicht ausschließen. Dies gilt insbesondere auch dann, wenn es bei den Gefährdungsdelikten mangels Verletzung kein Opfer zu geben scheint.

(4) Rechtsgutlose Delikte und Opferschutz

Etwas anders stellt sich die Lage bei den von *Hefendehl* Verhaltensdelikte genannten Straftaten dar, die sich dadurch auszeichnen, dass sie zwar auf tief verwurzelten gemeinsamen Kulturüberzeugungen beruhen, aber genauer besehen kein Rechtsgut schützen.[471] In diesen Fällen scheint eine Argumentation mit Opferschutz nicht stringent durchführbar: Ein Opfer lässt sich entweder kaum beschreiben, oder es ist, wenn man – wie etwa beim Eigentümer des gequälten Tieres – doch ein Opfer finden kann, nicht durch die Vorschrift geschützt. Die Interessen eines solchen Opfers wären nur zufällig und reflexhaft betroffen.[472]

Etwas anders dagegen muss man den Zusammenhang zum Thema des Opferschutzes bei dem weiteren von *Hefendehl* für diese Fallgruppe herangezogenen Beispiel der Volksverhetzung nach § 130 StGB[473] sehen. Bei diesem wurde am 28.10.1994 mit der Einfügung des Abs. 3 das Billigen, Leugnen und Verharmlosen des NS-Völkermords unter Strafe gestellt[474], wobei als Begründung für die Strafbarkeit auch der postmortale Achtungsanspruch der Opfer des Holocaust herangezogen wird.[475] Die Vorschrift beinhaltet damit auch eine opferbezogene Komponente.[476] Zu unterscheiden ist hier aber zwischen den (nicht vorhandenen) Opfern der Straftat nach § 130 Abs. 3 StGB und den (Millionen) Opfern staatlicher Verbrechen zur Zeit des Nationalsozialismus. In diesem besonderen Fall konnte darum durchaus mit Interessen „der Opfer“ argumentiert werden, auch wenn die Verletzung der Norm selbst kein Opfer hervorbringt.

f) Bewertung

Die Untersuchung der „opferlosen“ Delikte konnte zeigen, dass regelmäßig auch bei diesen ein Opfer aufgefunden werden kann. Das ermöglicht eine

---

471 *Hefendehl*, GA 1999, 584 (593 und 597 f.).
472 Ähnlich *Hefendehl*, GA 1999, 584 (598).
473 *Hefendehl*, GA 1999, 584 (593).
474 Sch/Sch-*Lenckner/Sternberg-Lieben*, § 130, Rn. 16.
475 *Stegbauer*, NStZ 2000, 281 (282); LK-*Krauß*, 130, Rn. 11.
476 MüKo-*Schäfer*, § 130, Rn. 5; LK-*Krauß*, 130, Rn. 11.

kriminalpolitische Legitimation opferverdünnter Delikte mit den Interessen der (potentiellen) Opfer.

Wenn bei Delikten, die Kollektivrechtsgüter schützen, vom Opfer gesprochen wird, ist dieses in der Regel kein einzelnes, personales Opfer. Der Einzelne wird ausschließlich als Teil der Allgemeinheit betroffen. Insofern ist bei diesen opferverdünnten Delikten das Opferinteresse immer das Interesse potentieller Opfer; das Opferinteresse ist schon von der Deliktsform her generalisiert.[477]

Auch eine Deliktstruktur, die keine Verletzung voraussetzt, schließt den Bezug auf Interessen der Opfer nicht aus. Die Begründung für die Schaffung von abstrakten Gefährdungsdelikten beinhaltet im Gegenteil stets den Blick auf die möglichen Opfer der Verletzungen, die es durch die Pönalisierung der Gefährdung zu vermeiden gilt. Insofern mag es stimmen, dass sich in der „modernen Kriminalpolitik" durch die Schaffung opferverdünnter Delikte die Verbindung zwischen Täter und Opfer tendenziell auflöst.[478] Das gilt allerdings nur für die Verbindung von wirklichem Täter einer konkreten Straftat und dem wirklichen Opfer genau dieser Tat. Die Argumentation zugunsten einer Strafbarkeit des Täters ist allerdings eng mit den Interessen der potentiellen Opfer verbunden.

Kriminalpolitik mit dem Argument des Opferschutzes beschränkt sich demnach weder auf Verletzungsdelikte, noch auf Delikte, die Individualrechtsgüter schützen. Der Blick auf die „opferlosen Delikte" hat vielmehr gezeigt, dass Opferinteressen nahezu unbeschränkt für die Begründung neuen Strafrechts herangezogen werden können.

7. Zwischenfazit: Opferschutz als Motor repressiver Kriminalpolitik

Für den hier untersuchten Bereich der Neukriminalisierungen lässt sich vermuten, dass die neue Akzentuierung von Opferschutz als zumindest begünstigend zu werten ist. Dies deckt sich mit der Ansicht einer Vielzahl von Autoren, wonach die öffentliche Formulierung von Opferinteressen kriminalpolitische Argumentationsgrundlage und Motor für Punitivität und die Schaffung von insbesondere präventiv ausgerichtetem und Täter exkludierenden Rechts und insgesamt einer „Ausweitung und Verschärfung des Strafrechts" sei.[479]

---

477 *Hassemer*, Einführung, S. 73.

478 *Hassemer*, Einführung, S. 74.

479 *Hassemer*, Einführung, S. 76; *Hassemer/Reemtsma*, Verbrechensopfer, S. 101; 104 ff.; ebenso *Silva Sanchez*, Die Expansion des Strafrechts, S. 20 ff.; *Krasmann*,

Dabei wirken alle hier genannten Facetten des Topos Opferschutz verstärkend: Dass die potentiellen Opfer gemeint sind, lässt begründete oder unbegründete Verbrechensangst zum Argument werden.[480] Diese Angst gibt es immer, als Argument politischer Maßnahmen ist sie somit unbegrenzt einsetzbar. Erwähnenswert ist dabei jedoch, dass der Auslöser in diesem Fall ein subjektives Gefühl ist. Verbrechensfurcht ist weitgehend unabhängig von dem tatsächlichen statistischen Risiko Opfer einer Straftat zu werden.[481] Sind die Ursachen politischer Forderungen solchermaßen emotionaler, irrationaler Art, liegt es nahe, eine emotional wirkende politische Antwort zu geben. Furcht kann mit Bekräftigung und großen Gesten, also mit expressiver Politik ebenso gut begegnet werden, wie mit trockener Sachpolitik – wenn nicht sogar besser.[482] Somit wirkt Opferschutz nicht nur als Motor repressiver Kriminalpolitik, sondern begünstigt zusätzlich „symbolische" Politik – mit all ihren Nachteilen.[483]

Weiterhin führt die Heranziehung der Verbrechensfurcht dazu, dass nahezu völlig unabhängig von den Interessen oder gar der Existenz wirklicher Opfer mit Opferschutz argumentiert werden kann. Damit eröffnet der Topos des Opferschutzes politisch auch die Möglichkeit der Argumentation mit dem Opfer bei „opferlosen" Straftaten. Und mehr noch: Wenn mit Opferinteressen die Interessen der Allgemeinheit gemeint sind, sind bei den Straftaten, die kollektive Rechtsgüter betreffen, letztlich alle betroffen – und zwar als Opfer.

8. Opferschutz als Problemimpuls

Die Analyse der Anlässe der Gesetzgebung in den Beispielen hat in Sachen Opferschutz deutliche Übereinstimmungen gezeigt: Bei allen drei Gesetzen spielte Opferschutz eine große Rolle.[484]

a) Der Schutz aktueller und zukünftiger Opfer als Ziel

Ausgangspunkt der Überlegungen war dabei stets die Notwendigkeit eines besseren Schutzes der Opfer. Dabei lassen sich bereits hier zwei Arten von Opfern

---

Die Kriminalität der Gesellschaft, S. 269; *Kölbel/Bork*, Sekundäre Viktimisierung, S. 83 ff.

480 dazu S. 132 f.

481 Vgl. auch o. S. 132.

482 Vgl. o. S. 66.

483 Dazu o. S. 46.

484 Vgl. o. S. 80.

unterscheiden: Bei § 89a StGB ging es darum, insbesondere zukunftsgewandt mögliche neuerliche Verletzungen zu verhindern. Entsprechend spricht der Entwurf eines Gesetzes zur Verfolgung der Vorbereitung von schweren staatsgefährdenden Gewalttaten von „potentiellen Opfern“.[485] Hingegen richtete sich die Diskussion bei § 238 StGB auf die Verbesserung der Situation von Stalkingopfern, wenn diese bereits Opfer einer Nachstellung sind.

b) Opferschutz als Ziel: Konsens

Versucht man den Problemimpuls Opferschutz zu umschreiben, erkennt man, dass das impulsgebende Problem in jedem Fall als Defizit im Opferschutz gesehen wird. Die Festlegung des Soll-Zustandes „Verbesserter Opferschutz“ stellt dabei eine Wertung dar, die wissenschaftlicher Kritik nur schwer zugänglich ist. Hinsichtlich des Ziels des Opferschutzes ließen sich bei der Analyse der Gesetzgebungsmaterialien keine ablehnenden Stimmen finden. Opferschutz als legitimes Ziel der Strafgesetzgebung anzusehen entspricht anscheinend einem gesamtgesellschaftlichen Konsens.[486]

c) Diskussionen über die Erreichbarkeit

Trotz der Einstimmigkeit hinsichtlich der Zielsetzung fällt auf, dass bei allen drei Gesetzen bereits vor der Verabschiedung kritische Stimmen existierten, was die Erreichbarkeit dieses Ziels angeht.[487]

(1) § 52a WaffG

Bei § 52a WaffG wurde eingewandt, dass das Ziel der Vorbeugung von „Amokläufen“ durch die gesetzliche Regelung nicht erreicht werden könne, insbesondere weil es an den dafür notwendigen Kontrolleuren mangle.[488] Eine

---

485 *Bundestag*, BT-Drs. 16/12428, 12.

486 *Bundestag*, BT-Drs. Plenarprotokoll 16/70, S. 6953 f.; *Hassemer*, Einführung, S. 74; ebenso *Garland*, Kultur der Kontrolle, S. 52; *Hassemer/Reemtsma*, Verbrechensopfer, S. 13; 30 ff.; *Sessar*, Über das Opfer: Eine viktimologische Zwischenbilanz. in: FS Jescheck, S. 1150; *Kölbel/Bork*, Sekundäre Viktimisierung, S. 11; s. auch o. S. 139.

487 Dazu sogleich.

488 *Jelpke*, Plenarprotokoll 16/227, in: *Deutscher Bundestag – 16. Wahlperiode*, Stenografischer Bericht – 227. Sitzung, S. 25180; sueddeutsche.de 14.05.2009;.

wirksame Abschreckung sei nur bei entsprechender Kontrolle möglich.[489] Daneben seien illegale Waffen das wirkliche Problem, das es zu lösen gelte.[490] Diesen Ansichten wurde aber widersprochen, etwa mit dem Gesichtspunkt, dass bewiesen sei, dass gerade der Zugang zu Waffen ein entscheidendes Element darstelle.[491] Daneben würde bereits die Androhung der Strafe und des Verlustes des Waffenscheins ausreichend abschreckend wirken.[492]

(2) § 89a StGB

Gegen die Vorschriften des Anti-Terror-Strafrechts wurde vorgebracht, dass diese nicht in der Lage seien, Anschläge zu verhindern, da sich gerade Selbstmordattentäter nicht von einer möglichen Strafdrohung abschrecken ließen.[493] Dagegen wurde vorgebracht, dass die erhoffte Präventionswirkung nicht (allein) durch die Abschreckung erreicht werde, sondern durch die Möglichkeit der Einleitung von Ermittlungsverfahren[494] sowie insbesondere der Einsperrung gefährlicher Straftäter, die sich durch das Strafrecht realisieren lasse und die als negative Spezialprävention auch vom Bundesverfassungsgericht anerkannt sei.[495]

d) Diskussionen über die Erreichbarkeit des Ziels des Opferschutzes bei § 238 StGB

Genauer untersucht werden soll hier exemplarisch die Diskussion um die Erreichbarkeit des Ziels besseren Opferschutzes bei § 238 StGB. Das bietet sich an, weil zu dieser Vorschrift die umfangreichste Literatur besteht und weil sie einige Besonderheiten hinsichtlich der Opfer aufweist. Dabei stellen sich die sogenannten Eskalationsfälle als Sonderfall dar, so dass sie getrennt zu behandeln sind.[496]

---

489 *Fograscher*, Plenarprotokoll 16/227, in: *Deutscher Bundestag – 16. Wahlperiode*, Stenografischer Bericht – 227. Sitzung, S. 25179, weshalb die Länder in der Pflicht seien.

490 *Braun*, HFR 2011, 11 (22).

491 *Grindel, (CDU/CSU)*, Plenarprotokoll 16/227, in: *Deutscher Bundestag – 16. Wahlperiode*, Stenografischer Bericht – 227. Sitzung, S. 25176.

492 *Grindel, (CDU/CSU)*, Plenarprotokoll 16/227, in: *Deutscher Bundestag – 16. Wahlperiode*, Stenografischer Bericht – 227. Sitzung, S. 25176.

493 *Sieber*, NStZ 2009, 353 (353).

494 *Kauder*, ZRP 2009, 20 (22).

495 *Sieber*, NStZ 2009, 353 (356).

496 Dazu sogleich.

Grundsätzlich ging die Diskussion davon aus, dass es bereits rechtliche Instrumente zur Reaktion auf Stalking gab. Das war einerseits das GewSchG. Andererseits waren die schwereren Formen von Stalking bereits in anderen Delikten, wie etwa §§ 123, 223, 240 oder 303 StGB unter Strafe gestellt.[497] Daraus konnten hinsichtlich des Opferschutzes unterschiedliche Folgerungen abgeleitet werden. Über die Richtigkeit der Zielsetzung bestand auch hier Einigkeit.[498]

(1) Der Sonderfall Eskalationsfälle

Als eine Begründung für das Gesetz wurde der Schutz vor schweren Gewalttaten, insbesondere Tötungsdelikten als Folge von Stalking genannt.[499] Dagegen wurde jedoch vorgebracht, dass die reale statistische Wahrscheinlichkeit Opfer tödlicher Gewalt zu werden, in keinem Verhältnis zu den (durchaus hohen) Zahlen zur Betroffenheit von Stalking stünden. Es lasse sich nicht einmal nachweisen, dass jeder 8000ste Fall von Stalking zu tödlicher Gewalt führe. Würde Stalking wirklich häufig in tödliche Gewalt resultieren, müsste es bei der nachgewiesen hohen Zahl von Stalkingfällen viel mehr Tötungsdelikte geben.[500]

An dieser Stelle wurde also mit den Mitteln der Statistik die Problembeschreibung, wonach von Nachstellungen eine hohe Wahrscheinlichkeit von Eskalationen ausginge, hinterfragt. Die Möglichkeiten wissenschaftlicher Kritik im Gesetzgebungsverfahren zeigen sich an dieser Stelle ebenso wie deren Unzulänglichkeiten: Die hier zitierten Quellen wurden erst nach Inkrafttreten der Vorschrift veröffentlicht. Die zum Zeitpunkt der Anhörung durch den Sachverständigen *H.-G. Voß* verfügbar gemachten statistischen Daten hingegen enthielten keine Angaben zur Häufigkeit physischer Gewalt im Rahmen des Stalking,[501] obwohl dazu Daten vorhanden waren.[502]

Das zeigt, dass eine Beeinflussung des Gesetzgebungsverfahrens durch wissenschaftliche Expertise durchaus möglich scheint, es dabei aber nach wie vor große praktische Schwierigkeiten gibt.

---

497 *Bundestag Rechtsausschuss*, Protokoll der 30. Sitzung, S. 2; *Fünfsinn*, Bedarf es eines Stalking-Bekämpfungsgesetzes?, in: *Weiß/Winterer*, Stalking und häusliche Gewalt, S. 115; *Löhr*, Notwendigkeit eines Anti-Stalking-Straftatbestandes, S. 377 ff und S. 401 ff.

498 S. nur *Bundestag*, BT-Drs. Plenarprotokoll 16/70, S. 6947, 6953 ff.

499 O. S. 81; z.B. *Wagner*, FPR 2006, 208 (209).

500 *Albrecht*, Stalking – Wissenschaftliche Perspektiven, in: *Weiß/Winterer*, Stalking und häusliche Gewalt, S. 28 f.; *Löhr*, Notwendigkeit eines Anti-Stalking-Straftatbestandes, S. 130.

501 *Bundestag Rechtsausschuss*, Protokoll der 30. Sitzung, S. 135 f.

502 *Voß/Hoffmann/Wondrak*, Stalking in Deutschland, S. 44 f., 143 f.

(2) Diskussionen über mögliche Wirkungen der neuen Vorschrift

Angesichts der bereits vor Verabschiedung von § 238 StGB bestehenden rechtlichen Möglichkeiten auf Stalking zu reagieren, stellt sich die Frage, wie eine neue Strafvorschrift besseren Opferschutz erreichen könnte.

(a) Was heißt „Schutz"?

Was Opfer*schutz* eigentlich bedeuten soll, blieb bisher offen. Dabei sind mehrere Arten von Schutz denkbar. Zunächst könnte „Schutz" hier im Sinne von „Strafrechtsschutz" nichts anderes als die Existenz eines Verbots des beeinträchtigenden Verhaltens und dessen Durchsetzung bedeuten.[503] Bei einem solchen Schutzverständnis bliebe allerdings unklar, inwieweit die materiell-rechtliche Strafbarkeit einem Opfer hilft.

Das macht es notwendig zu klären, was Opferschutz überhaupt bedeutet. Wer damit argumentiert, Schutz gewährleisten zu wollen, sollte auch erklären können, *was für Schutz* eigentlich gemeint ist. Da dazu soweit ersichtlich keine Präzisierungen vorliegen, ist dies aus den hierzu gemachten Aussagen zu interpretieren. Soweit keine vorliegen, kann überlegt werden, was sinnvollerweise mit Opferschutz gemeint sein kann. Das betrifft die zu schützenden Interessen. Welche schutzwürdigen Interessen bestehen, ergibt sich, wenn man weiß, wer das Subjekt des Schutzes ist.

Auf welche Weise Opferschutz durch das Gesetz erfolgen soll, ergibt sich ebenso nicht von alleine. Es geht also nicht nur um die Norm an sich, sondern um die Wirkungen, die vermittels ihrer Existenz erwartet werden. Erst daraus ergibt sich, inwiefern eine Strafnorm eine Verbesserung der Situation der Opfer herbeiführen kann. Auch diese Frage ist durch Interpretation der jeweiligen Aussagen in der Literatur und im Gesetzgebungsverfahren zu beantworten.

(i) Interessen potentieller und wirkliche Opfer

Zur Erforschung derjenigen Interessen der Opfer, die sinnvollerweise mit der Strafnorm geschützt werden sollen, kann ein erster Ansatz die Unterscheidung potentieller und wirklicher Opfer mit ihren bereits beschriebenen[504] unterschiedlichen Interessen sein.

503 So die Begriffsverwendung beispielsweise bei MüKo-*Renzikowski*, § 174, Rn. 13; MüKo-*Schneider*, Vorbemerkung zu den §§ 211 ff., Rn. 7–10; NK-*Herzog*, § 168, Rn. 8 oder BeckOK StGB-*Eschelbach*, § 223, Rn. 12–13.

504 O. S. 142.

aa) Wirkliche Opfer

Das wirkliche Opfer bezeichnet regelmäßig das Opfer eines bereits begangenen Verbrechens.[505] Versteht man unter diesem Verbrechen nur eine Tat, die als solche bereits unter Strafe stand, ist ein durch eine neue Strafvorschrift zu schützendes Interesse nicht erkennbar. Die Pönalisierung zwar ähnlicher aber doch anderer zukünftiger Taten in einer neuen Vorschrift scheint für die Vergangenheitsbewältigung keine Vorzüge bringen zu können.

Etwas anderes ergibt sich, wenn man als wirkliche Opfer auch die Opfer bestimmter (bisher) nicht unter Strafe gestellter Verhaltensweisen ansieht, etwa das Stalkingopfer vor der Pönalisierung in § 238 StGB. In diesem Fall wäre das (Stalking-)Opfer ein wirkliches Opfer einer Tat, aber (noch) nicht das einer Straftat.

Auch dieses hat generell aus verschiedenen Gründen ein Interesse an einer Befassung der Tat durch das Strafrecht. Einerseits besteht ein Interesse an einer rechtlichen Zuschreibung der Verantwortlichkeit für die Tat an den Täter, um psychologisch naheliegende Selbstzweifel zu verringern.[506] Dieses Interesse vermag nur das konkrete Verfahren zu befriedigen.

Zudem besteht ein Interesse an der Wiederherstellung subjektiver Sicherheit, die als staatliche Erlaubnis, sich über bestimmte Dinge keine Gedanken machen zu müssen, verstanden werden kann.[507] Diese auf der staatlichen Zusicherung basierende Sorglosigkeit wird durch ein konkretes Verbrechen erschüttert. Die öffentliche Bestätigung der Erwartung des Opfers stellt die Sorglosigkeit zwar nicht wieder her. Sie ist aber oftmals notwendig, um die Wiederherstellung überhaupt zu ermöglichen.[508]

Die Neuschaffung einer Strafnorm kann diesen Interessen dienen. In weiten Teilen deckt sich das mit dem Ziel der Normverdeutlichung, wie sie Teil der positiven Generalprävention ist; sie kann als die subjektive Seite der positiven Generalprävention verstanden werden.[509] Das kann wiederum durchaus auch als Begründung für Neukriminalisierungen oder Strafverschärfungen dienen. Insofern vermag Opferschutz auch als Schutz des wirklichen Opfers Begründungen für Strafverschärfungen zu geben.

---

505 Dazu und zu den Interessen wirklicher Opfer o. S. 143.

506 *Hassemer/Reemtsma*, Verbrechensopfer, S. 131.

507 Dazu und zum Folgenden *Hassemer/Reemtsma*, Verbrechensopfer, S. 133 ff. sowie bereits o. S. 142.

508 Weitergehend wird das Interesse des Opfers an Bestrafung sogar als Teil einer neuen Straftheorie diskutiert. Dazu bereits o. S. 146.

509 *Hassemer/Reemtsma*, Verbrechensopfer, S. 137.

bb) Potentielle Opfer: Opferschutz als Rechtsgüterschutz durch Prävention

Während die Verbindung von Neukriminalisierung mit den Interessen des wirklichen Opfers erst über den gedanklichen Umweg der Normverdeutlichung erklärbar ist, ist sie bei den Interessen potentieller Opfer leicht ersichtlich. Ausgehend davon, dass es Aufgabe des Strafrechts sei Rechtsgüter zu schützen,[510] scheint es dabei naheliegend mit Opferschutz den *Schutz der Rechtsgüter der Opfer* zu umschreiben. Genauer ginge es um den Schutz derjenigen Rechtsgüter, die bei einem Verstoß gegen die jeweilige Norm verletzt werden. „Schutz" bedeutet dann die Verhinderung der jeweiligen Strafrechtsnormverstöße. Opferschutz würde dann die Verringerung zukünftiger Fälle, also Prävention im klassischen Sinn, meinen. Ein solches Verständnis liegt näher als ein Verständnis von Schutz als Hilfe zur Wiedererlangung verlorengegangener Unbeschwertheit. Das stützt meiner Ansicht nach die Vermutung, die allgemein für die Kriminalpolitik gilt,[511] auch speziell für Neukriminalisierungen: Wenn von Opferschutz gesprochen wird, sind in der Regel die potentiellen Opfer gemeint.

(ii) Opferschutz bei der Neuschaffung von § 238 StGB

Etwas anders stellt sich (ausgehend von der Gleichsetzung von Opferschutz und Rechtsgüterschutz) die Lage bei der Nachstellung aufgrund der sie auszeichnenden Dauerhaftigkeit dar. Anders als etwa beim Diebstahl, bei dem die Rechtsgutsverletzung sich mit der Dauer der Gewahrsamsentziehung nicht intensiviert, sondern nur fortdauert, steigert sich die (Rechtsguts-)Beeinträchtigung hier mit zunehmender Dauer der Nachstellung. Damit könnte die Beeinträchtigung der Rechtsgüter auch durch eine Verkürzung der Dauer verringert werden. Opferschutz würde so auch *die schnellere Beendigung* bereits begonnener Nachstellungen beinhalten.

(b) Opferschutz durch Verurteilungen

Löhr untersuchte eine mögliche Erhöhung des Schutzniveaus für Stalkingopfer durch das Gesetz in ihrer Arbeit und verneinte diese. Das begründete sie damit, dass durch § 238 StGB unter anderem aufgrund von Unzulänglichkeiten der gesetzlichen Formulierung im Vergleich zur vorherigen Rechtslage eine erhöhte Zahl von Verurteilungen nicht erreicht werden könne.[512] Sie geht damit – ähnlich wie wenn argumentiert wird, dass § 238 StGB wegen der Existenz anderer Strafvorschriften

---

510 Vgl. die Nachweise bei S. 251.

511 O. S. 151 ff.

512 *Löhr*, Notwendigkeit eines Anti-Stalking-Straftatbestandes, S. 401.

und der Strafandrohung in § 4 GewSchG überflüssig ist[513] – von einem verbesserten Opferschutz durch Verurteilungen der Täter aus. Ob Verurteilungen tatsächlich Opferschutz bringen können, ergibt sich erst, wenn geklärt ist welche Schutzwirkungen sich gerade aus der Verurteilung ergeben könnten. Die Antwort darauf geben die gängigen Straftheorien. Nach diesen würden die bisherigen Opfer der Verurteilten durch die Unschädlichmachung des jeweiligen Täters im Freiheitsentzug und mögliche andere Opfer durch die Wirkungen der (vollzogenen) Strafe auf den verurteilten Täter sowie durch die abschreckende und integrierende Wirkung der Verurteilung für ihn und andere potentielle Täter geschützt werden. Das entspricht also einem Verständnis des Opferschutzes durch positive und negative Spezialprävention, sowie durch Generalprävention, die sich allerdings nur auf die Wirkung *der Verurteilung* beschränkt und mögliche Wirkungen der bloßen Strafandrohung zwangsweise außer Acht lässt. Gerade letztere Wirkungen spielten in der Gesetzgebung jedoch eine entscheidende Rolle[514], so dass der von *Löhr* untersuchte Zusammenhang von Opferschutz und Verurteilungszahlen zwar eine denkbare, jedoch nicht die intendierte Funktionsweise umschreibt.

(c) Opferschutz durch Signalwirkung der Norm

Die beabsichtigte Wirkung lässt sich daran erkennen, dass durchgängig davon gesprochen wurde, dass mit dem Gesetz „ein Zeichen gesetzt" bzw. ein Signal ausgesendet werden sollte.[515] Begründet wurde die Notwendigkeit des „Signals" unter anderem damit, dass die Beeinträchtigung des Opfers und das Gefährdungspotenzial derartiger Verhaltensmuster nicht selten unterschätzt worden seien. Dies sei auch darauf zurückzuführen, dass es bisher keine Strafnorm gegeben habe, die dem Gesamtbild der Taten gerecht geworden sei.[516] Durch die Schaffung der Norm sollte das besondere Unrecht des Stalking verdeutlicht werden; aus ebendiesem Grund sollte auch die Strafandrohung im Vergleich zu § 4 GewSchG erhöht werden.[517]

---

513 In diese Richtung *Neubacher*, ZStW 118 (2006), 857 (266 f.).

514 Dazu sogleich.

515 *Bundestag*, BT-Drs. Plenarprotokoll 16/35, S. 2972; *Bundestag*, BT-Drs. Plenarprotokoll 16/70, S. 6948; so auch der parlamentarische Staatssekretär A. Hartenbach: „Es war und ist unser gemeinsames Anliegen, [...] ein eindeutiges Signal zu setzen" *Bundesrat*, BR Plenarprotokoll 2007 (32).

516 *Bundestag Rechtsausschuss*, BT-Drs. 16/3641, S. 1; so auch bereits *Meyer*, ZStW 115 (2003), 249 (266).

517 *Bundesrat*, BT-Drs. 16/1030, S. 1; Zypries in *Bundestag*, BT-Drs. Plenarprotokoll 16/35, S. 2969; *Bundestag*, BT-Drs. Plenarprotokoll 16/35, S. 2972; *Bundestag*, BT-Drs. Plenarprotokoll 16/70, S. 6948; *Bundesrat*, BR Plenarprotokoll 2007 (32).

Das sieht auch *Löhr* selbst und bemerkt richtig, dass die Vorschrift in der Entstehung stets mit „der Ausnutzung der symbolischen Ausstrahlungswirkung des Strafrechts zum Zweck der Generalprävention“[518] begründet wurde. Positive Generalprävention bedeutet (auch) die Verhinderung weiterer Rechtsgutsverletzungen durch die Verdeutlichung des Unrechts mittels der Norm.[519] Damit wird eine wirkungsvolle Vermittlung des Norminhalts notwendig. Kommunikative, expressive Aspekte treten in den Vordergrund.[520]

Auch in der Praxis wird inzwischen angenommen, dass die Aufnahme von Stalking in das StGB dazu führe, dass sich neben den staatlichen Stellen auch der Täter „in seiner Laienvorstellung bewusst wird, tatsächlich Straftaten zu begehen und die Grenze zur straflosen Belästigung überschritten zu haben“; daraus ergebe sich die Wirkung schnellerer Beendigung der Nachstellung und damit besserer Opferschutz.[521]

Ähnlich stark, aber mit einem anderen Ergebnis hinsichtlich des Opferschutzes, betonen eine Vielzahl von Autoren die expressive Zielsetzung, wenn sie die Vorschrift für nur symbolisch halten und (auch) aus diesem Grund ablehnen[522].

Bemerkenswert ist die unterschiedliche Wertung hinsichtlich der angestrebten Wirkweise.[523] Während diese von maßgeblichen Teilen der Gesetzgebung als ausdrücklich positiv und tauglich für die Legitimation des Straftatbestandes hinsichtlich des angestrebten Opferschutzes gesehen wird, widersprechen dem Teile der Literatur vehement. Dabei zeigt sich am Beispiel, wie positive Generalprävention und symbolische Wirkungen sich teilweise decken.[524] Wird Symbolik eher kritisch gesehen, ist es konsequent, eine expressiv wirkende Norm eher abzulehnen. Demgegenüber sind die symbolischen Wirkungen aus Sicht der Politik mit zahlreichen Vorteilen verbunden, so dass eine entsprechende Gesetzgebung dann eher positiv erscheint.

---

518 *Löhr*, Notwendigkeit eines Anti-Stalking-Straftatbestandes, S. 444; ebenso, allerdings dies begrüßend *Fünfsinn*, Bedarf es eines Stalking-Bekämpfungsgesetzes?, in: *Weiß/Winterer*, Stalking und häusliche Gewalt, S. 122 Fn. 194 ff.

519 NK-*Hassemer/Neumann*, Vorbemerkungen zu § 1, Rn. 290; *Streng*, Strafrechtliche Sanktionen, S. 13; zu anderen Varianten positiver Generalprävention vgl. u. S. 177.

520 Vgl. o. S. 55.

521 *Peters*, NStZ 2009, 238 (239).

522 *Eiden*, ZIS 2008, 123 (128); *Albrecht*, Stalking – Wissenschaftliche Perspektiven, in: *Weiß/Winterer*, Stalking und häusliche Gewalt, S. 43; *Kinzig*, ZRP 2006, 255 (258); *Löhr*, Notwendigkeit eines Anti-Stalking-Straftatbestandes, S. 444.

523 Vgl. auch die diesbezügliche Diskussion bei *Sadtler*, Nachstellung, S. 351 ff.

524 Dazu auch o. S. 55.

(3) Möglichkeiten wissenschaftlicher Beratung

Mit diesem Ausgangspunkt finden sich Möglichkeiten für wissenschaftliche Beratung und Kritik.

Zunächst lässt sich eine Heranziehung empirisch begründeter Expertise vorstellen: Man könnte Opferschutz messbar machen und messen. Dazu gehört zuerst eine Definition von „verbessertem Opferschutz“[525] mit operationalisierten Variablen.[526] Daran schließt mit der Frage der Messung von Wirkungen eines bestehenden Gesetzes allgemein die Frage nach einer Evaluierung der Gesetzgebung an.[527] Diese wird als einer der Teilbereiche der Gesetzgebungswissenschaft gesehen.[528]

Ebenso wäre zum Zeitpunkt der Gesetzgebung eine prognostische Einschätzung der Erreichbarkeit des Ziels des Opferschutzes denkbar gewesen. Beides könnte Gegenstand der Unterstützung der Gesetzgebung durch eine wissenschaftlich durchgeführte Gesetzesfolgenabschätzung sein. Auch diese wird im Kontext der Gesetzgebungswissenschaft diskutiert und teilweise gar als ihr wichtigster Bereich bezeichnet.[529]

Hinsichtlich der Abwägung der Vor- und Nachteile expressiv gestalteter Gesetzgebung ergeben sich zwar Ansätze theoretischer Kritik. Die Argumente, die grundsätzlich gegen „Symbolgesetzgebung“ sprechen, vermögen im Rahmen politischer Rationalität aber sicher nur schwerlich zu überzeugen.[530]

(a) Messbarer Opferschutz durch Spezialprävention als Gegenstand der Politikberatung

Im Hinblick auf die Arbeit *Löhr*s wurde ein Problem bereits angesprochen: Die Operationalisierung des Opferschutzes durch Überprüfung der Anzahl der Verurteilungen als Variable macht nur Sinn, wenn durch (mehr) Verurteilungen (weiteren) Verletzungen vorgebeugt wird, diese also einen Präventionserfolg versprechen. Diesen Zusammenhang vertreten die bereits angesprochenen

525 Dazu auch o. S. 169.

526 Dazu *Kaiser*, Kriminologie, §§6 Rn. 19 f.

527 *Lange/Schenck/Heinrich*, Formulierung, Implementation und Evaluierung von kriminalpolitischen Programmen, in: *Lange*, Kriminalpolitik, §149.

528 O. S. 62.

529 So *Meßerschmidt*, ZJS 2008, 224 (226); zur Gesetzesfolgenabschätzung auch ausführlich *Böhret*, Gesetzesfolgenabschätzung (GFA): Modisch oder hilfreich?, in: *Schrekkenberger/Merten*, Grundfragen der Gesetzgebungslehre.

530 Dazu o. S. 58.

Theorien der Spezialprävention und Generalprävention. Damit geht es also um eine empirische Überprüfung der durch diese Straftheorien behaupteten Präventiveffekte.

Die Theorie der Spezialprävention (im Sinne der Resozialisierung) allerdings hält einer empirischen Überprüfung kaum Stand, sie wurde im Gegenteil durch die Sanktionsforschung geradezu unterminiert.[531] Und auch speziell beim Stalking lassen sich keine Hinweise für eine andere Einschätzung der spezialpräventiven Effekte strafrechtlicher Sanktionen finden.[532] Dennoch ließe sich sinnvoll erforschen, inwieweit spezialpräventive Effekte bei der Anwendung der neuen Norm nachgewiesen werden können. Dies insbesondere dann, wenn man nicht nur die Zahl der Verurteilungen in eine Untersuchung einbezieht, sondern – wie *Peters* dies andeutet[533] – auch die Anzahl der Beendigungen von Stalking gerade aufgrund des eingeleiteten Ermittlungsverfahrens (und daraus womöglich resultierendem Abschreckungseffekt) mit berücksichtigt. Während einige Erfahrungen[534] hier auf positive Wirkungen schließen lassen, ließe sich durch speziell zugeschnitte Forschungsdesigns genauer untersuchen, inwieweit es positive Wirkungen gibt und inwieweit diese mit der neuen Norm oder nur mit einem (davon kaum unabhängigen) veränderten Verhalten der staatlichen Behörden zu begründen sind. Wäre letzteres der Fall, wäre womöglich § 238 StGB tatsächlich nicht nützlicher gewesen als die Einführung bestimmter Schulungen oder Veränderungen am GewSchG. Gerade um diese Punkte drehte sich oftmals die politische Diskussion[535]. Insofern kann eine empirisch arbeitende Gesetzgebungsevaluierung wertvolle Beiträge zur Diskussion und damit auch zur Gesetzgebung leisten.

Demgegenüber scheint die (negative) Spezialprävention durch Sicherung über empirische Zweifel erhaben[536]: Der gefangene Täter kann wohl kaum weiter jemandem nachstellen; die Anwendung von § 238 Abs. 1 StGB erlaubt demnach eine Höchstdauer der Unschädlichmachung von drei Jahren. Dafür, dass eine solche spezialpräventive Zielrichtung verfolgt wurde, spricht hier die ergänzende Aufnahme der sogenannten Deeskalationshaft[537] in das Gesetz (§ 112a Abs. 1 Nr. 1 StPO). Gegen die Verfolgung einer solchen Strategie der „Incapacitation“

531 *Bock*, JuS 1994, 89 (94).

532 S. dazu die Daten bei *Aul*, Stalking, S. 114.

533 *Peters*, NStZ 2009, 238 (239).

534 *Peters*, NStZ 2009, 238 (239).

535 *Bundestag Rechtsausschuss*, BT-Drs. 16/3641, S. 7 ff.; o. S. 169.

536 *Prittwitz*, Strafrecht und Risiko, S. 210.

537 Z.B. *Bundestag*, BT-Drs. Plenarprotokoll 16/70, S. 69521.

gibt es zahlreiche gewichtige Einwände und Ansatzmöglichkeiten vertiefender Kritik.[538]

Ausgehend von der Untersuchung des Ziels des Opferschutzes und der Frage, wie dieses erreicht werden soll, eröffnet sich folglich die Möglichkeit wissenschaftlicher Kritik am verfolgten Konzept.

(b) Empirie und die angeführten „generalpräventiven" Ziele

Dieser Befund lässt sich allerdings nicht aufrecht erhalten, wenn man die durch die Gesetzgebung intendierte Wirkweise heranzieht. Danach soll Opferschutz primär durch die Verdeutlichung des Unrechts durch die Norm erreicht werden. Dies entspricht einer Zielsetzung nach der Theorie der positiven Generalprävention.[539]

(i) Keine Möglichkeiten empirischer Überprüfung?

Die Möglichkeiten empirischer Überprüfung der Theorien der positiven Generalprävention werden jedoch als problematisch eingeschätzt: die positive Generalprävention wird teilweise als nicht überprüfbar[540], als an empirischer Überprüfung wenig interessiert[541] oder sogar als Versuch der Umgehung der sich aus empirischer Nachprüfung ergebenden Probleme gesehen.[542] Die Logik der Theorie mache aufgrund des Bezugs zu latenten Wirkungen eine Überprüfung nahezu unmöglich[543]; manches sei eben „schlechterdings nicht erfaßbar und nachweisbar".[544]

---

538 Sch/Sch-*Stree/Kinzig*, Vorbemerkungen zu den §§ 38 ff., Rn. 9; MüKo-*Radtke*, Vorbemerkung zu den §§ 38 ff., Rn. 42; *Roxin*, AT I, §§3 Rn. 16; *Krasmann*, Die Kriminalität der Gesellschaft, S. 246; *Garland*, Kultur der Kontrolle, S. 318 ff.; *Singelnstein/Stolle*, Die Sicherheitsgesellschaft, S. 83 ff. und 103 ff.

539 Vgl. o. S. 172 f.; NK-*Hassemer/Neumann*, Vorbemerkungen zu § 1, Rn. 290; *Streng*, Strafrechtliche Sanktionen, S. 13.

540 *Calliess*, NJW 1989, 1338 (1341); *Rzepka*, Kriminologische Wissenschaften – Aufklärung über oder für Kiminalpolitik und -praxis?, in: *Cremer-Schäfer/Pilgram/Stangl/Steinert*, Kriminologie, S. 123; *Schumann*, Positive Generalprävention, S. 14 m.H. auf Hassemer; BVerfGE 45,187 (256).

541 *Prittwitz*, Strafrecht und Risiko, S. 217.

542 *Lüderssen*, Die Krise des öffentlichen Strafanspruchs, S. 15 f.; *Müller-Tuckfeld*, Integrationsprävention, S. 128; ähnlich *Funcke-Auffermann*, Symbolische Gesetzgebung, S. 88: „Womöglich liegt gerade darin die Verlockung, die Theorie der positiven Generalprävention für sich als brauchbar zu erklären."

543 *Bock*, JuS 1994, 89 (97 f.).

544 *Bock*, JuS 1994, 89 (99).

Wäre dies das letzte Wort zur Überprüfbarkeit positiv generalpräventiv verstandenen Strafrechts, müsste auch eine Beantwortung der Frage, ob Opferschutz durch die sich aus dem neuen Gesetz ergebende „Signalwirkung“ erreicht werden kann und wird, offen bleiben. Die diesbezügliche Einschätzung bliebe allein dem politischen Geschmack überlassen.

Dass dies nicht so ohne weiteres der Fall ist, ergibt sich bereits daraus, dass die Theorien der Generalprävention jedenfalls teilweise empirisch feststellbare tatsächliche Elemente beinhalten.[545] Die Aussage, dass positive Generalprävention sich empirischer Beweisbarkeit entziehe, kann in dieser Pauschalität nicht aufrecht erhalten bleiben.[546] Aus einer genaueren Beschreibung der positiven Generalprävention kann sich dazu mehr ergeben.

(ii) Einordnung der erhofften Wirkungen in die Modelle der Generalprävention

Neben dem Modell *Hassemers*, nach dem die öffentliche Behauptung und Sicherung von Normen Teil der positiven Generalprävention sei[547], existieren weitere Spielarten der positiven Generalprävention, insbesondere das andere große Modell, nämlich das von *Jakobs*[548]. In diesem werden mehrere Wirkungen erwähnt, die jedoch allesamt aus der Tätigkeit der Strafjustiz erwachsen, also die Strafe betreffen[549]: Diese sind ein Einüben in Rechtstreue, ein Vertrauenseffekt, wenn der Bürger sieht, dass das Recht sich durchsetzt und ein Befriedungseffekt durch die Erledigung des Konflikts mit dem Täter entsprechend dem allgemeinen Rechtsbewusstsein.[550] Daneben werden keine eigenen Wirkungen der strafgesetzlichen Norm beschrieben. Diese Konzentration auf die Folgen der Strafe findet sich ebenso bei einer Vielzahl anderer Modelle positiver Generalprävention wieder.[551] Dagegen werden teilweise auch den abstrakten gesetzlichen Strafandrohungen an sich Aufgaben der Verdeutlichung der geschützten Werte und

545 *Schöch*, Empirische Grundlagen der Generalprävention. in: FS Jescheck, S. 1083.

546 So auch das Ergebnis von *Schumann*, Positive Generalprävention, S. 17.

547 NK-*Hassemer/Neumann*, Vorbemerkungen zu § 1, Rn. 290.

548 zum Vergleich der beiden Modelle *Prittwitz*, Strafrecht und Risiko, S. 226 ff.; einen Überblick bietend auch *Schumann*, Positive Generalprävention, S. 1 ff.

549 Zusammenfassend auch *Roxin*, AT I, §§3 Rn 27 f.

550 *Jakobs*, AT, S. 10.

551 *Roxin*, AT I, §§3 Rn 27 f.; *Schumann*, Positive Generalprävention, S. 15; dazu kritisch auch *Calliess*, NJW 1989, 1338 (1339 f.): Die positive Generalprävention „reißt die Strafe vielmehr aus dem normativen Strukturzusammenhang von Verbrechen und Sanktion heraus. Sie verabsolutiert Strafe und stellt sie als staatliches Handeln mit seiner Zweckbestimmung dem ganzen Strafrecht voraus.“

Normen zugeschrieben.[552] Dies mag sich bei *Hassemer* auch daraus erklären, dass sein Modell anders als dasjenige von *Jakobs* durch die Sicht des Strafrechts als Teil einer allgemeinen Sozialkontrolle[553] und durch den Versuch einer Integration seiner Straftheorie in eine Strafrechtstheorie[554] geprägt ist. Ohne die Theorien bewerten zu wollen, ergibt sich aus den zutage getretenen Unterschieden die Frage nach dem Ursprung intendierter Präventionseffekte. Hier ist für den Opferschutz zwischen Wirkungen der Norm (Strafgesetz) und Wirkungen der Normdurchsetzung (Strafe, Verurteilung) zu unterscheiden.[555]

Der erhoffte Effekt des „Signals" betraf wie gesehen erstens die allgemeine Verdeutlichung des Unrechts. Zweitens sollte verhindert werden, dass die Bedeutung des Stalking (durch staatliche Behörden) weiterhin unterschätzt wird. Diese Wirkungen sollten allein von der Norm selbst ausgehen. Erst mit erfolgreicher Beeinflussung staatlicher Stellen und der Bevölkerung würde auf einer nächsten Ebene die Normdurchsetzung beeinflusst. Um die so intendierten Wirkungen zu beschreiben kann nur eine Präventionstheorie herangezogen werden, die sich auf die Wirkungen der Normschaffung bezieht.

(iii) Möglichkeiten empirischer Überprüfung und der Beratung

Bereits generell ist eine empirische Untersuchung von Wirkungen der Gesetzgebung zur öffentlichen Behauptung und Sicherung von Normen denkbar, etwa in Form der Untersuchung der Strafnormakzeptanz.[556] Für den Opferschutz speziell sind mehrere Ansätze denkbar. Erstens könnte durch Untersuchung des Dunkelfeldes herausgefunden werden, ob sich die Zahl der Opfer von Stalking allgemein verändert hat. Weiterhin ließe sich wiederum durch Befragung herausfinden, bei wie vielen der angezeigten Fälle bereits im Ermittlungsverfahren, also vor dem Ergehen einer strafrechtlichen Sanktion, die Nachstellung beendet wurde. Zusätzlich ließe sich durch Befragung von Polizeibeamten eine Veränderung der Einstellung gegenüber der Anzeige von Stalkingfällen ermitteln. Insofern lassen sich durchaus auch für die hier intendierten „Signalwirkungen" Untersuchungen über deren Wirksamkeit anstellen.

---

552 *Streng*, Strafrechtliche Sanktionen, S. 13; *Funcke-Auffermann*, Symbolische Gesetzgebung, S. 79.

553 NK-*Hassemer/Neumann*, Vorbemerkungen zu § 1, 289; *Hassemer*, Einführung, S. 316 ff.

554 NK-*Hassemer/Neumann*, Vorbemerkungen zu § 1, 288 und 296.

555 Ebenso *Schumann*, Positive Generalprävention, S. 20.

556 *Schumann*, Positive Generalprävention, S. 35 ff.; zu weiteren Möglichkeiten *Schöch*, Empirische Grundlagen der Generalprävention. in: FS Jescheck, S. 1085 ff.

Dass diese Wirkungen von Theorien der positiven Generalprävention beschrieben werden, konnte also nicht zu der Folgerung führen, dass eine empirische Überprüfung ausgeschlossen ist.[557] Bisherige Untersuchungen deuten darauf hin, dass die Wirkungen eher nicht von der Schärfe der Strafe als vielmehr von einer überhaupt erfolgenden Bestrafung abhängt.[558] Die Ergebnisse derartiger Untersuchungen sollten dann in der politischen Diskussion Berücksichtigung finden.

Auch darüber hinaus lässt sich nach Offenlegung der Zielrichtung darauf hinweisen, dass gerade die Verfolgung positiv-generalpräventiver Zwecke eine besondere Zurückhaltung in der Gesetzgebung erforderlich macht. Denn einerseits kann erst eine als gerecht empfundene Strafnorm maximale präventive Wirkungen entfalten.[559] Andererseits steht zu befürchten, dass die Schaffung ständig neuen Rechts dazu führt, jede einzelne Norm immer geringer zu achten.[560] Das gilt insbesondere bei der Kriminalisierung geringeren Unrechts, die im Gegenzug zu einer Abwertung bereits bestehender Strafnormen führen könnte.[561] Der eingangs zitierten Einschätzung *Löhrs* ist demnach insoweit zuzustimmen, als die generalpräventive Zielrichtung allein „die Schaffung des Nachstellungstatbestands als Strafnorm nicht zu rechtfertigen vermag“[562], sofern nicht sicher feststeht, dass strafwürdiges Unrecht vorliegt. Dies zu beurteilen wiederum stellt eine der großen ungelösten Fragen der Strafrechtstheorie dar. Es ergibt sich hier also sicherlich die Notwendigkeit weiterer Forschung, wenngleich bereits jetzt eine Vielzahl von Möglichkeiten wissenschaftlicher Beratung bestehen.

(c) Zwischenergebnis

Opferschutz stellt eine messbare Größe dar. Die Behauptung einer Verbesserung kann sich theoretisch und empirisch hinterfragen und untersuchen lassen und führt bereits in einem ersten Anlauf zur Frage, was in diesem Zusammenhang eigentlich „Schutz“ bedeuten soll. Daran anschließend bleibt zu klären,

---

557 Zu diesem Ergebnis gelangt auch *Prittwitz*, Strafrecht und Risiko, S. 229 ff.

558 *Schöch*, Empirische Grundlagen der Generalprävention. in: FS Jescheck, S. 1104.

559 *Kühl*, Stellungnahme zum Gesetzgebungsverfahren Stalking, S. 3.

560 *Kaufmann*, Normen und Institutionen als Mittel zur Bewältigung von Unsicherheit: Die Sicht der Soziologie, in: *Bayerische Rück*, Gesellschaft und Unsicherheit, S. 47; auch o. S. 55.

561 *Kindhäuser*, Gefährdung als Straftat, S. 344.

562 *Löhr*, Notwendigkeit eines Anti-Stalking-Straftatbestandes, S. 444.

wie dieser Schutz bewerkstelligt werden sollte. Das wiederum führt zur Möglichkeit der Untersuchung, ob die intendierten Mechanismen (der positiven Generalprävention) tatsächlich Wirkung entfalten können und ob sie dies im konkreten Fall auch tun. Daneben ergibt sich aus der Offenlegung der erhofften Präventionswirkungen auch die Notwendigkeit weitergehender Legitimation der Strafnorm. All diese Punkte können Gegenstand wissenschaftlicher Beratung für die Gesetzgebung sein. Das betrifft an überraschend vielen Stellen gerade die Grundlagen des Strafrechts. Es scheint, als wären die Auseinandersetzung mit den und die empirische Überprüfung der gängigen Straftheorien und Strafrechtstheorien und die Frage danach, worin sich strafrechtswürdiges Unrecht konstituiert, die an dieser Stelle relevantesten Gegenstände einer Strafgesetzgebungswissenschaft.[563]

(4) Fazit

Die stellenweise penible Untersuchung der Zielrichtung des Opferschutzes führte zu einer Vielzahl an Ansatzpunkten wissenschaftlicher Beratung. Insbesondere die Untersuchung der Frage, wie Opfer durch die Verabschiedung einer Strafnorm tatsächlich geschützt würden, erwies sich dabei als fruchtbar. Die selbstverständliche Behauptung eines größeren Schutzes durch mehr Strafrecht und höhere Straf(androhung)en erweist sich dabei als wissenschaftlich durchaus angreifbar. Darüber hinaus ergab sich auch eine Vielzahl normativer Fragestellungen, die rechtswissenschaftlicher Kritik weitgehend verschlossen sind. Das betrifft grundsätzlich die Formulierung des Ziels des Opferschutzes. In welche Richtung die Entscheidungen hier fallen, ergibt sich in der Regel aus nichtwissenschaftlichen Erwägungen; sie sind auch Folge politischer Ausrichtung. Und sie sind dann Beispiele der Prägung des Gesetzgebungsverfahrens durch politische Rationalität.

III. Ermittlungsparagrafen und Türöffner

Sowohl bei der Schaffung von § 89a StGB als auch von § 238 StGB kam es zeitgleich zu einer Aufnahme der neuen Vorschrift in den Katalog der Sicherungshaft nach § 112a StPO. Dabei wurde der Möglichkeit der Anwendung strafprozessualer

563 ähnlich *Schild*, Funktionale und nicht-funktionale Bedeutung des Gesetzes. in: FS Weimar, S. 207.

Zwangsmaßnahmen jeweils entscheidende Bedeutung beigemessen.[564] In der Folge wurden die Normen als „Türöffner“ für weitreichende prozessuale Befugnisse[565] oder als Ermittlungsparagrafen[566] bezeichnet.

Die Schaffung von Befugnisnormen verbindet sich stets mit anderen Zielen, insbesondere dem der Sicherheit. Insofern kann man es als Konsequenz eines Sicherheitsstrebens sehen, wenn Strafrechtsnormen zur Eröffnung von strafprozessualen Eingriffsbefugnissen geschaffen werden, so dass darin kein eigener Problemimpuls, sondern eine Folge des Wirkens des Impulses Sicherheit gesehen werden kann.[567]

Die Offenlegung nicht nur der Problemimpulse im engeren Sinne sondern auch der dabei verfolgten Wege kann aber den Einstieg in die notwendige Diskussion der sich daraus ergebenden Fragen ermöglichen. Die Schaffung einer Norm, deren Rechtsfolge die strafrechtliche Sanktion ist, zu dem Zweck eine andere Rechtsfolge, nämlich die der Eröffnung der Möglichkeiten der StPO, zu bewirken, wirft eine Vielzahl von Fragen auf.[568] Sie sollen an dieser Stelle nicht genauer ausgeführt werden, da sie weit über das hiesige Thema hinaus Grundsätze der Strafrechtstheorie betreffen. Zu nennen sind dabei der Grundsatz des Tatstrafrechts und der Schuldgrundsatz.[569] Darüber hinaus sind die Diskussionen, die unter dem Stichwort der Symbolgesetzgebung geführt werden[570], berührt. Die Schaffung von Ermittlungsbefugnissen als „Selbstzweck“ ohne Anbindung an damit verbundene Gefahrenabwehr oder eine folgende Strafverfolgung kann sogar als verfassungsrechtlich unverhältnismäßig und damit verfassungswidrig angesehen werden.[571] Bestätigt sehen kann sich auch die Einschätzung *Hassemers*, wonach die Verbindung von Sicherheit und Strafrecht zu einer Einebnung der Grenzen zwischen materiellem und formellem Strafrecht führen kann.[572]

---

564 O. S. 84 und S. 90; s. zum Ganzen auch S. 129 f. und S. 217 ff.

565 BeckOK StGB-*Heintschel-Heinegg*, § 89a, Rn. 1; *Gazeas/Grosse-Wilde/Kießling*, NStZ 2009, 593 (593).

566 *Neubacher*, ZStW 118 (2006), 857 (871).

567 Dazu auch u. S. 234.

568 Z.B. *Sieber*, NStZ 2009, 353 (355 et passim.).

569 Sch/Sch-*Eisele*, § 238, Rn. 3; *Radtke/Steinsiek*, JR 2010, 107 (107).

570 Dazu u. S. 46.

571 So *Heintzen*, der der Vorschrift des § 89a StGB gegenüber im Übrigen eher offen scheint, in *Bundestag Rechtsausschuss*, Protokoll der 137. Sitzung, S. 39; vgl. dazu auch o. S. 39.

572 O. S. 129.

IV. Gesetzgebung zur Lückenschließung

Bei allen untersuchten Gesetzen spielte der Gesichtspunkt der Lückenschließung eine Rolle. Innerhalb dieses Problemimpulses lässt sich zwischen dem Ist-Zustand (beispielsweise der überwiegenden Straffreiheit von Vorbereitungshandlungen auch zu schwersten Straftaten) und dem Soll-Zustand (der zukünftigen Strafbarkeit) unterscheiden.

Die vorherige Straflosigkeit eines bestimmten Verhaltens stellt den Ist-Zustand dar. Der Befund der Straflosigkeit basiert in den Beispielen jeweils auf der Rezeption strafrechtlicher Literatur und Rechtsprechung. Insoweit lassen sich kaum Versäumnisse des Gesetzgebers nachweisen. Zumindest was strafrechtsdogmatische Erkenntnisse angeht, lässt sich demnach eine grundlegende Rolle der Wissenschaft für die Gesetzgebung in der Erforschung des Ist-Zustandes erkennen.

Bei der Frage, ob eine „Lücke" überhaupt vorliegt bzw. wann eine solche nicht mehr hinnehmbar ist, ist eine differenzierte Beurteilung möglich. In keinem der untersuchten Beispiele ging es nämlich um unerwünschtes Verhalten, das bisher in keiner Weise pönalisiert war. So führt der Entwurf der Bundesregierung zu § 89a StGB als Nachweis der „Lücke" einen Beispielsfall an, in dem ein Täter „konkrete Anschlagsvorbereitungen getroffen hat (sich zum Beispiel explosionsgefährliche Stoffe in erheblichem Umfang beschafft hat)" und dann nicht festgenommen werden konnte.[573] In einem vergleichbaren Fall des Kammergerichts ist der Angeklagte zwar nicht wegen der auch angeklagten versuchten Bildung einer terroristischen Vereinigung nach § 129 a StGB, aber unter anderem wegen Verstößen gegen das WaffG zu einer Freiheitsstrafe von drei Jahren und neun Monaten verurteilt worden.[574] Ebenso bestand beim Stalking in einer großen Zahl der Fälle bereits eine Strafbarkeit nach anderen Vorschriften des StGB oder nach § 4 GewSchG.[575] Im Fall, der Anlass zur Schaffung des § 52a WaffG war, wurde der Vater des Täters erstinstanzlich gerade auch aufgrund der Verletzung der Aufbewahrungspflichten für Waffen und Munition unter anderem wegen fahrlässiger Tötung zu einer Freiheitsstrafe von einem Jahr und neun Monaten auf Bewährung verurteilt.[576] Dennoch wurde in allen drei

573 *Bundestag*, BT-Drs. 16/12428, 12.

574 *Bundesrechtsanwaltskammer*, BRAK-Stellungnahme 13/2009, S. 4.

575 O. S. 81.

576 *Neumann/Otte*, http://beck-online.beck.de/?vpath=bibdata\reddok\becklink\1010028.htm&pos=0&hlwords=winnenden%C3%90urteil#xhlhit, das Urteil ist noch nicht rechtskräftig (09.2012).

Fällen eine „Lücke“ gesehen. Da damit nicht Straflosigkeit gemeint sein konnte, kann nur gemeint sein, dass die Strafbarkeit als zu gering oder aus anderem Grund nicht als adäquat empfunden wird. Damit sind divergierende Ansichten darüber denkbar, ob überhaupt eine Lücke vorhanden ist. Das zeigte sich beispielsweise in der Anhörung zum GVVG, in der *Müller-Jacobsen* die Meinung vertrat, es läge keine Lücke vor[577], während *Griesbaum* eine zu schließende Lücke sah.[578]

Es handelt sich also bereits bei der Bezeichnung der vorgefundenen Rechtslage als „lückenhaft“ um eine Wertung. Diese betrifft die *Divergenz* zwischen Strafbarkeit und Strafwürdigkeit.

Bei der *vorgelagerten Frage der Strafwürdigkeit* liegt wiederum eine Wertungsfrage vor[579]; für ihre wissenschaftliche Beantwortung, also die Erarbeitung allgemeiner Kriterien der Strafwürdigkeit bzw. die Konturierung des materiellen Verbrechensbegriffs gibt es bisher keine tragfähige und praktikable Antwort. Der Konsens darüber, dass es Aufgabe des Strafrechts sei, Rechtsgüter zu schützen, vermag über den Ausschluss von Bestrafungen von Moralwidrigkeiten kaum konkrete Grenzen zu ziehen.[580]

Hier besteht also das Problem eines mangelnden Angebots: Die Gesetzgebung könnte sich nicht einmal nach allgemeingültigen wissenschaftlichen Kriterien richten, wenn sie wollte. Sie existieren schlicht nicht.

Die Möglichkeiten wissenschaftlicher Einflussnahme werden zudem durch die beinhaltete zweifache Wertungsebene verschlechtert.

Bestrebungen zur Lückenschließung sollten die Wissenschaft dennoch auf den Plan rufen.[581] Bei diesen gilt der fragmentarische Charakter des Strafrechts „nicht länger als Kennzeichen eines an individueller Freiheit orientierten Strafrechts sondern als Zustand, den es zu überwinden gilt.“[582] Das gilt insbesondere bei der Verknüpfung mit Einzelfällen. In einem fragmentarischen Strafrecht ist es normal, dass bestimmte Einzelfälle nicht strafbar sind; das ist natürliches Ergebnis des

---

577 *Bundestag Rechtsausschuss*, Protokoll der 137. Sitzung, S. 13 und 16f.

578 *Bundestag Rechtsausschuss*, Protokoll der 137. Sitzung, S. 5.

579 Dazu und zum folgenden *Zipf*, Kriminalpolitik, S. 106 ff.

580 Dazu auch u. S. 250 ff.

581 So auch *Schulz*, Zur Standortbestimmung aktueller Kriminalgesetzgebung am Beispiel des 6. Strafrechtsreformgesetzes, in: *Institut für Kriminalwissenschaften und Rechtsphilosophie Frankfurt a.M.*, Irrwege der Strafgesetzgebung, S. 139.

582 *Lassak*, Begründingsdefizite in der aktuellen Strafgesetzgebung, in: *Institut für Kriminalwissenschaften und Rechtsphilosophie Frankfurt a.M.*, Irrwege der Strafgesetzgebung, S. 86.

bestimmt gefassten und allgemeinen Gesetzes.[583] Ein Einzelfall vermag also noch keine Lücke zu begründen.[584]

Auch der sinnvoll zu fordernde[585] Einsatz des Strafrechts als *ultima ratio*[586] ist bei universeller Lückenschließung gefährdet. Möchte die Wissenschaft mit dem Ideal eines freiheitlichen Strafrechts auch politisch durchdringen, wird es notwendig sein, auch auf die Wertungsfrage der Strafwürdigkeit überzeugende, nachvollziehbare und – so steht zu erwarten – schlagwortartig nutzbare Antworten zu geben. Bisher gibt es solche Antworten nicht. Das erkennt man bereits daran, dass in der Gesetzgebung ohne Umschweife von Gefährlichkeit auf Strafwürdigkeit geschlossen werden kann, ohne dass die Widerlegung dieses Schlusses Thema einer eigenen Arbeit sein könnte. Die strafrechtstheoretische Forschung hat hier noch einige Möglichkeiten.

V. Einzelfallreaktionen

Bei allen Gesetzen ließen sich einzelne oder mehrere Fälle finden, die im Gesetzgebungsverfahren eine Rolle als Auslöser spielten. Gemeinsam haben diese Fälle stets das große mediale Interesse; welche Fälle relevant sind, wird anscheinend auch über Medienpräsenz definiert.

1. Die Medien als Akteure im Gesetzgebungsverfahren

Dass die Medien im Prozess der Strafgesetzgebung eine nicht unerhebliche Rolle spielen, ist keine neue Erkenntnis.[587] Kriminalität und ihre Verfolgung stellt für die Medien die „Ware einer Kulturindustrie" dar[588], deren Absatz auch dadurch versucht wird, dass ein besonders spektakuläres Bild gezeichnet

---

583 *Kertai*, JuS 2011, 976 (980).

584 *Bundesrechtsanwaltskammer*, BRAK-Stellungnahme 13/2009, S. 4.

585 *Kertai*, JuS 2011, 976 (981).

586 BVerfGE 88, 203 (1754) = NJW 1993, 1751; JuS 1994, 69.

587 *Stübinger*, Strafrecht – zwischen Wissenschaft und Politik, in: *Institut für Kriminalwissenschaften und Rechtsphilosophie Frankfurt a.M.*, Irrwege der Strafgesetzgebung, S. 142 m.w.N.; *Funcke-Auffermann*, Symbolische Gesetzgebung, S. 30 ff.

588 *Albrecht*, Das Strafrecht im Zugriff populistischer Politik, in: *Institut für Kriminalwissenschaften und Rechtsphilosophie Frankfurt a.M.*, Vom unmöglichen Zustand des Strafrechts, S. 436.

wird[589]. So haben die Medien ein eigenes Interesse an die Aufmerksamkeit besonders erregenden Themen und spielen dadurch im Rahmen der Strafgesetzgebung eine verstärkende Rolle.[590]

Dabei kommt es zu einer Wechselwirkung zwischen medialem Bedürfnis nach berichtenswerten Themen und politischer Initiative.[591] Gleichzeitig entstehen durch die öffentliche Aufmerksamkeit politische Selbstdarstellungsmöglichkeiten hinsichtlich Problemlösungskompetenz, die sich gerade bei der Lösung als besonders wichtig angesehener sozialer Probleme bieten: Die Medien schaffen politisch dringend benötigten Handlungsbedarf.[592]

2. Gesetzgebungsanlässe oder nur anschauliche Beispiele?

Aufgrund der Wechselwirkungen und der gegenseitigen Abhängigkeit von politischen Akteuren und Medien, lässt sich bei den zitierten Einzelfällen noch weniger als sonst[593] feststellen, ob diese wirklich *der* Anlass einer Gesetzgebung sind oder nur als Argumentationsvehikel für anderweitig veranlasste Gesetzgebung dienen. Der Einzelfall macht das geplante Gesetz erst anschaulich, das Beispiel macht es verstehbar für den Großteil der Bevölkerung. Ebenso ist denkbar, dass erst die Plastizität und Nachvollziehbarkeit des Einzelfalls gerade auch bei den politischen Akteuren ein Bewusstsein für bestimmte Konstellationen und daraus folgende Regelungsfragen schafft.

Unabhängig von der auch hier kaum aufzulösenden Komplexität des Prozesses der Gesetzgebung lassen sich, solange Einzelfälle in den Gesetzesbegründungen

---

589 *Steinert*, Kleine Ermutigung für den kritischen Strafrechtler, sich vom „Strafbedürfnis der Bevölkerung“ (und seinen Produzenten) nicht einschüchtern zu lassen, in: *Lüderssen*, Seminar: Abweichendes Verhalten IV, S. 344 ff.; *Albrecht*, Das Strafrecht im Zugriff populistischer Politik, in: *Institut für Kriminalwissenschaften und Rechtsphilosophie Frankfurt a.M.*, Vom unmöglichen Zustand des Strafrechts, S. 436; *Stübinger*, Strafrecht – zwischen Wissenschaft und Politik, in: *Institut für Kriminalwissenschaften und Rechtsphilosophie Frankfurt a.M.*, Irrwege der Strafgesetzgebung, S. 142; *Pfeiffer/Windzio/Kleimann*, MschrKrim 87 (2004), 415 (420 ff.); *Funcke-Auffermann*, Symbolische Gesetzgebung, S. 41 jeweils m.w.N.

590 *Funcke-Auffermann*, Symbolische Gesetzgebung, S. 40 ff.; *Stächelin*, Strafgesetzgebung im Verfassungsstaat, S. 275.

591 *Stächelin*, Strafgesetzgebung im Verfassungsstaat, S. 275; *Funcke-Auffermann*, Symbolische Gesetzgebung, S. 213.

592 *Stächelin*, Strafgesetzgebung im Verfassungsstaat, S. 274 f.; dazu auch o. S. 60 und S. 77.

593 Vgl. o. S. 75 ff.

und den politischen Erklärungen herangezogen werden, diese dennoch als Anlässe bzw. Problemimpulse ansehen.

3. Geschwindigkeit als Folge und als Mittel zum Zweck – Einzelfälle als Auslöser expressiver Politik

Eine Konsequenz aus der bewussten Verknüpfung eines Gesetzgebungsverfahrens mit einem Einzelfall kann der Versuch einer möglichst zeitnahen gesetzgeberischen Entscheidung sein. Es wird versucht das Gesetzgebungsverfahren zu beschleunigen.

Die bewusste Beschleunigung eines Gesetzgebungsverfahrens ist einerseits erheblichen Bedenken ausgesetzt: Gerade von Seiten der parlamentarischen Opposition wird immer wieder die Verkürzung der parlamentarischen Debatten bemängelt.

Andererseits scheint gerade die Schnelligkeit eines Gesetzgebungsverfahrens in vielen Fällen bewusst erfolgt und positiv angesehen zu sein, so wenn etwa *Ahlhaus* in einer Rede vor dem Bundesrat deutlich macht, dass er es erfreulich fände, „dass es nach den tragischen Ereignissen von Winnenden sehr kurzfristig gelungen ist [...] eine Verständigung [...] herbeizuführen." Der Rechtsstaat habe damit seine „Handlungsfähigkeit in Situationen, in denen es nötig ist, nachdrücklich unter Beweis gestellt"; er sei so „insgesamt seiner Verantwortung für die Menschen in unserem Land und den Erwartungen der Betroffenen gerecht geworden."[594]

Daraus wird deutlich, dass der Nutzen der Beschleunigung gerade im Beweis von Handlungsfähigkeit gesehen wird. Die damit bewiesene (Selbst-) Darstellungskompetenz ist allerdings essentielle Voraussetzung politischer Macht.[595]

Der Staat reagiert dabei – durchaus auch erfolgreich – auf das Bedürfnis nach dem Ausgleich von Interessen, der Stärkung des Vertrauens in die Rechtsordnung und in die staatliche Handlungsmacht und nach der identitätsstabilisierenden Bestätigung und Bekräftigung von Werten.[596] Die Verfolgung dieser Ziele durch Gesetzgebung wird als typisch für Gesetze, die Reaktionen auf besonders erschütternde Einzelfälle sind, beschrieben, wozu insbesondere die Anti-Terror-Gesetzgebung zu zählen sei.[597]

---

594 Alle Zitate *Ahlhaus* in: *Bundesrat*, BR Plenarprotokoll 2009 (302).

595 *Boehme-Neßler*, Unscharfes Recht, S. 354.

596 *Voß*, Symbolische Gesetzgebung, S. 34; s. auch o. S. S. 66.

597 *Voß*, Symbolische Gesetzgebung, S. 32.

Dies gilt erst recht, wenn man wie *Scheerer* Symbolik als zentrale Eigenschaft von Terrorismus ansieht. In diesem Fall verlangt die symbolische Verletzung staatlicher Macht durch Terrorakte[598] „nach symbolischer Heilung durch die Bekräftigung des symbolischen Machtanspruchs."[599] Für die symbolische Wirksamkeit „ist der enge zeitliche Zusammenhang mit der Herrschaftsnegation durch ein Attentat" von entscheidender Bedeutung; notwendige Folge sind „blitzschnelle[...] Gesetzgebungsprozesse ".[600]

Es geht also um expressive Funktionen von Gesetzgebung.[601] Geschwindigkeit ist hier als Vehikel der Demonstration von Handlungsfähigkeit und Entschlossenheit notwendig für eine größtmögliche expressive Wirksamkeit.[602] Symbolische Gesetzgebung wird zur natürlichen Folge der Reaktion auf Einzelfälle. Diese Gedanken lassen sich nicht nur auf Terrorismus anwenden; ebenso spielt bei dem Versuch der politischen Bewältigung anderer besonders aufwühlender Ereignisse der Nachweis politischer Kraft eine große Rolle. In diesem Fall *soll* die Gesetzgebung gerade als Reaktion auf den Einzelfall gesehen werden, und Geschwindigkeit ist dafür essentiell.

Gegen Gesetzgebung zu expressiven Zwecken auf dem Gebiet des Strafrechts gibt es eine Vielzahl von Einwänden, die teilweise bereits angesprochen wurden, im Übrigen hier aber nicht vollständig wiedergegeben werden müssen.[603] Demgegenüber werden die verfolgten expressiven Ziele oft auch als innerhalb

598 Vgl. *Bundestag*, BT-Drs. 16/12428, 14: Für eine staatsgefährdende Gewalttat „reicht es jedoch aus, wenn durch die Tat zwar nicht die Funktionsfähigkeit des Staates und seiner Einrichtungen in Mitleidenschaft gezogen wird [...]. Das kann insbesondere dann der Fall sein, wenn das Vertrauen der Bevölkerung erschüttert wird, vor gewaltsamen Einwirkungen in ihrem Staat geschützt zu sein."

599 *Scheerer*, Gesetzgebung im Belagerungzustand, in: *Blankenburg*, Politik der inneren Sicherheit, S. 124.

600 *Scheerer*, Gesetzgebung im Belagerungzustand, in: *Blankenburg*, Politik der inneren Sicherheit, S. 129 f.

601 Dazu auch o. S. 46.

602 *Schulte*, Terrorismus- und Anti-Terrorismus-Gesetzgebung, S. 226.

603 Vgl. o. S. S. 46 ff., sowie z.B. *Voß*, Symbolische Gesetzgebung, S. 135 ff.; *Albrecht*, Das Strafrecht im Zugriff populistischer Politik, in: *Institut für Kriminalwissenschaften und Rechtsphilosophie Frankfurt a.M.*, Vom unmöglichen Zustand des Strafrechts, S. 438; *Hassemer*, NStZ 1989, 553 (559); *Blankenburg*, Politik der inneren Sicherheit. Eine Einleitung, in: *Blankenburg*, Politik der inneren Sicherheit, S. 9; *Jäger*, Symbolisches Strafrecht – expressive Kriminalpolitik: Die Reform der Sexualdelikte, in: *Institut für Kriminalwissenschaften und Rechtsphilosophie Frankfurt a.M.*, Irrwege der Strafgesetzgebung, S. 49, 52 ff., jeweils m.w.N.

der Demokratie legitim und für die Legitimation des Systems sogar zentral angesehen[604]; dies gilt besonders innerhalb der Politik.[605]

4. Grundsätzliche Einwände gegen Gesetzgebung als Reaktion auf Einzelfälle

Über die gerade angesprochenen allgemeinen Probleme expressiver Gesetzgebung hinaus, gibt es jedoch auch spezifischere Bedenken gegen Gesetzgebung als Reaktion auf Einzelfälle.

a) Meurer-Meichsner

Einige davon konnten von *Meurer-Meichsner* in ihren „Untersuchungen zum Gelegenheitsgesetz" herausgearbeitet werden.[606]

Sie nennt dabei Gelegenheits- und *ad-hoc*-Gesetze diejenigen Gesetze, „die als Reaktion auf einzelne neuartige oder doch neu erscheinende Verbrechen geschaffen werden".[607] Bei den von ihr untersuchten Gesetzen fand sie einige beachtenswerte Kritikpunkte:

> „Die Begründung von Vorverlagerung und Verschärfung des jeweiligen Strafrechtsschutzes bereitet Schwierigkeiten. Bei allen untersuchten Tatbeständen ist das zu schützende Rechtsgut umstritten, teilweise wird das Vorliegen eines Rechtsguts überhaupt geleugnet. Auch in der sonstigen Begründung der Berechtigung der Vorschriften besteht Uneinigkeit: Auch vertypter Unrechtsgehalt und kriminalpolitische Notwendigkeit sind zumindest zweifelhaft."[608]

Darüber hinaus ergebe sich in der späteren Praxis eine erhebliche Diskrepanz zwischen der Strafwürdigkeit des auslösenden Einzelfalls und der Schwere der später durch das Gesetz tatsächlich erfassten Verhaltensweisen.[609]

Diese Einschätzung lässt sich bei den vorliegend untersuchten Straftatbeständen teilen: Während bei der Schaffung von § 238 StGB die Fälle von

---

604 *Anastasopoulou*, Deliktstypen zum Schutz kollektiver Rechtsgüter, S. 230.

605 *Albrecht*, Das Strafrecht im Zugriff populistischer Politik, in: *Institut für Kriminalwissenschaften und Rechtsphilosophie Frankfurt a.M.*, Vom unmöglichen Zustand des Strafrechts, S. 435.

606 *Meurer-Meichsner*, Untersuchungen zum Gelegenheitsgesetz im Strafrecht.

607 *Meurer-Meichsner*, Untersuchungen zum Gelegenheitsgesetz im Strafrecht, S. 14.

608 *Meurer-Meichsner*, Untersuchungen zum Gelegenheitsgesetz im Strafrecht, S. 139.

609 *Meurer-Meichsner*, Untersuchungen zum Gelegenheitsgesetz im Strafrecht, S. 140.

Nachstellungen mit Eskalation zu schweren Gewalttaten die Diskussion dominierten, muss die tatsächliche Wahrscheinlichkeit der Eskalation als eher gering gewertet werden.[610] Ebenso diente bei § 52a WaffG ein Fall in dem der Täter mit einer schlecht verwahrten Waffe mehrere Menschen tötete als Vorbild. Dagegen sind nunmehr auch solche Taten von Tatbestand umfasst, bei denen nur die Gefahr besteht, dass die Waffe in fremde Hände gerät, ohne dass dies tatsächlich der Fall gewesen sein muss – und auch sonst keinerlei Zusammenhang mit einer späteren deliktischen Nutzung gegeben ist.[611] Gleiches gilt für § 89a StGB, der auch unstrittig Fälle umfasst, bei denen es nicht notwendig zu einem Terrorakt kommen muss, solange zum Zeitpunkt der Vorbereitungshandlung eine diesbezügliche Absicht vorlag. Ein späteres Absehen von weiterer Planverfolgung ist unerheblich.[612]

b) Lassak

Weitere Einwände finden sich bei *Lassak*: Danach ergebe sich aus dem Gesetzlichkeitsprinzip das Gebot der Allgemeinheit des Gesetzes.[613] Dessen Zweck sei es, dass der Gesetzgeber seine „Entscheidung in Distanz von den Einzelfällen" treffe, so dass „emotionsgetrübte" Entscheidungen verhindert würden.[614] Diese Distanz verliere er, wenn konkrete Taten als Anlass der Gesetzgebung dienten. „Einzelfallgesetze" seien „daher weniger das Resultat besonnener Abwägung und verantwortungsvoller Strafgesetzgebung als vielmehr eine gesetzgeberische Affekthandlung". Darin liege zudem eine „Überschreitung staatlicher Regelungsbefugnis".[615]

---

610 Vgl. o. S. S. 168.

611 Dazu auch u. S. 210.

612 Der hier vorfindbare Rekurs auf gefährliches Verhalten als tatbestandsmäßige Handlung macht die abstrakten Gefährdungsdelikte gerade aus, so dass sich hier die damit verbundenen und diskutierten Probleme ergeben, dazu u. S. 199.

613 *Lassak*, Begründingsdefizite in der aktuellen Strafgesetzgebung, in: *Institut für Kriminalwissenschaften und Rechtsphilosophie Frankfurt a.M.*, Irrwege der Strafgesetzgebung, S. 82.

614 *Lassak*, Begründingsdefizite in der aktuellen Strafgesetzgebung, in: *Institut für Kriminalwissenschaften und Rechtsphilosophie Frankfurt a.M.*, Irrwege der Strafgesetzgebung, S. 82.

615 Alle Zitate bei *Lassak*, Begründingsdefizite in der aktuellen Strafgesetzgebung, in: *Institut für Kriminalwissenschaften und Rechtsphilosophie Frankfurt a.M.*, Irrwege der Strafgesetzgebung, S. 82.

Weiterhin sieht *Lassak* hier einen Verstoß gegen das Gebot der *ultima ratio*, wie es auch das Bundesverfassungsgericht anerkenne[616], da der Gesetzgeber die dafür notwendige Prüfung der Sozialschädlichkeit überhaupt nicht vornehme.[617]

c) Verengung des Blicks durch Strafgesetzgebung als Reaktion auf Einzelfälle

Ein weiterer (eher abstrakter) Einwand lässt sich finden: Regelmäßig betrifft die juristische Arbeit die Umwandlung von Lebenssachverhalten in Fälle, indem man Geschehnisse durch die Brille der Gesetze betrachtet.[618] Beim „Einzelfallgesetz" macht es der Gesetzgeber umgekehrt, wenn er in einem Tatbestand den die Schaffung motivierenden Einzelfall abstrahiert.[619]

Das führe zwangsläufig dazu, dass soziale und gesellschaftliche Belange, „die juristisch noch nicht erfaßt sind, aber politisch bedeutsam werden" könnten[620], außer Acht gelassen werden, weil das Geschehen nur als Fall und nicht als soziales Vorkommnis mit ebensolchen Implikationen verstanden wird.[621] Daraus resultiere die Gefahr, dass alternative Sozialpolitiken, die das Geschehen eben nicht als Strafrechtsfall verstünden und beispielsweise auf die Behebung soziale Ursachen zielen, aus dem Blick gerieten.[622] Aus dem Einzelfall heraus ein (Straf-)Gesetz zu schaffen, verengt demnach den Blick auf die (Straf-) Gesetzgebung innerhalb der eigentlich existierenden Vielfältigkeit politischer Gestaltungsmöglichkeiten.

5. Zusammenfassung

Es bestehen somit nicht unerhebliche Einwände gegen Gesetzgebung, die Einzelfälle zum Anlass nimmt. Sie ist mit großer Skepsis zu betrachten. Bemerkenswert

---

616 Z.B. BVerfGE 88, 203 (258) = NJW 1993, 1751; JuS 1994, 69.

617 *Lassak*, Begründingsdefizite in der aktuellen Strafgesetzgebung, in: *Institut für Kriminalwissenschaften und Rechtsphilosophie Frankfurt a.M.*, Irrwege der Strafgesetzgebung, S. 83.

618 *Amelung*, ZStW 92 (1980), 19 (40); s. auch *Hassemer*, Einführung, S. 9.

619 *Meurer-Meichsner*, Untersuchungen zum Gelegenheitsgesetz im Strafrecht, S. 14.

620 *Amelung*, ZStW 92 (1980), 19 (40).

621 *Lassak*, Begründingsdefizite in der aktuellen Strafgesetzgebung, in: *Institut für Kriminalwissenschaften und Rechtsphilosophie Frankfurt a.M.*, Irrwege der Strafgesetzgebung, S. 85.

622 *Amelung*, ZStW 92 (1980), 19 (40).

ist die notwendige Verknüpfung mit schneller Gesetzgebung. An dieser Stelle bieten sich gute Möglichkeiten der Verbesserung der Ergebnisse: Eine bewusste Entschleunigung und die dadurch zu gewinnende Distanz zum Einzelfall vermag zur Besonnenheit zu verhelfen. Allerdings widerspricht das der o.g. politischen Bestrebung der Selbstdarstellung, da diese Geschwindigkeit gerade für gute Ergebnisse benötigt.

VI. Europarechtliche Impulse

Wie bereits gesehen[623] gibt es auch bei den hier näher untersuchten Gesetzen europäische Einflüsse. Diese sollen in der Folge für den Bereich der Gesetzgebung im materiellen Strafrecht zusammenfassend dargestellt werden. Behandelt werden diese Einflüsse auf die nationale Gesetzgebung unter dem Begriff des europäischen Strafrechts.[624]

Nach der hiesigen Terminologie[625] sollte dabei aber nicht von einem Problemimpuls gesprochen werden, da es sich bei der Frage danach, ob europäische Bezüge die Gesetzgebung prägten, um eine Frage nach den maßgeblichen Formen und Institutionen handelt. Folglich können der Europarat, die Kommission oder das Europäische Parlament als Impulsgeber und die jeweiligen Abkommen, Rahmenbeschlüsse, Richtlinien oder sonstigen Rechtsakte als Impulsformen bezeichnet werden.

1. Europäisches Strafrecht

Unter dem Begriff des Europäischen Strafrechts wird heute eine weite Bandbreite an unterschiedlichen Materien behandelt[626]; es handelt sich dabei um einen Sammelbegriff für einen Forschungsgegenstand.[627] Europäisches Strafrecht stellt damit auch einen Zweig rechtswissenschaftlicher Forschung dar, der vielfältige Aspekte unter anderem aus Kriminalpolitik, Kriminologie, Strafrechtsdogmatik, Verfassungs-, Völker- und Europarecht umfasst[628] und der

623 O. S. 91.
624 *Hecker*, Europäisches Strafrecht, S. 5.
625 O. S. 72 ff.
626 *Satzger*, Internationales und Europäisches Strafrecht, S. 87.
627 *Ambos*, Internationales Strafrecht, S. 385 f.; *Hecker*, Europäisches Strafrecht, S. 7.
628 *Ambos*, Internationales Strafrecht, S. 386; *Hecker*, Europäisches Strafrecht, S. 7.

Gegenstand zunehmenden Interesses ist[629]. In Abgrenzung zu einem „Europäischen (Kriminal-)Strafrecht“ im engeren bzw. echten Sinne[630], unter dem man wie bei „deutschem Strafrecht“ oder „spanischem Strafrecht“ europäisches Recht verstehen könnte, das in allen Mitgliedsstaaten gleichermaßen anzuwenden wäre, kann man in einem weiteren Sinne auch bei den nationalen Vorschriften, die durch europäisches Recht beeinflusst werden, von europäischem Strafrecht sprechen.[631] Insofern könnte man das hier thematisierte deutschen Strafrecht, bei dem europäische Einflüsse wirksam wurden, als europäisches Strafrecht bezeichnen. Präziser scheint es aber, von „europäisiertem nationalen Strafrecht“ zu sprechen.[632]

2. Europäische Einflüsse auf deutsches Strafrecht

Mit der Behauptung, das Strafrecht sei in besonderer Weise mit der jeweiligen nationalen Kultur verbunden[633], galt es lange Zeit als höchst bedenklich, es einem Einfluss Europas auszusetzen. Der so begründete Widerstand ging so weit, jedwede Kompetenz der EU, die nationales Strafrecht betraf, abzulehnen.[634] Das Strafrecht stellt allerdings keine unionsrechtliche Tabuzone dar; es ist wie die anderen Rechtsbereiche in vielerlei Hinsicht und bereits seit geraumer Zeit[635] dem Einfluss des Europarechts ausgesetzt.[636] Mittlerweile sind die Widerstände deutlich zurückgegangen: Die Mitgliedsstaaten haben die Möglichkeit von Harmonisierungsmaßnahmen akzeptiert, ohne jedoch ein echtes supranationales Gemeinschaftsstrafrecht ernsthaft

---

629 *Hassemer*, Ein Strafrecht für Europa, in: *Zieschang/Hilgendorf/Laubenthal*, Strafrecht und Kriminalität in Europa, S. 12 f.; *Vogel*, Stand und Tendenzen der Harmonisierung des materiellen Strafrechts der Europäischen Union, in: *Zieschang/Hilgendorf/Laubenthal*, Strafrecht und Kriminalität in Europa, S. 31; vgl. auch etwa die in diesem Abschnitt zitierten Quellen oder die Gründung der Online-Zeitschrift für internationale Strafrechtsdogmatik (ZIS),.
dazu http://www.zis-online.com/?sektion=4&sektionsub=1&language=ger.

630 *Ambos*, Internationales Strafrecht, S. 385.

631 *Satzger*, Internationales und Europäisches Strafrecht, S. 87; *Hecker*, Europäisches Strafrecht, S. 5.

632 *Satzger*, Internationales und Europäisches Strafrecht, S. 87; *Ambos*, Internationales Strafrecht, S. 386.

633 *Weigend*, ZStW 105 (1993), 774 (786 ff.).

634 *Hecker*, Europäisches Strafrecht, S. 266.

635 *Weigend*, ZStW 105 (1993), 774 (778 und 784 ff.).

636 *Satzger*, Internationales und Europäisches Strafrecht, S. 106.

in Betracht zu ziehen.[637] Dennoch bleiben auch grundsätzliche Bedenken gegen die Aufgabe gewachsener nationaler Strafrechtsordnungen zugunsten eines europäischen Modells.[638] Auch das BVerfG sieht in seinem Lissabon-Urteil das Strafrecht als besonders „von kulturellen, historisch gewachsenen, auch sprachlich geprägten Vorverständnissen und von den im deliberativen Prozess sich bildenden Alternativen abhängig, die die jeweilige öffentliche Meinung bewegen".[639] Deshalb seien Entscheidungen auf diesem Gebiet als „besonders sensibel für die demokratische Selbstgestaltungsfähigkeit eines Verfassungsstaates"[640] sowie für die demokratische Selbstbestimmung[641]anzusehen. Unter anderem auf dieser Grundlage und mit guten Gründen bleibt ein großer Teil der wissenschaftlichen Beschäftigung mit dem Europäischen Strafrecht durchaus kritisch.[642]

Die kriminalpolitischen Bestrebungen der EU sowie die sich daran anknüpfenden wissenschaftlichen Auseinandersetzungen in den 1990er Jahren waren insbesondere auf den Ausbau der grenzüberschreitenden Kooperation und Koordinierung im Bereich der polizeilichen und justiziellen Zusammenarbeit in Strafsachen (PJZS) gerichtet.[643] Diese verfahrensrechtlichen Entwicklungen bleiben hier außen vor, da sich die vorliegende Arbeit auf das materielle Strafrecht und noch präziser auf Neukriminalisierungen beschränkt.

3. Einflüsse durch Tätigkeiten des Europarats

Bei den Quellen europäischen Einflusses lässt sich zwischen Tätigkeiten des Europarates und Einflüssen im Rahmen der EU unterscheiden.

---

637 *Vogel*, Stand und Tendenzen der Harmonisierung des materiellen Strafrechts der Europäischen Union, in: *Zieschang/Hilgendorf/Laubenthal*, Strafrecht und Kriminalität in Europa, S. 40; dazu u. S. 194.

638 *Weigend*, ZStW 105 (1993), 774 (775).

639 BVerfGE 123, 267 (253) = NJW 2009, 2267.

640 BVerfGE 123, 267 (252) = NJW 2009, 2267.

641 BVerfGE 123, 267 (358) = NJW 2009, 2267.

642 vgl. *Schünemann:* Alternativentwurf europäische Strafverfolgung (2004); *Vogel*, Stand und Tendenzen der Harmonisierung des materiellen Strafrechts der Europäischen Union, in: *Zieschang/Hilgendorf/Laubenthal*, Strafrecht und Kriminalität in Europa, S. 54 ff.; *Hefendehl*, ZIS 2006, 229, *Satzger*, Internationales und Europäisches Strafrecht, S. 108 und 126 ff.; *Satzger*, ZIS 2009, 691; *European Criminal Policy Initiative*, ZIS 2009, 697 um nur einige neuere Stimmen zu nennen.

643 *Hecker*, Europäisches Strafrecht post-Lissabon, in: *Ambos*, Europäisches Strafrecht post-Lissabon, S. 18.

Der Europarat nahm bereits seit der Gründung des European Committee on Crime Problems (CDPC) im Jahr 1957 mit zahlreichen Resolutionen, Empfehlungen und der Ausarbeitung von Übereinkommen Einfluss auf die Entwicklungen des Strafrechts in Europa.[644] Die Arbeiten des Europarates bilden allesamt völkerrechtliche Rechtsakte, die erst durch eine Ratifikation der Mitgliedsstaaten Rechtswirksamkeit erlangen[645] und die eine innerhalb der Mitgliedsstaaten durchaus unterschiedliche Umsetzung erlauben[646]. Die in diesem Kontext vorgelegten über 50 Abkommen[647] sowie insbesondere die EMRK bilden wichtige Faktoren einer Europäisierung des Strafrechts.

4. Einflüsse der EU

Von inzwischen größerer Bedeutung sind die Tätigkeiten der EU, bei denen zwischen diversen Rechtsquellen und Wirkweisen unterschieden werden kann.

a) Anwendungsvorrang: Europarecht auch als Obergrenze

Einer der wichtigsten Einflüsse betrifft nicht die Gesetzgebung, sondern die Gesetzesanwendung und entspringt bereits allgemeinen europäischen Rechtsgrundsätzen. So genießt auch im Bereich der Strafrechtsanwendung das Unionsrecht Vorrang, so dass ebenso wie in anderen Rechtsgebieten im nationalen Strafrecht eine Pflicht zur europarechtskonformen Auslegung gilt.[648]

Ist eine derartige Auslegung nicht möglich, kann der Anwendungsvorrang[649] auch strafbarkeitsbegrenzend wirken; das Unionsrecht stellt dann die Obergrenze der Strafbarkeit dar: Kein nationaler Gesetzgeber darf Strafrecht erlassen oder aufrechterhalten, das unionsrechtswidrig ist.[650] Die Bestrafung nach europarechtswidrigen Vorschriften ist ausgeschlossen.[651] Diese Begrenzung auf das unionsrechtlich Zulässige gilt dann sowohl hinsichtlich des der Strafnorm

644 *Satzger*, Internationales und Europäisches Strafrecht, S. 195.
645 *Satzger*, Internationales und Europäisches Strafrecht, S. 195.
646 *Ambos*, Internationales Strafrecht, S. 390.
647 *Ambos*, Internationales Strafrecht, S. 390 und 469 f.
648 *Ambos*, Internationales Strafrecht, S. 494; *Hecker*, Europäisches Strafrecht, S. 329.
649 *Ambos*, Internationales Strafrecht, S. 491.
650 *Satzger*, Internationales und Europäisches Strafrecht, S. 109.
651 *EuGH*, EuGHE 1977 1977, 1496 (1504 Rn. 6); *Hecker*, Europäisches Strafrecht, S. 305; *Ambos*, Internationales Strafrecht, S. 492.

zugrundeliegenden Verbotes, als auch hinsichtlich der Rechtsfolge. Beide können jeweils für sich unionsrechtswidrig sein. Bei der Rechtsfolge können wiederum sowohl Art als auch Höhe der Sanktion europarechtswidrig sein.[652] Nur insofern können europäische Einflüsse zugunsten einer Strafrechtsreduktion wirken.

b) Europarecht als Untergrenze

Demgegenüber von größerer praktischer Bedeutung und den hiesigen Untersuchungsgenstand näher betreffend sind die Konstellationen in denen das Europarecht als Untergrenze des Strafrechts wirkt. Dabei lassen sich wiederum mehrere Konstellationen unterscheiden:

(1) Europäisches Primärrecht

Erstens gibt es einen direkten Einfluss des europäischen Primärrechts.[653] Aus Art. 4 Abs. 3 EUV ergibt sich ohne weitere Umsetzung als Konsequenz mangelnder eigener Schutzmöglichkeiten eine Pflicht der Mitgliedsstaaten ihr nationales Strafrecht in den Dienst der Union zu stellen[654]. Bei dieser – vielmals auch durch Sekundärrechtsakte konkretisierten – Loyalitätspflicht zur Indienststellung nationaler Strafrechtsnormen zum Schutz von Unionsinteressen bzw. zum Schutz von Rechtsgütern der Union kann man von Assimilierung sprechen.[655] Beispiele für Änderungen des deutschen materiellen Strafrechts im Zuge der Assimilierung sind etwa §§ 108d und 264 Abs. 7 Nr. 2 StGB[656] oder die Gleichstellung von nationalen und EU-Amtsträgern nach dem EUBestG.[657]

(2) Europäisches Sekundärrecht

Zweitens ergeben sich Vorgaben für das nationale Strafrecht durch europäisches Sekundärrecht[658]: Maßnahmen zur Harmonisierung waren bereits vor Inkrafttreten des Vertrags von Lissabon 2009 – und sogar prinzipiell in allen

---

652 *Satzger*, Internationales und Europäisches Strafrecht, S. 109 ff.

653 Zu den unterschiedlichen Rechtsquellen *Ambos*, Internationales Strafrecht, S. 392 ff.

654 *Satzger*, Internationales und Europäisches Strafrecht, S. 114; *Ambos*, Internationales Strafrecht, S. 489 f.

655 *Hecker*, Europäisches Strafrecht, S. 263; zu den Problemen, insbesondere am Beispiel des Art 30 EuGH-Satzung *Ambos*, Internationales Strafrecht, S. 480 f.

656 *Hecker*, Europäisches Strafrecht, S. 249 f.

657 Sch/Sch-*Eser/Hecker*, § 11, Rn. 15; *Hecker*, Europäisches Strafrecht, S. 251.

658 *Satzger*, Internationales und Europäisches Strafrecht, S. 116.

Bereichen der Kriminalität[659] – nach den Artikeln 29 Abs. 2 und 31 Abs. 1 lit. e EUV möglich.[660] Eine ganze Reihe von europäischen Rechtsakten, insbesondere Rahmenbeschlüssen,[661] hatten dabei Einfluss auf Änderungen des deutschen materiellen Strafrechts, wie etwa bei §§ 261[662], 263a Abs. 3 und 4[663], 176 Abs. 4 Nr. 2 und 184b[664] StGB oder erst kürzlich im Umweltstrafrecht[665] und im Arbeitsschutzrecht.[666] Seit Beginn dieses Jahrhunderts ist die Harmonisierung des Strafrechts in den Fokus europäischer Kriminalpolitik gerückt.[667]

Grundlage ist seit Inkrafttreten des Vertrags von Lissabon 2009, der einige wichtige Änderungen im Bereich des Strafrechts brachte[668], Artikel 83 AEUV, wobei zwischen den Kompetenzen aus den Absätzen 1 und 2 zu unterscheiden ist. Nach Abs. 1 können das Europäische Parlament und der Rat durch Richtlinien Mindestvorschriften zur Festlegung von Straftaten und Strafen in Bereichen besonders schwerer Kriminalität festlegen, die eine grenzüberschreitende Dimension haben. Zu diesen Bereichen gehören insbesondere Terrorismus, Menschenhandel und sexuelle Ausbeutung von Frauen und Kindern, illegaler Drogenhandel, illegaler Waffenhandel, Geldwäsche, Korruption, Fälschung von Zahlungsmitteln, Computerkriminalität und organisierte Kriminalität. Zusätzlich zu den Kriterien der besonderen Schwere und der grenzüberschreitenden Dimension muss die Harmonisierung nach Art. 67 Abs. 3 AEUV erforderlich sein[669].

---

659 *Satzger*, Internationales und Europäisches Strafrecht, S. 118.

660 Dazu und zur vereinzelt geäußerten abweichenden Ansicht *Hecker*, Europäisches Strafrecht, S. 266.

661 Zahlreiche Beispiele bei *Hecker*, Europäisches Strafrecht, S. 373 und *Satzger*, Internationales und Europäisches Strafrecht, S. 117; zu den Gründen für die Popularität der Rahmenbeschlüsse *Vogel*, Stand und Tendenzen der Harmonisierung des materiellen Strafrechts der Europäischen Union, in: *Zieschang/Hilgendorf/Laubenthal*, Strafrecht und Kriminalität in Europa, S. 41.

662 Sch/Sch-*Stree/Hecker*, § 261, Rn. 1.

663 BeckOK StGB-*Beckemper*, § 263a, Rn. 3.

664 BeckOK StGB-*Ziegler*, § 176, Rn. 4a; BeckOK StGB-*Ziegler*, § 184b, Rn. 1.

665 *Deutscher Bundestag*, BT-Drs. 17/; zur maßgeblichen Richtlinie *Hecker*, Europäisches Strafrecht, S. 280 ff. und *Kropp*, NStZ 2011, 674.

666 *Bundestag*, BT-Drs. 17/5470.

667 *Hecker*, Europäisches Strafrecht post-Lissabon, in: *Ambos*, Europäisches Strafrecht post-Lissabon, S. 18.

668 *Ambos*, Internationales Strafrecht, S. 383 f.

669 *Satzger*, Internationales und Europäisches Strafrecht, S. 120; *Hecker*, Europäisches Strafrecht, S. 285.

Mit Abs. 2 entscheidet der neue AEUV den vorher bestehenden Streit um eine Annexkompetenz[670] zur Angleichung der Strafrechtsvorschriften in Politikbereichen, die bereits Gegenstand von Harmonisierungsmaßnahmen geworden sind, zugunsten einer solchen und schreibt sie explizit fest[671]. Begrenzt wird diese Kompetenz allerdings durch ein strafrechtsspezifisches Schonungsgebot, das auf den Grundsätzen der Subsidiarität (Art. 5 Abs. 1 S. 2 und Abs. 3 UAbs. 1 EUV) sowie der Verhältnismäßigkeit (Art. 5 Abs. 1 S. 2 und Abs. 4 UAbs. 1 EUV) basiert.[672]

c) Exkurs: Supranationales europäisches Strafrecht

Im Zusammenhang des europäischen Strafrechts wird auch die Frage diskutiert, ob den europäischen Organen die Kompetenz zur Setzung genuin europäischen, unmittelbar in den Mitgliedsstaaten wirkenden materiellen Strafrechts zukommt. Ein solches wäre dann echtes europäisches Strafrecht.[673] Die vorliegende Untersuchung befasst sich zwar zuvorderst mit der deutschen Strafrechtsgesetzgebung, so dass diese Frage hier nicht unbedingt angesprochen werden müsste. Sie scheint aber im Zusammenhang des hier auch zu untersuchenden in Deutschland geltenden Strafrechts Bedeutung erlangen zu können und soll darum kurz angerissen werden.

Bisher existieren zwar europäische Normen, die Geldbußen regeln; es handelt sich bei diesen aber nicht um kriminalstrafrechtliche Geldstrafen.[674] Ein echtes supranationales EU-Kriminalstrafrecht existiert somit bisher nicht.[675] Es stellt sich aber die Frage, ob ein solches in Zukunft geschaffen werden könnte. Dazu müsste es eine besondere Kompetenznorm geben. Während dies vor dem Vertrag von Lissabon weitgehend abgelehnt wurde, hat sich die Situation inzwischen entscheidend gewandelt.[676] Eine Kompetenz zum Erlass supranationalen europäischen Strafrechts kann sich nun nach überwiegender Ansicht insbesondere aus Art. 325 Abs. 4 AEUV für die Betrugsbekämpfung, Art. 33 AEUV für das Zollwesen und Art 79 Abs. 2 lit. c AEUV für den Bereich der illegalen Einwanderung ergeben[677].

670 *Satzger*, Internationales und Europäisches Strafrecht, S. 116.

671 *Ambos*, Internationales Strafrecht, S. 487.

672 *Hecker*, Europäisches Strafrecht, S. 289 ff.; *Ambos*, Internationales Strafrecht, S. 488.

673 *Ambos*, Internationales Strafrecht, S. 385.

674 *Ambos*, Internationales Strafrecht, S. 387 f.

675 *Satzger*, Internationales und Europäisches Strafrecht, S. 98.

676 Gute Darstellung der Entwicklung bei *Satzger*, Internationales und Europäisches Strafrecht, S. 99.

677 *Satzger*, Internationales und Europäisches Strafrecht, S. 100 f.; *Ambos*, Internationales Strafrecht, S. 388 f.

Damit ist heute der Erlass supranationalen materiellen Strafrechts denkbar. Die Schaffung einzelner Straftatbestände würde allerdings wohl auch den Bedarf für einen entsprechenden Allgemeinen Teil mit sich bringen, so dass damit die Frage der Ausarbeitung eines Gesamtkonzeptes eines europäischen Strafrechts im Raum steht. Mit dieser haben sich die Mitgliedsstaaten befasst, was zur Ausarbeitung des „Corpus Juris" führte, der neben acht Straftatbeständen auch einen allgemeinen Teil enthält[678]. Die Europäische Kommission führte diese Arbeiten in ihrem „Grünbuch der Kommission zum Schutz der finanziellen Interessen der EG und zur Schaffung einer Europäischen Staatsanwaltschaft" teilweise fort[679]. Beides forderte eine wissenschaftliche Beschäftigung mit dem Thema heraus; diese führte zu teilweise detailliert ausgearbeiteten Gegenentwürfen[680].

Wenn die EU selbst Straftatbestände schaffen kann, ergibt sich die noch größere Notwendigkeit einer kritischen wissenschaftlichen Auseinandersetzung mit den Grundlagen der Kriminalpolitik auf europäischer Ebene. Einige Ansätze finden sich bereits[681], während auch diese Arbeit einige Erkenntnisse liefern dürfte, die auf die europäische Gesetzgebung übertragbar sind. Die gesellschaftlich und politisch wirksamen Strömungen, die in Deutschland zur Schaffung neuen Strafrechts führen, dürften in ähnlicher Weise auch über die Bundesgrenzen hinaus Einfluss haben.[682]

5. Fazit: Europas Impulse für das Strafrecht

Die Untersuchung der Einflüsse einer Europäisierung betraf in erster Linie die Form der jeweiligen Akte, sowie die dabei maßgeblichen Institutionen. Es ging jeweils um Impulsgeber und Impulsformen. Die Rechtswirkungen variieren dabei: Die jeweiligen Impulse wirken demnach unterschiedlich stark bzw. direkt. Wenig ausgesagt ist damit jedoch über die dabei entscheidenden materiellen Impulse und diese können auch auf europäischer Ebene durchaus vielgestaltig sein. So lassen sich beispielsweise bei der Harmonisierung durchaus unterschiedliche

678 *Satzger*, Internationales und Europäisches Strafrecht, S. 102 f. m. Nachweisen.

679 *Satzger*, Internationales und Europäisches Strafrecht, S. 103.

680 1262).

681 *European Criminal Policy Initiative*, ZIS 2009, 697.

682 Für das Beispiel der Sicherheit *Vogel*, Stand und Tendenzen der Harmonisierung des materiellen Strafrechts der Europäischen Union, in: *Zieschang/Hilgendorf/Laubenthal*, Strafrecht und Kriminalität in Europa, S. 35 Fn. 15 ff., vgl. auch o. S. S. 116 f.

Ziele verfolgen.[683] Die Europäische Union betreibt also auch ihre eigene Kriminalpolitik.[684] Für die Analyse der Problemimpulse und der damit verbundenen Wertungen etc. kann dann bei Gesetzen mit europäischem Einfluss auf die jeweiligen europäischen Materialien zurückgegriffen werden.

Eine der wichtigsten Zielsetzungen findet sich in Art. 67 AEUV: Danach soll das Strafrecht als Schutzrecht zur Erfüllung der staatlichen Pflicht zur Gewährleistung von Sicherheit dienen.[685]

Ein gemeinsames Fazit für den Einfluss der EU auf das Strafrecht lässt sich über den Bereich der Sicherheit hinaus auch durch Untersuchung der entscheidenden Kompetenznormen ziehen. Sowohl Abs. 1 als auch Abs. 2 des Art. 87 AEUV geben die Kompetenz zum Erlass von „Mindestvorschriften zur Festlegung von Straftaten und Strafen", betreffen also nur Regelungen über „ein Minimum an Pönalisierung".[686] In den Fällen, in denen in den nationalen Vorschriften milder bestraft wird, als es die Richtlinie vorsieht, hat strafrechtsausdehnende Gesetzgebung zu erfolgen. Demgegenüber bleibt es dem Gesetzgeber unbenommen, darüber hinausgehende schärfere Gesetze zu erlassen.[687] Der umgekehrte Fall einer Kompetenz zur Rechtsangleichung zur Entkriminalisierung ist nicht vorgesehen.[688] Obergrenzen werden nicht gezogen.

Dass somit ausschließlich die Kompetenz zur „Expansion des Strafrechts"[689] nicht aber zu dessen Begrenzung besteht, muss kritisch gesehen werden. Befürchtungen, dass damit der Punitivität Vorschub geleistet wird,[690] erscheinen berechtigt. Auch die Terminologie ist besorgniserregend: Die Bezeichnung „Mindestvorschriften" beschreibt hier keinen rechtsstaatlichen Mindeststandard

683 *Vogel*, Stand und Tendenzen der Harmonisierung des materiellen Strafrechts der Europäischen Union, in: *Zieschang/Hilgendorf/Laubenthal*, Strafrecht und Kriminalität in Europa, S. 39.

684 *Satzger*, Internationales und Europäisches Strafrecht, S. 126.

685 *Ambos*, Internationales Strafrecht, S. 473; *Vogel*, Stand und Tendenzen der Harmonisierung des materiellen Strafrechts der Europäischen Union, in: *Zieschang/Hilgendorf/Laubenthal*, Strafrecht und Kriminalität in Europa, S. 34; *Satzger*, Trends und Persepktiven einer europäischen Strafrechtspolitik, in: *4. Europäischer Juristentag*, Sammelband, S. 224 f.

686 *Satzger*, Internationales und Europäisches Strafrecht, S. 122.

687 *Vogel*, Stand und Tendenzen der Harmonisierung des materiellen Strafrechts der Europäischen Union, in: *Zieschang/Hilgendorf/Laubenthal*, Strafrecht und Kriminalität in Europa, S. 34.

688 *Satzger*, Internationales und Europäisches Strafrecht, S. 122.

689 *Ambos*, Internationales Strafrecht, S. 472.

690 *Satzger*, Internationales und Europäisches Strafrecht, S. 122.

sondern Aufforderungen zu strafrechtlichen Eingriffen. Das ist in der Tat eine „bemerkenswerte terminologische Umkehrung“.[691] All dieses lässt kaum eine andere Deutung zu als die durch *Schünemann* und *Ambos*:[692] Die Aufgabe eines aufgeklärten europäischen Strafrechts Regeln für den Schutz der Bürger nicht nur durch sondern auch vor dem Strafrecht zu gewährleisten tritt völlig in den Hintergrund. Die europäischen Einflüsse wirken mit ihrer verstärkten Punitivität und expansiven Tendenz[693] als Anlässe einer Ausweitung des Strafrechts.

VII. Zusammenfassung – Wiederkehrende Gesetzgebungsanlässe

Zunächst zeigte sich die Schwierigkeit der Bestimmung von Problemimpulsen in Abgrenzung zu Zielsetzungen sowie der Abgrenzung von Anlässen und Argumentationsvehikeln.[694] Daraus wurde deutlich, dass eine umfassende wissenschaftliche Analyse der Strafgesetzgebung und ihrer Anlässe methodologischen Hindernissen zu überwinden hat. Diese beruhen nicht zuletzt auf der Nicht-Linearität des Gesetzgebungsprozesses, der Vielzahl der einzelnen Akteure sowie der unterschiedlichen Funktionen und Wirkungen einzelner Faktoren für die jeweiligen Akteure und für die jeweiligen Vorgänge im Gesetzgebungsverfahren. Folglich ist die (Straf-) Gesetzgebungswissenschaft von einer Dechiffrierung der Strafgesetzgebung noch weit entfernt.

Dennoch ergeben sich aus der vorliegenden Untersuchung eindeutige Befunde: Bei verschiedenen untersuchten Gesetzen wiederholten sich die immer gleichen Gesetzgebungsanlässe. Dadurch scheint es möglich, einige Aussagen zu machen, die möglicherweise auch bei zukünftigen Gesetzgebungsverfahren mit vergleichbaren Impulsen Gültigkeit besitzen.

Sicherheit und Opferschutz sind scheinbar die großen Themen, ohne die gegenwärtige Strafgesetzgebung nicht verstanden werden kann.[695] Beide zeigten

691 *Ambos*, Internationales Strafrecht, S. 472.

692 *Ambos*, Internationales Strafrecht, S. 473; *Schünemann*, Mindestnormen oder sektorales Europastrafrecht?, in: *Schünemann*, Alternativentwurf europäische Strafverfolgung, S. 78.

693 *Satzger*, Trends und Persepktiven einer europäischen Strafrechtspolitik, in: *4. Europäischer Juristentag*, Sammelband, S. 232 f.

694 S. 73 ff.

695 S. 95 ff. und S. 139 ff.

sich als tief im heutigen Denken verwurzelt. Die Idee der Sicherheit ist untrennbar mit dem Gedanken der Prävention und dem Denken in Risiken verbunden.[696] Diese Aspekte müssen für die Entwicklung des Strafrechts als außerordentlich einflussreich eingeschätzt werden.

In der Logik der Sicherheit ist es auch notwendig, strafprozessuale Maßnahmen zu nutzen. Damit stellt Sicherheit einen Hintergrund für die Schaffung von Ermittlungsparagrafen dar.[697]

In diesen Kontext passen ebenfalls die europäischen Einflüsse auf das Strafrecht. Auch dort konnte der besondere Stellenwert der Sicherheit nachgewiesen werden.[698] Das europäische Strafrecht gibt Grund zur Besorgnis: Es fördert einseitig repressive Tendenzen.[699]

Ebensolche sind es auch, die dazu führen, oftmals vermeintlich zu schließende Lücken erkennen zu wollen.[700] Von Lücken zu sprechen stellt allerding eine Wertung dar. Wird diese Wertung vorgenommen, kann auf dahinter stehende Einstellungen hinsichtlich des Strafrechts geschlossen werden.

Stets zusammen mit den bisher schon genannten Anlässen traten in Verbindung mit konkreten Gesetzesvorhaben spektakuläre Einzelfälle auf den Plan.[701] Diese Verbindung fördert problematische Vorgehensweisen im Gesetzgebungsverfahren und damit auch problematische Ergebnisse. Gesetzgeberische Reaktionen auf Einzelfälle führen zu expressiver Gesetzgebung.

Insgesamt stellte sich die Untersuchung der Gesetzgebung anhand ihrer Anlässe als überaus fruchtbar dar. Hier wurden die Aussagen der Akteure im Gesetzgebungsverfahren ernst genommen und in einen größeren Kontext gestellt. Daraus ergaben sich tiefe Einblicke in die Schnittmengen (straf-)rechtlicher und politischer Rationalität.

---

696 S. 125 ff.
697 S. 179 ff.
698 S. 116 ff.
699 S. 192 ff.
700 S. 180 ff.
701 S. 182 ff.

E. Ergebnisse der Strafgesetzgebung: Versuch der Feststellung einer Tendenz der Strafrechtsausweitung

I. Zielsetzung: Kriterien der Vorverlagerung

Bisher konnten bei der Untersuchung einiger konkreter Gesetzgebungsvorhaben schon in zweierlei Hinsicht Übereinstimmungen gefunden werden. Erstens zeigten sich Gemeinsamkeiten bei der Verbindung wissenschaftlicher Expertise und Gesetzgebung: Für die Gesetzgebung dient wissenschaftliche Beratung insbesondere der Befriedigung einer Legitimationsfunktion.[1] Zweitens fanden sich einige gemeinsame Anlässe der Gesetzgebung.[2] Auch bei der Untersuchung der Anlässe spielte die Frage nach wissenschaftlichen Einflussmöglichkeiten eine Rolle.

Im Folgenden sollen die Ergebnisse des bisher beschriebenen Gesetzgebungsprozesses beleuchtet werden. Es geht also um die Untersuchung der verabschiedeten Gesetze. Auch bei dieser soll die Frage nach wissenschaftlichen Einflussmöglichkeiten weiter die Richtung vorgeben. Aus diesem Grund soll nach weiteren Übereinstimmungen gesucht werden. Denn das Auffinden von Gemeinsamkeiten beim materiellen Recht wird es erlauben, allgemeinere Aussagen zu treffen als die Kommentierung einer Einzelvorschrift es vermag.

Der Ausgangspunkt ist hier eine seit einiger Zeit postulierte Gemeinsamkeit neuerer Strafgesetzgebung, nämlich die Tendenz einer ausdehnenden Strafrechtspolitik.[3] Bei dieser Strafrechtsausdehnung oder -ausweitung ist dabei nicht nur eine quantitative Zunahme strafrechtlicher Normen sondern auch eine qualitative Veränderung angesprochen. Bisher waren mit den Anlässen zur Verabschiedung neuer Strafvorschriften die Anlässe einer quantitativen Veränderung Gegenstand der Untersuchung. Für die qualitative Ausdehnung sollen im Folgenden Kriterien herausgearbeitet werden, an denen sich die neuen Normen messen lassen können.

Wie noch gezeigt werden wird, entsprechen die gewählten Kriterien sowohl einer Betrachtung der dogmatischen Struktur der Straftatbestände als auch deren

---

1 S. 43 f.

2 S. 94 ff.

3 Z.B. *Hirsch*, Auf dem Weg in den Überwachungsstaat?, in: *Huster/Rudolph*, Vom Rechtsstaat zum Präventionsstaat, S. 168; *Roxin*, AT I, §§2 Rn. 69; *Silva Sanchez*, Die Expansion des Strafrechts, S. 3.

intendierter Wirkungsweise. Die Untersuchung und Einordnung der Ergebnisse der Gesetzgebung anhand bekannter Kriterien kann einen Überblick über die Gesetzgebungsakte liefern. Dieser Überblick wiederum kann dann Grundlage weiterer Überlegungen über Tendenzen der Strafgesetzgebung, des Strafrechts und der Strafrechtspolitik sein.

Dabei soll nicht behauptet werden, dass anhand der Untersuchung dreier neuerer Normen allgemeingültige, prognosefähige Aussagen über das Strafrecht als Ganzes möglich sind. Das ist schon deshalb selbstverständlich, weil dazu weit mehr Normen untersucht werden müssten. Die vorliegende Arbeit will sich aber ganz bewusst auf die Untersuchung dieser einigen wenigen Normen beschränken; es leidet notgedrungen die Breite, um die entsprechende Tiefe zu ermöglichen. Allerdings wird es durchaus möglich sein, bestimmte Tendenzen erkennbar zu machen.

II. Quantitative Ausweitung strafrechtlicher Verbote

Mehr strafrechtliche Verbote bedeuten mehr verbotenes Verhalten; insofern handelt es sich bei jedem neuen Straftatbestand um eine quantitative Ausweitung der Strafbarkeit. Dies gilt selbstverständlich auch für die untersuchten Vorschriften, die ein Verhalten unter Kriminalstrafe stellen, das vorher (so) nicht strafbar war. Die aufgefundenen Anlässe der Strafgesetzgebung[4] können bereits als begünstigende Einflüsse einer quantitativen Ausdehnung angesehen werden. Der Teil der Arbeit, der die Anlässe der Gesetzgebung betrachtet, gibt also schon für sich allein Aufschluss über begünstigende Faktoren einer quantitativen Ausdehnung.

III. Kriterien einer qualitativen Ausweitung: Vorverlagerung und Ausdehnung

Die Untersuchung quantitativer Ausdehnung allein lässt aber noch nicht genügende Aussagen über die Gesetzgebung zu. Um von einer Strafrechtsausweitung sprechen zu können, muss auch eine qualitative Veränderung des Strafrechts nachgewiesen werden. Um dies zu untersuchen, sollte ein aussagefähiges qualitatives Kriterium der Ausweitung gefunden werden, an dem die Normen gemessen

4 O. S. 80 ff.

werden können. Für diese Einordnung sind mehrere Kriterien denkbar; eine Betrachtungsweise ist diejenige des Vorfeldschutzes bzw. der Vorverlagerung.

1. Was ist mit Vorfeld gemeint?

Vorfeld ist in einem ersten Zugriff ein „wesentlich relationaler Begriff"; bezeichnet wird ein raumzeitlich bestimmter Bereich, der dem in Bezug genommenen Objekt oder Ereignis vorgelagert ist oder vorhergeht.[5] Die erste Frage ist, was das Bezugsobjekt zum Vorfeld ist. Das könnte das Rechtsgut sein. Dabei ist der Ausgangspunkt eine „manifest gedachte Rechtsgutsbeeinträchtigung".[6] So versteht auch der Großteil der Autoren den Begriff[7]: Vorfeldkriminalisierung zeichne sich durch eine nur mittelbare Beziehung zwischen inkriminiertem Verhalten und Rechtsgutsverletzung aus.[8] Sie verzichte auf „die Unmittelbarkeit der Rechtsgutsverletzung oder -gefährdung".[9]

Nach dieser ersten Definition, die vom Rechtsgut ausgeht und das inkriminierte Verhalten in den Blick nimmt, geht es letztendlich um die Struktur des Straftatbestandes. Für eine Beschreibung strafrechtspolitischer Tendenzen liegt hierin ein Nacheil: Wenn nur das Ergebnis der Strafgesetzgebung untersucht wird, bleiben Faktoren und Prozesse, die zu diesem Ergebnis geführt haben, notwendig außer Acht. Dagegen sollte gerade eine Gesamtschau auf den politischen Prozess der Strafgesetzgebung aufschlussreich sein. Für die hiesige Untersuchung stellt das allerdings einen Vorteil dar. Der Gesetzgebungsprozess war bereits an anderer Stelle Gegenstand der Arbeit. Nunmehr geht es nur um die Ergebnisse. Und dafür steht die Gesetz gewordene Norm ohne Einschränkung der wissenschaftlichen Untersuchung offen. Ihr Text steht unbestritten fest. Weiterhin handelt es sich um einen dogmatischen Ansatz; damit stehen die weitreichenden dogmatischen Kenntnisse der Rechtswissenschaft für eine Einordnung zur Verfügung: Es gibt bereits hinreichend etablierte Differenzierungen zur Deliktsstruktur ausgehend vom Rechtsgutsbezug. Mittels dieser kann in einem bekannten Kontext gearbeitet werden, um zu Erkenntnissen über die Qualität des strafrechtlichen Verbots zu gelangen.

---

5 *Beck*, Unrechtsbegründung und Vorfeldkriminalisierung, S. 21; ebenso *Hefendehl*, Kollektive Rechtsgüter, S. 36.

6 *Beck*, Unrechtsbegründung und Vorfeldkriminalisierung, S. 21 f.

7 *Sieber*, NStZ 2009, 353 (357); vgl. auch bereits *Jakobs*, ZStW 97 (1985), 751.

8 *Voß*, Symbolische Gesetzgebung, S. 145, *Wohlers*, Deliktstypen des Präventionsstrafrechts, S. 307, einschränkend *Roxin*, AT I, §§2 Rn. 69: kein Bezug zum Rechtsgut.

9 *Anastasopoulou*, Deliktstypen zum Schutz kollektiver Rechtsgüter, S. 223.

a) Deliktsstrukturen

(1) Rechtsgut und Handlungsobjekt

Bei der dogmatischen Einteilung der Deliktstypen wird grundsätzlich zwischen dem Handlungsobjekt und dem Rechtsgut unterschieden.[10] Das Handlungsobjekt ist das Objekt, „dem gegenüber die Handlung vollzogen wird", während das Rechtsgut das Objekt bezeichnet „dessen Schutz durch die Strafnorm bezweckt wird".[11] Liegt eine nur mittelbare Beziehung zwischen inkriminiertem Verhalten und Rechtsgutsverletzung vor, kann das als Vorfeldkriminalisierung bezeichnet werden.[12]

(2) Drei Grundtypen

Ausgehend von obiger Unterscheidung zwischen Handlungsobjekt und Rechtsgut lassen sich im Grundsatz drei verschiedene Gesetzgebungstechniken finden, um Rechtsgut und Handlungsobjekt in ein Verhältnis zu setzen.[13]

(a) Verletzungsdelikte

Die erste ist diejenige der Verletzungsdelikte, bei denen das Handlungsobjekt mit dem Rechtsgut deckungsgleich ist, wie dies etwa bei einem Tötungsdelikt der Fall wäre: Die Verletzung des Lebens entspricht sowohl Handlungsobjekt als auch Rechtsgut. Die Rechtsgutsverletzung stellt dabei den tatbestandlichen Erfolg dar.

Der tatbestandliche Erfolg muss aber nicht notwendigerweise eine Rechtsgutsverletzung beinhalten.[14] Das ist insbesondere bei den Gefährdungsdelikten nicht der Fall. Diese betreffen die Fälle, in denen (vorsätzlich) eine Gefährdung herbeigeführt wird, ohne dass Verletzungsvorsatz gegeben wäre, so dass diese nach den Regeln des strafbaren Versuchs sonst straflos blieben.[15] Innerhalb der Gefährdungsdelikte können die beiden weiteren Techniken der sogenannten konkreten und abstrakten Gefährdungsdelikten unterschieden werden.

---

10 *Roxin*, AT I, §§2 Rn. 65.

11 *Anastasopoulou*, Deliktstypen zum Schutz kollektiver Rechtsgüter, S. 56.

12 *Voß*, Symbolische Gesetzgebung, S. 145.

13 *Hefendehl*, Kollektive Rechtsgüter, S. 40.

14 allg. A., s. nur *Hefendehl*, Kollektive Rechtsgüter, S. 153; *Roxin*, AT I, §§2 Rn. 68.

15 *Anastasopoulou*, Deliktstypen zum Schutz kollektiver Rechtsgüter, S. 45.

(b) Konkrete Gefährdungsdelikte

Dabei werden die „Delikte, deren Normen die [...] Verursachung einer Gefahr für ein Rechtsgut verbieten“ als konkrete Gefährdungsdelikte bezeichnet.[16] Sie stellen die zweite Gesetzgebungstechnik dar. Im Gegensatz zu den Verletzungsdelikten kommt es dort nicht auf eine Rechtsgutsverletzung an; eine Gefährdung genügt. Dabei muss die Gefährdung nach gängiger Definition so „aktuell“[17] sein, dass „die Sicherheit einer bestimmten Person oder Sache so stark beeinträchtigt gewesen [ist], dass es nur noch vom Zufall abhing, ob das Rechtsgut verletzt wurde oder nicht“.[18] Die konkreten Gefährdungsdelikte können auch als Fahrlässigkeitstaten verstanden werden, bei denen der Erfolg (nur) zufällig ausbleibt. In diesen Fällen sei Straflosigkeit erstens ungerecht, da die Strafbarkeit hier nur vom Zufall des Verletzungserfolgs abhänge und zweitens aus Abschreckungsgesichtspunkten unbefriedigend, da der Täter trotz seiner „unsorgfältige[n], unerträglich gefährliche[n] Handlung“ bei glücklichem Ausgang straflos bleibe.[19] Da allgemein die Notwendigkeit des Verbots konkret gefährlicher Handlungsweisen anerkannt wird, stehen die konkreten Gefährdungsdelikte kaum in einer Diskussion um ihre grundsätzliche Legitimation.

(c) Abstrakte Gefährdungsdelikte

Anders ist das bei dem dritten Typus der sogenannten abstrakten Gefährdungsdelikte. Diese zeichnen sich dadurch aus, dass „deren Verhaltensnormen weder die konkrete Gefährdung noch die Verletzung eines Rechtsgutes untersagen“.[20] Bei dieser Art der Strafrechtsnorm sind Handlungsobjekt und Rechtsgut verschieden. Gemeint sind also diejenigen Delikte, bei denen „es nicht einmal zu einer konkreten Gefährdung gekommen ist, dies möglicherweise sogar von vornherein auszuschließen war.“[21] Es wird dann wie etwa bei § 316 StGB (Trunkenheit im Verkehr) ein generell als gefährlich angesehenes Verhalten unter Strafe gestellt. Bei anderen Delikten entfernen sich Rechtsgutsverletzung und inkriminierte Handlung noch weiter. So sind beispielsweise bei § 324 StGB (Gewässerverunreinigung) nach herrschender Meinung auch solche Handlungen tatbestandsmäßig,

---

16 *Kindhäuser*, Gefährdung als Straftat, S. 189.

17 *Wohlers*, Deliktstypen des Präventionsstrafrechts, S. 285.

18 *BGH*, NStZ-RR 2010, 120 (120).

19 *Anastasopoulou*, Deliktstypen zum Schutz kollektiver Rechtsgüter, S. 46.

20 *Kindhäuser*, Gefährdung als Straftat, S. 225; ebenso *Hefendehl*, Kollektive Rechtsgüter, S. 40.

21 *Wohlers*, Deliktstypen des Präventionsstrafrechts, S. 291 f.

die für sich genommen nicht einmal generell oder abstrakt geeignet sind, eine Rechtsgutsverletzung herbeizuführen.[22]

(3) Fazit

Bei den drei Grundtypen besteht die geringste Nähe zwischen Rechtsgut und inkriminierter Handlung eindeutig bei den abstrakten Gefährdungsdelikten. Soweit lässt sich feststellen: Das abstrakte Gefährdungsdelikt stellt die dogmatische Struktur der Vorfeldstrafbarkeit dar.[23]

Allerdings gibt es abstrakte Gefährdungsdelikte schon lange im StGB; ihre bloße Existenz kann demnach kein Indikator für eine aktuelle qualitative Veränderung des Strafrechts sein. Weiteren Aufschluss kann wiederum eine genauere Untersuchung der abstrakten Gefährdungsdelikte geben.

a) Typen abstrakter Gefährdungsdelikte

(1) Wohlers

Eine Unterteilung der abstrakten Gefährdungsdelikte nimmt *Wohlers* in seinem Werk vor. Er unterteilt in drei Unterkategorien: 1. konkrete Gefährlichkeitsdelikte bzw. potentiell-konkrete Gefährdungsdelikte, 2. Kumulationsdelikte und 3. Vorbereitungsdelikte.[24] Diese Einteilung liegt auch den weiteren Ausführungen von *v. Hirsch/Wohlers* zugrunde[25].

Danach charakterisiert den Typus der konkreten Gefährlichkeitsdelikte, dass dort gefährliche Zustände geschaffen werden, deren Kontrolle sich dem Täter entzieht; dazu gehört u.a. § 316 StGB.[26]

Als Kumulationsdelikte werden diejenigen Delikte bezeichnet, bei denen die tatbestandliche Handlung für sich allein keine Beeinträchtigung eines Rechtsguts (oder wie *Wohlers* sagt: Interesses) verursacht, dazu aber im Zusammenwirken mit vielen anderen gleichartigen Verhaltensweisen führen könne.[27] Dazu gehöre beispielsweise die Gewässerverunreiniung im Sinne von

22 *Hefendehl*, Kollektive Rechtsgüter, S. 153.

23 so wohl auch *Herzog*, Gesellschaftliche Unsicherheit, der die „Vorverlegung des Strafrechtsschutzes“ durch Gefährdungsdelikte untersucht.

24 *Wohlers*, Deliktstypen des Präventionsstrafrechts, S. 307 ff.

25 *Hirsch/Wohlers*, Rechtsgutstheorie und Deliktsstruktur – zu den Kriterien fairer Zurechnung, in: *Hefendehl*, Die Rechtsgutstheorie, S. 198 f.

26 *Wohlers*, Deliktstypen des Präventionsstrafrechts, S. 309.

27 *Wohlers*, Deliktstypen des Präventionsstrafrechts, S. 309 f.

§ 324 StGB.[28] Eine Rechtsgutsbeeinträchtigung ist erst möglich, wenn das Verhalten gehäuft auftritt.[29]

Anders als bei den Kumulationsdelikten leistet der Täter beim Vorbereitungsdelikt keinen unmittelbaren (Teil-)Beitrag zur Rechtsgutsbeeinträchtigung. Er schafft lediglich eine Situation, auf die zu deliktischen Zwecken aufgebaut werden kann; beispielhaft ist dafür etwa das Inverkehrbringen gefährlicher Gegenstände.[30]

Nach dieser Typisierung scheiden die Gefährlichkeitsdelikte als Kennzeichen einer Vorverlagerung wohl aus. Das ergibt sich bereits aus der Tatsache, dass sie die „klassischen" abstrakten Gefährdungsdelikte umfassen. Doch auch im Hinblick auf den Zusammenhang von Rechtsgut und inkriminiertem Verhalten ist der Bezug dort am engsten. Weitere deliktische Verhaltensweisen müssen nicht mehr hinzukommen, um eine etwaige Rechtsgutsbeeinträchtigung herbeizuführen. Von einer Vorverlagerung soll hier jedenfalls bei den als konkrete Gefährlichkeitsdelikte bezeichneten Straftatbeständen noch nicht gesprochen werden.

Allerdings zielt *Wohlers* in seiner Unterscheidung der Deliktstypen auf die Untersuchung der Legitimität des Einsatzes strafrechtlicher Zwangsmittel ab.[31] Insofern lassen sich aus seiner Einteilung für die Frage nach der Vorverlagerung keine unmittelbaren Schlüsse ziehen, auch wenn umgekehrt die Frage nach der Vorverlagerung Aussagen über die Legitimität ermöglichen sollte.

(2) Sieber

Auch *Siebers* Unterteilung in die drei Haupttypen der „objektiven Gefahrschaffungsdelikte", der „Planungsdelikte" und der „Kooperationsdelikte"[32] geht von der unterschiedlichen Legitimität aus; sie „beruht auf der Funktionalität der gebildeten Fallgruppen für die Unrechtsbegründung"[33].

Insofern sind auch hier keine unmittelbaren Rückschlüsse auf die Frage nach der Vorverlagerung möglich.

Allerdings macht *Sieber* selbst weitere Ausführungen zur Reichweite der Vorverlagerung. Eine besonders starke Vorverlagerung sieht er bei den von ihm

---

28 *Wohlers*, Deliktstypen des Präventionsstrafrechts, S. 143; ebenso *Kuhlen*, ZStW 105 (1993), 697 (716); umstr., a.A. z.B. Sch/Sch-*Heine*, § 324, Rn. 1.

29 *Hirsch/Wohlers*, Rechtsgutstheorie und Deliktsstruktur – zu den Kriterien fairer Zurechnung, in: *Hefendehl*, Die Rechtsgutstheorie, S. 207.

30 *Wohlers*, Deliktstypen des Präventionsstrafrechts, S. 328.

31 *Wohlers*, Deliktstypen des Präventionsstrafrechts, S. 306 f.

32 *Sieber*, NStZ 2009, 353 (358).

33 *Sieber*, NStZ 2009, 353 (358).

sogenannten Vorbereitungsdelikten.[34] Bei ihm stellen sie neben dem strafbaren Versuch die andere Unterart der Planungsdelikte dar. Sie zeichnen sich dadurch aus, dass bei ihnen „die Strafbarkeit – anders als beim Versuch – bereits im Planungsstadium lange vor dem unmittelbaren Ansetzen des Täters zur Tatbestandsverwirklichung beginnt.“[35] Für sie genüge demnach eine Ausführungshandlung im frühen (nach den Kategorien des Versuchs straflosen) Planungsstadium sowie teilweise eine wenig konkretisierte Tätervorstellung von der Tat.[36] Damit nutzt *Sieber* den Begriff nur teilweise anders als *Hirsch/Wohlers*: Auch bei ihm ist zur Rechtsgutsverletzung weiteres deliktisches Handeln notwendig. Ein Widerspruch zwischen den beiden Begriffen besteht nicht.

Bei der Vorstellung der Tat als linearem zeitlichen Geschehen, an dessen Ende mit der Tatvollendung die Rechtsgutsbeeinträchtigung steht, beginnt die Strafbarkeit hier zeitlich noch vor dem unmittelbaren Ansetzen zur Tatbestandsverwirklichung, das den Versuchsbeginn kennzeichnet.

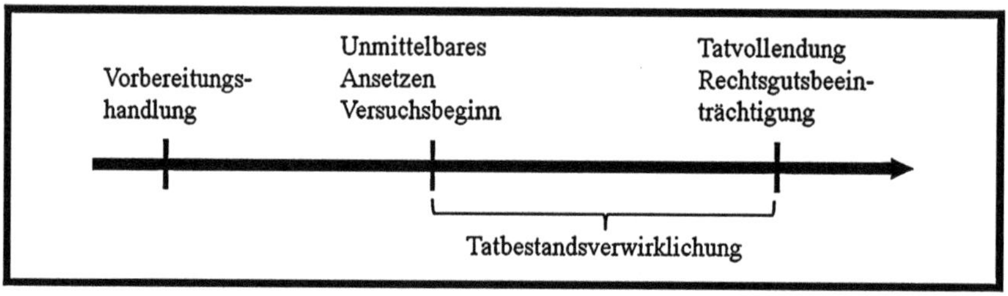

Abbildung 3: Zeitstrahl Vorbereitungsdelikte

Die Kategorie der Vorbereitungsdelikte zeichnet sich somit durch eine zeitliche Vorverlagerung aus. Der Einteilung *Sieber*s folgend kann somit jedenfalls bei den sogenannten Vorbereitungsdelikten von einer Vorverlagerung gesprochen werden.

(3) Hefendehl

Eine eingehendere Befassung mit dem Begriff des Vorfeldes findet sich bei *Hefendehl*. Dabei lehnt er in einem ersten Zugriff die Unterscheidung von Verletzungs- und Gefährdungsdelikt als alleinigem Kriterium ab.[37] Zusätzlich unterscheidet er

34 *Sieber*, NStZ 2009, 353 (359).
35 *Sieber*, NStZ 2009, 353 (359).
36 *Sieber*, NStZ 2009, 353 (359).
37 *Hefendehl*, Kollektive Rechtsgüter, S. 36.

zwischen Individualrechtsgütern und kollektiven Rechtsgütern. Ohne dabei näher auf diese Unterscheidung eingehen zu wollen, kommt *Hefendehl* zu folgender Definition des Vorfeldschutzes:

Er liege bei individuellen Rechtsgütern vor, wenn „es *keine* Frage des Zufalls ist, daß das Rechtsgut nicht zu Schaden kommt. Die Trunkenheitsfahrt fällt nach dieser Sichtweise also nicht unter den strafrechtlichen Vorfeldschutz, wohl aber die Pönalisierung der Verbrechensverabredung über § 30.“[38]

Beim Schutz von kollektiven Rechtsgütern handle es sich dagegen stets um Vorfeldschutz im Verhältnis zu individuellen Rechtsgütern, da Rechtsgüter des Einzelnen erst vermittelt über die kollektiven Rechtsgüter geschützt würden.[39] Die kollektiven Rechtsgüter zeichneten sich weiterhin bereits begrifflich dadurch aus, „daß sie gegenüber der tatbestandsmäßigen Handlung immun bleiben:“[40] Die einzelne Tat kann das Kollektivrechtsgut nicht zerstören. Dabei ließen sich aber wiederum „unterschiedliche zeitliche Abhängigkeiten festlegen“.[41]

c) Zusammenfassung

Für *Sieber* handelt es sich bei den Vorbereitungsdelikten um diejenigen mit dem problematischsten Verhältnis zwischen Handlung und Rechtsgutsbeeinträchtigung. Diese Einschätzung teilt auch *Wohlers* hinsichtlich seiner Definition des Vorbereitungsdelikts. Da sich diese dadurch auszeichnen, dass für die Rechtsgutsbeeinträchtigung weiteres (deliktisches) Verhalten notwendig ist, herrscht hier mit der Abgrenzung *Hefendehl*s teilweise Übereinstimmung. Auch bei den Vorbereitungsdelikten hängt es nicht nur vom Zufall ab, ob es zur Verletzung kommt. Nimmt man alle genannten Kriterien zusammen, kann man zu folgendem Fazit gelangen: Jedenfalls von Vorfeld kann gesprochen werden, wenn das Delikt keine Verletzung oder Rechtsgutsgefährdung zum tatbestandlichen Erfolg macht und wenn die tatbestandsmäßige Handlung zeitlich weit vor der Rechtsgutsbeeinträchtigung liegt und es zu dieser nicht nur des Zufalls bedarf, sondern weiterer deliktischer Handlung.

Dagegen soll bei den Delikten, die *Wohlers* konkrete Gefährlichkeitsdelikte nennt, nicht von Vorfeld gesprochen werden.

Weiter zu berücksichtigen ist das von *Hefendehl* beschriebene Charakteristikum der kollektiven Rechtsgüter als generell vorverlagernd. Ist demnach ein kollektives

---

38 *Hefendehl*, Kollektive Rechtsgüter, S. 36.
39 *Hefendehl*, Kollektive Rechtsgüter, S. 36.
40 *Hefendehl*, Kollektive Rechtsgüter, S. 36.
41 *Hefendehl*, Kollektive Rechtsgüter, S. 36.

Rechtsgut geschützt, spricht vieles für das Vorliegen von Vorfeldschutz. Allerdings handelt es sich dabei nicht um ein hinreichendes Kriterium.

Man kann letztlich bei der Frage der Vorfeldkriminalisierung zwei Aspekte trennen: Erstens die Frage welches Rechtsgut geschützt ist, bzw. ob überhaupt ein Rechtsgut geschützt ist und zweitens den Grad der Mittelbarkeit zwischen verbotenem Verhalten und Verletzung des Rechtsguts.[42]

IV. Dogmatische Einordnung der untersuchten Delikte

Wie gesehen kommt es für die Frage nach der Vorverlagerung in zweierlei Weise maßgeblich auf das durch eine Norm geschützte Rechtsgut an. Erstens kann sich eine Vorverlagerung bereits aus dem Schutz kollektiver Rechtsgüter ergeben. Zweitens ist mit Vorverlagerung insbesondere ein nur mittelbarer Bezug zwischen Rechtsgut und Tathandlung bestimmend, wie dies gerade die abstrakten Gefährdungsdelikte kennzeichnet. Zur Bestimmung des Deliktstyps wiederum ist das Verhältnis von Handlungsobjekt und Rechtsgut zu untersuchen. Die Bestimmung des Rechtsguts muss demnach der Ausgangspunkt sein.

Für die Spezifizierung des Rechtsgutes einer Norm lassen sich die allgemeinen Auslegungsregeln heranziehen. Auf diejenigen Auslegungsmethoden, die sich des Rechtsguts bedienen, muss allerdings verzichtet werden, da sonst die teleologische Auslegung „in der Gefahr [stünde], zirkelschlüssig und damit beliebig zu werden."[43] Übrig bleibt dann für die Auslegung der „Schluß von bekannten Elementen einer Norm, ihren systematischen Bezügen und ihren Motiven auf das Rechtsgut."[44] Bei den hier zu untersuchenden neuen Straftatbeständen kommt dabei den Gesetzgebungsmaterialien und insbesondere der Gesetzesbegründung eine besondere Rolle zu.

Es besteht die Gefahr, dass gerade im Hinblick auf die Forderung, dass jede Strafrechtsnorm ein zu schützendes Rechtsgut vorweisen muss[45], Rechtsgüter mehr oder minder frei erfunden werden.[46]

---

42 *Müller-Dietz*, Aspekte und Konzepte der Strafrechtsbegrenzung. in: FS Schmitt, S. 102.

43 *Hefendehl*, Kollektive Rechtsgüter, S. 25.

44 *Hefendehl*, Kollektive Rechtsgüter, S. 25.

45 Vgl. auch u. S. 251 f.

46 *Hefendehl*, Kollektive Rechtsgüter, S. 33.

Lassen sich bei der Auslegung mehrere mögliche Rechtsgüter finden, ist zu entscheiden, welches das maßgebliche sein soll. Diese Situation wird sich zwangsläufig immer wieder ergeben, da beispielsweise mit dem Schutz der Redlichkeit des Geschäftsverkehrs mittelbar auch Vermögensinteressen Einzelner, mit dem Straßenverkehr Eigentum und ebenso Leib und Leben Einzelner betroffen sind. Bei der Abwägung hält dann „das Verfassungsrecht Zweifelsregelungen für die Auslegung bereit.“[47] Nämlich: „Lassen sich einem Straftatbestand [...] unmittelbar individuelle Rechtsgüter zugrunde legen, besteht kein Anlaß, kollektive Rechtsgüter zu hypostasieren.“[48] Dies ergebe sich aus „der personalen Ausgestaltung von Staatsverfassung und Staatstätigkeit als Charakteristikum der Verfassung“, so dass auf die Konstruktion eines kollektiven Rechtsguts zu verzichten ist, wenn damit nicht mehr als der unmittelbare Schutz eines Individualrechtsguts erreicht werden kann.[49] Und auch wenn nicht einer personalen Rechtsgutskonzeption gefolgt wird, ergibt sich immerhin aus den Problemen, die kollektive Rechtsgüter mit sich bringen, die Praxisregel, möglichst auf diese zu verzichten.

Hier soll erneut betont werden, dass die Frage nach einer „Vorverlagerung“ oder „Ausweitung“ noch keine Wertung enthalten soll, diese aber selbstverständlich ermöglichen kann. Ziel ist allein die Einordnung anhand bereits bekannter Kriterien.

1. § 52a WaffG

Die Vorschrift des § 52a WaffG lautet:[50]

> „Mit Freiheitsstrafe bis zu drei Jahren oder mit Geldstrafe wird bestraft, wer eine in § 53 Absatz 1 Nummer 19 bezeichnete Handlung vorsätzlich begeht und dadurch die Gefahr verursacht, dass eine Schusswaffe oder Munition abhanden kommt oder darauf unbefugt zugegriffen wird.“

Für die Tathandlung wird also auf § 53 Abs. 1 Nr. 19 verwiesen. § 53 Abs. 1 Nr. 19 WaffG wiederum beschreibt die Tathandlung als „entgegen § 36 Abs. 1 Satz 2 oder Abs. 2 eine Schusswaffe aufbewahrt“. Die gebotene Aufbewahrung ergibt sich demnach aus § 36 Abs. 1 S. 2 und Abs. 2, die lauten:

> (1) [...] Schusswaffen dürfen nur getrennt von Munition aufbewahrt werden, sofern nicht die Aufbewahrung in einem Sicherheitsbehältnis erfolgt, das mindestens der

47 *Hefendehl*, Kollektive Rechtsgüter, S. 27.
48 *Hefendehl*, Kollektive Rechtsgüter, S. 82.
49 *Hefendehl*, Kollektive Rechtsgüter, S. 82.
50 Zur besseren Lesbarkeit wurde der Text der Vorschriften hier nochmals aufgenommen.

Norm DIN/EN 1143-1 Widerstandsgrad 0 (Stand Mai 1997) 1) oder einer Norm mit gleichem Schutzniveau eines anderen Mitgliedstaates des Übereinkommens über den Europäischen Wirtschaftsraum (EWR-Mitgliedstaat) entspricht.

(2) Schusswaffen, deren Erwerb nicht von der Erlaubnispflicht freigestellt ist, und verbotene Waffen sind mindestens in einem der Norm DIN/EN 1143-1 Widerstandsgrad 0 (Stand Mai 1997) entsprechenden oder gleichwertigen Behältnis aufzubewahren; als gleichwertig gilt insbesondere ein Behältnis der Sicherheitsstufe B nach VDMA 2) 3) 24992 (Stand Mai 1995). Für bis zu zehn Langwaffen gilt die sichere Aufbewahrung auch in einem Behältnis als gewährleistet, das der Sicherheitsstufe A nach VDMA 24992 (Stand Mai 1995) oder einer Norm mit gleichem Schutzniveau eines anderen EWR-Mitgliedstaates entspricht. Vergleichbar gesicherte Räume sind als gleichwertig anzusehen."

Der objektive Tatbestand des § 52a beschreibt als Tathandlung demnach eine unsachgemäße Aufbewahrung und eine dadurch verursachte Gefahr des Abhandenkommens oder des unbefugten Zugriffs.

Subjektiv muss sowohl die Tathandlung als auch die „konkrete Gefährdung vom (wenigstens bedingten) Vorsatz des Täters umfasst sein"[51]

a) Bestimmung des geschützten Rechtsguts

Für die dogmatische Einordnung der Vorschrift ist zuerst das geschützte Rechtsgut zu benennen. Dabei soll die hierfür notwendige Auslegung bewusst sorgfältig durchgeführt werden, um einerseits zum möglichst treffendsten Ergebnis zu gelangen und andererseits an dieser Stelle exemplarisch die dabei auftretenden Schwierigkeiten offenzulegen.

(1) Systematische Auslegung: Rechtsgüter des Waffenrechts

Das durch § 52a WaffG geschützte Rechtsgut muss durch Auslegung ermittelt werden. Für die systematische Auslegung ist zu prüfen, ob sich aus dem Waffenrecht allgemein das zu schützende Rechtsgut ergibt. Das WaffG selbst gibt darüber erst einmal wenig Aufschluss. Das WaffG regelt nach § 1 Abs. 1 WaffG „den Umgang mit Waffen oder Munition unter Berücksichtigung der Belange der öffentlichen Sicherheit und Ordnung". Daraus könnte man auf den „Schutz des Rechtsguts/der Rechtsgüter der öffentlichen Sicherheit

---

51 Steindorf/Heinrich/Papsthart-*Heinrich*, § 52a WaffG, Rn. 3.

und Ordnung“ schließen wollen. Allerdings ist dies zu Recht „besonderen Bedenken ausgesetzt“[52]:

> „Wegen ihrer Verschwommenheit und Weite sind derartige Begriffe überhaupt ungeeignet, die unrechtsbegründende Eigenart dieser – und anderer – Delikte zu verdeutlichen.“[53]

Die „Verschwommenheit und Weite“ zeigt sich bei genauerer Betrachtung: „Rechtsprechung und Literatur“ verstehen öffentliche Sicherheit „als die Unversehrtheit von Leben, Gesundheit, Freiheit, Ehre, Eigentum und Vermögen sowie den Bestand und das Funktionieren des Staates, seiner Rechtsordnung und seiner grundlegenden Einrichtungen“.[54] Als Rechtsgüter werden erst einmal alle rechtlich geschützten Güter angesehen.[55] Das führt dazu, dass der Schutz der gesamten Rechtsordnung, wie sie Teil der öffentlichen Sicherheit ist, nicht auf eines, sondern letztlich auf alle Rechtsgüter verweist.

Weiter wird unter öffentlicher Ordnung „die Gesamtheit jener ungeschriebenen Regeln […], deren Beachtung nach den jeweils herrschenden Anschauungen als unerlässliche Voraussetzung für ein geordnetes Gemeinschaftsleben der im Inland wohnenden Menschen“[56] angesehen. Diese ergänzen die gesetzlichen Normen, die Teil der öffentlichen Sicherheit sind. Hieraus kann sich allerdings kein Rechtsgut ergeben, da es schon an der Komponente der Rechtlichkeit fehlt. Damit können öffentliche Sicherheit und Ordnung keine Rechtsgüter darstellen. Und auch dass das Waffenrecht nach der „Intention des Gesetzgebers […] einen (normativen) Beitrag zur Erhöhung der inneren Sicherheit“[57] leisten solle, wobei „[d] iesem Zweck […] insbes. die strafrechtlichen und bußgeldrechtlichen Sanktionen in §§ 51 ff“ WaffG[58] dienten, lässt aufgrund der Weite des Begriffs der Inneren Sicherheit[59] keine Schlüsse auf Rechtsgüter zu.

---

52 *Hefendehl*, Kollektive Rechtsgüter, S. 37; von einem nullum, das kein Rechtsgut sein könne, spricht *Amelung*, Der Begriff des Rechtsguts in der Lehre vom strafrechtlichen Rechtsgüterschutz, in: *Hefendehl*, Die Rechtsgutstheorie, S. 172 f.

53 *Beck*, Unrechtsbegründung und Vorfeldkriminalisierung, S. 96.

54 *Lehmann/Grotthuss/Soens*, Großkommentar aktuelles Waffenrecht 2010, §§§ 1 Rn. 7.

55 SK-*Rudolphi*, Vor § 1, Rn. 4.

56 *Lehmann/Grotthuss/Soens*, Großkommentar aktuelles Waffenrecht 2010, §§§ 1 Rn. 7 mit zahlreichen Nachweisen.

57 *Lehmann/Grotthuss/Soens*, Großkommentar aktuelles Waffenrecht 2010, §§§ 1 Rn. 9, ebenso MüKo-*Heinrich*, § 1 WaffG, Rn. 2.

58 Steindorf/Heinrich/Papsthart-*Heinrich*, WaffG, Vorbemerkung zu den §§ 51 ff. Rn. 1.

59 Den Begriff der inneren Sicherheit hält auch *BGH*, NStZ 2001, 265 (268) für „konturenlos und wenig aussagekräftig“.

Dasselbe gilt für die Zweckbestimmung der Aufbewahrungsregeln des § 36 WaffG, auf die § 52a WaffG verweist. Auch hier sparen Gesetzestext und Kommentierungen die Frage nach den konkret geschützten Rechtsgütern aus:

> „Ausgehend von der zentralen Aufgabe des Waffenrechts (schlechthin), die Bevölkerung vor den Gefahren zu schützen, für die der Umgang […] mit Waffen oder Munition ursächlich ist, hat deren sichere Aufbewahrung herausragende Bedeutung, auch und gerade unter dem Gesichtspunkt, dass eine unbefugte Nutzung durch Dritte – einschließlich der Angehörigen des Berechtigten – möglichst zu verhindern ist.“[60]

Fest steht also nur, dass die Vorschrift „Teil des Rechts der öffentlichen Sicherheit und Ordnung (Polizeirecht)“[61] ist. Es geht also um die Abwehr von Gefahren, „die dadurch entstehen können, dass Waffen, insbesondere Schusswaffen oder Munition in die Verfügungsgewalt Unbefugter gelangen“.[62] Dies mag erklären, wieso die strafrechtliche Frage nach dem Rechtsgut hier nicht erörtert wird. Allerdings ergibt sie sich ebenso wenig aus den Kommentierungen zu den Strafvorschriften des Waffengesetzes: Auch dort wird nur wiederholt, dass das Waffenrecht „in erster Linie sicherheitsrechtlichen Interessen“ diene und dabei „dem unrechtmäßigen Umgang mit Waffen und Munition entgegengewirkt werden“[63] solle. Dabei habe „der Gesetzgeber die Notwendigkeit erkannt […], gefahrenträchtige menschliche Verhaltensweisen zum ‚gemeinen Besten‘ einer behördlichen Kontrolle zu unterwerfen.“[64]

(2) Teleologische Auslegung mittels des Taterfolgs

Aus der Systematik konnte sich auch unter Rückgriff auf die Kommentarliteratur folglich kein Rückschluss auf das geschützte Rechtsgut ergeben. Diese Vagheit auch der strafrechtlichen Kommentierung könnte damit zusammenhängen, dass die Autoren die Bestimmung der Rechtsgüter hier als evident ansehen. Die Norm beschreibt als verbotenes Verhalten den Verstoß gegen die waffenrechtlichen Aufbewahrungsregeln und eine dadurch verursachte Gefahr, dass eine Schusswaffe oder Munition abhandenkommt oder darauf unbefugt zugegriffen wird. Dies beinhaltet als Taterfolg keine unmittelbare Verletzung, so dass man die Frage zu stellen hat, was im Falle einer Verwirklichung der verbotenen Gefahr passieren kann.[65]

---

60 *Lehmann/Grotthuss/Soens*, Großkommentar aktuelles Waffenrecht 2010, §§§ 36 Rn. 3.
61 *Lehmann/Grotthuss/Soens*, Großkommentar aktuelles Waffenrecht 2010, §§§ 36 Rn. 6.
62 *Lehmann/Grotthuss/Soens*, Großkommentar aktuelles Waffenrecht 2010, §§§ 36 Rn. 6.
63 Steindorf/Heinrich/Papsthart-*Heinrich*, WaffG, Vorbemerkung zu den §§ 51 ff. Rn. 1.
64 Steindorf/Heinrich/Papsthart-*Heinrich*, WaffG, Vorbemerkung zu den §§ 51 ff. Rn. 2.
65 So auch *Hefendehl*, Kollektive Rechtsgüter, S. 26.

Dabei lässt sich jedenfalls die Gefahr für das Eigentum des Waffenbesitzers durch ein Abhandenkommen der Waffe als geschütztes Rechtsgut ausklammern[66]; dieses soll hier nicht geschützt werden. Da Waffen jedoch Gegenstände sind, die nach § 1 Abs. 2 WaffG dazu bestimmt oder geeignet sind, die Angriffs- oder Abwehrfähigkeit von Menschen zu beseitigen oder herabzusetzen, sind offensichtlich Leben und körperliche Unversehrtheit stark betroffen. Dagegen spricht auch nicht, dass Leib und Leben bei § 52a WaffG nicht direkt verletzt zu werden brauchen. Das betrifft die Frage nach der Art des Schutzes, nicht nach dem Schutzobjekt. So sieht auch *Wohlers* beim Verbot des Umgangs mit gefährlichen Gegenständen wie Waffen den Schutz von Individualrechtsgütern im Vordergrund. Deren mögliche Beeinträchtigung sei dann allerdings „bereits im Vorfeld einer realen Gefährdung" unter Strafe gestellt.[67] Dafür, das Leben und die körperliche Unversehrtheit als geschützte Rechtsgüter anzusehen, spricht auch, dass ein möglicherweise konstruierbares Rechtsgut der „Vermeidung unberechtigten Umgangs mit Waffen" ein kollektives wäre, wohingegen Leib und Leben Individualrechtsgüter sind: Die oben angesprochene Zweifelsregel zugunsten des Individualrechtsgutes legt dieses Ergebnis nahe. Folglich kann man hier auf Leben und körperliche Unversehrtheit als Rechtsgüter verweisen; diese sind allgemein anerkannte Individualrechtsgüter, so dass auch ein Rückgriff auf (vage) Kollektivrechtsgüter unterbleiben kann.

b) Verhältnis des Rechtsguts zum Handlungsobjekt – die Bestimmung des Deliktstyps

Laut Gesetzesbegründung muss durch die verbotene Verhaltensweise „die konkrete Gefahr des Abhandenkommens bzw. des Zugriffs Dritter"[68] entstehen. Weiter wird die Gefahr dort so beschrieben:

> „Die durch den vorsätzlichen Verstoß gegen die Aufbewahrungsvorschriften verursachte Gefahr muss [...] in so bedrohliche Nähe gerückt sein, dass sich das Ausbleiben der Rechtsgutverletzung nur noch als Zufall darstellt. Das heißt, dass es praktisch vom Zufall abhängen muss, dass gerade durch den vorsätzlichen Verstoß (mit Wissen und Wollen falsch aufbewahren) ein Zugriff unbefugter Dritter erfolgen kann."[69]

Hier übernimmt der Gesetzgeber die Definition der ständigen Rechtsprechung des BGH zur konkreten Gefahr, also die Gefahrdefinition bei konkreten

---

66 *Lehmann/Grotthuss/Soens*, Großkommentar aktuelles Waffenrecht 2010, §§36 Rn. 6.

67 *Wohlers*, Deliktstypen des Präventionsstrafrechts, S. 310.

68 *Deutscher Bundestag – 16. Wahlperiode*, BT-Drs. 16/13423, S. 72.

69 *Deutscher Bundestag – 16. Wahlperiode*, BT-Drs. 16/13423, S. 72.

Gefährdungsdelikten.[70] So ist es wenig verwunderlich, wenn die Norm in der Kommentarliteratur als konkretes Gefährdungsdelikt bezeichnet wird.[71]

Allerdings zeigt sich bei genauerer Betrachtung ein entscheidender Unterschied zu sonstigen konkreten Gefährdungsdelikten: Die Gefahr wird nicht etwa für ein näher benanntes Rechtsgut bzw. einen näher bezeichneten Rechtsgutsträger geschaffen. Hier bezieht sich die konkrete Gefahr erst einmal nur auf das Erlangen der Waffe durch einen Unbefugten. Dieser muss noch gar nichts Bestimmtes mit dieser Waffe tun. Die konkreten Gefährdungsdelikte benennen jedoch das gefährdete Rechtsgut im Tatbestand[72], wie beispielsweise in der Formulierung „und dadurch Leib oder Leben eines anderen Menschen oder fremde Sachen von bedeutendem Wert gefährdet" in §§ 315c Abs. 1 und 315b Abs. 1 StGB. Dies spricht gegen die Einordnung als konkretes Gefährdungsdelikt. Ein solches läge hier nur dann vor, wenn die Vermeidung des Umgangs Unberechtigter mit Waffen ein Rechtsgut für sich wäre. Das ist aber, wie oben gesehen, nicht der Fall. Geschützt sind die körperliche Unversehrtheit und das Leben. Umschrieben ist im Tatbestand also keine Gefahr für ein Rechtsgut. Aber nur Normen, die eine solche Gefährdung verbieten, werden konkrete Gefährdungsdelikte genannt.

Nun ist das Verhältnis zwischen Handlungsobjekt und Rechtsgut zu untersuchen.[73] Dabei ergibt sich, dass diese nicht identisch sind. Weder die konkrete Gefährdung noch die Verletzung eines Rechtsgutes sind Teil des Tatbestandes. Kurzum:

> „Der Gesetzgeber verbietet die Verursachung einer nicht als Rechtsgutsverletzung anzusehenden Veränderung."[74]

Folglich liegen alle Voraussetzungen eines abstrakten Gefährdungsdelikts vor.[75]

Präziser noch kann hier mit *Wohlers* von einem Vorbereitungsdelikt gesprochen werden, da sich der Strafgrund daraus ergibt, dass an die verbotene Handlung deliktisch angeknüpft werden kann und sich (erst) daraus die Rechtsgutsverletzung

---

70 Statt aller: *BGH*, NStZ-RR 2010, 120.

71 Steindorf/Heinrich/Papsthart-*Heinrich*, § 52a WaffG, Rn. 3.

72 *Anastasopoulou*, Deliktstypen zum Schutz kollektiver Rechtsgüter, S. 47; *Kindhäuser*, Gefährdung als Straftat, S. 189, ebenso *Wohlers*, Deliktstypen des Präventionsstrafrechts, S. 285.

73 *Roxin*, AT I, §§2 Rn. 65.

74 *Hefendehl*, Kollektive Rechtsgüter, S. 40.

75 *Kindhäuser*, Gefährdung als Straftat, S. 225; *Jakobs*, AT, S. 173; *Wessels/Beulke*, AT, S. 8 Rn. 29 ff.

ergeben kann.[76] Die Norm ist allerdings missverständlich als konkretes Gefährdungsdelikt formuliert, und auch die Gesetzesbegründung geht scheinbar von einem konkreten Gefährdungsdelikt aus.

c) Ergebnis

Die Untersuchung des Rechtsguts zeigte, dass bei einigen der vermeintlichen „Rechtsgüter" viele, wenn nicht – wie bei der öffentlichen Sicherheit – sogar alle Rechtsgüter umfasst waren. Die staatliche Ordnung, die öffentliche Sicherheit oder der öffentliche Frieden können demnach keine geschützten Rechtsgüter darstellen. Ein Kollektivrechtsgut ist also nicht geschützt. Daraus ergibt sich auch keine Vorverlagerung. Das tatsächlich geschützte Rechtsgut der körperlichen Unversehrtheit hingegen ist nur über Umwege geschützt. Somit lässt sich hier aus der Tatbestandsstruktur und der Distanz zwischen Beeinträchtigung des Rechtsguts und Tatbestandsverwirklichung die dem Vorbereitungsdelikt eigene Vorverlagerung beobachten. Das ist ein Beispiel für das, was *Hefendehl* allgemein so beschreibt:

Die ursprünglich aufgeführten „Rechtsgüter" der öffentlichen Sicherheit usw. „verflüchtigen sich aber bei genauerer Analyse und lassen einen weit in das Vorbereitungsstadium eines tatsächlichen Rechtsguts vorverlagerten Strafrechtsschutz übrig"[77].

2. § 89a StGB

Die Abs. 1 und 2 der Vorschrift, die den Tatbestand beschreiben, lauten:

> (1) Wer eine schwere staatsgefährdende Gewalttat vorbereitet, wird mit Freiheitsstrafe von sechs Monaten bis zu zehn Jahren bestraft. Eine schwere staatsgefährdende Gewalttat ist eine Straftat gegen das Leben in den Fällen des § 211 oder des § 212 oder gegen die persönliche Freiheit in den Fällen des § 239a oder des § 239b, die nach den Umständen bestimmt und geeignet ist, den Bestand oder die Sicherheit eines Staates oder einer internationalen Organisation zu beeinträchtigen oder Verfassungsgrundsätze der Bundesrepublik Deutschland zu beseitigen, außer Geltung zu setzen oder zu untergraben.
>
> (2) Absatz 1 ist nur anzuwenden, wenn der Täter eine schwere staatsgefährdende Gewalttat vorbereitet, indem er

---

76 *Wohlers*, Deliktstypen des Präventionsstrafrechts, S. 310, 328 ff.; zum Vorbereitungsdelikt bei *Sieber* vgl. S. 203 ff.

77 *Hefendehl*, Kollektive Rechtsgüter, S. 37.

1. eine andere Person unterweist oder sich unterweisen lässt in der Herstellung von oder im Umgang mit Schusswaffen, Sprengstoffen, Spreng- oder Brandvorrichtungen, Kernbrenn- oder sonstigen radioaktiven Stoffen, Stoffen, die Gift enthalten oder hervorbringen können, anderen gesundheitsschädlichen Stoffen, zur Ausführung der Tat erforderlichen besonderen Vorrichtungen oder in sonstigen Fertigkeiten, die der Begehung einer der in Absatz 1 genannten Straftaten dienen,
2. Waffen, Stoffe oder Vorrichtungen der in Nummer 1 bezeichneten Art herstellt, sich oder einem anderen verschafft, verwahrt oder einem anderen überlässt,
3. Gegenstände oder Stoffe sich verschafft oder verwahrt, die für die Herstellung von Waffen, Stoffen oder Vorrichtungen der in Nummer 1 bezeichneten Art wesentlich sind, oder
4. für deren Begehung nicht unerhebliche Vermögenswerte sammelt, entgegennimmt oder zur Verfügung stellt.

a) Bestimmung des Rechtsguts

Für die Bestimmung des Rechtsguts, das durch § 89a StGB geschützt werden soll, sind zwei Ansätze denkbar: Einerseits kann man die Rechtsgüter heranziehen, die betroffen sind, wenn die in § 89a Abs. 1StGB genannten Taten, die vorbereitet werden, tatsächlich begangen werden. Und andererseits kann man auf den Teil des Tatbestands zurückgreifen, nach dem diese Taten nach den Umständen bestimmt und geeignet sein müssen, den Bestand oder die Sicherheit eines Staates oder einer internationalen Organisation zu beeinträchtigen oder Verfassungsgrundsätze der Bundesrepublik Deutschland zu beseitigen, außer Geltung zu setzen oder zu untergraben.

Als geschützte Rechtsgüter werden also zunächst die Rechtsgüter angesehen, die bei Opfern der (vorbereiteten) Gewalttaten verletzt werden.[78] Dabei wird auf die Definition der schweren staatsgefährdenden Gewalttat Bezug genommen. Diese ist „eine Straftat gegen das Leben in den Fällen des § 211 oder des § 212 oder gegen die persönliche Freiheit in den Fällen des § 239a oder des § 239b". Betroffen sind also die (Individual-)Rechtsgüter Leben und Freiheit.[79]

Daneben sollen die im Gesetz genannten Güter „Bestand und Sicherheit eines Staates" sowie „die Verfassungsgrundsätze der Bundesrepublik Deutschland"

---

78 *Kühl*, § 89a, Rn. 2.

79 *Bundestag*, BT-Drs. 16/12428, 14; NK-*Paeffgen*, § 89a, Rn. 7; Sch/Sch-*Sternberg-Lieben*, § 89a, Rn. 1; *Gazeas/Grosse-Wilde/Kießling*, NStZ 2009, 593 (594); *Radtke/Steinsiek*, ZIS 2008, 383 (387).

geschützt sein, wodurch sich der Staatschutzbezug der Norm ergebe.[80] Während der „Staatsschutzbezug" eindeutig erscheint, scheint die genaue Umschreibung der betroffenen Staatsschutzgüter dabei einige Schwierigkeiten zu machen: So wird etwa neben den im Gesetz aufgeführten Interessen noch ein Schutz der Rechtsgüter der äußeren und inneren Sicherheit des Staates sowie der verfassungsmäßigen Ordnung beschrieben.[81]

Eine Auflösung der Unsicherheit über die hier genau geschützten staatlichen Interessen könnte sich aus der Systematik ergeben. § 89a StGB findet sich im Dritten Titel des Ersten Abschnitts des Besonderen Teils des StGB, der mit „Gefährdung des demokratischen Rechtsstaates" überschrieben ist. Gegenstand dieses Abschnitts sind insbesondere die äußere und innere Sicherheit des Staates sowie dessen verfassungsmäßige Ordnung[82], wobei das StGB folgende Rechtsgüter unterscheidet: den Bestand der Bundesrepublik Deutschland, die äußere und innere Sicherheit sowie den Schutz der Verfassungsgrundsätze.[83] Der Abschnitt des Dritten Titels betrifft dabei insbesondere die Sicherheit des Staates nach innen.[84] Genauer beschrieben sind diese Rechtsgüter in den Begriffsbestimmungen des § 92 StGB. Nun scheint die Formulierung in § 89a StGB jedoch nur teilweise in diese Systematik zu passen, da hier der Bestand oder die Sicherheit *eines* Staates und nicht nur der Bundesrepublik angeführt werden. Damit sind durchaus auch undemokratisch organisierte fremde Staaten umfasst.[85] Damit ist streng genommen weder nur der Schutz der freiheitlich demokratisch verfassten Ordnung der Bundesrepublik betroffen, noch handelt es sich dann um ein Staatsschutzdelikt im klassischen Sinn. Eine Einordnung der Vorschrift in den Titel der „Gefährdung des demokratischen Rechtsstaates" erscheint dann zumindest ebenso fraglich wie die Berechtigung eines solchen allgemeinen „Staatsintegritätschutzes"[86]. Mit diesen Überlegungen wird auch ein Rückgriff auf die Systematik zur Auslegung des Rechtsgutes zumindest problematisch.

Abzulehnen ist dann mit guten Gründen die Anerkennung der Integrität eines jeden Staates als durch deutsches Recht zu schützendes Rechtsgut. Das würde auch

---

80 *Bundestag*, BT-Drs. 16/12428, 14; Gazeas 2009 #307: 594}.

81 *Kauder*, ZRP 2009, 20 (21).

82 Sch/Sch-*Sternberg-Lieben*, Vorbemerkungen zum 1. und 2. Abschnitt, Rn. 2.

83 NK-*Paeffgen*, Vorbemerkungen zu §§ 80 bis 101 a, Rn. 12.

84 Sch/Sch-*Sternberg-Lieben*, Vorbemerkungen zum 1. und 2. Abschnitt, Rn. 3.

85 *Gierhake*, ZIS 2008, 397 (399).

86 NK-*Paeffgen*, § 89a, Rn. 9 f.

den Schutz totalitärer und als Unrechtsregime anerkannter Staaten beinhalten, so dass auch Vorbereitungshandlungen beinhaltet sein können,

> „die weder die deutsche Politik noch Justiz interessieren sollten. So wäre etwa auch das Unterweisen im Verwenden eines Seils, um den König des Südseereichs Tonga an eine Palme zu fesseln, um ihn unter massiven Drohungen zum Abdanken zu bewegen“

von der Strafandrohung umfasst[87].

Ebenso wenig kann ein Rückgriff auf die sonst in den §§ 84 ff. StGB geschützten Rechtsgüter Aufschluss geben, wenn § 89a StGB offensichtlich darüber hinausgehende Interessen betrifft, und so die Systematik verlässt. Die systematische Auslegung hat damit einen sehr beschränkten Ertrag.

Übrig bleibt aber jedenfalls der Rückgriff auf die durch die Staatsschutzformel des § 89a Abs. 1 StGB angeführten Verfassungsgrundsätze der Bundesrepublik Deutschland, die in § 92 Abs. 2 StGB näher beschrieben sind.

b) Bestimmung des Deliktstyps

Wie gesehen muss sich die Einordnung des Delikts in einen der dogmatischen Typen am Bezug des geschützten Rechtsgutes zur verbotenen Handlung orientieren. Hier kommt man sowohl hinsichtlich der geschützten Individualrechtsgüter als auch der Staatsschutzformel jeweils zu einem abstrakten Gefährdungsdelikt.

(1) Abstraktes Gefährdungsdelikt

Geht man von den Individualrechtsgütern Leben und Freiheit aus, so müssen diese weder verletzt, noch konkret gefährdet sein; es genügt die Vorbereitung einer darauf gerichteten Tat. In dieser Tatvorbereitung wird die Begründung einer abstrakten Gefahr für Leib und Leben der potentiellen Opfer gesehen.[88] Somit liegt ein abstraktes Gefährdungsdelikt vor.[89] Noch präziser kann man hier von einem Vorbereitungsdelikt sprechen, wobei dieser Deliktstypus eine besonders weite Vorverlagerung bedeutet.[90]

---

87 *Gazeas/Grosse-Wilde/Kießling*, NStZ 2009, 593 (595).

88 *Bundestag*, BT-Drs. 16/12428, 12.

89 Allg. A., s. nur *Gazeas/Grosse-Wilde/Kießling*, NStZ 2009, 593 (594); NK-*Paeffgen*, § 89a, Rn. 7; BeckOK StGB-*Heintschel-Heinegg*, § 89a, Rn. 3; *Radtke/Steinsiek*, ZIS 2008, 383 (387).

90 *Sieber*, NStZ 2009, 353 (359).

Dasselbe gilt auch im Hinblick auf die in der Staatsschutzklausel niedergelegte Beeinträchtigung der Staatsrechtsgüter bzw. – bei Ausklammerung der hier abgelehnten Rechtfertigung durch die Beeinträchtigung der Sicherheit irgendeines Staates – der Verfassungsgrundsätze der Bundesrepublik Deutschland.

Darüber hinaus verlangt der Tatbestand auch keine Verletzung. Es genügt, dass die Tat geeignet und bestimmt ist, die Sicherheit zu beseitigen, außer Geltung zu setzen oder zu untergraben.[91] Es erscheint fraglich, ob selbst ein Anschlag mit zahlreichen Todesopfern den Bestand oder die Sicherheit eines Staates oder seiner Verfassungsgrundsätze zu beeinträchtigen oder gar zu beseitigen vermag.[92] Diese Zweifel sind allerdings ausgeräumt, wenn man unter der Sicherheit des Staates auch die Eignung zur Beeinträchtigung des inneren Staatsgefüges sieht, die bereits dadurch begründet werden kann, dass das Vertrauen der Bevölkerung in einen wirksamen Schutz vor gewaltsamen Einwirkungen erschüttert wird.[93] So oder so muss jedenfalls eine tatsächliche Beeinträchtigung nicht stattgefunden zu haben.[94]

(2) Abstraktes Gefährdungsdelikt trotz Eignungsprüfung

Zu beachten ist, dass hinsichtlich der schweren staatsgefährdenden Straftat eine Eignung zur Staatsgefährdung geprüft werden muss. Dabei könnte man daran denken, dass sich der Charakter des Delikts deshalb ändert. Dies wird bei den als abstrakte Eignungsdelikte oder als abstrakt-konkrete Gefährdungsdelikte bezeichneten Tatbeständen gelegentlich diskutiert.[95] Diese zeichnen sich dadurch aus, dass die beschriebenen Tathandlungen sowohl gefährlich als auch ungefährlich sein können, und durch die Aufnahme der Eignung zur Schädigung des geschützten Rechtsguts in den Tatbestand (vgl. §§ 186 und 311 StGB) dem Richter bestimmte Gefährlichkeitsfeststellungen aufgetragen werden[96]. Dabei wird zwar vom Tatrichter verlangt zu prüfen, ob die jeweilige Handlung bei genereller

91 Sehr kritisch beschreibt NK-*Paeffgen*, § 89a, Rn. 19 die Formel „geeignet und bestimmt" als inhaltsarm und als Tautologie; ähnlich („unglückliche Formulierung") auch Sch/Sch-*Sternberg-Lieben*, § 89a, Rn. 8.

92 *Weißer*, ZStW 121 (2009), 131 (147); die generelle Unmöglichkeit der Beurteilung der Auswirkungen einer einzelnen konkreten Tat für ein Kollektivrechtsgut betont auch *Hefendehl*, Kollektive Rechtsgüter, S. 160 und hält in der Folge Eignungsdelikte für den Schutz kollektiver Rechtsgüter regelmäßig für ungeeignet.

93 *Bundestag*, BT-Drs. 16/12428, 14; BeckOK StGB-*Heintschel-Heinegg*, § 89a, Rn. 6; das wiederum gelte für jeden verübten Anschlag meint *Weißer*, ZStW 121 (2009), 131 (148).

94 Sch/Sch-*Sternberg-Lieben*, § 89a, Rn. 8.

95 *Roxin*, AT I, §§11 Rdnr. 162.

96 *Hefendehl*, Kollektive Rechtsgüter, S. 160.

Betrachtung gefahrengeeignet ist, eine konkrete Gefahr muss über diese generalisierende Betrachtung hinaus jedenfalls nicht bestehen.[97] Damit handelt es sich auch bei den Eignungsdelikten um abstrakte Gefährdungsdelikte.[98] Festzuhalten ist hier zudem, dass die Eignung nicht bereits der Vorbereitungshandlung, sondern erst der geplanten Tat innewohnen muss, so dass genau genommen nicht einmal ein Eignungsdelikt vorliegt.[99]

(3) Keine Beeinträchtigung der Sicherheit des Staates allein durch Terrorakt

Eine Beeinträchtigung der Sicherheit des Staates (bzw. des Vertrauens in die Schutzmöglichkeiten des Staates) wird im Übrigen bei einem terroristischen Anschlag nur durch die dadurch ausgelöste kommunikative, expressive Wirkung[100] erzielt. Erst wenn eine Tat eine solche kommunikative Wirkung hat, können die Staatsrechtsgüter berührt sein und dies ist erst dann der Fall, wenn eine Vermittlung durch die Medien erfolgt.[101]

Zwischen dem verbotenen Verhalten und der Beeinträchtigung der Staatsrechtsgüter besteht somit eine mehrfache Unterbrechung. Da der Tatbestand weder die Verletzung, noch die konkrete Gefährdung des geschützten Rechtsguts beinhaltet, kann es sich nur um ein abstraktes Gefährdungsdelikt handeln.

c) Ergebnis: Vorverlagerung? Ja, bitte.

Wie soeben gesehen betrifft § 89a StGB auch den Schutz kollektiver Rechtsgüter sowie die Pönalisierung der Vorbereitung bestimmter Taten, so dass darin eine Vorverlagerung liegt. Von Vorverlagerung, Vorfeldschutz und dergleichen wird folgerichtig soweit ersichtlich auch einhellig in allen Kommentierungen der Vorschrift gesprochen.[102]

---

97 *BGH*, NStZ 2001, 205 (307) = NJW 2001, 624.

98 *Gazeas/Grosse-Wilde/Kießling*, NStZ 2009, 593 (594); *Roxin*, AT I, §§11 Rdnr. 162 jeweils m.w.N.

99 *Gazeas/Grosse-Wilde/Kießling*, NStZ 2009, 593 (594).

100 Zum Symbolgehalt terroristischer Akte und der gerade darin liegenden Wirkkraft *Scheerer*, Gesetzgebung im Belagerungzustand, in: *Blankenburg*, Politik der inneren Sicherheit, S. 122 ff.

101 Diese „symbiotische Beziehung" beinhaltet nach NK-*Paeffgen*, § 89a, Rn. 7 ein „schon oft festgestelltes neuzeitliches Paradoxon".

102 Sww. nur BeckOK StGB-*Heintschel-Heinegg*, § 89a, Rn. 1; NK-*Paeffgen*, § 89a, Rn. 1; *Gazeas/Grosse-Wilde/Kießling*, NStZ 2009, 593 (594) jeweils m.w.N.

Bemerkenswert ist in der Diskussion um die Vorschrift allerdings, dass bereits die Begründung des Gesetzentwurfs der Bundesregierung explizit von einer Vorverlagerung der Strafbarkeit spricht und diese sodann zu rechtfertigen versucht[103]. Somit ist die Vorverlagerung bzw. der Vorfeldschutz nicht nur zufällige Folge der Gesetzgebungsaktivität, sondern gerade bezweckt.[104] Begründet wurde dies damit, dass die besonderen Gefährdungen[105] insbesondere durch den islamistischen Terrorismus „ein möglichst frühzeitiges Eingreifen auch des Strafrechts" erforderlich machten.[106]

(1) Verknüpfung mit strafprozessualen Maßnahmen

Dieses „möglichst frühzeitige Eingreifen" kann in diesem Zusammenhang nicht nur auf das materielle Strafrecht bezogen verstanden werden. Das Strafprozessrecht, das erst beim Vorliegen materiell-strafrechtlich relevanter Sachverhalte Anwendung findet, spielte in der hier verfolgten Konzeption eine entscheidende Rolle. Wie bereits ausgeführt[107], war es ein Ziel der Bundesregierung, strafprozessuale Ermittlungs- und Eingriffsbefugnisse zu erweitern. Dies geschah dann auf zwei Arten: Erstens führt bereits die Schaffung neuer Tatbestände, die jeweils Grundlage eines entsprechenden Verdachts sein können, zur Eröffnung des Anwendungsbereichs des Strafprozessrechts allgemein. Zusätzlich wurde § 89a StGB als Katalogtat in besondere Vorschriften der StPO, die Eingriffsbefugnisse beinhalten, aufgenommen, wie etwa in §§ 100 a, 100 c, 103 I 2 und 443 StPO und insbesondere die Vorschrift über die Sicherungshaft §112a StPO (Art. 3 des Gesetzentwurfs). Dies kann angesichts der Vermutung *Kauder*s, dass es nicht sehr oft zu Verurteilungen kommen würde, jedoch „sinnvolle Ermittlungsansätze" bzw. schlicht Ermittlungen ermöglicht würden[108] als die wirkliche Vorverlagerung gesehen werden.

(2) Vorverlagerung der Prävention

Allein schon die Möglichkeit der Verurteilung wegen einer (Vorfeldstraf-)Tat eröffnet selbstverständlich immer den Anwendungsbereich strafprozessualer Eingriffsrechte und belastet so den (mutmaßlichen) Täter mit den rechtlichen und sozialen Schwierigkeiten, die bereits der Tatverdacht mit sich bringt. Diese Folgen sind letztlich

---

103 *Bundestag*, BT-Drs. 16/12428, 1.

104 So wörtlich *Kauder*, ZRP 2009, 20 (21 f.); ebenso BeckOK StGB-*Heintschel-Heinegg*, § 89a, Rn. 1.

105 Dazu eindringlich *Kauder*, ZRP 2009, 20 (20 ff.).

106 *Bundestag*, BT-Drs. 16/12428, 12.

107 O. S. 90.

108 *Kauder*, ZRP 2009, 20 (22).

Reflexe einer (vorgelagerten) Strafbarkeit. Das Verhältnis kehrt sich hier um, wenn die Strafbarkeit nur mehr eine notwendige Eingriffsvoraussetzung darstellt und so zum Reflex der Ermöglichung von Ermittlungstätigkeiten wird.[109] Eine Einbeziehung des Gedankens der Prävention in diese Überlegungen, kann das Problem nochmals präziser beschreiben. Das strafrechtsimmanente Ziel der Prävention wird innerhalb der Strafrechtstheorien über die Wirkungen der repressiven Verurteilungen, sowie über diejenigen der Repressionsandrohung zu erreichen versucht. Das Ziel der Prävention bleibt hier aufrechterhalten, das Mittel der Strafe und Strafandrohung tritt dabei jedoch in den Hintergrund. Umschreiben kann man dieses Vorgehen als einen Versuch, den für die strafrechtliche Prävention notwendigen Zwischenschritt „Strafe und Strafandrohung" zu überspringen. Das Strafrecht findet nicht mehr Einsatz, um Präventionswirkungen zu erreichen, sondern seine ihm eigenen Wirkungen werden ausgeblendet. Vorverlagert wird damit nicht mehr das Strafrecht als solches, sondern nur die Vorbeugung. Die intendierte Prävention wird vor die Strafe und die Strafandrohung verlagert; sie wird dem Strafrecht vorverlagert.

Es weist hier also einiges darauf hin, dass nicht nur eine Ausweitung der Strafbarkeit in das Vorfeld der Rechtsgutsverletzung konstatiert werden kann, sondern darüber hinaus eine Ausweitung der strafrechtlichen Prävention vor die strafrechtsspezifischen Präventionsmethoden versucht wurde.[110] Damit ist das Vorfeld fast verlassen; das einzig spezifisch strafrechtliche bleibt die systematische Stellung der Vorschriften und die zum Subsumtionsermöglicher degradierte Strafandrohung. Ohne völligen Verzicht auf die Strafandrohung und ohne eine Abkehr von StGB und StPO geht noch weiter vorverlagern nicht einmal theoretisch. Alles weitere ist nicht mehr Strafrecht.

3. § 238 StGB

Die Vorschrift lautet:

(1) Wer einem Menschen unbefugt nachstellt, indem er beharrlich
 1. seine räumliche Nähe aufsucht,
 2. unter Verwendung von Telekommunikationsmitteln oder sonstigen Mitteln der Kommunikation oder über Dritte Kontakt zu ihm herzustellen versucht,

---

109 Dazu bereits o. S. 129.

110 *Frehsee*, Fehlfunktionen des Strafrechts und der Verfall rechtsstaatlichen Freiheitsschutzes, in: *Frehsee/Löschper/Smaus*, Konstruktion der Wirklichkeit durch Kriminalität und Strafe, S. 23 f. sprich dabei von „Master-Strafnormen".

3. unter missbräuchlicher Verwendung von dessen personenbezogenen Daten Bestellungen von Waren oder Dienstleistungen für ihn aufgibt oder Dritte veranlasst, mit diesem Kontakt aufzunehmen,
4. ihn mit der Verletzung von Leben, körperlicher Unversehrtheit, Gesundheit oder Freiheit seiner selbst oder einer ihm nahe stehenden Person bedroht oder
5. eine andere vergleichbare Handlung vornimmt und dadurch seine Lebensgestaltung schwerwiegend beeinträchtigt, wird mit Freiheitsstrafe bis zu drei Jahren oder mit Geldstrafe bestraft.

(2) Auf Freiheitsstrafe von drei Monaten bis zu fünf Jahren ist zu erkennen, wenn der Täter das Opfer, einen Angehörigen des Opfers oder eine andere dem Opfer nahe stehende Person durch die Tat in die Gefahr des Todes oder einer schweren Gesundheitsschädigung bringt.

(3) Verursacht der Täter durch die Tat den Tod des Opfers, eines Angehörigen des Opfers oder einer anderen dem Opfer nahe stehenden Person, so ist die Strafe Freiheitsstrafe von einem Jahr bis zu zehn Jahren.

Absatz 4 enthält ein relatives Antragserfordernis.

a) Bestimmung des Rechtsguts

Bei der Bestimmung der geschützten Rechtsgüter kann und muss zwischen den Absätzen unterschieden werden. Der Schwerpunkt soll hier auf dem Grundtatbestand des Absatzes 1 liegen, da dieser im Hinblick auf das Rechtsgut die interessanteren Fragestellungen bietet. Demgegenüber ist der Bezug zu den Rechtsgütern körperliche Unversehrtheit und Leben in Absatz 2 und 3[111], die zur Verwirklichung den Eintritt der Rechtsgutsverletzung oder der Rechtsgutsgefährdung als Erfolg voraussetzen, offensichtlich.

Anders als bei der Analyse des § 52a WaffG[112] kann hier neben den Gesetzgebungsmaterialien auf bereits umfangreich erschienene Kommentar- und Aufsatzliteratur zurückgegriffen werden.[113]

Bereits die Aufzählung der Tathandlungen des unbefugten Nachstellens in Abs. 1 macht deutlich, dass mit der Vorschrift eine Vielzahl unterschiedlicher Verhaltensweisen betroffen sind. Daraus ergibt sich auch, dass für die Vorschrift unterschiedliche Schutzgüter in Betracht kommen[114].

---

111 Sch/Sch-*Eisele*, § 238, Rn. 4.

112 S.o. S. 210 ff.

113 Dieses ungleiche Interesse stützt die These, dass die Aufnahme eines Tatbestandes in das StGB, diesem zu größerer Bekanntheit verhilft.

114 BeckOK StGB-*Valerius*, § 238, Rn. 1.

Unterschieden werden kann zwischen drei Hauptrichtungen: Erstens der Rekurs auf subjektives Empfinden wie beim individuellen Rechtsfrieden und dem Freisein von Furcht, zweitens Freiheitsrechte, insbesondere die Handlungs- und Entschließungsfreiheit und drittens Persönlichkeitsschutz, wie von *Smischek* vertreten.[115] Daneben wird teilweise auch bezweifelt, dass überhaupt ein Rechtsgut geschützt werde.

Bei der Analyse der Gesetzesmaterialien im Bezug auf zu schützende Rechtsgüter lässt sich zwischen dem Grundtatbestand des Stalking an sich und den Fällen, bei denen es zu einer Eskalation hin zu schweren Gewalttaten kommt, unterscheiden. Die Eskalationsfälle spielten für die Gesetzgebung eine wichtige Rolle[116], so dass an vielen Stellen mal mehr und mal weniger deutlich auf diese Rückgriff genommen wird. Für das betroffene Rechtsgut macht es aber offensichtlich einen Unterschied, ob es zu Gewalttaten kommt oder nicht.

(1) Individueller Rechtsfrieden und Freisein von Furcht

Die ersten Ansätze für die Bestimmung eines Rechtsguts ergaben sich noch vor der Schaffung des Tatbestandes aus einer Analyse des Phänomens des Stalking. Zu diesem Zeitpunkt konnte man so bereits eine Vorstellung dessen erhalten, welches Verhalten unter Strafe gestellt werden sollte; welches Rechtsgut durch das Stalking beeinträchtigt wird, war jedoch vorerst unklar. Das Ziel eines zu schaffenden Straftatbestandes war es, die durch das Stalking beeinträchtigten Rechtsgüter zu schützen, welche das auch immer sein könnten. So wurde versucht, ausgehend von der Beschreibung des inkriminierten bzw. zu inkriminierenden Verhaltens auf das Rechtsgut zurück zu schließen.

Die vor-rechtliche Suche nach dem Rechtsgut führte bei *Meyer* 2003 dazu, als Rechtsgut für einen zu schaffenden Tatbestand den individuellen Rechtsfrieden vorzuschlagen, womit auch die Freiheit des Einzelnen vor Furcht und die Beeinträchtigung der Handlungs- und Entschließungsfreiheit durch starke Beunruhigung umfasst sein sollten.[117] *Mitsch* spricht in diesem Zusammenhang von einer Art Gefühlsschutz.[118] Aufgegriffen wurden diese Gedankengänge auch im ersten Entwurf des Bundesrates, wenn dort über Stalking geschrieben wird:

---

115 *Smischek*, Stalking, S. 311; ähnlich auch *Kinzig/Zander*, JA 2007, 481 (482).

116 Zur Rolle der Eskalationsfälle im Gesetzgebungsverfahren bereits o. S. 81 und S. 168.

117 *Meyer*, ZStW 115 (2003), 249 (284); *Kinzig*, ZRP 2006, 255 (257); ähnlich auch *Peters*, NStZ 2009, 238 (239) und *Löhr*, Notwendigkeit eines Anti-Stalking-Straftatbestandes, S. 301.

118 *Mitsch*, NJW 2007, 1237 (1238).

„Dies vermittelt dem Opfer ein Gefühl der Hilflosigkeit und ist geeignet, dessen Vertrauen sowie das Vertrauen der Rechtsgemeinschaft in die Unverbrüchlichkeit der Rechtsordnung nachhaltig zu erschüttern.“[119]

In eine ähnliche Richtung geht es[120], die psychische Integrität als geschütztes Rechtsgut anzusehen.[121] Das Freisein von Furcht bezeichnet auch *Kinzig* als das geschützte Rechtsgut.[122]

Diese Ansicht wurde auch vom ersten Entwurf der Bundesregierung in der 15. Legislaturperiode gestützt, der noch ein Einfügen der Vorschrift in einen neu zu schaffenden § 241b StGB vorschlug. Die unmittelbare Nähe zum Tatbestand der Bedrohung wurde mit inhaltlichen Bezügen begründet.[123] Ebenso schlug der erste Entwurf Hessens von 2004 die Einfügung in § 241a StGB vor.[124] Dort wurde die Vorschrift zudem mit „fortdauernden Angstzuständen, Panikattacken, Schlafstörungen, Appetitstörungen, Depressionen bis hin zu Suizidgedanken“ bei den Opfern begründet.[125] Explizit wird als geschütztes Rechtsgut der Rechtsfrieden des Einzelnen genannt.[126] Daneben verwiesen wiederum beide Entwürfe auf mögliche Eskalation mit Gewalttaten.[127]

Die Benennung von Freiheit von Furcht und Angst oder des Rechtsfriedens des Einzelnen als Rechtsgüter stieß jedoch auf Widerspruch: Die Freiheit von Angst sei dogmatisch in den Zusammenhang mit der zu Zeiten *Feuerbachs* geführten Diskussion über „Verbrechen am Seelenleben“ zu stellen.[128] In diesem Kontext könne eine rein psychisch wirkende Beeinträchtigung ohne physisch-pathologische Auswirkungen bereits nur nach der weitesten vertretenen Auffassung überhaupt ein strafwürdiges Unrecht darstellen[129]. Damit ist noch nicht gesagt, dass es

---

119 BR-Drucksache 15/5410, S. 6 und wortgleich *Bundesrat*, BT-Drs. 16/1030, S. 6; zum Gang der Gesetzgebung vgl. auch o. S. S. 29.

120 *Krüger*, Stalking als Straftatbestand – Betrachtungen zu § 238 dtStGB unter Einbezug von § 107a öStGB, in: *Krüger*, Stalking als Straftatbestand, S. 94.

121 *Royen*, Möglichkeiten und Grenzen der strafgerichtlichen Intervention in Fällen des „Stalkings“, in: *Weiß/Winterer*, Stalking und häusliche Gewalt, S. 187; *Krüger*, Stalking als Straftatbestand – Betrachtungen zu § 238 dtStGB unter Einbezug von § 107a öStGB, in: *Krüger*, Stalking als Straftatbestand, S. 90 ff. m.w.N.

122 *Kinzig*, ZRP 2006, 255 (257).

123 *Bundesrat*, BR-Drs. 617/05, S. 6.

124 *Bundesrat*, BR-Drs. 551/04, S. 1.

125 *Bundesrat*, BR-Drs. 551/04, S. 5.

126 *Bundesrat*, BR-Drs. 551/04, S. 8.

127 *Bundesrat*, BR-Drs. 617/05, S. 4; *Bundesrat*, BR-Drs. 551/04, S. 5.

128 *Smischek*, Stalking, S. 290.

129 *Smischek*, Stalking, S. 303.

nicht zu Angst kommen könne; dies zu vermeiden sei aber zur Legitimation einer Strafvorschrift ungeeignet. In dieselbe Richtung ging die Kritik, wonach hier der Eindruck entstehe, „Rechtsgüter ließen sich beliebig erfinden".[130]

Ganz allgemein gegen ein Rechtsgut des „Vertrauens in die Rechtsordnung" bzw. des Rechtsfriedens wendet sich auch *Kargl*[131], der mit seiner Kritik an die Diskussionen um den subjektiven Rechtsfrieden als Rechtsgut des § 241 StGB anknüpft. Demnach sei das Vertrauen in die Befolgung von Normen, auf das der Begriff des Rechtsfriedens letztlich abstelle, nichts anderes als das Ziel der positiven Generalprävention; ein Strafzweck, der allgemeine Aufgabe des Strafrechts sein soll, könne aber nicht auch Ziel einer einzelnen Norm und damit Rechtsgut sein.[132]

Zusammenfassend wurde also bezweifelt, dass es sich beim individuellen Rechtsfrieden und dem Freisein von Furcht überhaupt um strafrechtliche Rechtsgüter handeln könne.

(2) Freiheit

Während wie gesehen der erste Gesetzentwurf Hessens noch damit begründet wurde, dass es bei den Opfern zu Angst, Schlaflosigkeit und Albträumen komme[133], präzisiert die Begründung des Entwurfs der Bundesregierung in der 16. Legislaturperiode diese Überlegungen ein wenig, wenn sie ausführt, dass die bereits angesprochenen Auswirkungen auf die Psyche der Opfer häufig zu einschneidenden Verhaltensänderungen der Betroffenen führe.[134] Somit tritt für die Begründung der Strafbarkeit neben die Beeinträchtigung der Psyche die dadurch bewirkte Auswirkung auf äußeres Verhalten. Dieser Einfluss auf die Lebensgestaltung des Opfers führe „zu einem strafwürdigen Eingriff in den individuellen Lebensbereich des Betroffenen"[135]. Daneben wird weiterhin auf die „nicht unbeträchtliche Eskalationsgefahr" verwiesen.[136] Für das Rechtsgut gibt der Rechtsausschuss in seiner

---

130 *Neubacher/Seher*, JZ 2007, 1029 (1031).

131 *Kargl*, Vertrauen als Rechtsgutsbestandteil, in: *Neumann/Prittwitz*, „Personale Rechtsgutslehre" und „Opferorientierung im Strafrecht", S. 48 ff.

132 *Kargl*, Vertrauen als Rechtsgutsbestandteil, in: *Neumann/Prittwitz*, „Personale Rechtsgutslehre" und „Opferorientierung im Strafrecht", S. 60; i.d.S. auch *Müssig*, Schutz abstrakter Rechtsgüter, S. 212 f. und *Amelung*, Der Begriff des Rechtsguts in der Lehre vom strafrechtlichen Rechtsgüterschutz, in: *Hefendehl*, Die Rechtsgutstheorie, S. 172, der beim Vertrauen von einem nullum, das kein Rechtsgut sein könne, spricht.

133 *Bundesrat*, BR-Drs. 551/04, S. 5; ebenso *Bundesrat*, BR Plenarprotokoll 2005 (326).

134 *Gesetzentwurf der Bundesregierung*, BT-Drs. 16/575, S. 6.

135 *Gesetzentwurf der Bundesregierung*, BT-Drs. 16/575, S. 6.

136 *Gesetzentwurf der Bundesregierung*, BT-Drs. 16/575, S. 6.

Beschlussempfehlung weiteren Aufschluss, wenn dort die jetzige systematische Stellung auch damit gerechtfertigt wird, dass „die massive Beeinträchtigung der Freiheitssphäre des Opfers […] in ihrem Schweregrad der Einschränkung der Freiheit zur Ortsveränderung", wie sie §239 schützt, nicht nachstehe, insbesondere auch weil „die Behinderung der Fortbewegungsfreiheit" nicht selten Folge der Nachstellung sei.[137]

Zusammenfassend lassen sich hier als mögliche Rechtsgüter also der „individuelle Lebensbereich" und die Freiheitssphäre finden, wobei auf das Verhältnis zwischen diesen beiden Begriffen in den Gesetzgebungsmaterialien nicht eingegangen wird.

Dieser Richtung folgen eine Vielzahl von Autoren, die sich insbesondere auf die systematische Stellung der Vorschrift bei den Freiheitsdelikten sowie auf die Formulierung des Abs. 1, der als Erfolg eine Beeinträchtigung der Lebensgestaltung voraussetzt, berufen.

Krüger führt den „Schutz des persönlichen Freiheitsbereichs" als Rechtsgut an und präzisiert dies insofern, als dass er über die allgemeine Handlungsfreiheit des Art 2 I GG hinaus auch speziellere Freiheitsrechte, wie etwa Art. 10, 11 und 13 GG tangiert sieht.[138] Dabei versteht er die Lebensgestaltung als Teilelement der persönlichen Freiheit.[139] Etwas anders formuliert will *Valerius* die Freiheit als geschütztes Rechtsgut des § 238 Abs. 1 StGB ansehen, wobei er mit Blick auf den tatbestandlichen Erfolg präzisiert, es handle sich um die „Freiheit der Lebensgestaltung".[140]

Demgegenüber stellen einige Autoren stärker auf die Handlungs- und Entschließungsfreiheit ab[141], so auch *Kühl*, der als Rechtsgut zwar den individuellen Lebensbereich nennt, gleichzeitig aber anführt, dass die Vorschrift die Handlungs- und Entschließungsfreiheit schützen will[142].

Dagegen wird jedoch eingewandt, dass die Beeinträchtigung der Freiheit bei besonders widerstandsfähigen Gestalkten nicht immer gegeben sei, so dass die

137 *Bundestag Rechtsausschuss*, BT-Drs. 16/3641, S. 14.

138 *Krüger*, FPR 2011, 219 (222).

139 *Krüger*, Stalking als Straftatbestand – Betrachtungen zu § 238 dtStGB unter Einbezug von § 107a öStGB, in: *Krüger*, Stalking als Straftatbestand, S. 86 und *Krüger*, Stalking als Straftatbestand – Betrachtungen zu § 238 dtStGB unter Einbezug von § 107a öStGB, in: *Krüger*, Stalking als Straftatbestand, S. 94.

140 BeckOK StGB-*Valerius*, § 238, Rn. 1.

141 Sch/Sch-*Eisele*, § 238, Rn. 4; *Wagner*, FPR 2006, 208 (210); *Rengier*, BT II, S. 217.

142 *Kühl*, § 238, Rn. 1; ähnlich *Peters*, NStZ 2009, 238 (239): persönliche Freiheit.

Beeinträchtigung der Freiheit für das Stalking nicht spezifisch und damit als Anknüpfungspunkt ungeeignet sei.[143]

Allerdings kann dieser Gesichtspunkt ebenso wenig wie die Aussage, dass eine häufige Beeinträchtigung der Handlungs- und Entschlussfreiheit durch Stalking nicht empirisch belegbar sei[144], gegen ein solches von § 238 StGB geschütztes Rechtsgut sprechen. Der Verweis auf vorrangig andere durch Stalking betroffene Rechtsgüter bedeutet für das Rechtsgut des § 238 StGB erst einmal nichts. Dies kann allenfalls dazu führen, § 238 StGB als im Hinblick auf das soziale Phänomen des Stalking ungeeignet einzuschätzen. Man kann nämlich trennen: Einerseits gibt es die Evaluation der Gesetz gewordenen Vorschrift zur Beantwortung der Frage nach dem Rechtsgut, das durch die Vorschrift geschützt werden *kann.* Andererseits kann man die gesetzgeberischen Absichten betrachten, woraus sich ergeben kann, welches Rechtsgut geschützt werden *sollte.* Für letzteres ergeben sich aus der Formulierung des tatbestandlichen Erfolgs und den Gesetzgebungsmaterialien eindeutige Hinweise: Geschützt werden sollte die Lebensgestaltung als Teilbereich bzw. Konsequenz ausgeübter Handlungs- und Entschließungsfreiheit.

(3) Weitere Ansätze

Einige Autoren halten – auch angesichts der als Rechtsgut vorgeschlagenen Begriffe – insgesamt die Benennung eines geschützten Gutes für schwierig[145] oder gar unmöglich.[146] Es sei dem Gesetzgeber nicht gelungen, das geschützte Rechtsgut präzise genug zu beschreiben.[147]

Kritisch formuliert auch *Neubacher*, der schon vor Erlass des § 238 StGB eine Rechtsgutsverletzung für ausgeschlossen hielt.[148] Auch weiterhin möchte er höchstens von einer „Beeinträchtigung" sprechen, sieht dabei jedoch ausgehend vom tatbestandlichen Erfolg die (Handlungs- und Entschließungs-)Freiheit als geschützt an.[149]

---

143 *Smischek*, Stalking, S. 310.

144 *Kinzig*, ZRP 2006, 255 (257); ähnlich BeckOK StGB-*Valerius*, § 238, Rn. 1.

145 *Albrecht*, Stalking – Wissenschaftliche Perspektiven, in: *Weiß/Winterer*, Stalking und häusliche Gewalt, S. 38; *Steinberg*, JZ 2006, 30 (31).

146 *Royen*, Möglichkeiten und Grenzen der strafgerichtlichen Intervention in Fällen des „Stalkings", in: *Weiß/Winterer*, Stalking und häusliche Gewalt, S. 187; *Eiden*, ZIS 2008, 123 (124).

147 NK-*Sonnen*, § 238, Rn. 27.

148 *Neubacher*, ZStW 118 (2006), 857 (866).

149 *Neubacher/Seher*, JZ 2007, 1029 (1030).

(4) Zusammenfassung

Es lassen sich zwei Aspekte trennen: Der Aspekt des Schutzes vor physischer Gewalt, wie sie sich insbesondere in den sogenannten Eskalationsfällen zeigen kann, und der relativ unproblematisch von den Qualifikationstatbeständen in den Abs. 2 und 3 bezweckt werden soll. Die Bestimmung der dort geschützten Rechtsgüter fällt demnach leicht: Die körperliche Unversehrtheit und das Leben werden geschützt.[150]

Für die Bestimmung des Rechtsguts, das durch Abs. 1 geschützt werden soll, gibt es dagegen eine Vielzahl von Vorschlägen: Freiheit der Lebensgestaltung, persönliche Freiheit, individueller Lebensbereich, persönlicher Freiheitsbereich inklusive spezieller Freiheitsrechte, Freiheitssphäre und Handlungs- und Entschließungsfreiheit oder körperliche und/oder seelische Unversehrtheit und individueller Rechtsfriede. Die Vorschläge unterscheiden sich teils nur in der Formulierung und teils auch inhaltlich ganz erheblich. Insgesamt lässt sich aber eine Tendenz dazu feststellen, die persönliche Freiheit in der Form der Freiheit der Lebensgestaltung bzw. des individuellen Lebensbereichs als Rechtsgut anzusehen.

Aus der Vielzahl der vorgeschlagenen Bezeichnungen lassen sich deutliche Unsicherheiten erkennen. Teilweise bestehen schon Hinweise auf inhaltliche Unklarheit, wenn kaum auf „klassische" Rechtsgüter zurückgegriffen, sondern ein neues, weites Rechtsgut konzipiert wird.[151] Aber auch die Unstimmigkeiten in der Formulierung müssen bereits als Zeichen der Unsicherheit verstanden werden.[152] Das ist etwa beim individuellen Rechtsfrieden und der seelischen Unversehrtheit der Fall. Die Bestimmung des Rechtsguts, das geschützt sein soll, fällt schwer.

b) Bestimmung des Deliktstyps

Die Einordnung als Verletzungs- oder Gefährdungsdelikt hängt von der Bestimmung des Rechtsguts ab.

Nach weit verbreiteter Auffassung handelt es sich bei § 238 Abs. 1 StGB um ein Erfolgsdelikt[153]; der tatbestandliche Erfolg liege in der schwerwiegenden Beeinträchtigung der Lebensgestaltung. Da das Rechtsgut aber umstritten ist, hängt

---

150 Sch/Sch-*Eisele*, § 238, Rn. 4.

151 *Löhr*, Notwendigkeit eines Anti-Stalking-Straftatbestandes, S. 298; die relative Offenheit der vorgeschlagenen Güter betont auch *Rackow*, GA 2008, 552 (557).

152 Ebenso *Löhr*, Notwendigkeit eines Anti-Stalking-Straftatbestandes, S. 299.

153 *BGH*, BGHSt 54, 189 (196) = NStZ 2010, 277; NJW 2010, 1680; StV 2010, 307 m.w.N.

auch die Bestimmung des Verhältnisses zwischen Handlungsobjekt und Rechtsgut von der jeweiligen Entscheidung ab. Um ein Verletzungsdelikt würde es sich handeln, wenn das geschützte Rechtsgut die unbeeinträchtigte Lebensgestaltung wäre.[154] Zum selben Ergebnis gelangt man auch, wenn man die unbeeinträchtigte Lebensgestaltung zwar nicht als das geschützte Rechtsgut ansieht, jedoch auf die Handlungs- und Entschlussfreiheit des Opfers hinsichtlich seiner persönlichen Lebensgestaltung abstellt.[155]

Was den Schutz der körperlichen Unversehrtheit durch Vermeidung von Eskalation angeht, findet sich dieser jedenfalls nicht im Tatbestand des Abs. 1. Im Hinblick auf den Schutz vor Gewalt begründet sich das Verbot der Nachstellung durch die Möglichkeit späterer Eskalation, also durch die Gefährlichkeit an sich. Nur insofern handelt es sich beim Grundtatbestand um ein abstraktes Gefährdungsdelikt.

c) Vorverlagerung?

Trotz des Befundes, dass es sich bei § 238 I StGB nach h.M. um ein Verletzungsdelikt handelt, könnte es dennoch eine Vorverlagerung beinhalten.

(1) Vorverlagerung durch das geschützte Rechtsgut

So könnte sich aus dem geschützten Rechtsgut eine besondere Ausdehnung der Strafbarkeit ergeben, und zwar je nachdem, wie man dieses definiert.

Geht man davon aus, dass die Vorschrift davor schützen solle, das Vertrauen des Opfers „sowie das Vertrauen der Rechtsgemeinschaft in die Unverbrüchlichkeit der Rechtsordnung nachhaltig zu erschüttern“[156], wird bereits in der im „Vertrauensgedanken orientierten Kollektivierung von Individualrechtsgütern“ eine „extreme Vorverlagerung des Strafrechtsschutzes“ gesehen.[157]

Was die nach überwiegender Meinung geschützte Handlungs- und Entschließungsfreiheit angeht, ist nicht ganz klar zu fassen, ob es sich dabei um ein bisher so nicht geschütztes neues Rechtsgut handelt, oder um einen Teilaspekt der persönlichen Freiheit, wie sie auch etwa von § 239a StGB betroffen ist.[158]

---

154 So etwa BeckOK StGB-*Valerius*, § 238, Rn. 1 und NK-*Sonnen*, § 238, Rn. 14.

155 Sch/Sch-*Eisele*, § 238, Rn. 4; *Wagner*, FPR 2006, 208 (210).

156 BR-Drucksache 15/5410, S. 6 und wortgleich *Bundesrat*, BT-Drs. 16/1030, S. 6.

157 *Kargl*, Vertrauen als Rechtsgutsbestandteil, in: *Neumann/Prittwitz*, „Personale Rechtsgutslehre“ und „Opferorientierung im Strafrecht“, S. 66.

158 *Kühl*, § 239a, Rn. 1.

Letztlich ergibt sich daraus aber keine qualitative Ausweitung, die über das bloße Unter-Strafe-Stellen weiterer Arten der Verletzung der Freiheit, also über neue Angriffswege[159] hinausgeht. Was das geschützte Rechtsgut angeht, ist also eher nicht von einer auch qualitativ neuen Weite der strafrechtlichen Kontrolle auszugehen.

(2) Art des intendierten Rechtsgüterschutzes – „Ermittlungsparagraf"

Etwas anders kann sich aber auch hier aus der intendierten Art des Rechtsgüterschutzes ergeben. Das mit der Schaffung des § 238 StGB verfolgte Ziel des Opferschutzes[160] sollte nicht zuletzt mittels der Ermittlungsbehörden also der Polizei erreicht werden, der die Möglichkeit zur Einleitung strafrechtlicher Ermittlungen mit strafprozessualen Maßnahmen gegeben werden sollte.[161] Große Wichtigkeit wurde dabei insbesondere sogenannte Gefährderansprachen gegeben, wie bereits vor 2007 nach dem sogenannten Bremer Modell praktiziert.[162] In der sich aus der Strafbarkeit ergebenden Möglichkeit einer „ersten verantwortlichen Vernehmung des Beschuldigten unter Hinweis auf die mögliche Strafbarkeit wegen Nachstellung" wird nun seitens der Staatsanwaltschaft ein besonderer Vorteil der Vorschrift gesehen, da dadurch die Nachstellungen oft beendet würden.[163] Dieser Auffassung geben empirische Untersuchungen recht: Wenngleich die Wirkungen rechtlicher Intervention als beschränkt betrachtet werden, seien gerade (informelle) polizeiliche Warnungen als besonders wirkungsvoll anzusehen, da nach diesen 15 % der untersuchten Stalker ihre Handlungen einstellten, wohingegen dies nur bei 9 % nach Verbüßung einer Haftstrafe und sogar nur bei 1 % nach Erlass eines zivilrechtlicher Unterlassungsurteil der Fall war.[164]

Daraus ergibt sich zwar hinsichtlich des Ziels möglichst weitreichenden Rechtsgüterschutzes mittels des Strafrechts der Befund größerer Effektivität der Ansprache des „Gefährders". Dafür wird jedoch eine Strategie verfolgt, die eine

159 Zu den Angriffswegen *Stächelin*, Strafgesetzgebung im Verfassungsstaat, S. 55 ff.

160 Dazu o. S. 168.

161 *Fünfsinn*, Bedarf es eines Stalking-Bekämpfungsgesetzes?, in: *Weiß/Winterer*, Stalking und häusliche Gewalt, S. 122.

162 *Hecht* in: *Bundestag Rechtsausschuss*, Protokoll der 30. Sitzung, S. 10; *Schumacher* in: *Bundestag Rechtsausschuss*, Protokoll der 30. Sitzung, S. 23; Entschlussantrag der Fraktion Bündnis90/Die Grünen in: *Bundestag Rechtsausschuss*, BT-Drs. 16/3641, S. 10; Verweis auf das Bremer Modell auch bei *Granold* in: *Bundestag*, BT-Drs. Plenarprotokoll 16/70, S. 6953.

163 *Peters*, NStZ 2009, 238 (239).

164 *Smischek*, Stalking, S. 85.

Umgehung der spezifisch strafrechtlichen Schutzinstrumente bedeutet. Bezeichnenderweise wurde auch hier eine Ausdehnung der Anwendbarkeit des Haftgrundes des § 112a Abs. 1 Nr. 1 StPO auf Verdachtsfälle nach § 238 Abs. 2 und 3 StGB eingeführt. Der Haftgrund der Wiederholungsgefahr ist präventiv-polizeilicher Art[165] und weist darauf hin, dass auch hier wie bei § 89a StGB[166] das strafrechtliche Ziel der Verbrechensprävention noch vor dem Einsatz spezifisch strafrechtlicher Mittel erreicht werden soll. Auch hier wird die Prävention der Strafe und der Strafandrohung vorgelagert.

4. Fazit: Zwei Arten beabsichtigter Vorverlagerung

a) Vorverlagerung durch die Deliktsstruktur

Die Untersuchung des Bezugs zwischen Rechtsgut und Formulierung des Straftatbestands unter Einbeziehung der Art des intendierten Rechtsgüterschutzes auch über den Wortlaut der materiell-rechtlichen Vorschriften hinaus konnte eine Ausweitung des Strafrechts in das Vorfeld bestätigen. Bei §§ 52a WaffG und 89a StGB ergab sich das bereits aus der tatbestandlichen Struktur des abstrakten Gefährdungsdelikts sowie aus den geschützten Rechtsgütern. Dagegen stellte sich das Bild bei § 238 Abs. 1 StGB anders dar, soweit nicht nur auf den Schutz vor Gewalttaten abgestellt wurde. Insgesamt scheint diese Vorschrift deutlich weniger Anlass zu einer grundsätzlichen Kritik zu geben.

Beim Verhalten, das mit dem Begriff Stalking bezeichnet wird, und das versucht wurde mit der Vorschrift der Nachstellung zu umschreiben[167], deutet einiges darauf hin, dass es sich um ein neueres soziales Phänomen mit schwerwiegenden Auswirkungen auf die Betroffenen handelt. Beim Stalking kann also grundsätzlich hinsichtlich der Schwere der Rechtsgutsbeeinträchtigung der Anwendungsbereich des Strafrechts mit einigem Recht als eröffnet gesehen werden.[168] Dabei ist es die eine Sache, dass es scheinbar nicht gut gelungen ist, das stalking-spezifische Unrecht präzise und allen strafrechtstheoretischen und verfassungsrechtlichen

---

165 BVerfGE 19, 342 (349 f.) = NJW 1966, 243; MDR 1966, 300; KK-StPO-*Graf*, § 112a, Rn. 4.

166 o. S. 217.

167 Zweifelnd inwiefern dies gelungen ist NK-*Sonnen*, § 238, Rn. 27 und Sch/Sch-*Eisele*, § 238, Rn. 3 jeweils mit verfassungsrechtlichen Bedenken und m.w.N.

168 So auch eher kritische Stellungnahmen, wie etwa *Kinzig/Zander*, JA 2007, 481 (487); Sch/Sch-*Eisele*, § 238, Rn. 3.

Anforderungen entsprechend zu umschreiben. Das mag man als (unbewusste) gesetzgeberische Fehlleistung betrachten.

b) Vorverlagerung durch Masternormen

Eine andere Sache ist es hingegen, dass es trotz der eigentlich legitimen Zielrichtung des Unter-Strafe-Stellens von Stalking bei der Schaffung der Strafvorschrift primär nicht um das Unter-Strafe-Stellen eines Verhaltens ging, sondern ebenso wie bei § 89a StGB um eine Grundlage für polizeiliche Eingriffe; also um die Schaffung einer – wie *Frehsee* dies nennt – „Masternorm".[169] Diese „Umfunktionierung"[170] des Strafrechts ist nicht neu, sondern spätestens seit dem Ende der 1980er Jahre vielzitiert und kritisiert.[171] Dabei werden Probleme im Hinblick auf nahezu alle strafrechtlichen Prinzipien gesehen, wie etwa dem Bestimmtheitsgebot[172], dem Prinzip der Schuld und der Zurechnung[173] sowie dem Grundsatz des Tatstrafrechts[174]. Mit einer solchen Zielrichtung als Begründung und damit auch als Rechtfertigung für die Schaffung neuer Strafvorschriften kommt es in der Tat zu einer Verlagerung des Strafrechts hin zu präventiven Aufgaben.[175] Auch das Ziel der Prävention ist nicht neu, sondern gerade notwendig für ein rechtsstaatlich legitimiertes Strafrecht.[176] Prävention stellt dort aber das Ziel der strafrechtlichen Repression, die die Reaktion auf die bereits begangene Tat ist, dar. Hier geht es demnach um eine Vorverlagerung der Prävention vor die Strafe und die Strafandrohung.

---

169 *Frehsee*, Fehlfunktionen des Strafrechts und der Verfall rechtsstaatlichen Freiheitsschutzes, in: *Frehsee/Löschper/Smaus*, Konstruktion der Wirklichkeit durch Kriminalität und Strafe, S. 23 f.

170 *Calliess*, NJW 1989, 1338 (1340).

171 *Calliess*, NJW 1989, 1338; *Hassemer*, NStZ 1989, 553 (558); *Hassemer*, Einführung, S. 275; die Nachweise im folgenden sollen nur exemplarisch sein.

172 *Hassemer*, NStZ 1989, 553 (558); *Albrecht*, Das Strafrecht im Zugriff populistischer Politik, in: *Institut für Kriminalwissenschaften und Rechtsphilosophie Frankfurt a.M.*, Vom unmöglichen Zustand des Strafrechts, S. 440.

173 *Sieber*, NStZ 2009, 353 (359 f.); *Wohlers*, Deliktstypen des Präventionsstrafrechts, S. 46 f.; *Hassemer*, NStZ 1989, 553 (558).

174 Sch/Sch-*Eisele*, § 238, Rn. 3.

175 Sch/Sch-*Eisele*, § 238, Rn. 3.

176 *Roxin*, AT I, §§3 Rn. 37; dazu auch schon o. S. 217.

c) Übereinstimmung: Vorverlagerung

Nun soll an dieser Stelle eine Einordnung in Diskussionen um Tendenzen des Rechts etwa als „Risikostrafrecht“[177], „modernes Strafrecht“[178], „Sicherheitsstrafrecht“[179] oder „nach-präventives Strafrecht der Sicherheitsgesellschaft“[180] bewusst unterbleiben: Eine Befassung mit dem möglichst treffendsten Schlagwort kann für diese Arbeit nicht für sinnvoll erachtet werden. Im Gegenteil soll diese Arbeit (zusammen mit anderen Untersuchungen gleicher Art) die Grundlage für eine besser fundierte Bewertung der Strafgesetzgebung bieten, wie sie mit den bisher zur Verfügung stehenden Untersuchungen nicht möglich war.[181]

Eine Aussage ist aber bereits jetzt schon möglich: Aus der Struktur und der intendierten Wirkweise der untersuchten Normen ergibt sich übereinstimmend eine Vorverlagerung. Damit zeigt sich hinsichtlich der untersuchten Delikte eine Tendenz.

---

177 *Prittwitz*, „Feindstrafrecht“, in: *Cremer-Schäfer/Pilgram/Stangl/Steinert*, Kriminologie, S. 223; *Rzepka*, Kriminologische Wissenschaften – Aufklärung über oder für Kiminalpolitik und -praxis?, in: *Cremer-Schäfer/Pilgram/Stangl/Steinert*, Kriminologie, S. 122 und 129 f.; kritisch zum Begriff des Risikostrafrechts *Kuhlen*, GA 1994, 356 (360); *Frehsee*, Fehlfunktionen des Strafrechts und der Verfall rechtsstaatlichen Freiheitsschutzes, in: *Frehsee/Löschper/Smaus*, Konstruktion der Wirklichkeit durch Kriminalität und Strafe, S. 16 ff.; „Instrument der Bekämpfung von Problemen und der Beherrschung von Risiken“: *Hassemer*, Sicherheit durch Strafrecht, in: *Institut für Kriminalwissenschaften und Rechtsphilosophie der Johann Wolfgang Goethe Universität*, Jenseits des rechtsstaatlichen Strafrechts, S. 111.

178 *Hassemer*, Sicherheit durch Strafrecht, in: *Institut für Kriminalwissenschaften und Rechtsphilosophie der Johann Wolfgang Goethe-Universität*, Jenseits des rechtsstaatlichen Strafrechts, S. 123; über „die moderne Strafnorm“ spricht gerade im Zusammenhang mit Strafnormen, die nicht zuerst auf Bestrafung, sondern auf Eröffnung polizeilicher Befugnisse zielen *Frehsee*, Fehlfunktionen des Strafrechts und der Verfall rechtsstaatlichen Freiheitsschutzes, in: *Frehsee/Löschper/Smaus*, Konstruktion der Wirklichkeit durch Kriminalität und Strafe, S. 23 f.

179 So die Überschrift eines Absatzes bei *Frehsee*, Fehlfunktionen des Strafrechts und der Verfall rechtsstaatlichen Freiheitsschutzes, in: *Frehsee/Löschper/Smaus*, Konstruktion der Wirklichkeit durch Kriminalität und Strafe, S. 23.

180 *Albrecht*, Kriminologie, S. 146; *Albrecht*, Das nach-präventive Strafrecht: Abschied vom Recht, in: *Institut für Kriminalwissenschaften und Rechtsphilosophie der Johann Wolfgang Goethe-Universität*, Jenseits des rechtsstaatlichen Strafrechts.

181 O. S. 198.

F. Der Bezug von Sicherheit, Risiko und Opferschutz zur Vorfeldkriminalisierung mittels abstrakter Gefährdungsdelikte

Im letzten Kapitel[1] konnte gezeigt werden, dass neben den Übereinstimmungen hinsichtlich der Verbindung wissenschaftlicher Expertise und Gesetzgebung[2] sowie hinsichtlich der Anlässe der Gesetzgebung[3] auch Übereinstimmungen hinsichtlich der Ergebnisse der Gesetzgebung bestehen. Für alle untersuchten Gesetze konnte das Charakteristikum der Vorverlagerung bestätigt werden.

Angesichts der Übereinstimmung der Impulse und des gesetzgeberischen Ergebnisses liegt der Schluss nahe, dass Risikodenken, Sicherheit und Opferschutz ihre Wirksamkeit gerade für ein vorverlagerndes Strafrecht entfalten. Diese Verbindung soll im Folgenden näher untersucht werden. Man könnte das Kapitel auch so umschreiben: Während bisher nur eine Korrelation zwischen Problemimpulsen und Deliktstypus nachgewiesen wurde, sollen nunmehr Hinweise für einen Kausalzusammenhang gesucht werden.

Dabei können bei einer Verbindung zwischen Impuls und wahrscheinlichem Ergebnis Ansätze für eine frühzeitige Kritik der Gesetzgebung gefunden werden: Ist bereits beim ersten Auftreten eines bestimmten Problemimpulses vorhersehbar, wie dieser wirksam wird, sind schon zu einem deutlich früheren Stadium wissenschaftliche Expertisen denkbar, als dies bei einer kritischen Analyse des ausgearbeiteten Entwurfs oder gar erst des verabschiedeten Gesetzes der Fall wäre. Nur so kann wissenschaftliche Einflussnahme selbst zum Gesetzgebungsanlass werden.

Innerhalb der Vorverlagerung soll nun allein die dogmatische Struktur der Delikte zum Gegenstand gemacht werden. Maßgeblich geht es also um die Schaffung abstrakter Gefährdungsdelikte. Für die strafrechtswissenschaftliche Befassung mag die Verbindung bestimmter Problemimpulse mit dem Phänomen des Gefährdungsstrafrechts, das Gegenstand umfangreicher Untersuchung und Kritik ist, als Motivation zur Auseinandersetzung mit dem bisher wenig beleuchteten Thema der Anlässe der Gesetzgebung dienen.

---

1 S. 198 ff.
2 S. 43 f.
3 S. 94 ff.

1. Sicherheit und Gefährdungsstrafrecht

Der Bezug zwischen Sicherheit und Strafrecht ist die Vorbedingung für einen Bezug zwischen Sicherheit und Vorverlagerung. Dieser wurde bereits angesprochen.[4] Dass die Bedeutung des Topos Sicherheit demnach einen gewissen Druck auf das Strafrecht ausübt, kann man als vorausgesetzt sehen.[5] Das allein ist aber noch keine Begründung für die Vorverlagerung. Hinzukommen muss noch eine Erklärung dafür, dass gerade abstrakte Gefährdungsdelikte geschaffen werden. Der damit angesprochene Bezug zwischen Sicherheit und der dogmatischen Struktur des abstrakten Gefährdungsdelikts lässt sich möglicherweise bereits in den Arbeiten finden, die sich in allgemeiner Form mit diesen Delikten auseinandersetzen.

a) Sicherheit als Normzweck der abstrakten Gefährdungsdelikte (*Kindhäuser*)

Einige Hinweise finden sich in der Habilitationsschrift *Kindhäusers* aus dem Jahr 1987.[6] Neben seiner Untersuchung der Struktur der Gefährdungsdelikte in Abgrenzung zu anderen Deliktstypen[7] macht er sich auch Gedanken zum Grund der Existenz abstrakter Gefährdungsdelikte und zu ihrem Zweck. Als maßgeblich sieht er dabei das Ziel der Sicherheit: Die abstrakten Gefährdungsdelikte werden von ihm „als Verbote, die zur sorgelosen Verfügung über Güter notwendigen Sicherheitsbedingungen zu beeinträchtigen“ interpretiert.[8] Entsprechend überschreibt *Kindhäuser* den ersten Abschnitt seines 6. Kapitels auch mit „Sicherheit als Normzweck“.[9]

Ausgangspunkt ist dabei zunächst, dass es zur freien Verfügung über ein Gut notwendig sei, dabei nicht dessen Beeinträchtigung besorgen zu müssen.[10] Für die rationale Verfügung über Güter komme es dann auch auf die Gewissheit künftiger Gefahrlosigkeit und eine auf dieser Gewissheit basierenden Sorglosigkeit an. Sicherheit sei also berechtigte Sorgelosigkeit bei der Verfügung über Güter.[11]

---

4 O. S. 125.
5 Vgl. auch *Herzog*, Gesellschaftliche Unsicherheit, S. 50 ff.
6 *Kindhäuser*, Gefährdung als Straftat.
7 *Kindhäuser*, Gefährdung als Straftat, S. 189 ff, 225 ff.
8 *Kindhäuser*, Gefährdung als Straftat, S. 280.
9 *Kindhäuser*, Gefährdung als Straftat, S. 277.
10 *Kindhäuser*, Gefährdung als Straftat, S. 279.
11 *Kindhäuser*, Gefährdung als Straftat, S. 282.

In dieser Definition ergibt sich ein Zusammenspiel subjektiver und objektiver Komponenten, nämlich „subjektbezogene Sorgelosigkeit und deren objektive Begründetheit.“[12] Dabei sieht *Kindhäuser* das Problem, dass er auch subjektive, emotionale Gesichtspunkte in seine Konzeption der Legitimation der abstrakten Gefährdungsdelikte aufnimmt, obwohl das Strafrecht nicht dem Gefühlsschutz dienen solle. Dieses Problem will er lösen, indem nicht auf konkrete Gefühle einer Person abgestellt wird, sondern „nur die Sorge einer (gedachten) rational entscheidenden Person“ gemeint sei, womit Sorge und Sorglosigkeit „in diesem Sinne keine psychologischen, sondern (rein) normative Begriffe“[13] seien.

Die so verstandene Sicherheit werde bereits durch abstrakte Gefährdungen beeinträchtigt[14] und stelle eine spezifische Art des Schadens dar, die das Aufstellen einer Verbotsnorm hinreichend rechtfertigen könne.[15] *Kindhäuser* löst sich hier vom Ausgangspunkt der Rechtsgutsverletzung.[16] Ob es zu dieser kommen kann, ist für die Beeinträchtigung der Sicherheit durch die abstrakte Gefährdung irrelevant.[17] Die abstrakten Gefährdungsdelikte könnten schon unter dem Gesichtspunkt der Sicherheit legitimiert werden.[18] Sicherheit wird damit zum eigenständigen Normzweck.

Für die vorliegende Frage lassen sich diese Gedanken so zusammenfassen: Bei einem entsprechend weiten Verständnis von Sicherheit, das auch subjektiven Aspekten eine maßgebliche Rolle zuweist, kann bereits durch (berechtige) Sorge eine Beeinträchtigung der Sicherheit vorliegen. Mit dem Ziel der Sicherheit i.d.S. muss sich der (Straf-)Gesetzgeber somit auch den (berechtigten) Sorgen annehmen. Wie gesehen ist für die gängigen Sicherheitsbegriffe eine derartige subjektive Komponente konstitutiv[19]. Die Erklärung *Kindhäusers* lässt sich somit durchaus auf die bisher gefundenen Erkenntnisse übertragen. Da sich bereits aus konkret ungefährlichem, jedoch abstrakt gefährlichem Verhalten Sorgen ergeben können, müsste konsequent auch solches Verhalten vermieden – sprich: unter Strafe gestellt – werden. Denn bereits die abstrakte Gefährdung stellt demnach eine Sicherheitsbeeinträchtigung dar[20].

---

12 *Kindhäuser*, Gefährdung als Straftat, S. 282.
13 *Kindhäuser*, Gefährdung als Straftat, S. 287.
14 *Kindhäuser*, Gefährdung als Straftat, S. 281.
15 *Kindhäuser*, Gefährdung als Straftat, S. 354.
16 Dazu auch *Wohlers*, Deliktstypen des Präventionsstrafrechts, S. 292 ff.
17 *Kindhäuser*, Gefährdung als Straftat, S. 287.
18 *Kindhäuser*, Gefährdung als Straftat, S. 355.
19 O. S. 102.
20 Eine auch kriminalpolitisch wirksame Einebnung von Wertungsunterschieden bei dieser Umdeutung von abstrakten Gefährdungsdelikten in (Sicherheits-) Verletzungsdelikte bemängelt an dieser Stelle *Krüger*, Entmaterialisierungstendenz, S. 112 f.

Daraus ergeben sich einige Bedenken. In einer derartigen Konzeption kann der Gesetzgeber letztlich jedes Verhalten, das irgendwie Anlass zur Sorge bietet, mit dem Ziel der Sicherheit zum Impuls der Strafgesetzgebung nehmen. Dabei kann auch auf kaum begründete Unsicherheitsgefühle reagiert werden. Auch *Kindhäusers* Beschränkung auf eine ideelle, rational urteilende und entscheidende Person kann keine Einschränkungswirkungen entfalten, da Bezugspunkt für Politik und Gesetzgebung wohl nur selten die Sorgen Einzelner und vielmehr die Sorgen Vieler als Teil der Bevölkerung sind. Solange Kontingenz und letztlich Unsicherheit unser Dasein entscheidend prägen, ist davon auszugehen, dass sich aus den unterschiedlichsten Verhaltensweisen Anlässe für Sorgen ergeben können. Alle diese Verhaltensweisen könnten mit dem Ziel der Sicherheit verboten werden. Die Kombination des Verbotes abstrakter Gefährdungen mit dem Ziel der (subjektiven) Sicherheit ist damit potentiell unbegrenzt.

b) Abstrakte Gefährdungsdelikte als Reaktion auf Sicherheitsanforderungen und -erwartungen

Wenn eine Erklärung für abstrakte Gefährdungsdelikte sein kann, dass diese weitgehend unabhängig von der Rechtsgutsverletzung dem Zweck der Sicherheit dienen, betraf dies in erster Linie die subjektive Seite der Sicherheit. So verstanden wären abstrakte Gefährdungsdelikte Verbote von Verhalten, das Sorgen bereitet. Grund und Anlass der Sorge liegen jedoch nach wie vor in der drohenden Rechtsgutsverletzung. Gesetzgebung, die ihren Schwerpunkt auf die Schaffung von Sorglosigkeit legt und dabei die objektive Berechtigung der Sorge vernachlässigt,[21] wäre letztlich nur Beschwichtigungspolitik. Nun konnte zwar gezeigt werden, dass das Ziel der Beschwichtigung in der politischen Rationalität eine große Rolle spielt.[22] Dennoch kann man davon ausgehen, dass in der Politik ebenso wie in der Bevölkerung (berechtigte) Sorgen vor Rechtsgutsverletzungen existieren.[23] Der Anknüpfungspunkt bleibt dann aber die Verletzung selbst. Vor

21 *Kindhäuser*, Gefährdung als Straftat, S. 282 ff. weist auch auf die Notwendigkeit der objektiven Komponente hin.

22 O. S. 66; eine solche Zielsetzung wird gerade auch im Zusammenhang mit den abstrakten Gefährdungsdelikten moniert von *Hassemer*, NStZ 1989, 553 (558).

23 Ähnlich auch *Voß*, Symbolische Gesetzgebung, S. 171; um davon überzeugt zu sein, genügt schon die Lektüre einiger Veröffentlichungen, die auf eine schon an der Grenze zur Paranoia liegenden Angst schließen lassen, wie etwa *Hanning*, Sicherheit gewährleisten – Freiheit wahren, in: *Huster/Rudolph*, Vom Rechtsstaat zum Präventionsstaat.

diesem Hintergrund stellt sich nach wie vor die Frage, wieso objektive Sicherheit gerade mittels abstrakter Gefährdungsdelikte gesucht wird.

(1) Prävention und abstrakte Gefährdungsdelikte (Hefendehl)

Eine Erklärung kann in der Verknüpfung von Sicherheit und Prävention[24] gefunden werden. Die Nachfrage nach Prävention trifft nicht zuletzt den Gesetzgeber, der versucht auf die damit verbundenen an ihn herangetragenen Erwartungen zu reagieren. Das Ziel der Sicherheit führt somit zur Entwicklung staatlicher Präventions-Tätigkeit.

Dabei ergibt sich eine besonders starke Nachfrage nach Prävention, wenn die zu befürchtenden Schäden sich als besonders gravierend darstellen. Dies ist beispielsweise bei der Gefahr terroristischer Anschläge der Fall: Dort könne „der Rechtsstaat sinnvoll nur präventiv verteidigt werden.“[25] Damit ist schon angedeutet, dass Prävention auf verschiedene Arten, unterschiedlichen Ebenen staatlichen Handelns und zu verschiedenen Zeitpunkten stattfinden kann, wobei unter möglichst effektiver Prävention nicht erst die Rettung in letzter Sekunde, sondern bereits eine Handhabung der Wahrscheinlichkeit eines Schadeneintritts, also eines Risikos verstanden wird.

Toleriert werden kann unter diesen Gesichtspunkten eine Strategie der Rettung in letzter Sekunde allenfalls dann, wenn diese aufgrund der Vorhersehbarkeit und der Beherrschbarkeit eines möglichen Geschehensablaufs immer noch als ausreichend effektiv eingeschätzt wird. Das allerdings ist oft genug nicht der Fall. Diesen Erwägungen folgt auch *Hefendehl* und vertritt die Meinung, dass, würde man „den Eintritt eines konkreten Gefahrerfolgs oder gar einer Verletzung als essentiell für die Strafbarkeit ansehen“, bereits „die Chance effektiven Rechtsgüterschutzes vertan“ wäre.[26] Die Leistungen der abstrakten Gefährdungsdelikte ergäben sich gerade daraus, dass bei ihnen, „dem Ausmaß des Risikos gerecht“ werdend, der „Präventionshebel der Strafrechtsnorm“ an früherer Stelle angesetzt werde.[27]

---

24 O. S. 126.

25 *Hanning*, Sicherheit gewährleisten – Freiheit wahren, in: *Huster/Rudolph*, Vom Rechtsstaat zum Präventionsstaat, S. 207.

26 *Hefendehl*, Kollektive Rechtsgüter, S. 168; das Argument der zwingenden und für den Schutz notwendigen Reaktion auf komplexer werdende Lebensverhältnisse spielte i.Ü. schon für die nationalsozialistische Forderung nach einer radikalen Hinwendung zum Gefährdungsstrafrecht eine Rolle; *Beck*, Unrechtsbegründung und Vorfeldkriminalisierung, S. 25; dazu auch *Wagner*, NS-Ideologie im heutigen Strafrecht, S. 72 ff.

27 *Hefendehl*, Kollektive Rechtsgüter, S. 171; in einer Ausschaltung des Zufall sieht *Anastasopoulou*, Deliktstypen zum Schutz kollektiver Rechtsgüter, S. 64 f. den Vorteil abstrakter Gefährdungsdelikte; polemisch *Hirsch*, Auf dem Weg in den

Damit kommt es zu einer Ausweitung staatlicher Tätigkeit in räumlicher, gegenständlicher und – für uns entscheidend – zeitlicher Dimension.[28]

Mit diesen Überlegungen ist es nachvollziehbar, wie gerade durch die Schaffung abstrakter Gefährdungsdelikte dem Ziel der Prävention Rechnung getragen werden soll und wie gerade diese Verminderung des Präventionsdrucks[29] versprechen.

(2) Die Erweiterung des zur Prävention Erlaubten um das zur Repression Erlaubte (Jakobs)

Eine weitere Erklärung für die Schaffung abstrakter Gefährdungsdelikte mit dem Ziel der Sicherheit stellt die Rolle des Strafrechts als Grundlage für Maßnahmen der Polizei[30] dar. Grundsätzlich gibt es zwei Möglichkeiten polizeilicher Maßnahmen: Erstens im genuin polizeilichen Aufgabenbereich der Gefahrenabwehr, der durch die Gefahr eröffnet wird. Die Gefahr kann sich dabei für die öffentliche Sicherheit ergeben und zu dieser gehört die Rechtsordnung.[31] Droht also eine (zukünftige) Straftat, ist der Anwendungsbereich des Polizeirechts eröffnet.

Daneben eröffnet der Verdacht einer (bereits begangenen) Straftat den Anwendungsbereich strafprozessualer Ermittlungsmaßnahmen.

Für beide Bereiche erweitert die Schaffung abstrakter Gefährdungsdelikte die Möglichkeiten der Polizei, Maßnahmen zu treffen, erheblich[32]. Dieser Sinn einer Vorverlagerung des tatbestandlichen Vollendungszeitpunkts, „um der Polizei zur dafür günstigsten Zeit einen Zugriff zu ermöglichen“, wurde bereits 1985 von *Jakobs* beschrieben als die Erweiterung des „zur Prävention Erlaubten um das zur Repression Erlaubte“[33].

Möchte man Sicherheit auch durch polizeiliche Maßnahmen schaffen, ist es folgerichtig darauf zu achten, dass die rechtlichen Voraussetzungen für diese Maßnahmen möglichst häufig vorliegen. Dass für die Politik eine solche Strategie der (polizeifreundlichen) Vorverlagerung zusätzlich attraktiv ist, ergibt sich wiederum aus dem bereits angesprochenen Präventionsdruck, der auf dem Gesetzgeber

---

Überwachungsstaat?, in: *Huster/Rudolph*, Vom Rechtsstaat zum Präventionsstaat, S. 168: Zeil sei es „schon vor dem Täter am Tatort zu sein“.

28 *Grimm*, Die Freiheit sichern! Ohne starke Bürgerrechte bleibt Sicherheit wertlos, in: *Zypries*, Die Renaissance der Rechtspolitik, S. 28.

29 *Hassemer*, NStZ 1989, 553 (558); dazu bereits o. S. 99.

30 O. S. 180.

31 Allg. A., vgl. nur *Kugelmann*, Polizei- und Ordnungsrecht, S. 77.

32 *Sieber*, NStZ 2009, 353 (355) sieht hier die Grenzen zwischen Strafrecht und Polizeirecht verschwimmen.

33 *Jakobs*, ZStW 97 (1985), 751 (752).

lastet. Diesem Druck sind insbesondere Regierungspolitiker ausgesetzt, die auch die damit verbundene Last der Verantwortung tragen. Sie stehen so – wie *Aden* formuliert – ständig in der Gefahr, „für unzulängliches Handeln der Sicherheitsbehörden politisch verantwortlich gemacht zu werden." Auch daraus ergibt sich für die Politik die praktische Überlegung, der Durchsetzung der Interessen und Vorschläge der Sicherheitsbehörden möglichst nicht im Weg zu stehen.[34]

c) Zusammenfassung und Kritik

Das abstrakte Gefährdungsdelikt ist sowohl mit den subjektiven als auch den objektiven Komponenten der Sicherheit verknüpft. Für beide sollen die abstrakten Gefährdungsdelikte Wirkungen entfalten. Mit dem Problemimpuls Sicherheit ist die Schaffung gerade solcher Deliktstypen nicht nur naheliegend, sondern sogar konsequent. Es entspricht der politischen Rationalität der Sicherheit. Das kann allerdings nicht verhindern, dass sich aus dieser Deliktsform erhebliche Bedenken ergeben. Das gilt insbesondere bei der Häufung abstrakter Gefährdungsdelikte im Kernstrafrecht:

Auch wenn man der Auffassung ist, dass diese als Strafrecht grundsätzlich legitim sind, existieren daneben die Normen, die das Verbot einer Verletzung beinhalten. Dass die Verletzung etwas anderes ist, als die Gefährdung, selbst, wenn diese bereits einen Schaden *sui generis* darstellen sollte[35], bleibt außer Zweifel. Die vom Typ her identische strafrechtliche Reaktion auf derart unterschiedliche Vorwürfe wirft Wertungswidersprüche auf. Es steht zu befürchten, dass diese Gleichstellung der Form nach zu einer Abwertung der Verletzungsdelikte führt und letztendlich das strafrechtliche Verbot an sich an Gewicht verliert.[36]

2. Risiko als Begründungsansatz für Vorfeldkriminalisierung

a) Risiko und Vorfeldkriminalisierung: Drei Risikogesellschaften, dreierlei Folgerungen

Risiko und Sicherheit sind eng verbunden[37]. Ein logischer Bezug zwischen der Idee des Risikos und abstrakten Gefährdungsdelikten ergab sich bereits aus der

---

34 *Aden*, Problemdefinition und Agendagestaltung in der Kriminalpolitik, in: *Lange*, Kriminalpolitik, S. 129.

35 So *Kindhäuser*, Gefährdung als Straftat, S. 354, vgl. o. S. 231 f.

36 So treffend *Kindhäuser*, Gefährdung als Straftat, S. 344; ähnlich *Frisch*, An den Grenzen des Strafrechts, in: *Küper/Dencker*, Beiträge zur Rechtswissenschaft, S. 85 f. und S. 96 f.

37 O. S. 128.

Untersuchung der Struktur dieser Deliktsform, insbesondere von *Hefendehl.* Danach entsprechen diese Delikte ihrer Struktur nach gerade dem Erfordernis der Beherrschung unkontrollierbar gefährlichen Verhaltens durch das Verbot desselben. Dabei stellt Verhalten, das womöglich zu einem Schadenseintritt führt, nach der Definition *Luhmanns* stets riskantes Verhalten dar.[38] Abstrakte Gefährdungsdelikte beinhalten damit gleich mehrere Gesichtspunkte einer Risikologik: Sie zielen erstens auf das Verbot des Eingehens bestimmter Risiken ab. Weiterhin betrifft die Entscheidung über die Strafbarkeit eine gesetzgeberische „Gefahranalyse“[39], also eine Entscheidung über das Risiko eines bestimmten Verhaltens.

Das sind allerdings nicht die einzigen Bezüge zum Risiko bei *Hefendehl.* Er begründet die „Leistungen des Gefährdungsstrafrechts“ und die Notwendigkeit der abstrakten Gefährdungsdelikte mit der Unmöglichkeit der Risikobeherrschung in bestimmten Fällen[40] sowie den unüberschaubaren Kausalverflechtungen, wie sie gerade typisch für die Risikogesellschaft seien.[41] Somit ist einerseits ein Risikokonzept betroffen, das die Entscheidung über Schadenswahrscheinlichkeiten in den Mittelpunkt rückt sowie andererseits ein Konzept der Risikogesellschaft angesprochen, das die Unbeherrschbarkeit und das Ausmaß der Risiken betrifft. So ergeben sich innerhalb der unterschiedlichen Konzepte von Risiko und Risikogesellschaft jeweils Anknüpfungspunkte für Zusammenhänge mit der Schaffung von Strafnormen, die das Vorfeld betreffen.

b) Die Risikogesellschaft nach Beck: Notwendige Reaktionen auf Großgefahren

Beck beschreibt in seiner Risikogesellschaft die Existenz neuer Bedrohungen, die durch ihr enormes Schadenspotential und die schlechten Möglichkeiten der Begrenzung möglicher Schäden gekennzeichnet sind.[42]

Derlei Bedrohungen erfordern naturgemäß besondere Reaktionen; ihre Existenz kann auch als neue Herausforderung für das Strafrecht verstanden

---

38 Vgl. o. S. 121.

39 *Anastasopoulou*, Deliktstypen zum Schutz kollektiver Rechtsgüter, S. 63 f.

40 *Hefendehl*, Kollektive Rechtsgüter, S. 168.

41 *Hefendehl*, Kollektive Rechtsgüter, S. 165 ff und insbes. S. 171 ff.; dazu näher sogleich im nächsten Abschnitt.

42 Vgl. o. S. 119.

werden[43]. Nun können sich bestimmte Kennzeichen dieser neuen Bedrohungen finden lassen:

1. Ein erstes Augenmerk liegt auf den verheerenden möglichen Folgen, die nicht wieder gut zu machen sind,[44] so dass bereits deren Eintritt auf jeden Fall verhindert werden soll.
2. Ein weiteres Charakteristikum der neuen Bedrohungen ist, dass diese sich aus den insbesondere technischen Neuerungen ergeben, die für unser Leben inzwischen normal geworden sind. Die Ursachen der Bedrohungen liegen also oftmals in bisher kaum als problematisch angesehenen, manchmal sogar alltäglichen Verhaltensweisen, die sich nun als „riskant" herausstellen.
3. Dabei gibt es durchaus eine Verbindung zwischen menschlichem Verhalten, Entscheidung und Gefahr, doch ist dieser Zusammenhang nicht leicht zu erkennen und geprägt von Mittelbarkeiten und Verflechtungen[45]. Zudem gehöre zur Deutung einer Situation als gefährlich eine weitere normative Komponente.[46] Zwischen der festgestellten Situation (in *Beck*s Beispiel etwa eine Schadstoffkonzentration in einem Lebensmittel) und dem Erkennen der Folge, dass davon eine Gefahr ausgeht, muss ein Kausalzusammenhang zwischen möglicher Verletzung und festgestelltem Sachverhalt konstituiert werden. Diese Kausalbeziehungen sind jedoch nur theoretisch und nicht sinnlich greifbar, womit Risiken letztlich erst aufgrund der darin liegenden Wertung als solche verstanden werden könnten.[47] Das bedeutet, dass sich hier Nachweisprobleme ergeben; diese Ungewissheit hinsichtlich der Kausalität kann dann als geradezu paradigmatisch für „moderne Gefahren" gesehen werden[48].

Der Versuch der Beherrschung der so gekennzeichneten Bedrohungen mit dem Strafrecht muss sich entsprechend auf ebendiese Charakteristika einstellen.

Soll der Eintritt des Schadens auf keinen Fall mehr abgewartet werden (1.), macht eine erst nach Schadenseintritt erfolgende Repression wenig Sinn. Sieht man den Schaden als Rechtsgutsverletzung, kann ein Verletzungsdelikt dementsprechend

43 *Stratenwerth*, ZStW 105 (1993), 679 (685, 695 et passim.); *Reus*, Das Recht in der Risikogesellschaft, S. 113.
44 *Beck*, Risikogesellschaft, S. 28 ff.
45 *Beck*, Risikogesellschaft, S. 30 und S. 35 ff.
46 *Beck*, Risikogesellschaft, S. 36.
47 *Beck*, Risikogesellschaft, S. 36.
48 *Reus*, Das Recht in der Risikogesellschaft, S. 105.

nicht als tauglich angesehen werden[49]. Beim Abwarten der Verletzung oder der konkreten Gefährdung „wäre die Chance effektiven Rechtsgüterschutzes vertan."[50]

Soll entsprechend bereits die Gefahrschaffung verhindert werden, und liegt diese oftmals in eigentlich normalem Verhalten (2.), geht es um die Kontrolle erst einmal sozial unauffälligen und womöglich ungefährlichen Verhaltens. Die im Tatbestand einer Strafvorschrift umschrieben Handlung kann dementsprechend auch ein bisher nicht als „kriminell" angesehenes und weit verbreitetes Verhalten umfassen.

Aus der Schwierigkeit der Übersehbarkeit der Zusammenhänge zwischen Verhalten und Gefahr (3.) ergibt sich aus Sicht des Einzelnen oftmals auch die Unmöglichkeit der Vorhersehbarkeit und der Kontrolle des Geschehensablaufs. In der Situation derartiger „unabsehbaren Kausalverflechtungen", in der nach einer Handlung „die möglichen Geschehensabläufe so vielfältig sind, daß man sie in ihrem Zusammenwirken nicht im einzelnen vorhersehen kann", hat der Einzelne „keine Möglichkeit, das von ihm gesetzte Risiko zu beherrschen" und Verletzungen zu vermeiden.[51] Für den Handelnden hängt der Eintritt des Schadens mangels Kontrollierbarkeit schnell nur noch vom Zufall ab. Doch bereits dieser Zustand der Zufälligkeit soll verhindert werden.

Eine Fahrlässigkeitsstrafbarkeit kann hier keinen Sinn machen, da diese den (zu vermeidenden Schadeneintritt) voraussetzt, von der (hier oft fehlenden) Vorhersehbarkeit abhängt und normales, sorgfaltsgemäßes Verhalten nicht umfassen kann. All diese Begrenzungen einer Strafbarkeit überwindet das abstrakte Gefährdungsdelikt:

Der Zustand, bei dem der Schaden nur noch vom Zufall abhängt (konkrete Gefahr), soll nicht eintreten; man will „dem Zufall keine Chance" lassen[52]. Ansatzpunkt ist dann nicht mehr erst die durch eine Handlung geschaffene konkrete Gefahr, sondern bereits das Gefährdungspotential, also die typische Möglichkeit der Gefahrschaffung durch eine Handlung. Der Gesetzgeber „begnügt" sich damit, allein auf diese abzustellen.[53] In der vom Gesetzgeber vorgenommenen Gefahranalyse, aufgrund derer er entscheidet, ein bestimmtes Verhalten wegen seiner Gefährlichkeit zu verbieten, liegt die für das Risiko notwendige Wertung. Diese Wertung ersetzt durch die einen Schadenseintritt nicht mehr voraussetzende Tatbestandsstruktur den ansonsten notwendigen und schwierigen

49 Das entspricht dem Ziel der Prävention.

50 Alle Zitate bei *Hefendehl*, Kollektive Rechtsgüter, S. 168.

51 *Hefendehl*, Kollektive Rechtsgüter, S. 168.

52 *Anastasopoulou*, Deliktstypen zum Schutz kollektiver Rechtsgüter, S. 64 f.

53 *Hefendehl*, Kollektive Rechtsgüter, S. 168.

Kausalzusammenhang zwischen Handlung, Verletzung und Gefährdung[54]. Der Kausalzusammenhang wird somit dem Tätervorsatz entzogen.[55]

Versteht man dementsprechend abstrakte Gefährdungsdelikte als die folgerichtige Reaktion auf die neuen Bedrohungen der so verstandenen Risikogesellschaft bzw. als den notwendig zu leistenden Beitrag des Strafrechts in dieser Situation[56], ist es wenig verwunderlich, dass einige Autoren eine entsprechende Veränderung als typisch für das „moderne" Strafrecht sehen. In der Risikogesellschaft weite sich der „strafrechtliche Blick" ungemein[57]; in ihr liege es nah, „den strafrechtlichen Schutz mit jeder neuen Gefährdung ständig mehr auszuweiten und weiter vorzuverlegen."[58]

c) Die Risikogesellschaft der Versicherung nach *Ewald*

Ewald beschreibt als eines der Merkmale des Risikos die enge Bindung an die Mittel der Statistik, die sich aus dem versicherungstechnischen Denken entwickelt hat.[59] Diese Art der Problemverarbeitung prägt unsere Weltsicht nach seiner Ansicht auf entscheidende Weise; damit umschreibt auch er eine Form der Risikogesellschaft:

> „Kein soziales Problem wird mehr gelöst, es sei denn durch die Transformation zum Risiko."[60]

Das Risiko stelle dabei einen Typus von Rationalität dar, der durch drei Faktoren geprägt sei[61]: Erstens sei das Risiko über die Statistik kalkulierbar. Zweitens sei das Risiko kollektiv, da das Risiko trotz des Eintretens des Schadens bei einem Einzelnen stets im Hinblick auf eine statistische Population formuliert werden könne. Als dritten Punkt beschreibt *Ewald* die „Verdopplung dessen was sich ereignet hat" in das irreparable singuläre Ereignis einerseits und das kompensationsfähige Risiko andererseits.[62] Entscheidend sei weiterhin, dass die Versicherung

---

54 Schwierigkeiten der Zurechnung sieht auch *Müller-Dietz*, Aspekte und Konzepte der Strafrechtsbegrenzung. in: FS Schmitt, S. 100 f. im Bereich der Umwelt- und Kommunikationsdelikte (z.B. Verbreitung pornografischer Schriften) als einen wesentlichen Grund dafür an, dass der Gesetzgeber abstrakte Gefährdungsdelikte schafft.

55 *Anastasopoulou*, Deliktstypen zum Schutz kollektiver Rechtsgüter, S. 63 f.

56 *Reus*, Das Recht in der Risikogesellschaft, S. 113; *Stratenwerth*, ZStW 105 (1993), 679.

57 *Hassemer*, Einführung, S. 275 f.

58 *Calliess*, NJW 1989, 1338 (1340).

59 *Ewald*, KJ 1989, 385 (390); o. S. 120.

60 *Ewald*, KJ 1989, 385 (392).

61 *Ewald*, KJ 1989, 385 (390).

62 *Ewald*, KJ 1989, 385 (390).

nicht allein eine Entschädigung ermögliche, sondern dass sie die Umverteilung „in der Form einer Regel wirksam werden […] [lasse], die eine Regel der Gerechtigkeit, eine Rechtsnorm" sei.[63] Damit schaffe die Versicherung eine Welt, in der die Ereignisse im Begriff des Risikos gefasst würden[64]. Diese Welt des Risikos stelle das aktuelle „Wesen des Gesellschaftsvertrages"[65] dar, in dem der Staat zu einer Versicherungs-Gesellschaft werde. Politische Diskussionen seien insofern als Verhandlungen darüber, welche Risiken abgedeckt werden könnten, zu verstehen.[66]

Ein Bezug zum Strafrecht lässt sich dabei leicht herstellen, wenn man die These *Ewalds* zur Universalität der versicherungstechnischen Logik des Risikos ernst nimmt. Kriminalität kann dann ebenso wie Krankheit etc. als Risiko verstanden und als solches behandelt werden. *Ewald* selbst befasst sich mit diesem Thema nicht, doch sind seine Überlegungen Gegenstand starker Rezeption in einem Teil des strafrechtlichen Schrifttums, der auch auf die Konzepte *Luhmanns* zurückgreift, so dass erst nach deren Darstellung eine zusammenfassende Behandlung sinnvoll erscheint.[67]

d) Die Risikogesellschaft Luhmanns

(1) Die Zunahme von Risiken als Folge der Zunahme von Entscheidungsalternativen – Luhmanns Risikogesellschaft

Wie beschrieben[68] definiert *Luhmann* das Risiko *als Gegensatz zur Gefahr*, der sich durch die Notwendigkeit menschlicher Entscheidung im Bezug auf einen möglichen zukünftigen Schaden auszeichnet. Allerdings würden in der modernen Gesellschaft *auch Gefahren* von ihrer Risikoseite her gesehen und nur als Risiken ernst genommen.[69] Seiner Ansicht nach dürfte das eine Folge des Ausbaus wissenschaftlicher Erkenntnisse sein:

> „Je rationaler man kalkuliert und je komplexer man die Kalkulation anlegt, desto mehr Facetten kommen in den Blick, in bezug [sic!] auf die Zukunftsungewißheit".[70]

---

63 *Ewald*, KJ 1989, 385 (391).
64 *Ewald*, KJ 1989, 385 (389).
65 *Ewald*, KJ 1989, 385 (385).
66 *Ewald*, KJ 1989, 385 (392 f.).
67 Dazu u. S. 243.
68 O. S. 122.
69 *Luhmann*, Soziologie des Risikos, S. 36.
70 *Luhmann*, Soziologie des Risikos, S. 37.

Damit wachse die Anzahl der Faktoren, die es zu beachten gilt, die Entscheidungsmöglichkeiten nehmen zu – und damit auch die Risiken.[71] So will *Luhmann* dann auch die Risikogesellschaft verstanden wissen:

> „Das neue liegt [...] in der Ausdehnung der Entscheidungspotentiale, in ihrer stärkeren Verzweigtheit, in ihrem größeren Alternativenreichtum. Das führt, in die hier vorgeschlagene Begrifflichkeit übersetzt, zu einer Transformation von Gefahren in Risiken. Mehr und mehr Zustände – sei es, daß man sie vorfindet, sei es, daß man sie erreichen will – werden als Folge von Entscheidungen angesehen, also auf Entscheidungen zugerechnet."[72]

Anders als bei *Beck* haben die technischen Entwicklungen nur die Rolle eines Beispiels von vielen, an denen das zunehmende Verständnis von Situationen als Risiko gesehen werden kann. Auch wenn Technik keineswegs der einzige Fall von riskantem Entscheiden ist, sei es doch dieser Bereich, der „[m]ehr als irgendein Einzelfaktor [...] dazu beigetragen [habe], die öffentliche Aufmerksamkeit auf die damit verbundenen Risiken zu lenken",[73] so dass man dort die gesellschaftlichen Implikationen besonders gut studieren könne. Weiterhin sei es gerade auch der Bereich der „riskanten Technologien", in dem mit Risiken argumentiert werde.

So sei erkennbar, dass

> „die Ablehnung neuer Technologien, die sich früher auf eine Vielzahl von Gründen, unter anderem auf religiöse und moralische, ideologische oder [andere] Gründe stützen konnte, heute primär im Hinblick auf die Risiken erfolgt, auf die man sich bei der Einführung neuer Technologien einlassen muss."[74]

Damit habe Technik im Kontext der Risikokommunikation eine paradigmatische Bedeutung.[75] Das vermag sicherlich zu erklären, wieso die Thematik des Risikos im Strafrecht oft im Zusammenhang mit den Umweltdelikten diskutiert wurde.[76]

(2) Risiko und Unsicherheit

An dieser Stelle treffen sich wiederum die bei *Beck* thematisierte gesellschaftliche Verunsicherung mit den Befunden *Luhmann*s: Die Verunsicherung lässt

---

71 *Luhmann*, Die Moral des Risikos und das Risiko der Moral, in: *Bechmann*, Risiko und Gesellschaft, S. 328.

72 *Luhmann*, Soziologie des Risikos, S. 54.

73 *Luhmann*, Soziologie des Risikos, S. 93.

74 *Luhmann*, Soziologie des Risikos, S. 93.

75 *Luhmann*, Soziologie des Risikos, S. 105.

76 *Prittwitz*, Strafrecht und Risiko, S. 365 f., *Kuhlen*, ZStW 105 (1993), 697 (699).

sich nach *Luhmann* zu einem Teil auch darauf zurückführen, dass die Zahl der Entscheidungen gewachsen ist. Außerdem sei mit der Zunahme der Orientierung der Entscheidungen am Leitbild des Risikos die Entscheidung in gewisser Weise schwieriger.[77] Während traditionelle Moralvorstellungen und Werte bestimmte Entscheidungen vorgäben, erfülle das Denken in Risiken die Aufgabe der Orientierung nur schlecht. Dies liege schon allein an der Komplexität der zu berücksichtigenden Faktoren sowie der Tatsache, dass bei der riskanten Entscheidung immer die Möglichkeit des Schadenseintritts mit bedacht werden muss. Wenn der Schaden stets eintreten kann, dies aber nur wahrscheinlicher oder unwahrscheinlicher ist, wird die Entscheidung letztendlich zur bloßen Geschmacksfrage. An dieser Stelle wird *Luhmann* mit seinem Fazit beinahe poetisch:

> „Die Tür zum Paradies bleibt versiegelt. Durch das Wort Risiko."[78]

(3) Risiko und Sicherheitspolitik in Luhmanns Konzeption

Nun würde man erhoffen, in *Luhmanns* darauf folgenden Ausführungen zur Verknüpfung von Risiko und Rechtssystem[79] weiteren Aufschluss zu finden. Diese Ausführungen sind aber einerseits grundsätzlichen Bedenken ausgesetzt.[80] Andererseits betreffen sie das Recht als Gesamtes, während das Ziel dieser Arbeit es ist, gerade anhand der Analyse einzelner Normen eine eigene Diagnose zu treffen. Sie können darum nicht weiterhelfen und sollen unbeachtet bleiben. Für die hier aufgeworfenen Fragen relevant ist dagegen *Luhmann*s Beschreibung der Verwendung des Topos Risiko im politischen Diskurs, insbesondere im Bereich der Sicherheitspolitik.

Demnach seien „Sicherheitsexperten, aber auch alle die, die ihnen vorwerfen, nicht genug für die Sicherheit zu tun,[…] Beobachter erster Ordnung."[81] In dieser Perspektive werde als Gegenbegriff zum Risiko gerne der der Sicherheit genommen.[82] Dieses Verständnis des Risikobegriffs verwirft *Luhmann* für seine Konzeption zwar sogleich, um stattdessen die Unterscheidung Risiko/Gefahr zu benutzen.[83] Für die Perspektive dieser Arbeit ist es aber von entscheidender

---

77 Dazu und zum Folgenden *Luhmann*, Soziologie des Risikos, S. 26.
78 *Luhmann*, Soziologie des Risikos, S. 26.
79 *Luhmann*, Soziologie des Risikos, S. 67 f.
80 Überzeugend *Prittwitz*, Strafrecht und Risiko, S. 120 ff.
81 *Luhmann*, Soziologie des Risikos, S. 30; dazu auch o. S. 122.
82 *Luhmann*, Soziologie des Risikos, S. 28 ff.
83 S.o. 3).

Bedeutung zu verstehen, was in der Politik gemeint ist, wenn die Bezeichnung Risiko verwendet ist, so dass der Ansatz weiterverfolgt werden kann.

In der poltischen Rhetorik findet *Luhmann* also als Gegenbegriff zum Risiko den der Sicherheit. Diese Gegenüberstellung hat mehrere Folgen: Erstens hat dies den Vorteil, „daß man, wenn man sich gegen allzu riskante Unternehmungen ausspricht, zugleich als jemand erscheint, dem der allgemein geschätzte Wert der Sicherheit am Herzen liegt."[84] Sicherheit ist dann das Ziel, das Risiko wird zum notwendigen Übel.[85] Das Risiko werde im Begriffspaar Risiko/Sicherheit zu einem Maß für Rechenvorgänge, das benutzt werde, um „Sicherheitsstreben und das Ausmaß des vernünftigerweise Erreichbaren rechnerisch zu präzisieren."[86] Dabei könnten prinzipiell alle Entscheidungen unter dem Beobachtungsschema von Risiko oder Sicherheit kalkuliert werden, so dass sich hier das Denken in der Kategorie des Risikos, das Risikobewusstsein universalisiere.[87]

e) Die Rezeption von Luhmann und Ewald in der Strafrechtswissenschaft

Geht man von dem durch *Luhmann* beschriebenen Risikobegriff aus, ergeben sich interessante Aspekte für die Erklärung neuer Tendenzen im Strafrecht. Dabei geht es vor allem darum, dass die Gesellschaft durch die Zurechnung von Gefahren zu Entscheidungen „einen immensen Bedarf und Zwang zugleich an Entscheidungen" schafft.[88] Auf die Bedrohung Einzelner durch Kriminalität bezogen lässt sich der beschriebene Mechanismus wie folgt vorstellen: Die Gefahr, zufälliges Opfer einer Straftat zu werden, wird durch neuere Erkenntnisse zu einem Risiko: In einem ersten Schritt erfährt man z.B., dass Spaziergänge in bestimmten Gegenden die Wahrscheinlichkeit überfallen zu werden erhöhen, dass besonders junge Männer zu Straftaten neigen und dass Einbrüche durch ausreichende Sicherung der Wohnungstür vermieden werden können. Doch mehr Informationen führen zu mehr Entscheidungsmöglichkeiten.[89] Daraus ergibt sich, dass man nicht mehr das zufällige Opfer eines Überfalls geworden ist, wenn man in einer bestimmten Gegend einen Spaziergang gemacht hat usw.; dieser größere

84 *Luhmann*, Soziologie des Risikos, S. 28.
85 *Luhmann*, Soziologie des Risikos, S. 28.
86 *Luhmann*, Soziologie des Risikos, S. 28.
87 *Luhmann*, Soziologie des Risikos, S. 29.
88 *Bechmann*, Risiko als Schlüsselkategorie der Gesellschaftstheorie, in: *Bechmann*, Risiko und Gesellschaft, S. 244.
89 *Luhmann*, Soziologie des Risikos, S. 37.

Facettenreichtum führt zu einer Zunahme der Risiken[90]. Die eigene Entscheidung beeinflusst die Wahrscheinlichkeit des Eintritts des Schadens: Kriminalität wird zum Risiko.

Die mögliche Entscheidung im Bezug auf das Risiko Kriminalität wird dabei auch von der Politik verlangt. Der Risikobegriff mit der notwendig beinhalteten Entscheidung kann dann signalisieren, „daß gegenüber der Gefahr mehr getan werden kann: mehr an Information eingeholt werden kann, mehr Geld investiert werden sollte, mehr Gesetze erlassen werden könnten."[91] Insofern betreffen die Auswirkungen die gesetzgeberischen Entscheidungssituationen, wie sie bereits oben beschrieben worden sind.[92]

Einen stärkeren Bezug zu den Überlegungen *Ewalds* weisen diejenigen Arbeiten auf, die einen größeren Schwerpunkt auf zwei Gesichtspunkte setzen, die er als Eigenschaften des Risikos als Ausdruck versicherungstechnischen Kalküls bezeichnet: Das sind die Berechenbarkeit und die Kollektivität des Risikos,[93] wobei ihm in seiner These der Durchdringung unserer Gesellschaft vom Denken in Risiken weitgehend gefolgt wird.

(1) Kriminalität als Risiko: actuarial penology

Am deutlichsten thematisiert wird das Verständnis von Kriminalität als Risiko, wenn von *actuarial justice* oder *actuarial penology* gesprochen wird.[94]

Diese Begriffe prägten insbesondere *Feeley/Simon*, die behaupten eine neue Art des Umgangs mit Kriminalität zu beschreiben.[95] Dieser sei dadurch geprägt, dass Kriminalität als soziales Phänomen verstanden werde, das durch die Kriminalitätsrate erfahrbar wird. Demnach sei Kriminalität ein durch und durch statistischer Begriff, bei dem es „um den Umfang, die Art, die Häufigkeit von Straftaten in Gruppen" gehe[96]. Geschichtlicher Ursprung einer solchen Auffassung der Kriminalität sei der Beginn der durch *Quetelet* begründeten Kriminalsoziologie in der

90 *Luhmann*, Soziologie des Risikos, S. 54.

91 *Bechmann*, Risiko als Schlüsselkategorie der Gesellschaftstheorie, in: *Bechmann*, Risiko und Gesellschaft, S. 242 f ff.

92 S. 136.

93 *Ewald*, KJ 1989, 385 (390).

94 Aktuare sind Versicherungsmathematiker; vgl. *Kraif/Wermke*, Duden – Das Fremdwörterbuch.

95 *Feeley/Simon*, Criminology 1992, 449 und *Feeley/Simon*, Actuarial Justice: The Emerging New Criminal Law, in: *Nelken*, The futures of criminology.

96 *Schmidt-Semisch*, Kriminalität als Risiko, S. 36.

Mitte des 19. Jahrhunderts; dabei sei Kriminalität ebenso wie Unfälle „zunehmend statistisch erfaßt und ihr Auftreten im Sinne der Wahrscheinlichkeitsrechnung kalkuliert und prognostiziert“ worden.[97] Folglich ziele der aktuarische Umgang mit Kriminalität auf eine Beeinflussung der Kriminalitäts*raten* als Ausdruck der Verteilung von Einzelfällen innerhalb der gesamten Bevölkerung ab.[98] Es gehe bei der Bekämpfung von Kriminalität also um eine Verringerung der Wahrscheinlichkeiten krimineller Fälle und ihrer Auswirkungen; staatliche Aktivitäten seien so auf Risikominimierung gerichtet.[99]

Während herkömmlich das Risiko (im Sinne *Luhmann*s als die Entscheidung) beim Straftäter lag, der sich in der Logik der Abschreckungstheorien für oder gegen die Wahrscheinlichkeit einer Bestrafung entscheiden musste, liege nun das Risiko bei der Bevölkerung.[100] Folge sei eine Verlagerung hin zum Risikomanagement nach dem Modell „versicherungsmathematischer Gerechtigkeit“ im Umgang mit Kriminalität, wobei der Täter als Adressat der Kriminalpolitik keine entscheidende Rolle mehr spiele. Es gehe nunmehr um die Gesellschaft[101] und damit letztlich um Sicherheit:

> „Das Ziel ist nicht mehr die nachträgliche moralische Verurteilung und auch nicht die (re-)integrative, bessernde Einwirkung auf das Individuum, sondern die Beantwortung der Frage, wie Sicherheit zuverlässig hergestellt werden kann“.[102]

Ungeklärt bleibt in diesen Arbeiten, ob es eine *actuarial penolgy* tatsächlich gibt; Untersuchungen der deutschen Strafrechtspflege finden sich dabei kaum.[103] Wenig überraschend lassen sich aus denselben Gründen, die für die Herausbildung einer *actuarial penology* herangezogen werden, auch völlig gegenläufige Schlüsse ziehen, wonach mit Kriminalität gerade nicht kühl kalkulierend, sondern durchaus emotional umgegangen wird[104]. Dieser Befund lässt sich in dieser Arbeit teilweise sicherlich teilen.

---

97 *Schmidt-Semisch*, Kriminalität als Risiko, S. 44.

98 *Feeley/Simon*, Actuarial Justice: The Emerging New Criminal Law, in: *Nelken*, The futures of criminology, S. 178.

99 *Feeley/Simon*, Actuarial Justice: The Emerging New Criminal Law, in: *Nelken*, The futures of criminology, S. 178; ebenso *Krasmann*, Die Kriminalität der Gesellschaft, S. 237.

100 *Schmidt-Semisch*, Kriminalität als Risiko, S. 97.

101 *Rinn*, Aktivieren und Strafen, S. 105.

102 *Schmidt-Semisch*, Kriminalität als Risiko, S. 94 f.

103 Vgl. die Nachweise bei *Kölbel/Bork*, Sekundäre Viktimisierung, S. 92.

104 *Peters*, Kühler Umgang oder Dramtisierung – Gibt es die New Penology?, in: *Cremer-Schäfer/Pilgram/Stangl/Steinert*, Kriminologie, S. 185 f.

Für die hier angestellten Überlegungen scheint das Etikett des aktuarischen Umgangs mit Kriminalität wenig Erkenntnisse zu bringen, sofern keine präzise Untersuchung der Strafrechtswirklichkeit damit verbunden wird. Pauschale Behauptungen über das Strafrecht werden in dieser Arbeit gerade kritisiert.

Von einem aktuarischen Umgang mit Kriminalität in der Gesetzgebung könnte aber dann gesprochen werden, wenn sich das Ziel der Risikominimierung in den hier untersuchten Gesetzgebungstätigkeiten als maßgeblich herausgestellt hätte. Das ist aber nur sehr bedingt der Fall, nämlich sofern Sicherheit als Ziel angegeben wird. Vor dem Ausgangspunkt der Fixierung auf Kriminalitätsraten erscheint die Rolle der Gesetzgebung im hier untersuchten Bereich der Neukriminalisierungen auch nicht wirklich plausibel darstellbar. Beeinflusst werden durch die Schaffung neuer Straftatbestände die Kriminalitätsraten schließlich erst einmal nur durch das Auftauchen einer neuen Zeile in der Statistik. Die *actuarial penology* bietet insofern keine Erklärungen.

Wenn Kriminalität als Risiko verstanden wird und mit diesem Risiko mit versicherungslogischen Mitteln umgegangen wird, bleibt also durchaus noch unklar, wie dies auf die einzelnen Strafrechtsnormen wirken soll.

(2) Kriminalität als Risiko und Gouvernementalität

Eine entscheidende Rolle spielt die Auffassung sozialer Probleme und insbesondere Kriminalität mit der Logik der Statistik auch bei den Autoren, die im Zusammenhang mit strafrechtswissenschaftlicher Forschung *Foucaults* Modell der Gouvernementalität aufgreifen, allen voran *Susanne Krasmann.*[105]

Gouvernementalität ist dabei der aus den Wörtern *gouverner* (regieren) und *mentalité* (Denkweise) zusammengesetzte Begriff, der im Anschluss an Foucault für eine bestimmte Regierungsweise genutzt wird.[106] Diese bestimmte Art der Regierung sei maßgeblich durch ihre (neo-)liberale Grundlegung geprägt und zeichne sich durch folgende Prinzipien aus: Erstens sei der Staat nicht mehr Regulator der Märkte, sondern der Staat werde durch die Prinzipien des Marktes bestimmt, wobei das unternehmerische Verhalten der Individuen vorausgesetzt werde. Zweitens führe dieses Prinzip dazu, Freiheit auf eine bestimmte Art zu verstehen, nämlich als wichtige Voraussetzung für ein gutes Funktionieren des „freien“ Marktes der „freien“ Individuen. Diese Freiheit sei wiederum drittens stets gefährdet und verlange Schutz. Dies führe zu einem

105 *Krasmann*, Gefährdungsausweitung, in: *Pieper*, Gouvernementalität, S. 40 f.
106 *Pieper/Rodriguez*, Einleitung, in: *Pieper*, Gouvernementalität, S. 7.

starken Bedeutungszuwachs des Dispositivs der Sicherheit.[107] Ziel sei dabei die Rationalisierung von Regierungsmacht.[108]

Dem Konzept *Foucaults* ist allerdings nicht nur vorzuwerfen, dass es „den letzten Funken Utopie und von Vertrauen der westlichen Kultur in sich selbst ersticken“ muss[109] und so droht, seine Anhänger zu Zynikern zu machen. Meiner Ansicht nach unterschlägt eine Analyse „der Macht“ den Einfluss der einzelnen Akteure und ihrer Motivationen; das mächtige Individuum, also der Regierungspolitiker als einzelner Akteur wird in diesen Modellen vernachlässigt. So haftet den meisten Autoren, die dem Modell der Gouvernementalität folgen, der Ruch der Verschwörungstheoretiker an.

Dennoch vermag die radikal herrschaftskritische Sicht ebenso wie die systematische Herangehensweise im Sinne *Foucaults* für eine Beschreibung aktueller politischer Entwicklungen einige neue Ideen zu entwickeln. Die dort gemachten Überlegungen ergänzen sich mit denen anderer Autoren zu stimmigen Gesamtkonzepten. Die weitere Verfolgung erscheint deshalb – mit der nötigen Distanz – als durchaus sinnvoll.

(3) Die „Erfindung des Sozialen“ und der Täter als Bedrohung der Gesellschaft

Eines der Merkmale des Risikos als Technik der Zukunftsverarbeitung ist die enge Bindung an die Mittel der Statistik, wie diese bereits bei *Ewald* beschrieben wurden. Ähnlich leitet auch *Krasmann* die von ihr sogenannte Erfindung des Sozialen her.[110] Demnach lenkte die Arbeiterbewegung des 19. Jahrhunderts die Sicht auf die Massenarbeitslosigkeit als ein systematisches und nicht nur individuelles Problem. Dies sei die Entstehung der „sozialen Frage“ gewesen, mit der auch eine Verschiebung des Fokus der Politik hin auf das Soziale bzw. die Gesellschaft als Ganzes einherging.[111] Diese Entwicklung sei von der Entstehung der Soziologie als der Wissenschaft, die die Gesellschaft zu ihrem Forschungsgegenstand machte und mit ihren empirischen Forschungsmethoden die Gesellschaft auf gewisse Weise berechenbar machte, flankiert gewesen. Entscheidend ist die Identität der Methoden von Soziologie und Risiko, die dadurch verbunden sind. Das Instrumentarium

107 *Brunett/Gräfe*, Gouvernementaltiät und Anti-Terror-Gesetze, in: *Pieper*, Gouvernementalität, S. 54 ff.

108 *Pieper/Rodriguez*, Einleitung, in: *Pieper*, Gouvernementalität, S. 8.

109 *Habermas*, Die Krise des Wohlfahrtsstaates und die Erschöpfung utopischer Energien, Die neue Unübersichtlichkeit, S. 144.

110 *Krasmann*, Die Kriminalität der Gesellschaft, S. 99 ff.

111 *Krasmann*, Die Kriminalität der Gesellschaft, S. 99 f.

der Wahrscheinlichkeitsrechnung habe eine entscheidende Voraussetzung gebildet, um die Gesellschaft als Ganzes als Objekt staatlicher Kontrolle zu etablieren. Das habe dazu geführt, dass die Gesellschaft zu einem eigenen Bezugspunkt des Regierens werde.[112] Dies sei die ideelle Grundlage, um Bedrohungen nicht nur als gegenüber Einzelnen, sondern als Bedrohung der Gesellschaft zu verstehen.[113]

Damit wird ausgehend von *Ewalds* Arbeiten eine veränderte Sichtweise auf Kriminalität konstatiert, die auch von anderen Autoren bereits beschrieben worden ist: Die Risikoidee verrücke den Fokus vom Individuum auf die Gesellschaft bzw. von der individuellen auf die soziale Gerechtigkeit.[114] Damit werde die Gesellschaft auch zum Adressaten strafrechtlichen Schutzes; der strafrechtliche Blick weite sich „vom Einzelfall auf die systematische Gesamtordnung; vom Vermögensschaden auf die Störung des Kapitalmarkts; von der Körperverletzung auf die Gefährdung der Volksgesundheit."[115] Das kann man auch als eine verstärkte Bedeutung von Universalrechtsgütern umschreiben.

Dies sieht auch *Hassemer* so: Heute sei Rechtsgüterschutz in der Regel der Schutz von Universalrechtsgütern; Individualrechtsgüter (also unmittelbare Interessen des einzelnen) würden nur im Vorfeld einer Rechtsgutsverletzung eine Rolle spielen, während es ansonsten um die Interessen der Allgemeinheit bzw. des gesellschaftlichen Systems gehe.[116]

(4) Zusammenfassung

Der von der *new penology* bzw. *actuarial penology* beschriebene neue Ansatz des Umgangs mit Kriminalität scheint sich in seiner Pauschalität nicht bestätigen zu können. Eine Bewertung des Konzeptes kann hier aber unterbleiben, da mit dem Blick auf die Kriminalitätsstatistiken Neukriminalisierungen kaum erklärt werden können.

Allerdings zeigen auch die (man muss es so sagen:) Behauptungen der *actuarial penology* einen starken Bezug zwischen dem Einsatz des Strafrechts und dem Ziel der Sicherheit. Die Dominanz dieses Ziels kann hier teilweise durchaus bestätigt werden. Ein Umgang mit Kriminalität als statistisches Risiko würde seine Zielrichtung also mit dem „Staatsziel Sicherheit" teilen. Dessen Einfluss auf Strafrechtsnormen wurde bereits angesprochen.[117]

---

112 *Krasmann*, Die Kriminalität der Gesellschaft, S. 101.
113 *Krasmann*, Die Kriminalität der Gesellschaft, S. 121.
114 *Prittwitz*, Strafrecht und Risiko, S. 160; *Albrecht*, Kriminologie, S. 3.
115 *Hassemer*, Einführung, S. 275 f.
116 *Hassemer*, Einführung, S. 275.
117 O. S. 230.

Mit *Krasmanns* „Erfindung des Sozialen“ ist eine plausibel klingende Verbindung zwischen Vorfeldkriminalisierung und der Risikoidee mit ihrem versicherungslogischen Ursprung gelungen. Diese stellt nochmals deutlicher als das Konzept der *actuarial penology* den Zusammenhang zwischen Statistik und Gesellschaft dar, so dass sich das Vordringen kollektiver Rechtsgüter erklären lässt. Dennoch sind diese Überlegungen kritisch zu lesen. Einerseits ergeben sich bereits aus der von *Foucault* rezipierten Herangehensweise Zweifel. Diese verdichten sich durch die Konsequenzen des Ansatzes der Gouvernementalität, die bewusst eine Analyse der Macht insgesamt vornehmen möchte, ohne dabei einzelne Akteure und Gegebenheiten anders als als Beispiele heranzuziehen. Ein solcher Ansatz vermag möglicherweise Tendenzen nachzuzeichnen, in die sich ein einzelnes Gesetz einfügt oder nicht. Einzelne Gesetzgebungsakte kann dies aber nicht nachvollziehbar machen, sofern diese auch jeweiliges Ergebnis spezieller persönlicher und zeitgeschichtlicher Konstellationen sind. Betrachtet man hingegen das Risikodenken als gesellschaftliche Gegebenheit, kann der verallgemeinernde Ansatz durchaus Erkenntnisse bringen. Dabei scheint das Konzept Risiko insbesondere eine Erklärung für eine Ausweitung des Strafrechts auf kollektive Rechtsgüter sein zu können.

f) Risiko als Erklärungsansatz für Tendenzen der Strafgesetzgebung

Die hier erfolgte genauere Untersuchung von Risiko und Gefährdungsstrafrecht hat den engen Bezug zwischen aktueller Strafgesetzgebung und Risikodenken offenbaren können. Die unterschiedlichen Konzepte, die unter dem Begriff der Risikogesellschaft verstanden werden, boten jeweils für sich bereits Erklärungen für vorverlagerndes Strafrecht.

Interessant ist aber auch die Gesamtbetrachtung. Allen Ansätzen ist gemein, dass sie Umstände beschreiben, die unsere Weltsicht betreffen und die aufgrund ihrer Übereinstimmung mit unserem Alltagswissen eine gewisse Plausibilität aufweisen. Es wurden also Zusammenhänge zwischen Aspekten einer Weltanschauung und Strafgesetzgebung beschrieben. Das lässt eine Folgerung zu: Strafgesetzgebung ist durch gegenwärtige gesellschaftliche Meinungsbilder beeinflusst. Das klingt zunächst einmal banal. Für den Umgang mit Strafrecht in der praktischen Anwendung sollte dieser Gesichtspunkt jedoch ebenso wenig vernachlässigt werden, wie die Tatsache, dass das Strafrecht Ergebnis politischer Prozesse ist. Betroffen ist nämlich auch die dem Strafrecht innewohnende normative Komponente, die nicht selten als Ausdruck absolut geltender moralischer Maßstäbe gesehen wird. Hier ist mit Blick auf die kulturelle und zeitgeschichtliche Relativität strafrechtlicher Verbote etwas Zurückhaltung angebracht.

Nichtsdestotrotz ist es folgerichtig, wenn das geltende Strafrecht sich in die Weltanschauung einfügt. Der dabei zu Tage tretende Bezug zum Risiko ist ebenso wie der Bezug zur Sicherheit konsequent für ein heutiges Strafrecht. Aus der Perspektive dieser Arbeit sind diese Bezüge aber auch Ansatzpunkte und Gründe notwendiger wissenschaftlicher Gesetzgebungskritik.

3. Opferschutz und Vorfeldkriminalisierung

Ein direkter Bezug zwischen der dogmatischen Struktur des abstrakten Gefährdungsdelikts und dem Topos des Opferschutzes lässt sich kaum herstellen. Allerdings zeigt sich, dass Opferschutz diejenigen Tendenzen unterstützt, die als maßgebliche Gründe für Vorverlagerungen gesehen werden können, insbesondere die Idee der Prävention:[118] Wie gesehen ist für die Gesetzgebung auf dem Gebiet des materiellen Strafrechts überwiegend das potentielle Opfer von Bedeutung.[119] Für dieses spielt die Vermeidung tatsächlicher Opferwerdung die entscheidende Rolle: Das Interesse des potentiellen Opfers ist auf Prävention gerichtet.[120] Die Idee möglichst frühzeitigen Eingreifens strafrechtlicher Verbote kommt diesem Opferinteresse entgegen.

Das Argument mit dem Opfer lässt sich zudem in einen engen Zusammenhang mit einem Wandel des Verständnisses der Grundrechte und dem damit verbundenen Paradigma der Sicherheit verstehen.121 Insofern korrelieren Opferschutz als Impuls der Strafgesetzgebung und diejenigen Mechanismen, die gerade als Erklärungen für Vorfeldkriminalisierungen herangezogen werden konnten.

---

118 Vgl. o. S. 233.

119 Vgl. o. S. 149 ff.

120 O. S. 142.

121 *Hassemer/Reemtsma*, Verbrechensopfer, S. 60 ff.; o. S. 155.

G. Ausblick: Gegentendenzen?

Wenn in dieser Arbeit bisher wiederholt die Möglichkeiten wissenschaftlicher Kritik an den wirksam werdenden Impulsen angesprochen wurden, stellt sich noch die Frage, ob sich mit dem Gedanken des Rechtsgüterschutzes nicht bereits ein wirksames Instrument für eine Kritik der Strafgesetzgebung vorfindet. Nun ist sowohl der Streit um den Begriff des Rechtsguts als auch um dessen kritisches Potential nicht zu Unrecht bereits Gegenstand einer Vielzahl von teilweise beeindruckenden Abhandlungen.[1] So soll an dieser Stelle in keiner Weise der sicherlich zum Scheitern verurteilte Versuch einer grundlegenden Revision dieser Arbeiten vorgenommen werden. Dennoch kann unter Rückgriff auf genau diese Vorarbeiten an einigen Beispielen, die sich bei der bisherigen Untersuchung ergaben, exemplarisch gezeigt werden, mit welchen Schwierigkeiten sich eine Kritik an der Strafgesetzgebung auf Grundlage des Dogmas vom Rechtsgüterschutz als Aufgabe des Strafrechts konfrontiert sieht. Während nur kurz und keineswegs vollständig in das Thema eingeführt werden soll, kann im Anschluss sowohl eine Kritik der aufgefundenen maßgeblichen Gesetzgebungsanlässe sowie der als Merkmal der qualitativen Ausweitung ausgemachte Problematik der abstrakten Gefährdungsdelikte mithilfe der Idee des Rechtsgüterschutzes versucht werden.

I. Aktuelle und historische Rolle des Rechtsgutsdogmas

1. Rechtsgutsbegriff, Rechtsgutstheorie, Rechtsgüterschutzdogma

Für eine Beschreibung des Topos des Rechtsguts als Instrument einer Kritik sind drei Aspekte und damit verbunden drei darum kreisende Diskussionen zu

1 Z.B. die Beiträge in *Hefendehl:* Die Rechtsgutstheorie, 1. Aufl. (2003); *Hassemer*, Theorie und Soziologie des Verbrechens; *Hassemer*, Grundlinien einer personalen Rechtsgutslehre. in: FS Kaufmann; *Krüger*, Entmaterialisierungstendenz; *Wohlers*, Deliktstypen des Präventionsstrafrechts; *Hefendehl*, Kollektive Rechtsgüter; *Müssig*, Schutz abstrakter Rechtsgüter.

unterscheiden: nämlich der Rechtsgutsbegriff, die Rechtsgutstheorie und das Rechtsgüterschutzdogma oder kürzer Schutzdogma. Das letztere soll hier im folgenden Abschnitt als Einstieg dienen: Dabei geht es um die gängige Aussage, dass es Aufgabe des Strafrechts sei, Rechtsgüter zu schützen. Diese kann als das Rechtsgüterschutzdogma bezeichnet werden. Damit ist aber noch unklar, was unter der Bezeichnung des Rechtsguts zu begreifen ist; um diese Frage dreht sich der Streit um den Rechtsgutsbegriff, wobei insbesondere zwischen einem systemkritischen und einem systemimmanenten Begriff unterschieden werden kann.[2] Untrennbar mit diesen beiden Aspekten verbunden ist die Frage, inwiefern mit dem Rechtsgut als ideellem Ausgangspunkt Erkenntnisse erlangt werden können und welcher Art diese Erkenntnisse sein können.[3] So zielt der systemkritische Rechtsgutsbegriff unter anderem darauf ab, Erkenntnisse über die Legitimität bestimmter strafrechtlicher Verbote (allein) über die Frage des Rechtsguts erlangen zu können. Diese Anwendung des Rechtsgutsbegriff kann als Rechtsgutstheorie bezeichnet werden. Dasselbe gilt allerdings bei einem formellen, positivistischen Rechtsgutsbegriff, der mit dem Rechtsgut den Schutzgegenstand einer jeden Strafrechtsnorm beschreibt. Wird ausgehend von einem solchen Schutzgegenstand der Bezug zwischen verbotenem Verhalten und Einfluss auf den Schutzgegenstand beschrieben, handelt es sich ebenso um angewandte Rechtsgutstheorie. Für die hier eingangs aufgeworfene Frage kann jeweils unterschieden werden: Ergeben sich Ansätze für eine Kritik an der Gesetzgebung aus dem (Streit um den) Rechtsgutsbegriff? Ergeben sich solche Ansätze aus der Rechtsgutstheorie und wie muss man diese Aussage abhängig vom jeweiligen Rechtsgutsbegriff verändern? Und zuletzt: ergeben sich kritische Ansätze aus dem Schutzdogma?

2. Der (fast) unstrittige Ausgangspunkt: Rechtsgüterschutz als Aufgabe des Strafrechts und der Kriminalpolitik

Eine der gängigsten Beschreibungen des Strafrechts lautet, dass dieses die Aufgabe habe, Rechtsgüter zu schützen.[4] Diese Definition der Aufgabe des Strafrechts durchzieht sämtliche Bereiche des strafrechtlichen Denkens, von der

2 U. S. 253.

3 Dazu auch *Müssig*, Schutz abstrakter Rechtsgüter, S. 174 f.

4 S. nur SK-*Rudolphi*, Vor § 1, Rn. 2; *Krüger*, Entmaterialisierungstendenz, S. 16; *Jescheck/Weigend*, Lehrbuch, S. 7; *Hefendehl*, Kollektive Rechtsgüter, Rdnr. 5 jeweils m.w.N.

Gesetzesauslegung bis hin zur Strafgesetzgebung.[5] Das verbindet sich mit der Forderung nach einer „rationalen Kriminalpolitik" und nach Zweckrationalität: In einem ersten Gedankenschritt wird Verbrechensbekämpfung als zu verfolgender Zweck angesehen[6], während sich dies mit dem Verständnis der Aufgabe des Rechtsgüterschutzes überschneidet. In die Sprache der Rechtsgutstheorie übersetzt, kann man diesen Zweck auch so formulieren, dass (rationale) Kriminalpolitik „auf den kriminalrechtlich verankerten Rechtsgüterschutz" abziele[7]. In diesem Kontext ließe sich die Rolle des Rechtsgutes erst einmal als Gegenstand einer Aufgabe eher positiv, strafrechtsbegründend umschreiben. Und tatsächlich verwendet das BVerfG die Formel, dass das Strafrecht *ultima ratio* zum Rechtsgüterschutz sei, im ersten Abtreibungsurteil zur Begründung einer Bestrafungspflicht.[8] Dieses Rollenbild wird allerdings als eine Umkehrung der Tradition des Rechtsguts gesehen.[9] Es ändert sich auch gleich, sobald man die Formel von der Aufgabe so umschreibt, dass das Strafrecht auf den Schutz von Rechtsgütern *beschränkt* sei; damit ist die kritische und nach der Legitimation bestimmter strafrechtlicher Normen fragende Funktion des Rechtsgutsbegriffs angesprochen.[10]

Unabhängig vom Streit um den Rechtsgutsbegriff ist allerdings mit dem genannten Aufgabenverständnis (sowie dessen Einschränkung) erkennbar, dass das Rechtsgut den zentralen Begriff für die Frage, welches Verhalten unter Strafe gestellt werden soll und darf, darstellt. Kritik an konkreter Strafgesetzgebung funktioniert in der Regel also immer irgendwie über das Rechtsgut. Aus dieser Perspektive ergibt sich dann nicht nur die Beschreibung des Rechtsgüterschutzes *als Aufgabe* rationaler Kriminalpolitik sondern auch eine Beschreibung der *Aufgabe des Rechtsguts* in diesem Kontext. Rationale Kriminalpolitik

---

5 *Amelung*, Der Begriff des Rechtsguts in der Lehre vom strafrechtlichen Rechtsgüterschutz, in: *Hefendehl*, Die Rechtsgutstheorie, S. 157 und S. 169 ff.

6 *Schwind*, „Rationale" Kriminalpolitik als Zukunftsaufgabe. in: FS Blau, S. 573; *Kaiser*, Kriminologie, S. 1073.

7 *Kaiser*, Kriminologie, S. 1069.

8 BVerfGE 39, 1 (46 f.) = NJW 1975, 573; JZ 1975, 205.

9 *Hassemer*, Darf es Straftaten geben, die ein strafrechtliches Rechtsgut nicht in Mitleidenschaft ziehen?, in: *Hefendehl*, Die Rechtsgutstheorie, S. 62; dazu auch *Schünemann*, Das Rechtsgüterschutzprinzip als Fluchtpunkt der verfassungsrechtlichen Grenzen der Straftatbestände und ihrer Interpretation, in: *Hefendehl*, Die Rechtsgutstheorie, S. 144 und *Hirsch*, Die aktuelle Diskussion über den Rechtsgutsbegriff. in: FS Spinellis, S. 427.

10 *Frisch*, Rechtsgut, Recht, Deliktsstruktur und Zurechnung im Rahmen der Legitimation staatlichen Strafens, in: *Hefendehl*, Die Rechtsgutstheorie, S. 215; dazu sogleich.

kann dann als das Ziel der Heranziehung des Gedankens des Rechtsguts gesehen werden.[11]

Wie eine Theorie des Rechtsguts zum Erreichen dieses Ziels im Kontext der bisher aufgefundenen Realität der Strafgesetzgebung und insbesondere der dabei wirksamen Impulse beitragen kann, ist damit noch nicht ohne Weiteres ersichtlich. Um diese Frage beantworten zu können, muss in einem ersten Schritt der Begriff des Rechtsguts im hier interessierenden Kontext und in der gebotenen Kürze näher dargestellt werden.

3. Systemimmanente und systemkritische Funktion des Rechtsgutsbegriffs

Bei den Funktionen des Rechtsgutsbegriffs gegenüber dem System der strafrechtlichen Tatbestände wird *Hassemer* folgend[12] gemeinhin zwischen einer systemimmanenten und einer systemtranszendenten bzw. systemkritischen Funktion unterschieden. Bei der systemimmanenten Funktion geht es um weitgehend unbestrittene Vorteile bei der Auslegung und Systematisierung der Tatbestände.[13] Auch hierbei wird davon ausgegangen, dass Straftatbestände Rechtsgüter zu schützen haben; der Schutz des jeweiligen Rechtsguts stellt dabei (u.a.) den Zweck der Vorschrift (*ratio legis*) und wichtiges Instrument der teleologischen Auslegung dar.[14] Zu dieser systemimmanenten Funktion gehört ebenso die oftmals schwierige Suche nach dem durch eine Vorschrift geschützten Rechtsgut[15] wie die dadurch erst ermöglichte Untersuchung der Struktur des jeweiligen Tatbestandes, wie sie bereits mehrmals in dieser Arbeit Thema war[16]. Erst die Herausbildung der Theorie des Rechtsguts macht es möglich, zwischen dem geschützten Rechtsgut und dem

---

11 NK-*Hassemer/Neumann*, Vorbemerkungen zu § 1, Rn. 115; *Otto*, Rechtsgutsbegriff und Deliktstatbestand, in: *Müller-Dietz*, Strafrechtsdogmatik und Kriminalpolitik, S. 15.

12 *Hassemer*, Theorie und Soziologie des Verbrechens, S. 19 ff.

13 *Gaede*, Kraft und Schwäche der systemimmanenten Legitimationsfunktion der Rechtsgutstheorei am Beispiel des Subventionsbetrugs, in: *Hefendehl*, Die Rechtsgutstheorie, S. 183; *Wohlers*, Deliktstypen des Präventionsstrafrechts, S. 218; differenzierend *Hirsch*, Die aktuelle Diskussion über den Rechtsgutsbegriff. in: FS Spinellis, S. 436 ff.

14 Sch/Sch-*Eser/Hecker*, § 1, Rn. 48; *Amelung*, Der Begriff des Rechtsguts in der Lehre vom strafrechtlichen Rechtsgüterschutz, in: *Hefendehl*, Die Rechtsgutstheorie, S. 169.

15 Vgl. o. S. 208; S. 213 und S. 220.

16 o. S. 200 und S. 206.

Handlungsobjekt zu unterscheiden[17] und schärft so ein Verständnis für die Unterscheidung zwischen Verletzungs- und Gefährdungsdelikten.[18] Insofern erfüllt auch eine auf diesen Bereich beschränkte Rechtsgutstheorie eine nicht unwesentliche Rationalisierungsfunktion, die für kriminalpolitische Überlegungen nutzbar gemacht werden kann.[19] Diese Anwendung der Rechtsgutstheorie ist aus der dogmatischen Alltagsarbeit hinlänglich bekannt und verbreitet und nimmt regelmäßig den ersten Teil der Lehre und Kommentierung einer jeden Vorschrift ein: Durch § 212 StGB ist das menschliche Leben geschützt[20], bei der Vorschrift des Betrugs ist das geschützte Rechtsgut das Vermögen[21], bei den Beleidigungstatbeständen die Ehre[22] und die Vorschrift der Urkundenfälschung schützt die Sicherheit und Zuverlässigkeit des Beweisverkehrs mit Urkunden[23].

Demgegenüber soll die Funktion des systemtranszendenten Rechtsgutsbegriffs in einer Kritik am positiven Strafrecht bzw. den gesetzgeberischen Entscheidungen liegen.[24] Insofern ist die Rechtsgutstheorie ein

> „Versuch, dem Strafgesetzgeber ein plausibles und verwendungsfähiges Kriterium seiner Entscheidungen an die Hand zu geben und zugleich einen externen Prüfungsmaßstab für die Gerechtigkeit dieser Entscheidungen zu entwickeln“.[25]

Dass der Begriff des Rechtsguts diese Funktion erfüllen kann, wird allerdings angezweifelt.[26] In einer Vielzahl der Veröffentlichungen, die sich mit der Frage befassen, ob und wie solche allgemeinen Kriterien strafbaren Verhaltens

---

17 Dazu bereits o. S. 200; *Hefendehl*, Kollektive Rechtsgüter, S. 39 ff.; *Amelung*, Der Begriff des Rechtsguts in der Lehre vom strafrechtlichen Rechtsgüterschutz, in: *Hefendehl*, Die Rechtsgutstheorie, S. 167.

18 *Amelung*, Der Begriff des Rechtsguts in der Lehre vom strafrechtlichen Rechtsgüterschutz, in: *Hefendehl*, Die Rechtsgutstheorie, S. 169; *Hirsch*, Strafrecht als Mittel zur Bekämpfung neuer Kriminalitätsformen?, in: *Kühne/Miyazawa*, Neue Strafrechtsentwicklungen im deutsch-japanischen Vergleich, S. 17.

19 *Krüger*, Entmaterialisierungstendenz, S. 108 und S. 118 ff.

20 *Kühl*, Vorbemerkung zu den §§ 211 ff., Rn. 1.

21 *Kühl*, § 263, Rn. 2; Sch/Sch-*Cramer/Perron*, § 263, Rn. 1.

22 *Wessels/Hettinger*, BT I, S. 144.

23 *Kühl*, § 276, Rn. 1; *Wessels/Hettinger*, BT I, S. 233; umst.

24 *Hassemer*, Theorie und Soziologie des Verbrechens, S. 22.

25 NK-*Hassemer/Neumann*, Vorbemerkungen zu § 1, Rn. 115.

26 s. nur *Hirsch*, Die aktuelle Diskussion über den Rechtsgutsbegriff. in: FS Spinellis, S. 433; *Frisch*, An den Grenzen des Strafrechts, in: *Küper/Dencker*, Beiträge zur Rechtswissenschaft, S. 71 ff. und *Frisch*, Rechtsgut, Recht, Deliktsstruktur und Zurechnung im Rahmen der Legitimation staatlichen Strafens, in: *Hefendehl*, Die Rechtsgutstheorie, S. 222 ff.; *Wohlers*, Die Tagung aus der Perspektive eines

formuliert werden können, findet sich dennoch insoweit übereinstimmend der Begriff des Rechtsguts in einer zentralen Rolle für die Frage, welche Strafgesetze erlassen, geändert oder aufgehoben werden sollen[27]: Das gilt unabhängig davon, ob man, wie es wohl auch der Ursprung des Rechtsgutsbegriffs gewesen sein dürfte[28], von der Suche nach einem materiellen Verbrechenbegriff ausgeht, und dabei wie *Roxin* dessen Umschreibung aus der Aufgabe des Strafrechts des (subsidiären) Rechtsgüterschutzes ableitet[29] oder wie *Lampe* in seiner Untersuchung neben anderen Kriterien dasjenige der Rechtsgutsverletzung oder -gefährdung für das zentrale Merkmal hält[30] oder ob nach der Strafwürdigkeit gefragt wird wie im Konzept von *Neumann/Hassemer*[31].

4. Inhaltliche Bestimmung des Rechtsgutsbegriffs

Was mit dem Begriff Rechtsgut bezeichnet werden kann, ist Gegenstand zahlreicher Diskussionen. Einigkeit scheint darüber zu bestehen, dass dem Rechtsgut eine formale Komponente eigen ist: Formal betrachtet handelt es sich um ein Rechtsgut, wenn ein Gut Gegenstand rechtlichen Schutzes ist; maßgeblich ist insofern eine gesetzgeberische Entscheidung.[32] Für einen systemkritischen Ansatz kann dieser Befund allerdings nicht befriedigen, so dass stets hinzugefügt wird, dass der Gesetzgeber in seiner Entscheidung über die Erhebung eines Gutes zum Rechtsgut nicht frei sei.[33] Es wird also auch ein materialer Gehalt des Rechtsguts gesucht. Dieser ist umstritten, wobei der Streitstand an dieser Stelle nicht nachgezeichnet werden soll.[34] Beispielhaft können die von *Joecks* in der Einleitung zum Münchener Kommentar genannten unterschiedlichen Formulierungen herangezogen werden: Rechtsgüter werden definiert „als unverzichtbare und deshalb werthafte Funktionseinheiten“, „als rechtlich

---

Rechtsgutsskeptikers, in: *Hefendehl*, Die Rechtsgutstheorie, S. 281; *Stratenwerth/Kuhlen*, AT, S. 26 ff.

27 NK-*Hassemer/Neumann*, Vorbemerkungen zu § 1, Rn. 49.

28 *Hirsch*, Die aktuelle Diskussion über den Rechtsgutsbegriff. in: FS Spinellis, S. 427.

29 *Roxin*, AT I, §§2 Rn. 1.

30 *Lampe*, Gedanken zum materiellen Straftatbegriff. in: FS Schmitt, S. 84.

31 NK-*Hassemer/Neumann*, Vorbemerkungen zu § 1, Rn. 62 ff.

32 *Hefendehl*, Kollektive Rechtsgüter, S. 18; SK-*Rudolphi*, Vor § 1, Rn. 4.

33 SK-*Rudolphi*, Vor § 1, Rn. 5; *Hefendehl*, Kollektive Rechtsgüter, S. 19.

34 Dass dies an dieser Stelle auch nicht notwendig ist, werden die auch so nachvollziehbaren Ausführungen im folgenden zeigen.

geschütztes Interesse, als strafrechtlich schutzbedürftiges Interesse oder als werthafte[r] […] Zustand."[35]

Weiterhin scheint abgesehen von Formulierungen Einigkeit darüber zu bestehen, dass es sowohl Individual- als auch Kollektivrechtsgüter bzw. Universalrechtsgüter gibt und dass zwischen ihnen zu unterscheiden ist[36]:

> „Dient ein Rechtsgut den Interessen einer Person oder einer bestimmten Personengruppe, wird es Individualrechtsgut, dient es den Interessen beliebig vieler Personen – der Allgemeinheit – wird es Kollektiv- oder Universalrechtsgut genannt."[37]

Was die Frage angeht, ob bestimmte Normen des materiellen Strafrechts aufgrund des Fehlens eines zu schützenden Rechtsguts illegitim sind, wird vor allem darauf verwiesen, dass bloße Moralwidrigkeiten keine Rechtsgüter sein könnten.[38] Die so begründete Abschaffung der Strafbarkeit der Homosexualität 1969 wird als „der größte Sieg" des Rechtsgutskonzeptes gefeiert.[39]

Insgesamt wird an allen Definitionen des Rechtsguts und insbesondere an der Vielgestaltigkeit der Ansätze dazu kritisiert, dass bisher eine Formulierung eines Rechtsgutsbegriffs, der tatsächlich den kritischen Anforderungen, abstrakte Leitlinien vorzugeben, genügen soll, bisher nicht gefunden werden konnte.[40] Einen Grund dafür kann man darin sehen, dass das Element, das alle anerkannten Rechtsgüter vom Leben bis zum Vertrauen in den Rechtsverkehr mit Urkunden verbindet, nicht das „Gut" als den Gegenstand des Schutzes, sondern die darauf bezogene Wertung betrifft.[41]

---

35 MüKo-*Joecks*, Einleitung, Rn. 34 jeweils m.N.; weitere Beispiele jeweils m.N. u.a. bei *Roxin*, AT I, §§2 Rn. 3; *Wohlers*, Deliktstypen des Präventionsstrafrechts, S. 219 f. und *Frisch*, Rechtsgut, Recht, Deliktsstruktur und Zurechnung im Rahmen der Legitimation staatlichen Strafens, in: *Hefendehl*, Die Rechtsgutstheorie, S. 216.

36 *Roxin*, AT I, §§§ 2 Rn. 79 ff.; NK-*Hassemer/Neumann*, Vorbemerkungen zu § 1, Rn. 126; zweifelnd *Wohlers*, Deliktstypen des Präventionsstrafrechts, S. 221 f.

37 *Hefendehl*, Kollektive Rechtsgüter, S. 19.

38 Dazu kritisch auch *Wohlers*, Deliktstypen des Präventionsstrafrechts, S. 227.

39 *Roxin*, AT I, §§§ 2 Rn. 17.

40 Zusammenfassend NK-*Hassemer/Neumann*, Vorbemerkungen zu § 1, Rn. 116 ff.; *Frisch*, Rechtsgut, Recht, Deliktsstruktur und Zurechnung im Rahmen der Legitimation staatlichen Strafens, in: *Hefendehl*, Die Rechtsgutstheorie, S. 216; *Wohlers*, Deliktstypen des Präventionsstrafrechts, S. 214; *Hirsch*, Die aktuelle Diskussion über den Rechtsgutsbegriff. in: FS Spinellis, S. 437 ff.; *Amelung*, Der Begriff des Rechtsguts in der Lehre vom strafrechtlichen Rechtsgüterschutz, in: *Hefendehl*, Die Rechtsgutstheorie, S. 160 bezeichnet das als die h.M.

41 *Amelung*, Der Begriff des Rechtsguts in der Lehre vom strafrechtlichen Rechtsgüterschutz, in: *Hefendehl*, Die Rechtsgutstheorie, S. 169.

Eng damit verbunden ist der Gesichtspunkt, dass die Entscheidung ein bestimmtes – wie auch immer definiertes – „Gut" als Rechtsgut anzuerkennen eben wertende Entscheidung und damit wert- und gesellschaftsabhängig ist.[42] Die sich daraus ergebende grundsätzliche Wandelbarkeit wird als Manko der Rechtsgutstheorie begriffen.[43] Weiterhin obliegt die mit der Strafbarkeit verbundene verbindliche Wertentscheidung im demokratischen System dem Gesetzgeber[44]; das ist nicht nur für die Legitimation des staatlichen Eingriffs Voraussetzung, sondern auch zur Herstellung eines Konsenses unerlässlich. Ein solcher wird hinsichtlich unserer bewusst wertpluralistischen und multikulturellen Gesellschaft erst durch das demokratische (Gesetzgebungs-) Verfahren hergestellt, in dem verbindlich festgestellt wird, was gelten soll.[45] Bereits aus diesen Einwänden wird gefolgert, dass die Rechtsgutstheorie die von ihr selbst gesetzten Ziele im Bezug auf eine Kritik am Strafrecht nicht einzuhalten vermag.[46]

5. Verortung der Rechtsgutstheorie in einer Kritik am Strafrecht

Für eine Rechtsgutstheorie, die von einer systemkritischen Funktion des Rechtsguts ausgeht, ergibt sich allerdings unabhängig von den Streitigkeiten um eine allgemeingültige Definition ein weiteres grundsätzliches Problem. Dabei geht es darum, wie in einer solchen Rechtsgutstheorie das Rechtsgut als Gegenstand einer Kritik verortet werden kann. Konsequent muss für eine systemkritische Rechtgutstheorie das Ziel sein, in bestimmten Fällen den Einwand erheben zu können, dass die entsprechende Norm kein strafschutzwürdiges Rechtsgut schütze.[47] Mit anderen Worten soll das Rechtsgüterschutzprinzip ein Raster dafür vorgeben, was der Staat mit Mitteln des Strafrechts schützen darf und was

---

42 NK-*Hassemer/Neumann*, Vorbemerkungen zu § 1, Rn. 140.

43 *Frisch*, An den Grenzen des Strafrechts, in: *Küper/Dencker*, Beiträge zur Rechtswissenschaft, S. 72; *Stratenwerth/Kuhlen*, AT, S. 28.

44 *Wohlers*, Deliktstypen des Präventionsstrafrechts, S. 213.

45 *Amelung*, Der Begriff des Rechtsguts in der Lehre vom strafrechtlichen Rechtsgüterschutz, in: *Hefendehl*, Die Rechtsgutstheorie, S. 163; die Unmöglichkeit der Fassung eines einheitlichen Rechtsgutsbegriffs vor dem Hintergrund der „komplexen Sozialordnung" erwähnt auch *Hefendehl*, Kollektive Rechtsgüter, S. 1.

46 *Wohlers*, Die Tagung aus der Perspektive eines Rechtsgutsskeptikers, in: *Hefendehl*, Die Rechtsgutstheorie, S. 281.

47 *Hirsch/Wohlers*, Rechtsgutstheorie und Deliktsstruktur – zu den Kriterien fairer Zurechnung, in: *Hefendehl*, Die Rechtsgutstheorie.

nicht.[48] Damit betrifft die Frage nach dem Rechtsgut in erster Linie aber nur das *Was*, also das Objekt, den Gegenstand des Schutzes. Daneben bleibt aber die Frage über das *Wie* des Schutzes offen. Denn selbst wenn Rechtsgüter betroffen sind, ist noch nicht gesagt, dass diese

> „in einer Art und Weise mit den unter Strafandrohung gestellten Verhaltensweisen verbunden sind, dass es auch unter normativen Gesichtspunkten angemessen erscheint, den Täter hierfür verantwortlich zu machen."[49]

Dieses Problem der – nennen wir sie einmal – kritischen Rechtsgutstheorie zeigt sich auch in den von *Schünemann* gewählten Beispielen, in denen er sie zur Kritik anwendet: So bestimmt er für die Auslegung der Vorschrift des Subventionsbetrugs des § 264 StGB zunächst die möglicherweise geschützten Rechtsgüter und kann danach in überzeugender Weise diejenigen Handlungen aus dem Tatbestand ausschließen, die ein geschütztes Rechtsgut überhaupt nicht betreffen.[50] In der Folge widmet er sich dem Versicherungsmissbrauch nach § 265a StGB. Auch dort sucht er zuerst ein Rechtsgut und findet dieses in der „Klasse der individuellen Vermögen der einzelnen Versicherungsgesellschaften". Es handle sich somit um eine selbständig strafbare Vorbereitungshandlung zum ansonsten bereits in § 263 Abs. 3 Nr. 5 StGB als besonders schwerer Fall des Betrugs ausgestalteten Versicherungsbetrug. Zur Verfassungswidrigkeit der Vorschrift gelangt er dann mit den Erwägungen, dass durch das Anzünden (bzw. den Versuch hierzu) von Hausrat hinsichtlich der zukünftigen Meldung bei der Versicherung noch nicht ein „point of no return" übertreten worden sei, wie das beim (ehemals allein strafbaren) Inbrandsetzen eines Hauses oder Schiffes der Fall sei. Es handle sich um eine Überkriminalisierung.[51]

Während im ersten Beispiel *allein* durch die Suche nach dem Rechtsgut bereits Folgerungen möglich waren, ist das im zweiten Beispiel nicht der Fall. Bei diesem

---

48 *Schünemann*, Das Rechtsgüterschutzprinzip als Fluchtpunkt der verfassungsrechtlichen Grenzen der Straftatbestände und ihrer Interpretation, in: *Hefendehl*, Die Rechtsgutstheorie, S. 141.

49 *Hirsch/Wohlers*, Rechtsgutstheorie und Deliktsstruktur – zu den Kriterien fairer Zurechnung, in: *Hefendehl*, Die Rechtsgutstheorie, S. 197.

50 *Schünemann*, Das Rechtsgüterschutzprinzip als Fluchtpunkt der verfassungsrechtlichen Grenzen der Straftatbestände und ihrer Interpretation, in: *Hefendehl*, Die Rechtsgutstheorie, S. 149 f.

51 *Schünemann*, Das Rechtsgüterschutzprinzip als Fluchtpunkt der verfassungsrechtlichen Grenzen der Straftatbestände und ihrer Interpretation, in: *Hefendehl*, Die Rechtsgutstheorie, S. 151.

erwähnt *Schünemann* das Rechtsgut nur zur Feststellung der Deliktsstruktur als Vorbereitungsdelikt. Das die Legitimität betreffende Problem – und das sieht *Schünemann* – liegt darin, dass ein Verhalten bestraft wird, bei dem die Rechtsgutsverletzung noch zu weit entfernt scheint.[52] Das ist aber ein Kriterium das nicht eigentlich den Rechtsgutsbegriff betrifft,[53] sondern die Frage, was der Gesetzgeber tun darf um Rechtsgüter zu schützen. Man kann demnach ohne überhaupt zum Rechtsgutsbegriff Stellung nehmen zu müssen, jedenfalls zwischen der Frage nach dem Rechtsgut und der Deliktsstruktur unterscheiden – wie das übrigens auch *Schünemann* ohne zu Zögern tut[54]. Sieht man sich die hier untersuchten neuen Straftatbestände an, waren in § 52a WaffG und § 89a StGB (zumindest auch) die unzweifelhaft anzuerkennenden Schutzgüter von Leib und Leben geschützt. Auch im Hinblick darauf ist bei diesen und bei anderen Tatbeständen der Vorfeldstrafbarkeit offensichtlich, dass für die Frage nach der Legitimität des Strafrechtseinsatzes weniger das Rechtsgut als die Deliktsstruktur eine entscheidende Rolle spielt.[55] Daraus folgt, dass selbst wenn es gelingt einen systemtranszendenten Rechtsgutsbegriff zu beschreiben, die Frage der Legitimität bestimmter Normen nicht allein damit gelingen kann. Andererseits ergeben sich gerade aus der systemimmanenten Funktion wichtige Ansätze.[56] Allgemein gefasst ist das Rechtsgut „logisch und historisch" der erste Ansatzpunkt, um das Strafrecht *de lege lata* und *de lege ferenda* zu beurteilen, also um zu normativen Aussagen zu kommen, doch kann dieses allein dazu nicht ausreichen; normative Aussagen ergeben sich erst im Zusammenspiel mit zahlreichen anderen Rechtsprinzipien.[57]

---

52 *Schünemann*, Das Rechtsgüterschutzprinzip als Fluchtpunkt der verfassungsrechtlichen Grenzen der Straftatbestände und ihrer Interpretation, in: *Hefendehl*, Die Rechtsgutstheorie, S. 149 ff.

53 *Frisch*, An den Grenzen des Strafrechts, in: *Küper/Dencker*, Beiträge zur Rechtswissenschaft, S. 75.

54 *Schünemann*, Das Rechtsgüterschutzprinzip als Fluchtpunkt der verfassungsrechtlichen Grenzen der Straftatbestände und ihrer Interpretation, in: *Hefendehl*, Die Rechtsgutstheorie, S. 150.

55 Ebenso *Frisch*, Rechtsgut, Recht, Deliktsstruktur und Zurechnung im Rahmen der Legitimation staatlichen Strafens, in: *Hefendehl*, Die Rechtsgutstheorie, S. 227 f.; *Frisch*, An den Grenzen des Strafrechts, in: *Küper/Dencker*, Beiträge zur Rechtswissenschaft, S. 75; *Meyer*, ZStW 115 (2003), 249 (281); *Müller-Dietz*, Aspekte und Konzepte der Strafrechtsbegrenzung. in: FS Schmitt, S. 102; *Hirsch/Wohlers*, Rechtsgutstheorie und Deliktsstruktur – zu den Kriterien fairer Zurechnung, in: *Hefendehl*, Die Rechtsgutstheorie, S. 197.

56 So insbes. auch *Krüger*, Entmaterialisierungstendenz, S. 106 f.106 ff.

57 *Amelung*, Der Begriff des Rechtsguts in der Lehre vom strafrechtlichen Rechtsgüterschutz, in: *Hefendehl*, Die Rechtsgutstheorie, S. 177 f.

Damit ist die Richtung der folgenden Überlegungen bereits weitgehend vorgegeben: Es scheint unmöglich, allein mit einer wie auch immer gearteten Rechtsgutstheorie zu einer umfassenden Kritik am positiven und zukünftigen Strafrecht zu gelangen. Das Rechtsgut hat in einer solchen Kritik allerdings einen wichtigen Platz. Man kann davon ausgehen, dass es für dessen Effizienz nur vorteilhaft sein kann, diesen Platz genau zu bestimmen. Die folgenden Beispiele mögen dazu ein wenig beitragen.

II. Probleme des Rechtsgutsbegriffs am Beispiel des § 238 StGB

1. Begriffsweite und Unklarheiten als Hindernis bei der Erfüllung der systemimmanenten Funktion

Wie oben beschrieben, erfüllt der Rechtsgutsbegriff in der Regel erfolgreich zumindest die (systemimmanente) Funktion, in der Auslegung erkennen zu können, welche Fälle durch die Norm eigentlich umfasst sein sollen. Das Rechtsgut bleibt ein wichtiger Aspekt der teleologischen Auslegung. Sinnvoll erfolgt dies jedoch erst dann, wenn das Rechtsgut einigermaßen klar umrissen ist.[58] Ist das Rechtsgut unbestimmt, sind auch die Ergebnisse der Auslegung entsprechend unterschiedlich (vgl. die Konsequenzen bei der Auslegung des § 263 StGB, je nachdem wie man das Rechtsgut des Vermögens definiert sowie das oben genannte Beispiel bei *Schünemann*). An dieser Stelle zeigt sich, wie auch die systemimmanente Funktion an der Unschärfe des Begriffs leidet.[59] Ob das Rechtsgut der persönlichen Freiheit, der Lebensgestaltung oder des individuellen Lebensbereichs die beschriebene Auslegungshilfe sein kann, ist fraglich. So sieht beispielsweise *Kühl* hier ein Problem mit der genauen Bestimmung dessen, was dieses Rechtsgut bedeutet. Dies erkennt er allerdings nur darum als Problem an, weil nach seiner Auffassung das Rechtsgut Bestandteil des tatbestandlichen Erfolges sei.[60] Insgesamt hält er die Umschreibung des Rechtsguts als Beeinträchtigung der Lebensgestaltung für ausreichend auslegungsfähig[61] – während andere Autoren diese Meinung nicht mehr

58 *Krüger*, Entmaterialisierungstendenz, S. 108.

59 Dazu auch ausführlich *Hirsch*, Die aktuelle Diskussion über den Rechtsgutsbegriff. in: FS Spinellis, S. 436.

60 Nach Ansicht von Kühl handelt es sich also um ein Verletzungsdelikt.

61 *Kühl*, Stellungnahme zum Gesetzgebungsverfahren Stalking, S. 7.

teilen, sondern den Begriff für „uferlos weit“[62] halten. Da das Rechtsgut selbst also unklar bleibt, kann es die Funktionen als Auslegungshilfe nur schwer erfüllen. Und dies gilt im Übrigen unabhängig von einer eigenen Einschätzung oder eigenen Versuchen der Auslegung der Begriffe „Lebensgestaltung“, „persönlicher Freiheitsbereich“ oder „Lebensbereich“: Jeder eigene Präzisierungsversuch wäre angreifbar. Allein schon die Unklarheit und Weite der Begriffe macht sie für die Auslegung des § 238 StGB weitgehend nutzlos.

2. Begriffsweite und Unklarheiten als Hindernis bei der Erfüllung der systemkritischen Funktion

Bei der Diskussion der Frage, welches Rechtsgut durch § 238 StGB geschützt wird[63], zeigten sich die Differenzen zwischen Anspruch und Wirklichkeit der Anwendung einer kritischen Rechtsgutstheorie im Kontext eines materiellen Verbrechensbegriffes. Ausgehend von einer Umschreibung des Phänomens des Stalking wurde in frühen Arbeiten versucht zu umschreiben, welches das betroffene Rechtsgut sei. Dabei war zu diesem Zeitpunkt bereits mehr oder minder klar, welches Verhalten unter Strafe gestellt werden sollte. Ausgangspunkt des Pönalisierungwunsches war damit nicht die Überzeugung von einem schutzwürdigen Gut, das vor einer bestimmten Art der Angriffe zu bewahren sei. Im Gegenteil bestand zuerst der Wunsch der Pönalisierung, ohne bereits zu wissen, ob überhaupt ein und wenn ja welches Gut dadurch geschützt werden könnte. Insofern fand die Rechtsgutstheorie hier wiederum nur beschreibend Anwendung. Keineswegs erfüllte sie die Funktion dem Gesetzgeber einen Maßstab zu Grund und Grenzen der Strafbarkeit an die Hand zu geben.

Nun könnte die Rechtsgutstheorie dem Gesetzgeber auch in diesem Stadium noch als Prüfungsmaßstab dienen, in der Weise, dass zu überprüfen gewesen wäre, ob durch das Stalking überhaupt ein schutzwürdiges Rechtsgut betroffen ist. Und tatsächlich nehmen die Gesetzentwürfe zumindest indirekt Bezug auf ein zu schützendes Rechtsgut:

Der erste Entwurf Hessens nannte explizit den Rechtsfrieden des Einzelnen als das geschützte Rechtsgut[64], während der Gesetz gewordene Entwurf der Bundesregierung von „einem strafwürdigen Eingriff in den individuellen Lebensbereich

62 *Eiden*, ZIS 2008, 123 (127); ebenso *Steinberg*, JZ 2006, 30 (32).
63 o. S. 220.
64 *Bundesrat*, BR-Drs. 551/04, S. 8.

des Betroffenen“[65] sprach und der Rechtsausschuss des Bundestages auf die Freiheit als Rechtsgut verwies[66]. Gegen die damit beschriebenen Rechtsgüter gab es jedoch auch Einwände: So wurde sowohl beim „Rechtsfrieden des Einzelnen“ im Besonderen[67], als auch generell[68] angezweifelt, dass überhaupt ein strafrechtliches Rechtsgut vorliege.

So mag man zwar (ohne dies konkret nachweisen zu können) dem Gesetzgeber zu Gute halten, dass die Materialien Hinweise dazu enthielten, dass versucht wurde die Legitimität mittels des Rechtsgutsbegriffs zu überprüfen, so dass der entsprechende Entwurf erst nach erfolgreich bestandenem „Rechtsgutstest“ vorgelegt wurde. Allerdings bezweifeln einzelne Autoren das Ergebnis dieses „Tests“, so dass diese Diskrepanz der Einschätzungen Zweifel an der Objektivität des Kriteriums erweckt. Sie zeigt also die Schwierigkeiten der Beurteilung dessen, was Rechtsgut sein kann und was nicht. Weiterhin befeuert sie die These, dass es aufgrund des ungeklärten Rechtsgutsbegriff möglich sei, „Rechtsgüter“ zu benennen, die in Wirklichkeit überhaupt keine seien[69], in anderen Worten: dass Rechtsgüter beliebig erfunden werden könnten.[70] Die Diskussion über das Rechtsgut bei § 238 StGB kann somit als Beispiel für die grundlegenden Probleme einer Kritik mittels des Rechtsguts, die sich aus der Schwäche eines ungeklärten Rechtsgutsbegriffs ergeben, verstanden werden.

III. Das Schutzdogma und die Grenzen der Rechtsgutstheorie

Für die von den Vertretern des systemkritischen Rechtsgutsbegriff erhoffte Begrenzungsfunktion des Rechtsguts ergibt sich meiner Ansicht nach das größte Hindernis durch die untrennbare Verknüpfung des Rechtsguts mit der Aufgabenbestimmung

---

65 *Gesetzentwurf der Bundesregierung*, BT-Drs. 16/575, S. 6.

66 *Bundestag Rechtsausschuss*, BT-Drs. 16/3641, S. 14.

67 *Kargl*, Vertrauen als Rechtsgutsbestandteil, in: *Neumann/Prittwitz*, „Personale Rechtsgutslehre“ und „Opferorientierung im Strafrecht“, S. 60; i.d.S. auch *Amelung*, Der Begriff des Rechtsguts in der Lehre vom strafrechtlichen Rechtsgüterschutz, in: *Hefendehl*, Die Rechtsgutstheorie, S. 172, der beim Vertrauen von einem nullum, das kein Rechtsgut sein könne, spricht.

68 *Royen*, Möglichkeiten und Grenzen der strafgerichtlichen Intervention in Fällen des „Stalkings“, in: *Weiß/Winterer*, Stalking und häusliche Gewalt, S. 187; *Eiden*, ZIS 2008, 123 (124); NK-*Sonnen*, § 238, Rn. 27.

69 *Hefendehl*, Kollektive Rechtsgüter, S. 33.

70 *Neubacher*, ZStW 118 (2006), 857 (862); *Neubacher/Seher*, JZ 2007, 1029 (1031).

des Strafrechts. Erste Hinweise darauf fanden sich bereits zu Beginn dieses Abschnitts, wenn festgestellt wurde, dass das Rechtsgüterschutzdogma auch strafbarkeitsausweitend genutzt werden kann. Dazu muss klar sein, dass die Rechtsgutstheorie zwar durchgängig Rezeption findet[71], dies aber nicht mit einer vertieften Auseinandersetzung mit den nicht einmal für Strafrechtswissenschaftler mehr überschaubaren Nuancierungen der Diskussion verbunden sein kann. Der Satz, auf den sich alle Lehrbücher und Kommentare weitgehend einigen, ist schließlich nur einer, nämlich: Die Aufgabe des Strafrechts ist der Schutz von Rechtsgütern.

Im Folgenden soll – weitgehend frei von der Diskussion um die Rechtsgutstheorie – versucht werden, diesen allgemein anerkannten Satz der Strafrechtstheorie als Maßstab der kritischen Überprüfung einiger der aufgefundenen Problemimpulse anzuwenden. Es handelt sich um eine unterstellte vereinfachte Rezeption der strafrechtlichen Diskussionen in der Politik.

Dabei ist offensichtlich, dass es sich lediglich um erste Thesen handelt, die sich aus den Ergebnissen der vorliegenden Untersuchung ableiten lassen und die mit Sicherheit noch einer weiteren wissenschaftlichen Durchdringung bedürfen.

1. Sicherheit und Rechtsgüterschutz

Die bisherige Untersuchung hat den Befund zu Tage gefördert, dass Sicherheit einen der wichtigsten gesetzgeberischen Impulse zur Schaffung neuer Strafrechtsnormen darstellt.[72] Dabei stellt sich die Frage, ob das Ziel der Sicherheit durch das Rechtsgüterschutzdogma eine Begrenzung finden kann. Das allerdings ist mehr als zweifelhaft, da Rechtsgüterschutz und Sicherheit sich in weiten Teilen entsprechen und zahlreiche Parallelen aufweisen. Das ergibt sich aus dem Aspekt der staatlichen Schutzaufgaben, die maßgeblicher Bestandteil des Sicherheitsdiskurses sind, und die eine gedankliche Verquickung von strafrechtlichem Rechtsgüterschutz und verfassungsrechtlichem Grundrechtsschutz ermöglichen. Das erscheint auf den ersten Blick nicht ohne Weiteres nachvollziehbar. Der angesprochene Zusammenhang soll darum im Folgenden anhand der Darstellung eines fiktiven Gedankengangs dargestellt werden. Der Gedankengang wird auf einem geringen Reflexionsniveau bleiben, das damit der Gesetzgebung unterstellt wird. Dabei wird sich zeigen, dass die aufgestellten Überlegungen für sich plausibel

71 *Amelung*, Der Begriff des Rechtsguts in der Lehre vom strafrechtlichen Rechtsgüterschutz, in: *Hefendehl*, Die Rechtsgutstheorie, S. 158 f.

72 O. S. 95.

sind. Mit der Plausibilität der oberflächlichen Operation mit bekannten staats- und strafrechtlichen Grundsätzen wird es möglich die These aufzustellen, dass innerhalb der Gesetzgebung die dargestellte Logik existiert und gedankliche Grundlage der Schaffung neuen Strafrechts ist. Durch die Verbindung zweier anerkannter Formeln, nämlich erstens „Es ist Aufgabe des Strafrechts Rechtsgüter zu schützen“ und zweitens „Aus den Grundrechten ergeben sich auch Schutzpflichten“ kann ersichtlich werden, wie aus der Sicht der Gesetzgebung die Aufgabe Sicherheit zu schaffen gerade durch die Neuschaffung von Strafrecht erfüllt werden kann

a) Folgerungen aus dem Rechtsgüterschutzdogma

Aus der Aufgabenbestimmung des Rechtsgüterschutzes folgt für das Strafrecht auch, dass dieses ein Mittel des Rechtsgüterschutzes darstellt. Mit dem Strafrecht werden Rechtsgüter geschützt. Bei allen Streitigkeiten über den Begriff des Rechtsgutes besteht doch weitgehend darüber Einigkeit, dass in der Diskussion um Formulierung und Inhalt der Rechtsgüter die verfassungsgemäße Ordnung und speziell die Grundrechte des GG eine Rolle spielen[73], auch wenn diese Rolle durchaus unterschiedlich und auch kritisch gesehen wird.[74] Nimmt man dem folgend an, dass strafrechtliche Rechtsgüter und Grundrechte sich inhaltlich in weiten Teilen entsprechen, ergibt sich folgende Formel: Das Strafrecht schützt Rechtsgüter, deren Inhalt in vielen Fällen den Grundrechten entspricht.

Strafrecht = Rechtsgüter schützen

Rechtsgüter ≈ Grundrechte

Strafrecht = Grundrechte schützen

Abbildung 4: Das Strafrecht als Instrument des Grundrechtsschutzes.

---

73 *Meyer*, ZStW 115 (2003), 249 (278) m.w.N.; SK-*Rudolphi*, Vor § 1, Rn. 5 ff.; *Müller*, Notwendigkeit eines eigenständigen Stalking-Straftatbestandes im Hinblick auf dessen praktische Relevanz, in: *Krüger*, Stalking als Straftatbestand, S. 78.

74 Sch/Sch-*Eisele/Lenckner*, Vorbemerkungen zu den §§ 13 ff., Rn. 10a.

b) Rechtsgüterschutz als Konkretisierung der grundrechtlichen Schutzanspruchs

Die staatliche Sicherheitsaufgabe kann auch als die Erfüllung der sich aus den Grundrechten ergebenden Schutzpflichten umschrieben werden.[75] Diese Grundrechte entsprechen aber in gewissen Teilen den strafrechtlichen Rechtsgütern, womit die sich aus den Grundrechten ergebenden Schutzpflichten umschrieben werden.[76] Diese Grundrechte entsprechen aber in gewissen Teilen den strafrechtlichen Rechtsgütern, womit die sich aus den Grundrechten ergebende staatliche Schutzpflicht jedenfalls auch den Schutz von Rechtsgütern umfasst. In diesem Sinne verwendet auch *Isensee* zur Herleitung des „Grundrechts auf Sicherheit" den Terminus des Rechtsguts wiederholt zur Umschreibung grundrechtlich geschützter Interessen.[77] Rechtsgüterschutz ist damit nicht nur Aufgabe des Strafrechts, sondern gleichzeitig die Erfüllung des grundrechtlichen Schutzanspruchs.

Sicherheit schaffen = Grundrechte schützen

Grundrechte schützen = Rechtsgüter schützen

Sicherheit schaffen = Rechtsgüter schützen

Abbildung 5: Sicherheit zu schaffen bedeutet Rechtsgüter zu schützen.

Dabei ist die Aufgabenerfüllung durchgehend positiv konnotiert; die positive Konnotation des Begriffs Sicherheit entspricht derjenigen, die mit der Erfüllung staatlicher Aufgaben verbunden ist: Sicherheit, Grundrechtsschutz und darauf gerichtete Pflichterfüllung sind gut.

75 O. S. 105.

76 O. S. 105.

77 *Isensee*, Das Grundrecht auf Sicherheit, S. 23; vgl. auch *Kugelmann*, Polizei- und Ordnungsrecht, S. 76.

c) Zusammenfügung der Überlegungen

Aus der Sicht, die der Gesetzgebung unterstellt werden soll, ergibt sich, dass die Aufgabe Sicherheit zu schaffen dem Grundrechtsschutz entspricht und dass diese Aufgabe durch die Schaffung von Strafrecht erfüllt werden kann. Der Staat hat die Aufgabe, Grundrechte (=Rechtsgüter) zu schützen. In diesem Zusammenhang ist das wohl bekannteste Mittel das Strafrecht. Dazu kommt eine positive Konnotation der Sicherheit und der Erfüllung grundrechtlicher Staatsaufgaben. Was liegt dann näher als der staatlichen Schutzaufgabe mit genau diesem Mittel nachzukommen? Strafrecht zu schaffen bekommt eine positive Konnotation. Diese Sicht der Dinge erklärt, wieso Sicherheit einen der wichtigsten gesetzgeberischen Impulse zur Schaffung neuer Strafrechtsnormen darstellt.[78]

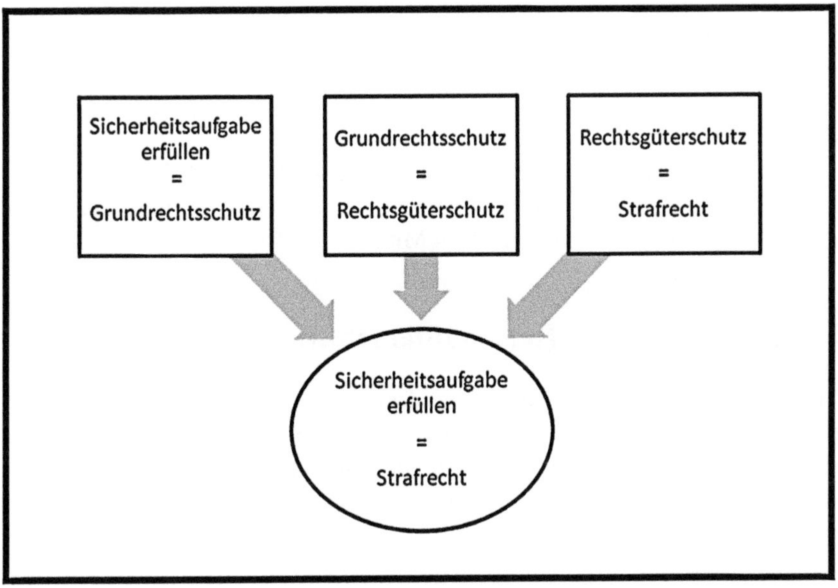

Abbildung 6: Strafrecht schaffen zur Erfüllung der staatlichen Sicherheitsaufgabe.

Bemerkenswert ist, dass dieses Ergebnis nur bei einer Sicht staatlicher Tätigkeit als Grundrechtsschutz zustande kommen kann. Geht man von Grundrechtseingriffen als Kennzeichen staatlicher Aufgabenerfüllung aus, müsste die Formel

78 Vgl. auch o. S. 95.

völlig anders aussehen; man kommt höchstens zu einer Verbindung von Strafrecht und Eingriff.

Die Aufgabe, Rechtsgüter zu schützen, kann hier nicht nur nicht als Maßstab der Begrenzung strafrechtlicher Gesetzgebungstätigkeit dienen, sondern legitimiert diese sogar.[79] Darin könnte auch ein möglicher Grund für die oftmals beschriebene vermehrte Nutzung von Strafrecht als Mittel der Politik liegen[80]. Ist es die Aufgabe des Strafrechts, Rechtsgüter zu schützen, wäre an einem verstärkten Einsatz mit dem Ziel der Sicherheit nichts auszusetzen. Fordert man also, dass die Aufgabe des Strafrechts Rechtsgüterschutz zu sein habe, sollte man sich auch dieser Konsequenz bewusst sein.

d) Prävention und Schutzdogma

Das Mittel des strafrechtlichen Rechtsgüterschutzes ist das der (Spezial- und General-)Prävention.[81] Seine Aufgabe erfüllt das Strafrecht somit mittels Prävention. Verlangt man demnach Prävention vom Strafrecht, deckt sich dies mit der Erfüllung der Aufgabe des Rechtsgüterschutzes.

Ebenso ist Prävention das Mittel der Wahl, wenn Sicherheit das Ziel ist.[82] Somit stimmen Sicherheit und Rechtsgüterschutz nicht nur inhaltlich weitgehend überein[83], sondern auch hinsichtlich der Mittel.

2. Opferschutz und Rechtsgüterschutz

Bisher konnte gezeigt werden, dass Opferschutz ein Motor für neue Strafvorschriften sein kann und dass bei den Neukriminalisierungen der §§ 52a WaffG und 89a StGB mit dem Opfer nur das potentielle Opfer und bei § 238 StGB immerhin auch das potentielle Opfer gemeint ist. Diese Sicht entspricht auch der Logik des

---

79 Die „kriminalisierenden Tendenzen" des Rechtsgutsprinzips sieht bereits *Hassemer*, Grundlinien einer personalen Rechtsgutslehre. in: FS Kaufmann, S. 86 f.

80 Beispielsweise bei *Albrecht*, Kriminologie, S. 4; *Braun*, Die Tatbestände des Diebstahls mit Waffen und des Schweren Raubes zwischen Gefährdungsdogmatik und Gesetzlichkeitsprinzip, in: *Institut für Kriminalwissenschaften und Rechtsphilosophie Frankfurt a.M.*, Irrwege der Strafgesetzgebung, S. 27; *Hassemer*, NStZ 1989, 553 (559); *Calliess*, NJW 1989, 1338 (1338).

81 Vgl. o. S. 129.

82 Vgl. o. S. 126.

83 Vgl. soeben S. 262 ff.

Rechtsgüterschutzes: Das Denken in Rechtsgütern abstrahiert die Verletzung vom konkreten Opfer[84], woraus gefolgert wird, dass das Dogma des Rechtsgüterschutzes den Blick allein auf die potentiellen Opfer lenkt[85]. Selbst wenn man dieses Verständnis von der Idee des Rechtsgüterschutzes nicht uneingeschränkt teilt, scheint sie dem Fokus auf die potentiellen Opfer zumindest nicht zu widersprechen. Dennoch soll versucht werden, auch mittels der Rechtsgutstheorie eine differenzierte Kritik an der Orientierung am Opferschutz zu entfalten. Dabei wird sich sowohl zeigen, wo die Grenzen eines kritischen Rechtsgutsbegriffs im Bezug auf den Opferschutz sind, wie auch welche Aspekte am Impuls des Opferschutzes besonders problematisch erscheinen. Zu klären bleibt aber für die hier aufgeworfene Fragestellung zweierlei: Erstens die Frage, ob sich Rechtsgüterschutz und Opferschutz widersprechen. Und zweitens zu welchen Erkenntnissen man im Bezug auf den Opferschutz bei einer Anwendung der Rechtsgutstheorie gelangt.

a) Interessen potentieller Opfer und Schutzdogma

Die angestellten Überlegungen zur Unterscheidung zwischen den Interessen potentieller und wirklicher Opfer dienten in den vorgehenden Kapiteln dazu aufzuzeigen, auf welche Weise ein vom potentiellen Opfer ausgehendes Verständnis von Opferschutz auf die Strafgesetzgebung Einfluss hat. Dieser zeigte sich in einer Tendenz zur Vorverlagerung. Zu trennen von der Kritik am Opferschutz als Auslöser ist dann aber noch diejenige an Vorfeldstrafbarkeiten als deren Folge. Für diese kann die Wirksamkeit des Rechtsgüterschutzdogmas nochmals getrennt überprüft werden.[86] Als maßgeblich für die Tendenz zur Vorverlagerung kann der für das potentielle Opfer entscheidende Gedanke der Prävention gesehen werden. Die verstärkte Berücksichtigung von Präventionsaufgaben widerspricht allerdings wie gesehen dem Rechtsgüterschutzdogma nicht.

b) Die Interessen potentieller Opfer als Widerspruch zu Prinzipien der Rechtsgutstheorie?

Möglicherweise ließe sich die Rechtsgutstheorie hier aber unabhängig von dem mit ihr verbundenen Schutzdogma kritisch nutzbar machen, indem die Unterscheidung

---

84 *Neumann*, Die Stellung des Opfers im Strafrecht, in: *Hassemer/Bergalli*, Strafrechtspolitik, S. 235.

85 *Seelmann*, JZ 1989, 670 (670); *Kilching*, NStZ 2002, 57 (58); vgl. auch o. S. 145.

86 Dazu u. S. 270.

zwischen wirklichem und potentiellem Opfer über die Rechtsgutsverletzung definiert wird: Beim wirklichen Opfer liegt eine Rechtsgutsverletzung oder –gefährdung bereits vor, beim potentiellen ist das nicht der Fall. Die Rechtsgutsverletzung ist für das potentielle Opfer auch nicht in Zukunft derart zu befürchten, dass bereits eine irgendwie geartete konkretisierte Gefährdung des potentiellen Opfers über dessen Zugehörigkeit zu einem bestimmten Personenkreis hinaus existiert[87].

Nun könnte weiterhin behauptet werden, dass das Strafrecht Rechtsgüter nur vor wirklichen Beeinträchtigungen schützen solle und folglich die Interessen potentieller Opfer als für die Begründung neuer Strafgesetzgebung nicht legitim herangezogen werden könnten. Eine solche Behauptung geht allerdings bereits über den kritischen Gehalt der Rechtsgutstheorie hinaus. Mehr noch: Sie widerspricht der mit dem Rechtsgut verbundenen Schutzaufgabe. Strafrechtlicher Rechtsgüterschutz ist per se präventiv ausgerichtet,[88] so dass es sich gerade um Erfüllung der Rechtsgüterschutzaufgabe handelt, wenn mit Prävention die Interessen potentieller Opfer in den Blick genommen werden.

Ein weiterer Ansatz in eine ähnliche Richtung wäre allerdings die – wie gesehen – nur allgemeine, abstrakte Gefahr der Verletzung. Folgerte man daraus, dass – weil die tatsächliche Gefahr gering ist und Verletzungen womöglich bereits durch Verletzungsdelikte umfasst sind – die Interessen der potentiellen Opfer bereits ausreichend geschützt sind, ließe sich behaupten, dass weiterer Strafrechtsschutz mithin nicht erforderlich wäre. Zu dieser Behauptung ist man dann zwar mittels die Rechtsgutstheorie betreffender Gedankengänge gelangt, ihr kritischer Gehalt entspricht allerdings allgemeinen strafrechtlichen Prinzipien. Angesprochen ist damit nämlich der *ultima-ratio*-Grundsatz und die Frage der Subsidiarität sowie – mit der Erwägung der Erforderlichkeit – der verfassungsrechtliche Verhältnismäßigkeitsgrundsatz. Auch an dieser Stelle zeigt sich, dass die Rechtsgutstheorie zur Umschreibung der Konstellation hilfreich war, die für eine Kritik maßgeblichen Gedanken sich aber aus allgemeinen Erwägungen ergeben.

c) Opferstatus und Rechtsgutstheorie

Ein weiteres Beispiel angewandter Rechtsgutstheorie bietet sich wiederum bei § 238 StGB: Die vor der Schaffung der Vorschrift durch eine Eskalation des Stalking in Gewalthandlungen bedrohte Frau (als das idealtypische Stalkingopfer),

87 Dabei sollen die tatsächlichen Schwierigkeiten der Feststellung ob und wie Rechtsgut und Verletzung vorliegen an dieser Stelle übergangen werden.

88 Vgl. o. S. 129 und S. 265.

der belästigend und beharrlich nachgestellt wird, ist zu diesem Zeitpunkt noch potentielles Opfer einer Gewalttat. Mit der Neupönalisierung des einfachen Stalking wird diese nun zu einem wirklichen Opfer der nun strafbaren Nachstellung; sie ist nun wirkliches Straftatopfer. Eines der Ziele dieser – wenn man es so nennen möchte – Anerkennung des Opferstatus war es zu verhindern, dass sie wirkliches Opfer einer schwerer wiegenden Tat wird. Dabei zeigt sich, wie die Grenze zwischen wirklichen und potentiellen Opfern verschwimmen kann. Angesprochen ist damit die Frage nach der Definitionshoheit bezüglich der Opferstellung. Diese kam im Beispiel bisher allein dem Gesetzgeber zu; es wurde also letztlich ein formaler Begriff des Straftatopfers angewandt. Gegen diesen kann nun eine an der Rechtsgutsverletzung orientierte Hinterfragung der Opfereigenschaft eingewandt werden. Dazu ist zu untersuchen, ob es beim wirklichen Opfer zu einer Rechtsgutsverletzung oder zu einer konkretisierten Rechtsgutsgefährdung gekommen ist. Vertritt man nun die Ansicht, dass das einfache Stalking keine Rechtsgüter verletzt, sondern diese nur beeinträchtigt[89], handelt es sich beim Opfer der Nachstellung nicht mehr um ein wirkliches Opfer. Davon ließe sich wiederum ableiten, dass der diesem unwirklichen Opfer zukommende Schutz nicht legitim ist. Allerdings dreht man sich mit diesen Argumentationen im Kreis. Ganz abgesehen davon, dass mangels eines tauglichen Rechtsgutsbegriffs bereits die Frage der Verletzung desselben kaum beantwortet werden kann, führt das Anzweifeln der Opfereigenschaft nicht weiter, als eine allgemeine Kritik an der Pönalisierung von Verhalten, dass nicht zu einer Verletzung oder konkreten Gefährdung von Rechtsgütern führt. Denn das „angebliche Opfer“ soll nach einer solchen Argumentation kein „wirkliches Opfer“ sein, weil der Straftatbestand keinen hinreichenden Rechtsgutsbezug aufweist. Man gelangt also über die Untersuchung der Opfereigenschaft mittels des Rechtsgutsbegriffs nicht weiter als zur Feststellung, dass es sich um Vorfeldstrafbarkeit handelt. Die Rechtsgutstheorie ermöglicht hier (nur, aber immerhin), den Bezug zwischen Opferbegriff und positivem Recht sowie zwischen potentiellem Opfer und Vorfeldstrafbarkeit greifbar zu machen.

3. Rechtsgüterschutz und Ermittlungsparagrafen

Das bereits angesprochene grundsätzliche Problem des Schutzdogmas lässt sich gut auch am Beispiel der Kritik an den sogenannten Ermittlungsparagrafen darstellen. Wieder soll an dieser Stelle in recht allgemeiner Art eine Kritik an und eine

89 *Neubacher/Seher*, JZ 2007, 1029 (1030).

Kritik der Kritik zu einem gesetzgeberischen Phänomen entwickelt werden. Wie gesehen, wurde seitens des Gesetzgebers bei der Schaffung des § 238 StGB das Strafrecht als Schutzinstrument der Opfer gegenüber Nachstellungen verstanden. Der Schutz erfolgt hier nicht über die strafrechtsspezifische Rechtsfolge, sondern mittelbar über den Charakter des Strafrechts als notwendige Eingriffsgrundlage polizeilicher Ermittlungsmaßnahmen. Das Strafrecht eröffnet – um in Kategorien bayrischen Polizeirechts zu denken – den polizeilichen Aufgabenbereich. Je mehr Verhalten unter Strafe gestellt wird, desto häufiger ist der polizeiliche Aufgabenbereich eröffnet. Wohlgemerkt geht es dabei trotz der Verortung der Eingriffsnormen in der StPO um die Präventionsaufgaben der Polizei. Die Norm, die den Aufgabenbereich eröffnet, wurde schließlich zu dem Zweck geschaffen, schlimmere Straftaten zu verhindern. Dies ist sowohl bei § 238 StGB, als auch bei § 89a StGB der Fall.

Ausgehend von der Aufgabe des Strafrechts, Rechtsgüter zu schützen, ist an diesem Mechanismus wenig auszusetzen. Die Kritik an dieser Funktionalisierung des Strafrechts als Aufgabeneröffnungsnormen dürfte auf anderen Überlegungen beruhen:[90] Das Strafrecht hat als Besonderheit gerade die Strafe. Diese stellt eine staatliche Übelszufügung dar, die verfassungsrechtlich abgesichert sein muss. Diese Absicherung ergibt sich durch die Präventivaufgaben der vollzogenen Strafe und der Strafandrohung.[91] Der strafrechtlichen Ermittlung kommt in diesem System hinsichtlich der Strafandrohung die Rolle der Bekräftigung zu, indem die Strafandrohung auch wahr gemacht werden kann. Hinsichtlich der Strafe dient die Strafverfolgung der Ermöglichung des Vollzugs. Das strafrechtliche Ermittlungsinstrumentarium hätte in diesem System bezüglich der Präventivaufgaben nur ergänzende, dienende Funktion. Einem solchen System widerspricht es dann, in die Haftgründe andere Überlegungen als solche der Verfahrenssicherung aufzunehmen oder Strafvorschriften zu formulieren, die nicht auf das Unter-Strafe-Stellen gerichtet sind.

Aus Sicht des Rechtsgüterschutzdogmas hätte das Strafrecht allerdings als Ganzes die Aufgabe des Schutzes. Das Strafrecht hat somit Präventivaufgaben, und zwar als Strafrecht und nicht innerhalb eines strengen Systems von Präventionstheorien. Möchte man, dass das Strafrecht seiner Aufgabe, Rechtsgüter zu schützen, nachkommt, gibt es keinen Grund dagegen Einwände zu erheben, dass das Strafrecht inklusive Ermittlungsmaßnahmen zu einem Präventionsinstrument wird. Der Schritt ist vielmehr logisch, wenn nicht sogar zwingend.

---

90 Vgl. auch o. 219 f.

91 Zur Unterscheidung von Strafe und Strafandrohung bei der positiven Generalprävention bereits o. S. 177.

Die begrenzende Funktion einer systemtranszendenten Rechtsgutstheorie kann dann auch nicht helfen: Geschützt werden dann eben nur Rechtsgüter. Das Problem, das sich auch bei den Ermittlungsparagrafen stellt, ist nicht das Objekt des Schutzes, obwohl dieses bei § 238 StGB durchaus problematisch ist. Die durch § 89a StGB geschützten Rechtsgüter unterfallen wiederum zweifellos jedem kritischen Rechtsgutsbegriff. Sieht man sich die Rechtsgutstheorie in ihrer Rolle in dieser Konstellation an, scheint die Ausweitung des Strafrechts durch Ermittlungsparagrafen dem mit ihr verbundenen Schutzdogma gerade zu entsprechen. Das Rechtsgut bietet kaum kriminalpolitische Begrenzung angesichts der Grenzenlosigkeit des Schutzanspruchs. Der Aspekt des Schutzes allerdings spielt bisher in den Diskussionen kaum eine Rolle.

IV. Gefährdungsstrafrecht als Verstoß gegen das Rechtsgüterschutzdogma?

Mit dem Befund, dass mit abstrakten Gefährdungsdelikten bzw. Vorverlagerung des Strafrechts eine auch qualitative Veränderung des Strafrechts einher geht, werden diese Phänomene als Objekte einer Kritik am Strafrecht entscheidend. Für den Nutzen der Rechtsgutstheorie bei einer Kritik am Gefährdungsstrafrecht zeigt sich ein ambivalentes Bild. Wie gesehen verweist die Frage der Vorfeldkriminalisierung bereits in ihrer Definition in zweierlei Weise auf das Rechtsgut[92], nämlich erstens bei der Frage, welches Rechtsgut geschützt ist,[93] und zweitens zur Feststellung der Beziehung zwischen verbotenem Verhalten und geschütztem Rechtsgut.[94] Das Rechtsgut ist damit der Bezugspunkt der Diskussionen um die Vorfeldkriminalisierung.[95] Insofern ist es bereits ein Verdienst der Rechtsgutstheorie, es möglich gemacht zu haben, den Topos der Vorverlagerung herauszuarbeiten. Das stützt die These, dass auch ein am positiven Recht orientierter (systemimmanenter) Rechtsgutsbegriff sehr gut zur Kritik am Strafrecht eingesetzt werden kann.[96]

---

92 *Müller-Dietz*, Aspekte und Konzepte der Strafrechtsbegrenzung. in: FS Schmitt, S. 102.

93 O. S. 205.

94 O. S. 200.

95 *Amelung*, Der Begriff des Rechtsguts in der Lehre vom strafrechtlichen Rechtsgüterschutz, in: *Hefendehl*, Die Rechtsgutstheorie, S. 171; vgl. auch o. S. 199.

96 *Krüger*, Entmaterialisierungstendenz, S. 106 f.

Demgegenüber erweist sich der kritische Nutzen eines systemtranszendenten Rechtsgutsbegriffs im Bezug auf die Vorfeldstrafbarkeit als gering. Denn selbst wenn das Rechtsgüterschutzprinzip ein Raster dafür vorgeben könnte, was der Staat mit Mitteln des Strafrechts schützen darf und was nicht[97], ist das Schutzobjekt bei den Vorfelddelikten nicht das Problem. Vielmehr sind bei – oder besser: hinter – diesen regelmäßig anerkannte Individualrechtsgüter auffindbar.[98] In der Folge ist die grundlegende Frage nicht mehr diejenige, die man streng genommen als das wirkliche Rechtsgutsproblem bezeichnen könnte[99], nämlich ob überhaupt ein geschütztes Rechtsgut vorliegt. Nun muss man *Frisch* gewiss nicht in seiner Ansicht folgen, dass die Frage der Art und Weise des Rechtsgüterschutzes überhaupt keine Rechtsgutsfrage mehr ist. Folgen kann man ihm allerdings darin, dass es hier entscheidend darauf und damit auf die Deliktsstruktur ankommt, um Aussagen über die Legitimation bestimmter Normen machen zu können.[100] Das allerdings ist wohl keine Frage eines systemkritischen Rechtsgutsbegriffs.

Noch weniger kritisches Potential als der systemkritische Rechtsgutsbegriff scheint in diesem Zusammenhang der Schutzgedanke zu haben. So wird diesem bereits allgemein eine kriminalisierende Tendenz zugesagt, da er dazu führe, dass jedes Rechtsgüter bedrohende Verhalten unter Strafe zu stellen sei.[101] Dasselbe gilt speziell für den Bereich der Gefährdungsdelikte: Das Prinzip des Rechtsgüterschutzes wird dort sogar als Grund für Vorverlagerungen gesehen.[102] Zu ähnlichen Ergebnissen kommt man, wenn man auch den Bezug zwischen Schutzgedanken und Prävention berücksichtigt: Prävention als Strafrechts- und Strafzweck ist von einer Aufgabe des Rechtsgüterschutzes aus betrachtet das Mittel dazu; sie ist der Weg zum Ziel des Rechtsgüterschutzes. Das Schutzkonzept beinhaltet so die Grundlage für eine präventive Ausrichtung des Strafrechts im

---

97 So *Schünemann*, Das Rechtsgüterschutzprinzip als Fluchtpunkt der verfassungsrechtlichen Grenzen der Straftatbestände und ihrer Interpretation, in: *Hefendehl*, Die Rechtsgutstheorie, S. 141.

98 *Frisch*, An den Grenzen des Strafrechts, in: *Küper/Dencker*, Beiträge zur Rechtswissenschaft, S. 74.

99 *Frisch*, An den Grenzen des Strafrechts, in: *Küper/Dencker*, Beiträge zur Rechtswissenschaft, S. 75.

100 *Frisch*, Rechtsgut, Recht, Deliktsstruktur und Zurechnung im Rahmen der Legitimation staatlichen Strafens, in: *Hefendehl*, Die Rechtsgutstheorie, S. 227 f.

101 *Hassemer*, Grundlinien einer personalen Rechtsgutslehre. in: FS Kaufmann, S. 87.

102 *Jakobs*, ZStW 97 (1985), 751 (752).

Sinne der Vermeidung von Gutsverletzungen.[103] Das entspricht der Logik einer Vorverlagerung des Strafrechts.

V. Zusammenfassung

Die Beispiele haben gezeigt, dass es innerhalb der strafrechtlichen Diskussionen mit der Rechtsgutstheorie ein wirksames Werkzeug für Aussagen zu den Strukturen einzelner Normen gibt. Einen allgemeingültigen und vor allem einen hinreichenden Maßstab für die Legitimität einzelner Verbote kann aber ein Rechtsgutsbegriff auch dann nicht entfalten, wenn dieser denn gefunden werden sollte. Denn unabhängig vom Schutzobjekt stellt die Frage nach dem Wie des Schutzes aktuell die Strafrechtswissenschaft vor größere Herausforderungen. Das Dogma vom Rechtsgüterschutz hingegen mag zwar Ausgangpunkt zahlreicher Überlegungen zu einer Kritik an ausuferndem Strafrecht bieten, in seiner Grundform allerdings stachelt es den Gesetzgeber eher an, das Strafrecht möglichst weitgehend einzusetzen. Zu diesem Befund allerdings gelangte man erst bei einer Berücksichtigung der Anlässe der Gesetzgebung.

---

103 Dazu aus etwas anderer Perspektive auch *Müssig*, Schutz abstrakter Rechtsgüter, S. 151 f.

H. Ergebnis

Die Untersuchung der gewählten Beispiele anhand des Topos des Vorfeldes hat bestätigt, dass es in der Gesetzgebung nicht nur eine Tendenz zur quantitativen Vermehrung strafrechtlicher Verbote, sondern auch zu einer qualitativen Ausweitung des Strafrechts gibt. Zumindest über die Ergebnisse der Strafgesetzgebung konnten so mit bestehenden strafrechtlichen Kriterien gute Erkenntnisse gewonnen werden. In dieser Konstellation der Strafrechtsausweitung scheint es den Bedarf eines limitierenden Faktors zu geben.

Eine Wissenschaft der Strafgesetzgebung als Teil einer Kriminalpolitikwissenschaft sollte an sich den Anspruch haben, diese notwendig gewordene Begrenzung leisten zu können. Sie muss Einfluss haben wollen.

Allerdings steht die Erfüllung dieses Anspruchs und damit auch die Kriminalpolitikwissenschaft vor großen Schwierigkeiten. Das liegt aber nicht daran, dass von wissenschaftlichen Erkenntnissen keine Notiz genommen wird. Es gibt eine Rezeption wissenschaftlicher Erkenntnisse durch die Politik. Ein wirklicher Einfluss lässt sich deswegen aber nicht erkennen. Wissenschaftliche Politikberatung erfüllt für die Politik hauptsächlich eine Legitimationsfunktion.

Die Schwierigkeiten beginnen aber bereits bei wissenschaftsinternen Hindernissen. Sie vermehren sich nochmals deutlich aufgrund der Tatsache, dass die Gesetzgebung als Teil der Politik in ihrer eigenen Rationalität verhaftet ist. Diese Tatsache gilt es zu erkennen und ernst zu nehmen. Tut man dies, kann sich eine kriminalpolitische Gesetzgebungslehre mit dem Ziel der Lehre der Methoden guter Rechtsetzung einer gesetzgebungstheoretischen Fundierung nicht verschließen. Das ergibt sich bereits daraus, dass gegenüber als falsch erkannten politischen Praktiken wissenschaftliche Forderungen erhoben werden müssen. Forderungen zu erheben ist aber nur dann sinnvoll, wenn man anerkennt, dass sie durchsetzbar sein müssen. Dafür ist die Kenntnis der Durchsetzbarkeit notwendig. Eine wissenschaftliche Befassung mit der Kriminalpolitik, die an diesen Grundsätzen vorbei forscht, ist wirklichkeitsfern und nutzlos.

Von größtem praktischen Nutzen ist hingegen eine wissenschaftliche Einflussnahme in einem möglichst frühen Stadium der Gesetzgebung. In einem solchen werden die Problemimpulse oder Gesetzgebungsanlässe erstmals wirksam. Es lohnt sich also, sie genau zu kennen und zu erkennen. Dabei hat die Untersuchung mehrere wiederkehrende Impulse feststellen können.

Erstens war dies der Topos der Sicherheit, der in seinem Einfluss auf das Strafrecht überhaupt nicht überschätzt werden kann. Mit der Sicherheit ist eine ganz eigene Logik verbunden, die ein Beispiel für politische Rationalität darstellt. Sie entwickelt dabei eine eigene Dynamik, die im Ergebnis zur Schaffung neuen Strafrechts im Bereich des Vorfeldes führt. Verstärkt wird die Dynamik und mit ihr die Tendenz zu punitiver Politik und Strafrechtsausweitung, wenn gesellschaftliche Probleme als Risiken wahrgenommen werden. Das Risikodenken ist mit dem Streben nach Sicherheit untrennbar verwoben. Prävention stellt dabei eine Verbindung zwischen Strafrecht und Sicherheit dar: Sie ist Zweck des Strafrechts und Mittel der Schaffung von Sicherheit.

Weiterhin spielt Opferschutz als Impuls eine große Rolle. Der Fokus auf das Opfer bedeutet in der Strafgesetzgebung aber die Berücksichtigung der potentiellen und nicht der wirklichen Opfer. Das führt zu einer Nachfrage nach mehr Prävention und damit nach mehr strafrechtlichen Verboten.

Regelmäßig ließen sich Einzelfälle finden, die am Beginn des Gesetzgebungsprozesses standen. Gesetzgebung als Reaktion auf Einzelfälle ist ein nachvollziehbarer politischer Reflex. Ihre Ergebnisse sind aber höchst bedenklich. Sinnvoll wäre dort eine Entschleunigung der Gesetzgebung. Doch diese widerspricht den politischen Interessen der Selbstdarstellung.

Vor dem Hintergrund der Suche nach Begrenzungen der Strafgesetzgebung durch die Kriminalpolitikwissenschaft stellt sich die Frage, ob es nicht bereits strafrechtliche Instrumente dazu gibt. Dabei ist insbesondere ein Rückgriff auf das allgemein anerkannte Dogma des Rechtsgüterschutzes nahe liegend. Die Rechtsgutstheorie vermochte mit ihrer systemimmanenten Funktion über die Qualität der untersuchten Beispiele der Gesetzgebung bereits Aufschluss geben und zeigte sich damit als nützliches Werkzeug der Gesetzgebungskritik. Einen darüber deutlich hinausgehenden Anspruch an sich stellt der systemkritische Ansatz innerhalb der Rechtsgutstheorie, wenn dem Gesetzgeber ein plausibles und verwendungsfähiges Kriterium seiner Entscheidungen über den Einsatz von Strafrecht gegeben werden soll. Dieser Anspruch konnte bisher sowohl aufgrund der Diskussionen um den Rechtsgutsbegriff als auch aufgrund des Inhalts des Schutzdogmas nicht erfüllt werden. Innerhalb der Rechtsgutsdiskussion ist allein der Satz, dass es Aufgabe des Strafrechts sei, Rechtsgüter zu schützen, nahezu unumstritten. Mit diesem Satz ist die Rechtsgutstheorie aber untrennbar verbunden. Er ist es auch, der mit seiner Plausibilität und seiner Unstreitigkeit aus der gesamten Rechtsgutsdiskussion am einfachsten in der Gesetzgebung aufgenommen werden konnte. Weder die untersuchten Gesetze noch die wirksamen Impulse widersprechen allerdings dem Konzept des Rechtsgüterschutzes. Mehr noch: Das Schutzdogma bestärkt den Gesetzgeber darin, mehr Strafrecht zu schaffen. Insofern erscheint es unumgänglich, auch die innerstrafrechtlichen Grundsätze zu reflektieren. Das betrifft die Auseinandersetzung mit den und die empirische Überprüfung der gängigen Straftheorien und Strafrechtstheorien sowie die Frage danach, worin sich strafrechtswürdiges Unrecht konstituiert.

Gleichzeitig bedarf es einer eingehenden Erforschung der Realität der Gesetzgebung. Aus dieser ergibt sich, welche Kriterien der Gesetzgeber heranzieht, um sich für das Unter-Strafe-Stellen eines Verhaltens zu entscheiden. Diese Kriterien sind mit den Ergebnissen wissenschaftlicher Reflexion abzugleichen. So können Erkenntnisse über die Strafgesetzgebung zur Grundlage neuer Erkenntnisse auf dem Gebiet der Strafrechtstheorie werden.

Es ist an der Zeit, dass die Strafrechtswissenschaft auch dem Gesetzgeber eine eindeutige Antwort auf die Frage geben kann, wann ein Verhalten unter Strafe verboten werden soll und wann nicht. Eine solche Antwort muss der relevanteste Gegenstand einer Strafgesetzgebungswissenschaft sein.

Abbildungsverzeichnis

Abbildung 1: Analyse der Fragen 57

Abbildung 2: Strafrecht, Prävention, Sicherheit 155

Abbildung 3: Zeitstrahl Vorbereitungsdelikte 238

Abbildung 4: Das Strafrecht als Instrument des Grundrechtsschutzes. 303

Abbildung 5: Sicherheit zu schaffen bedeutet Rechtsgüter zu schützen 304

Abbildung 6: Strafrecht schaffen zur Erfüllung der staatlichen Sicherheitsaufgabe. 305

Literaturverzeichnis

Aden, Hartmut: Problemdefinition und Agendagestaltung in der Kriminalpolitik, in: *Lange*, Kriminalpolitik. Wiesbaden, 2008, S. 121 ff.

Albrecht, Hans-Jörg: Stalking – Wissenschaftliche Perspektiven, in: *Weiß/Winterer*, Stalking und häusliche Gewalt. Interdisziplinäre Aspekte und Interventionsmöglichkeiten. Freiburg i. Br., 2008, S. 15 ff.

Albrecht, Peter-Alexis: Prävention als problematische Zielbestimmung im Kriminaljustizsystem, KritV 1986, 55.

Albrecht, Peter-Alexis: Das Strafrecht im Zugriff populistischer Politik, in: *Institut für Kriminalwissenschaften und Rechtsphilosophie Frankfurt a.M.*, Vom unmöglichen Zustand des Strafrechts. Frankfurt am Main [u.a.], 1995, S. 429 ff.

Albrecht, Peter-Alexis: Das nach-präventive Strafrecht: Abschied vom Recht, in: *Institut für Kriminalwissenschaften und Rechtsphilosophie der Johann Wolfgang Goethe-Universität*, Jenseits des rechtsstaatlichen Strafrechts. Frankfurt am Main, 2007, S. 3 ff.

Albrecht, Peter-Alexis: Kriminologie. Eine Grundlegung zum Strafrecht; ein Studienbuch, 4. Aufl. München 2010.

Ambos, Kai: Internationales Strafrecht. Strafanwendungsrecht – Völkerstrafrecht – Europäisches Strafrecht – Rechtshilfe; ein Studienbuch, 3. Aufl. München 2011.

Amelung, Knut: Irrtum und Zweifel des Getäuschten beim Betrug, GA 1977, 1.

Amelung, Knut: Strafrechtswissenschaft und Strafgesetzgebung, ZStW 92 (1980), 19.

Amelung, Knut: Der Begriff des Rechtsguts in der Lehre vom strafrechtlichen Rechtsgüterschutz, in: *Hefendehl*, Die Rechtsgutstheorie. Legitimationsbasis des Strafrechts oder dogmatisches Glasperlenspiel? Baden-Baden, 2003, S. 155 ff.

Anastasopoulou, Ioanna: Deliktstypen zum Schutz kollektiver Rechtsgüter. München, München 2003.

Arnim, Hans Herbert von; Brink, Stefan: Methodik der Rechtsbildung unter dem Grundgesetz. Grundlagen einer verfassungsorientierten Rechtsmethodik, 1. Aufl. Speyer 2001.

Arzt, Gunther: Der Ruf nach Recht und Ordnung. Ursachen und Folgen der Kriminalitätsfurcht in den USA und in Deutschland. Tübingen 1976.

Aul, Michael Markus: Stalking – Phänomenologie und strafrechtliche Relevanz, 1. Aufl. Baden-Baden, Gießen 2009.

Bannenberg, Britta; Uhlmann, Petra: Die Konzeption des Täter-Opfer-Ausgleichs in Wissenschaft und Kriminalpolitik, in: *Bundesministerium der Justiz*, Täter-Opfer-Ausgleich in Deutschland. Bestandsaufnahme und Perspektiven. Mönchengladbach, 1998, S. 1 ff.

Beccaria, Cesare: Über Verbrechen und Strafen, 1. Aufl. Frankfurt am Main; Leipzig 1998.

Bechmann, Gotthard: Risiko als Schlüsselkategorie der Gesellschaftstheorie, in: *Bechmann*, Risiko und Gesellschaft. Grundlagen und Ergebnisse interdisziplinärer Risikoforschung. Opladen, 1993, S. 237 ff.

Beckemper, Katharina: § 263a, in: *Heintschel-Heinegg*, Beck'scher Online Kommentar StGB (2012).

Beck, Ulrich: Risikogesellschaft. Auf dem Weg in eine andere Moderne, Erstausg. Frankfurt am Main 1986.

Beck, Wolfgang: Unrechtsbegründung und Vorfeldkriminalisierung. Berlin, Hamburg 1991.

Bitzilekis, Nikolaos: Sicherheit und Freiheit durch das Strafrecht. Ein „nicht juristischer" Ansatz zu einem „juristischen" Problem, in: *Paeffgen/Böse/Kindhäuser/Stübinger/Verrel/Zaczyk*, Strafrechtswissenschaft als Analyse und Konstruktion. Festschrift für Ingeborg Puppe zum 70. Geburtstag. Berlin, 2011, S. 3 ff.

Blankenburg, Erhard: Politik der inneren Sicherheit. Eine Einleitung, in: *Blankenburg*, Politik der inneren Sicherheit. Frankfurt am Main, 1980, S. 7 ff.

Bock, Michael: Prävention und Empirie – Über das Verhältnis von Strafzwecken und Erfahrungswissen, JuS 1994, 89.

Boehme-Neßler, Volker: Unscharfes Recht. Überlegungen zur Relativierung des Rechts in der digitalisierten Welt. Univ., Habil.-Schr. Kassel. Berlin 2008.

Böhret, Carl: Gesetzesfolgenabschätzung (GFA): Modisch oder hilfreich?, in: *Schreckenberger/Merten*, Grundfragen der Gesetzgebungslehre. Aktualisierte Vorträge eines Seminars zur Gesetzgebungslehre (1996) an der Deutschen Hochschule für Verwaltungswissenschaften Speyer. Berlin, 2000, S. 131 ff.

Bosbach, Wolfgang: Der Rechtsstaat in Zeiten des Terrors – Warum für die Sicherheitspolitik jeder Tag der 12. September ist, in: *Huster/Rudolph*, Vom Rechtsstaat zum Präventionsstaat. Frankfurt am Main, 2008, S. 137 ff.

Bouffier, Volker, http://www.hessen.de/irj/hessen_Internet?rid=HStK_15/hessen_Internet/nav/5ef/5ef5072f-a961-6401-e76c-d1505eb31b65,d3170ec3-886c-3321-4fbf-1b144e9169fc,,,11111111-2222-3333-4444-100000005004%26_ic_uCon_zentral=d3170ec3-886c-3321-4fbf-1b144e9169fc.htm&uid=5ef5072f-a961-6401-e76c-d1505eb31b65.

Braun, Stefan: Die Tatbestände des Diebstahls mit Waffen und des Schweren Raubes zwischen Gefährdungsdogmait und Gesetzlichkeitsprinzip, in: *Institut für Kriminalwissenschaften und Rechtsphilosophie Frankfurt a.M.*, Irrwege der Strafgesetzgebung. Frankfurt am Main, 1999, S. 27 ff.

Braun, Stefan: Die verdachtsunabhängige Kontrolle der Aufbewahrung von Waffen nach den Verschärfungen im Waffengesetz 2009, HFR 2011, 11.

Bröckling, Ulrich: Die Macht der Vorbeugung. 16 Thesen zur Prävention, Widersprüche 2002, 39.

Brunett, Regina; Gräfe, Stefanie: Gouvernementaltiät und Anti-Terror-Gesetze, in: *Pieper*, Gouvernementalität. Ein sozialwissenschaftliches Konzept in Anschluss an Foucault. Frankfurt/Main, 2003, S. 50 ff.

Bundesminister der Justiz: Bekanntmachung des Handbuchs zur Vorbereitung von Rechts- und Verwaltungsvorschriften. Vom 20. Dezember 1991, Bundesanzeiger 44 (1992).

Bundesminister der Justiz; Bundesminister des Inneren: Anhang, in: *Grimm/Maihofer*, Gesetzgebungstheorie und Rechtspolitik. Opladen, 1988, S. 420 ff.

Bundesrechtsanwaltskammer: Stellungnahme der Bundesrechtsanwaltskammer April 2009.

Busse, Volker: Gesetzgebungsarbeit und Bundesregierung – Politik und Planung, in: *Schreckenberger/Merten*, Grundfragen der Gesetzgebungslehre. Aktualisierte Vorträge eines Seminars zur Gesetzgebungslehre (1996) an der Deutschen Hochschule für Verwaltungswissenschaften Speyer. Berlin, 2000, S. 47 ff.

Calliess, Christian: Sicherheit im freiheitlichen Rechtsstaat. Eine verfassungsrechtliche Gratwanderung mit staatstheoretischem Kompass, ZRP 2002, 1.

Calliess, Christian, EUV/AEUV (2011).

Calliess, Rolf-Peter: Strafzwecke und Strafrecht. 40 Jahre Grundgesetz – Entwicklungstendenzen vom freiheitlichen zum sozial-autoritären Rechtsstaat?, NJW 1989, 1338.

Cramer, Peter; Perron, Walter: § 263, Strafgesetzbuch (2010).

Daase, Christopher: Wandel der Sicherheitskultur, APuZ 2010, 9.

Deckers, Rüdiger; Heusel, Johanna: Strafbarkeit terroristischer Vorbereitungshandlungen – rechtsstaatlich nicht tragbar, ZRP 2008, 169.

Denninger, Erhard: Vom Elend des Gesetzgebers zwischen Übermaßverbot und Untermaßverbot, in: *Däubler-Gmelin*, Gegenrede; Aufklärung – Kritik – Öffentlichkeit. Festschrift für Ernst Gottfried Mahrenholz. Baden-Baden, 1994, S. 561 ff.

Denninger, Erhard: Prävention und Freiheit, in: *Huster/Rudolph*, Vom Rechtsstaat zum Präventionsstaat. Frankfurt am Main, 2008.

Denninger, Erhard: Prävention und Freiheit. Vortrag, gehalten am 11. Dezember 2007 im Rahmen des Gesamtthemas „Der Umbau des Rechtsstaats“, 1. Aufl. Baden-Baden 2008.

Deutscher Bundestag: Entwurf eines ... Strafrechtsänderungsgesetzes zur Umsetzung der Richtlinie des Europäischen Parlaments und des Rates über den strafrechtlichen Schutz der Umwelt, BT-Drs. 17 (2011), 5391.

Deutscher Bundestag – 16. Wahlperiode: BT-Drs. 16/13423. Beschlussempfehlung und Bericht, BT-Drs. 16, 1.

Deutscher Bundestag – 16. Wahlperiode: BT-Drs. 16/12597. Entwurf eines Vierten Gesetzes zur Änderung des Sprengstoffgesetzes v. 08.04.2009, BT-Drs. 16 (2009).

Durkheim, Émile: Über die Teilung der sozialen Arbeit, 1. Aufl. (Frankfurt a.M 1977.

Eiden, Joachim: § 238 StGB: Vier neue Absätze gegen den Stalker, ZIS 2008, 123.

Emmenegger, Sigrid: Gesetzgebungskunst. Tübingen, Freiburg.

European Criminal Policy Initiative: Manifest zur Europäischen Kriminalpolitik, ZIS 2009, 697.

Evers, Adalbert; Nowotny, Helga: Über den Umgang mit Unsicherheit. Die Entdeckung der Gestaltbarkeit von Gesellschaft, 1. Aufl. Frankfurt am Main 1987.

Ewald, François: Die Versicherungsgesellschaft, KJ 1989, 385.

Ewald, François: Der Vorsorgestaat, 1. Aufl. Frankfurt am Main 1993.

Feeley, Malcolm M; Simon, Jonathan: The New Penology: Notes on the emerging strategy of corrections and its implications, Criminology 1992, 449.

Feeley, Malcolm; Simon, Jonathan: Actuarial Justice: The Emerging New Criminal Law, in: *Nelken*, The futures of criminology. London, 1994, S. 173 ff.

Fograscher, Gabriele: Plenarprotokoll 16/227, in: *Deutscher Bundestag – 16. Wahlperiode*, Stenografischer Bericht – 227. Sitzung, 2009.

Frehsee, Detlev: Fehlfunktionen des Strafrechts und der Verfall rechtsstaatlichen Freiheitsschutzes, in: *Frehsee/Löschper/Smaus*, Konstruktion der Wirklichkeit durch Kriminalität und Strafe. Baden-Baden, 1997.

Frehsee, Detlev: Wiedergutmachung und Täter-Opfer-Ausgleich im deutschen Strafrecht – Entwicklung, Möglichkeiten und Probleme, in: *Schünemann/Dubber*, Die Stellung des Opfers im Strafrechtssystem. Neue Entwicklungen in Deutschland und in den USA. Köln, 2000, S. 117 ff.

Freibert, Anke: Das ideale Gesetz, in: *Bundesakademie für Öffentliche Verwaltung*, Praxis der Gesetzgebung. Eine Lehr- und Lernhilfe. Regensburg, 1984, S. 27 ff.

Freund, Georg: Vorbemerkung zu den §§ 13 ff., Münchner Kommentar zum Strafgesetzbuch (2012).

Frevel, Bernhard: Kriminalpolitik im institutionellen System der Bundesrepublik Deutschland, in: *Lange*, Kriminalpolitik. Wiesbaden, 2008, S. 103 ff.

Frisch, Wolfgang: An den Grenzen des Strafrechts, in: *Küper/Dencker*, Beiträge zur Rechtswissenschaft. Festschrift für Walter Stree und Johannes Wessels zum 70. Geburtstag. Heidelberg, 1993, S. 69 ff.

Frisch, Wolfgang: Rechtsgut, Recht, Deliktsstruktur und Zurechnung im Rahmen der Legitimation staatlichen Strafens, in: *Hefendehl*, Die Rechtsgutstheorie. Legitimationsbasis des Strafrechts oder dogmatisches Glasperlenspiel? Baden-Baden, 2003, S. 215 ff.

Funcke-Auffermann, Niklas: Symbolische Gesetzgebung im Lichte der positiven Generalprävention., 1. Aufl. Berlin, Universität Bremen.

Fünfsinn, Helmut: Bedarf es eines Stalking-Bekämpfungsgesetzes?, in: *Weiß/Winterer*, Stalking und häusliche Gewalt. Interdisziplinäre Aspekte und Interventionsmöglichkeiten. Freiburg i. Br., 2008, S. 115 ff.

Gaede, Karsten: Kraft und Schwäche der systemimmanenten Legitimationsfunktion der Rechtsgutstheorei am Beispiel des Subventionsbetrugs, in: *Hefendehl*, Die Rechtsgutstheorie. Legitimationsbasis des Strafrechts oder dogmatisches Glasperlenspiel? Baden-Baden, 2003, S. 183.

Garland, David: Kultur der Kontrolle. Verbrechensbekämpfung und soziale Ordnung in der Gegenwart, 1. Aufl. Frankfurt am Main 2008.

Gazeas, Nikolaos; Grosse-Wilde, Thomas; Kießling, Alexandra: Die neuen Tatbestände im Staatsschutzstrafrecht – Versuch einer ersten Auslegung der §§ 89a, 89b und 91 StGB, NStZ 2009, 593.

Gierhake, Katrin: Zur geplanten Einführung neuer Straftatbestände wegen der Vorbereitung terroristischer Straftaten, ZIS 2008, 397.

Göppinger, Hans; Bock, Michael: Kriminologie, 6. Aufl. München 2008.

Götting, Bert: Schadenswiedergutmachung im Strafverfahren. Ergebnisse eines Modellprojektes zur anwaltlichen Schlichtung. Univ., Habil. München. Münster 2004.

Grimm, Dieter: Verfassungsrechtliche Anmerkungen zum Thema Prävention, KritV 1986, 38.

Grimm, Dieter: Die Freiheit sichern! Ohne starke Bürgerrechte bleibt Sicherheit wertlos, in: *Zypries*, Die Renaissance der Rechtspolitik. München, 2008.

Grindel, Rainhard, (CDU/CSU): Plenarprotokoll 16/227, in: *Deutscher Bundestag – 16. Wahlperiode*, Stenografischer Bericht – 227. Sitzung, 2009, S. 25175 ff.

Habermas, Jürgen: Die Krise des Wohlfahrtsstaates und die Erschöpfung utopischer Energien, Die neue Unübersichtlichkeit. Kleine politische Schriften V. Frankfurt am Main, 1985, S. 141 ff.

Haffke, Bernhard: Die Legitimation des staatlichen Strafrechts zwischen Effizienz, Freiheitsverbürgung und Symbolik, in: *Schünemann/Rudolphi/Bottke/*

Haffke/Achenbach, Festschrift für Claus Roxin zum 70. Geburtstag am 15. Mai 2001. Berlin, 2001, S. 955 ff.

Hanning, August: Sicherheit gewährleisten – Freiheit wahren, in: *Huster/Rudolph*, Vom Rechtsstaat zum Präventionsstaat. Frankfurt am Main, 2008, S. 191 ff.

Hassemer, Raimund: Schutzbedürftigkeit des Opfers und Strafrechtsdogmatik. Berlin 1981.

Hassemer, Winfried: Theorie und Soziologie des Verbrechens. Ansätze zu einer praxisorientierten Rechtsgutslehre. Univ., Habil.-Schr. München. Frankfurt/M 1973.

Hassemer, Winfried: Rücksichten auf das Verbrechensopfer, in: *Klug/Kohlmann*, Festschrift für Ulrich Klug zum 70. Geburtstag. Köln, 1983, S. 217 ff.

Hassemer, Winfried: Prävention im Strafrecht, JuS 1987, 257.

Hassemer, Winfried: Grundlinien einer personalen Rechtsgutslehre, in: *Philipps/Scholler*, Jenseits des Funktionalismus; Arthur Kaufmann zum 65. Geburtstag. Heidelberg, 1989, S. 85 ff.

Hassemer, Winfried: Symbolisches Strafrecht und Rechtsgüterschutz, NStZ 1989, 553.

Hassemer, Winfried: Einführung in die Grundlagen des Strafrechts, 2. Aufl. München 1990.

Hassemer, Winfried: Innere Sicherheit im Rechtsstaat, StV 1993, 664.

Hassemer, Winfried: Das Symbolische am symbolischen Strafrecht, in: *Schünemann/Rudolphi/Bottke/Haffke/Achenbach*, Festschrift für Claus Roxin zum 70. Geburtstag am 15. Mai 2001. Berlin, 2001, S. 1001 ff.

Hassemer, Winfried: Darf es Straftaten geben, die ein strafrechtliches Rechtsgut nicht in Mitleidenschaft ziehen?, in: *Hefendehl*, Die Rechtsgutstheorie. Legitimationsbasis des Strafrechts oder dogmatisches Glasperlenspiel? Baden-Baden, 2003, S. 57 ff.

Hassemer, Winfried: Ein Strafrecht für Europa, in: *Zieschang/Hilgendorf/Laubenthal*, Strafrecht und Kriminalität in Europa. Baden-Baden, 2003, S. 11 ff.

Hassemer, Winfried: Sicherheit durch Strafrecht, in: *Institut für Kriminalwissenschaften und Rechtsphilosophie der Johann Wolfgang Goethe-Universität*, Jenseits des rechtsstaatlichen Strafrechts. Frankfurt am Main, 2007, S. 99 ff.

Hassemer, Winfried; Reemtsma, Jan Philipp: Verbrechensopfer. Gesetz und Gerechtigkeit, 1. Aufl. München 2002.

Hecker, Bernd: Europäisches Strafrecht, 1. Aufl. Berlin, Heidelberg 2010.

Hecker, Bernd: Europäisches Strafrecht post-Lissabon, in: *Ambos*, Europäisches Strafrecht post-Lissabon. Göttingen, Göttingen, 2011, S. 13 ff.

Hefendehl, Roland: Der Begriff des Verletzten im Klageerzwingungsverfahren bei modernen Rechtsguts- und Deliktsstrukturen, GA 1999, 584.

Hefendehl, Roland: Kollektive Rechtsgüter im Strafrecht. Univ., Habil.-Schr./99 u.d.T.: Hefendehl, Roland: Grund und Grenzen des Schutzes kollektiver Rechtsgüter im Strafrecht–München, 1998. Köln 2002.

Hefendehl, Roland: Europäisches Strafrecht: bis wohin und nicht weiter?, ZIS 2006, 229.

Heinrich, Stephan; Lange, Hans-Jürgen: Kriminalpolitik, politische Steuerung und wissenschaftliche Politikberatung, in: *Lange*, Kriminalpolitik. Wiesbaden, 2008, S. 431 ff.

Heintschel-Heinegg, Bernd v.: § 46a, in: *Heintschel-Heinegg*, Beck'scher Online Kommentar StGB (2012).

Heintschel-Heinegg, Bernd v.: § 89a, in: *Heintschel-Heinegg*, Beck'scher Online Kommentar StGB (2012).

Herzog, Felix: Gesellschaftliche Unsicherheit und strafrechtliche Daseinsvorsorge. Studien zur Vorverlegung des Strafrechtsschutzes in den Gefährdungsbereich. Univ., Habil.-Schr.–Frankfurt am Main, 1990. Heidelberg 1991.

Hillenkamp, Thomas: Vorsatztat und Opferverhalten. Göttingen 1981.

Hill, Hermann: Impulse zum Erlaß eines Gesetzes, DÖV 1981, 487.

Hill, Hermann: Einführung in die Gesetzgebungslehre. Heidelberg 1982.

Hirsch, Andrew von; Wohlers, Wolfgang: Rechtsgutstheorie und Deliktsstruktur – zu den Kriterien fairer Zurechnung, in: *Hefendehl*, Die Rechtsgutstheorie. Legitimationsbasis des Strafrechts oder dogmatisches Glasperlenspiel? Baden-Baden, 2003, S. 196 ff.

Hirsch, Burkhard: Auf dem Weg in den Überwachungsstaat?, in: *Huster/Rudolph*, Vom Rechtsstaat zum Präventionsstaat. Frankfurt am Main, 2008, S. 164 ff.

Hirsch, Hans-Joachim: Strafrecht als Mittel zur Bekämpfung neuer Kriminalitätsformen?, in: *Kühne/Miyazawa*, Neue Strafrechtsentwicklungen im deutsch-japanischen Vergleich. Köln, 1995, S. 11 ff.

Hirsch, Hans-Joachim: Die aktuelle Diskussion über den Rechtsgutsbegriff, in: *Courakis*, Die Strafrechtswissenschaften im 21. Jahrhundert. Festschrift für Prof. Dr. Dionysios Spinellis. Athen, 2001, S. 425 ff.

Holzheu, Franz; Wiedemann, Peter M.: Perspektiven der Risikowahrnehmung, in: *Bayerische Rück*, Risiko ist ein Konstrukt. Wahrnehmungen zur Risikowahrnehmung. München, 1993, S. 9 ff.

Hugger, Werner: Ziel- und Maßnahmenfindung, in: *Bundesakademie für Öffentliche Verwaltung*, Praxis der Gesetzgebung. Eine Lehr- und Lernhilfe. Regensburg, 1984, S. 239 ff.

Huster, Stefan; Rudolph, Karsten: Vom Rechtsstaat zum Präventionsstaat?, in: *Huster/Rudolph*, Vom Rechtsstaat zum Präventionsstaat. Frankfurt am Main, 2008, S. 9 ff.

Institut für Kriminalwissenschaften und Rechtsphilosophie der Johann Wolfgang Goethe-Universität: Vowort, in: *Institut für Kriminalwissenschaften und Rechtsphilosophie Frankfurt a.M.*, Irrwege der Strafgesetzgebung. Frankfurt am Main, 1999, S. 7 f.

Isensee, Josef: Das Grundrecht auf Sicherheit. Zu den Schutzpflichten des freiheitlichen Verfassungsstaates. Vortrag gehalten vor der Berliner Juristischen Gesellschaft am 24. Nov. 1982; erweiterte Fassung. Berlin 1983.

Isensee, Josef: Die alte Frage nach der Rechtfertigung des Staates, JZ 1999, 265.

Jäger, Herbert: Irrationale Kriminalpolitik, in: *Albrecht*, Festschrift für Horst Schüler-Springorum zum 65. Geburtstag. Köln, Berlin, 1993, S. 229 ff.

Jäger, Matthias: Symbolisches Strafrecht – expressive Kriminalpolitik: Die Reform der Sexualdelikte, in: *Institut für Kriminalwissenschaften und Rechtsphilosophie Frankfurt a.M.*, Irrwege der Strafgesetzgebung. Frankfurt am Main, 1999, S. 49 ff.

Jakobs, Günther: Kriminalisierung im Vorfeld einer Rechtsgutsverletzung, ZStW 97 (1985), 751.

Jakobs, Günther: Strafrecht, Allgemeiner Teil. Die Grundlagen und die Zurechnungslehre; Lehrbuch, 2. Aufl. Berlin 1991.

Jescheck, Hans-Heinrich; Weigend, Thomas: Lehrbuch des Strafrechts. Allgemeiner Teil, 5. Aufl. Berlin 1996.

Jeßberger, Florian: Schriftliche Fassung meiner Stellungnahme anlässlich der öffentlichen Anhörung vor dem Rechtsausschuss des Deutschen Bundestages am 22. April 2009.

Jonen, Andreas: Semantische Analyse des Risikobegriffs, 2. Aufl. Kaiserslautern 2007.

Jungermann, Helmut; Slovic, Paul: Charakteristika individueller Risikowahrnehmung, in: *Bayerische Rück*, Risiko ist ein Konstrukt. Wahrnehmungen zur Risikowahrnehmung. München, 1993, S. 89 ff.

Jung, Heike: Viktimologie, in: *Kaiser/Kerner/Sack/Schellhoss*, Kleines kriminologisches Wörterbuch. Heidelberg, 1993, S. 582 ff.

Jung, Heike: Zur Renaissance des Opfers – ein Lehrstück kriminalpolitischer Zeitgeschichte, ZRP 2000, 159.

Kaiser, Günther: Kriminologie. Ein Lehrbuch, 3. Aufl. Heidelberg 1996.

Kant, Immanuel: Grundlegung zur Metaphysik der Sitten, Gesammelte Schriften (Akademie-Ausgabe), Electronic edition. Band 8. Abhandlungen nach 1781. Charlottesville, Va, 1999.

Kargl, Walter: Vertrauen als Rechtsgutsbestandteil, in: *Neumann/Prittwitz*, „Personale Rechtsgutslehre“ und „Opferorientierung im Strafrecht“. Frankfurt am Main, 2007, S. 41 ff.

Karpen, Ulrich: Zum gegenwärtigen Stand der Gesetzgebungslehre in der Bundesrepublik Deutschland, ZG 1986, 6.

Karpen, Ulrich: Zum gegenwärtigen Stand der Gesetzgebungslehre in der Bundesrepublik Deutschland, in: *Karpen*, Zum gegenwärtigen Stand der Gesetzgebung in der Bundesrepublik Deutschland. Heidelberg, 1998, S. 371 ff.

Karpen, Ulrich: Zum gegenwärtigen Stand der Gesetzgebungswissenschaft in Europa, in: *Schreckenberger/Merten*, Grundfragen der Gesetzgebungslehre. Aktualisierte Vorträge eines Seminars zur Gesetzgebungslehre (1996) an der Deutschen Hochschule für Verwaltungswissenschaften Speyer. Berlin, 2000, S. 11 ff.

Kauder, Siegfried: Strafbarkeit terroristischer Vorbereitungshandlungen. Erwiderung zu Deckers/Heusel, ZRP 2008, 169, ZRP 2009, 20.

Kaufmann, Franz-Xaver: Normen und Institutionen als Mittel zur Bewältigung von Unsicherheit: Die Sicht der Soziologie, in: *Bayerische Rück*, Gesellschaft und Unsicherheit. Karlsruhe, 1987, S. 37 ff.

Kertai, Benjamin: Strafbarkeitslücken als Argument, JuS 2011, 976.

Kilching, Michael: Opferschutz und der Strafanspruch des Staates – Ein Widerspruch?, NStZ 2002, 57.

Kindermann, Harald: Symbolische Gesetzgebung, in: *Grimm/Maihofer*, Gesetzgebungstheorie und Rechtspolitik. Opladen, 1988, S. 222 ff.

Kindhäuser, Urs: Gefährdung als Straftat. Rechtstheoret. Unters. zur Dogmatik d. abstrakten u. konkreten Gefährdungsdelikte. Univ., Habil.-Schr.–Freiburg i.Br., 1987. Frankfurt am Main 1989.

Kinzig, Jörg: Stalking – ein Fall für das Strafrecht?, ZRP 2006, 255.

Kinzig, Jörg; Zander, Sebastian: Der neue Tatbestand der Nachstellung (§238 StGB). Gelungener Abschluss einer langen Diskussion oder missglückte Maßnahme des Gesetzgebers, JA 2007, 481.

Kölbel, Ralf; Bork, Lena: Sekundäre Viktimisierung als Legitimationsformel. Berlin 2012.

König, Klaus: Zur Überprüfung von Rechtssetzungsvorhaben des Bundes, in: *Grimm/Maihofer*, Gesetzgebungstheorie und Rechtspolitik. Opladen, 1988, S. 171 ff.

Koriath, Heinz: Zum Streit um die Gefährdungsdelikte, GA 2001.

Kraif, Ursula; Wermke, Matthias: Duden – Das Fremdwörterbuch. Auf der Grundlage der neuen amtlichen Rechtschreibregeln, 10. Aufl. Mannheim 2010.

Krasmann, Susanne: Die Kriminalität der Gesellschaft. Zur Gouvernementalität der Gegenwart. Univ., Habil.-Schr.–Hamburg, 2003. Konstanz 2003.

Krasmann, Susanne: Gefährdungsausweitung, in: *Pieper*, Gouvernementalität. Ein sozialwissenschaftliches Konzept in Anschluss an Foucault. Frankfurt/Main, 2003, S. 40 ff.

Krassmann, Susanne: „Punitivität“ als Regierungstechnologie, in: *Stangl*, Innere Sicherheiten. Baden-Baden, 2003, S. 81 ff.

Kreissl, Reinhard: Zwischen Zeuberlehrling und Volkskunstkritiker – Wirkungsweisen kriminologischen Wissens in der Praxis des Kriminaljustizsystems, in: *Cremer-Schäfer/Pilgram/Stangl/Steinert*, Kriminologie. Akteurin und Kritikerin gesellschaftlicher Entwicklung; über das schwierige Verhältnis der Wissenschaft zu den Verwaltern der Sicherheit. Baden-Baden, 2005.

Krems, Burkhard: Grundfragen der Gesetzgebungslehre. Berlin 1979.

Kropp, Olaf: Der Begriff der Abfallverbringung in § STGB § 326 STGB § 326 Absatz II StGB im Lichte des EU-Rechts – Änderungen nach Umsetzung der Umweltstrafrechtsrichtlinie 2008/99/EG –, NStZ 2011, 674.

Krüger, Matthias: Die Entmaterialisierungstendenz beim Rechtsgutsbegriff. Berlin, Halle (Saale) 2000.

Krüger, Matthias: Stalking als Straftatbestand – Betrachtungen zu § 238 dtStGB unter Einbezug von § 107a öStGB, in: *Krüger*, Stalking als Straftatbestand. Hamburg, 2007, S. 81 ff.

Krüger, Matthias: Stalking als familien- und strafrechtliches Problem, FPR 2011, 219.

Kugelmann, Dieter: Polizei- und Ordnungsrecht, 2. Aufl. Berlin 2012.

Kuhlen, Lothar: Umweltstrafrecht – auf der Suche nach einer neuen Dogmatik, ZStW 105 (1993), 697.

Kuhlen, Lothar: Zum Strafrecht der Risikogesellschaft, GA 1994, 356.

Kühl, Kristian: Stellungnahme. -zum Entwurf der Bundesregierung eines Gesetzes zur Strafbarkeit beharrlicher Nachstellungen, BT-Dr 16/575 v.08.02.2006 -zum Entwurf eines Stalking-Bekämpfungsgesetzes des Bundesrates, BT-Dr 16/1013 v.23.03.2006 -zu einem Formulierungsvorschlag des Bundesministeriums der Justiz, übersandt an den Rechtsausschuss des Deutschen Bundestages am 07.09.2006. Tübingen 13.10.2006.

Lampe, Ernst-Joachim: Gedanken zum materiellen Straftatbegriff, in: *Geppert*, Festschrift für Rudolf Schmitt zum 70. Geburtstag. Tübingen, 1992.

Lange, Hans-Jürgen: Einleitung, in: *Lange*, Kriminalpolitik. Wiesbaden, 2008, S. 9 ff.

Lange, Hans-Jürgen; Schenck, Jean-Claude; Heinrich, Stephan: Formulierung, Implementation und Evaluierung von kriminalpolitischen Programmen, in: *Lange*, Kriminalpolitik. Wiesbaden, 2008, S. 137 ff.

Lang, Heinrich: Art. 2, in: *Epping/Hillgruber*, GG, 2–30.

Lassak, Kerstin: Begründingsdefizite in der aktuellen Strafgesetzgebung, in: *Institut für Kriminalwissenschaften und Rechtsphilosophie Frankfurt a.M.*, Irrwege der Strafgesetzgebung. Frankfurt am Main, 1999, S. 75 ff.

Lauterwein, Carl Constantin: Symbolische Gesetzgebung. Eine Untersuchung am Beispiel Strafrecht. Hochsch. für Politik, Diplomarbeit, –Zugl.: München, 2006. München 2006.

Lehmann, Herbert; Grotthuss, Patrick v; Soens, Bernd: Großkommentar aktuelles Waffenrecht 2010. Jahres-CD 2. Regensburg 2010.

Liebl, Karlhans: Kriminalpolitik und kriminologische Forschung, in: *Lange*, Kriminalpolitik. Wiesbaden, 2008, S. 405 ff.

Löhr, Gerda: Zur Notwendigkeit eines spezifischen Anti-Stalking-Straftatbestandes in Deutschland. Berlin, Heidelberg.

Lübbe, Hermann: Sicherheit. Risikowahrnehmung im Zivilisationsprozess, in: *Bayerische Rück*, Risiko ist ein Konstrukt. Wahrnehmungen zur Risikowahrnehmung. München, 1993.

Lüdemann, Christian: Die Produktion von Rechtsnormen durch kollektive Akteure, in: *Metze/Mühler/Opp*, Normen und Institutionen. Entstehung und Wirkungen. Leipzig, 2000, S. 179 ff.

Lüderssen, Klaus: Die Krise des öffentlichen Strafanspruchs. (Vortrag gehalten am 5. Februar 1987). Frankfurt am Main 1989.

Lüderssen, Klaus: Opfer im Zwielicht, in: *Weigend*, Festschrift für Hans Joachim Hirsch zum 70. Geburtstag am 11. April 1999. Berlin [u.a.], 1999, S. 879 ff.

Lüderssen, Klaus: Das moderne Strafrecht. Eine Zerreissprobe zwischen ultima ratio, Pragmatismus und kulturellem Hochgefühl, StV 2004, 97.

Luhmann, Niklas: Soziologie des Risikos. Berlin 1991.

Luhmann, Niklas: Die Moral des Risikos und das Risiko der Moral, in: *Bechmann*, Risiko und Gesellschaft. Grundlagen und Ergebnisse interdisziplinärer Risikoforschung. Opladen, 1993.

Maihofer, Werner: Gesetzgebungswissenschaft, in: *Winkler/Adamovich*, Gesetzgebung. Kritische Überlegungen zur Gesetzgebungslehre und zur Gesetzgebungstechnik. Wien, 1981, S. 3 ff.

Maihofer, Werner: Naxchwort zur Fragestellung: Gesetzgebungstheorie und Rechtspolitik, in: *Grimm/Maihofer*, Gesetzgebungstheorie und Rechtspolitik. Opladen, 1988, S. 403 ff.

Mattern, Karl-Heinz: Einleitung, in: *Bundesakademie für Öffentliche Verwaltung*, Praxis der Gesetzgebung. Eine Lehr- und Lernhilfe. Regensburg, 1984, S. 1 ff.

Meier-Dallach, Hans Peter; Nef, Rolf: Risiko und innere Sicherheit in der Wahrnehmung der Bevölkerung. Eine Gesamtsicht für die Schweiz. Bern 1995.

Meßerschmidt, Klaus: Gesetzgebungslehre zwischen Wissenschaft und Politik. Entwicklungstendenzen der Legisprudenz – Teil 1, ZJS 2008, 111.

Meßerschmidt, Klaus: Gesetzgebungslehre zwischen Wissenschaft und Politik. Entwicklungstendenzen der Legisprudenz – Teil 2, ZJS 2008, 224.

Meurer-Meichsner, Dorothea: Untersuchungen zum Gelegenheitsgesetz im Strafrecht. Berlin, Köln 1973.

Meyer, Frank: Strafbarkeit und Strafwürdigkeit von „Stalking“ im deutschen Recht, ZStW 115 (2003), 249.

Mitsch, Wolfgang: Der neue Stalking-Tatbestand im Strafgesetzbuch, NJW 2007, 1237.

Montag, Jerzy: Strafbarkeit des Besuchs terroristischer Ausbildungslager. Von der Vorfeldstrafbarkeit einer Vorfeldstrafnorm, DRiZ 2008, 141.

Mühlbauer, Thilo: Ablisten und Verwenden von Geldautomatenkarten als Betrug und Computerbetrug – Zugl. Besprechung BGH vom 17. 12. 2002 – 1 StR 412/02 -, NStZ 2003, 650.

Mühler, Kurt: Strafverlangen – Bedingungen für die Variation von Erwartungen an die Strafpraxis des Staats, in: *Metze/Mühler/Opp*, Normen und Institutionen. Entstehung und Wirkungen. Leipzig, 2000.

Mullen, Paul; MacKenzie, Rachel: Assessing and Managing Risk in Stalking Situations, in: *Bettermann/Feenders*, Stalking. Möglichkeiten und Grenzen der Intervention. Frankfurt/M, 2004.

Müller-Dietz, Heinz: Aspekte und Konzepte der Strafrechtsbegrenzung, in: *Geppert*, Festschrift für Rudolf Schmitt zum 70. Geburtstag. Tübingen, 1992.

Müller, Felix: Notwendigkeit eines eigenständigen Stalking-Straftatbestandes im Hinblick auf dessen praktische Relevanz, in: *Krüger*, Stalking als Straftatbestand. Hamburg, 2007.

Müller-Tuckfeld, Jens Christian: Integrationsprävention. Frankfurt am Main.

Müller-Tuckfeld, Jens Christian: Traktat für die Abschaffung des Umweltstrafrechts, in: *Institut für Kriminalwissenschaften und Rechtsphilosophie Frankfurt a.M.*, Vom unmöglichen Zustand des Strafrechts. Frankfurt am Main [u.a.], 1995, S. 461 ff.

Mundinger, Klaus: Sichere Aufbewahrung von Waffen und Kontrolle der Einhaltung der waffenrechtlichen Vorschriften, Kriminalistik 2010, 161.

Müssig, Bernd J. A.: Schutz abstrakter Rechtsgüter und abstrakter Rechtsgüterschutz. Frankfurt am Main, Bonn 1994.

Naucke, Wolfgang: Die Aushöhlung der strafrechtlichen Gesetzlichkeit durch den relativistischen, politisch aufgeladenen strafrechtlichen Positivismus, in: *Institut für Kriminalwissenschaften und Rechtsphilosophie Frankfurt a.M.*, Vom unmöglichen Zustand des Strafrechts. Frankfurt am Main [u.a.], 1995.

Naucke, Wolfgang: Der materielle Verbrechensbegriff im 19. Jahrhundert, in: *Klippel*, Naturrecht im 19. Jahrhundert. Kontinuität – Inhalt – Funktion – Wirkung. Goldbach, 1997, S. 269 ff ff.

Neubacher, Frank: An den Grenzen des Strafrechts – Stalking, Graffiti, Weisungsverstöße, ZStW 118 (2006), 857.

Neubacher, Frank; Seher, Gerhard: Das Gesetz zur Strafbarkeit beharrlicher Nachstellungen (§ 238 StGB), JZ 2007, 1029.

Neumann, Edgar; Otte, Henning, http://beck-online.beck.de/?vpath=bibdata\red-dok\becklink\1010028.htm&pos=0&hlwords=winnenden%C3%90urteil#xhlhit.

Neumann, Ulfrid: Die Stellung des Opfers im Strafrecht, in: *Hassemer/Bergalli*, Strafrechtspolitik. Bedingungen der Strafrechtsreform. Frankfurt am Main, 1987, S. 225 ff.

Noll, Peter: Gesetzgebungslehre. Reinbek bei Hamburg 1973.

Nowotny, Helga: Die reine Wissenschaft und die gefährliche Kernenergie: Der Fall der Risikoabschätzung, in: *Bechmann*, Risiko und Gesellschaft. Grundlagen und Ergebnisse interdisziplinärer Risikoforschung. Opladen, 1993, S. 277 ff.

Otto, Harro: Rechtsgutsbegriff und Deliktstatbestand, in: *Müller-Dietz*, Strafrechtsdogmatik und Kriminalpolitik. Goldbach, 1996, S. 1 ff.

Peters, Helge: Kühler Umgang oder Dramtisierung – Gibt es die New Penology?, in: *Cremer-Schäfer/Pilgram/Stangl/Steinert*, Kriminologie. Akteurin und Kritikerin gesellschaftlicher Entwicklung; über das schwierige Verhältnis der Wissenschaft zu den Verwaltern der Sicherheit. Baden-Baden, 2005, S. 181 ff.

Peters, Sebastian: Der Tatbestand des § 238 StGB (Nachstellung) in der staatsanwaltlichen Praxis, NStZ 2009, 238.

Pfeiffer, Christian: Operperspektiven, in: *Albrecht*, Festschrift für Horst Schüler-Springorum zum 65. Geburtstag. Köln, Berlin, 1993.

Pfeiffer, Christian; Windzio, Michael; Kleimann, Matthias: Die Medien, das Böse und wir, MschrKrim 87 (2004), 415.

Pieper, Marianne; Rodriguez, Encartnación Gutiérrez: Einleitung, in: *Pieper*, Gouvernementalität. Ein sozialwissenschaftliches Konzept in Anschluss an Foucault. Frankfurt/Main, 2003, S. 7 ff.

Pott, Christine: Über das Zweckdenken in der Strafgesetzgebung, dargestellt am Beispiel der Neuregelung des Betruges durch das 6. StrRG., in: *Institut für Kriminalwissenschaften und Rechtsphilosophie Frankfurt a.M.*, Irrwege der Strafgesetzgebung. Frankfurt am Main, 1999, S. 89 ff.

Prittwitz, Cornelius: Strafrecht und Risiko. Untersuchungen zur Krise von Strafrecht und Kriminalpolitik in der Risikogesellschaft. Univ., Habil.-Schr./92–Frankfurt (Main), 1991. Frankfurt am Main 1993.

Prittwitz, Cornelius: Opferlose Straftheorien?, in: *Schünemann/Dubber*, Die Stellung des Opfers im Strafrechtssystem. Neue Entwicklungen in Deutschland und in den USA. Köln, 2000, S. 51 ff.

Prittwitz, Cornelius: Positive Generalprävention und „Recht des Opfers auf Bestrafung des Täters", in: *Albrecht*, Winfried Hassemer zum sechzigsten Geburtstag. Baden-Baden, 2000, S. 162 ff.

Prittwitz, Cornelius: „Feindstrafrecht", in: *Cremer-Schäfer/Pilgram/Stangl/Steinert*, Kriminologie. Akteurin und Kritikerin gesellschaftlicher Entwicklung; über das schwierige Verhältnis der Wissenschaft zu den Verwaltern der Sicherheit. Baden-Baden, 2005, S. 215 ff.

Putzke, Holm: Was ist gute Kriminalpolitik?, in: *Feltes*, Kriminalpolitik und ihre wissenschaftlichen Grundlagen. Festschrift für Professor Dr. Hans-Dieter Schwind zum 70. Geburtstag. Heidelberg, 2006, S. 111 ff.

Rackow, Peter: Der Tatbestand der Nachstellung (238 StGB). Stalking und das Strafrecht, GA 2008, 552.

Rack, Reinhard: Die Alternativenlosigkeit von Gesetzesvorlagen der Bundesregierung, in: *Tammelo/Mock*, Rechtstheorie und Gesetzgebung. Festschrift für Robert Weimar. Frankfurt am Main, Bern, New York, 1986, S. 298 ff.

Radtke, Henning: Vorbemerkung zu den §§ 38 ff., Münchner Kommentar zum Strafgesetzbuch (2012).

Radtke, Henning; Steinsiek, Mark: Bekämpfung des internationalen Terrorismus durch Kriminalisierung von Vorbereitungshandlungen? – Zum Entwurf eines Gesetzes zur Verfolgung der Vorbereitung von schweren Gewalttaten (Referentenentwurf des BMJ vom 21.4.2008), ZIS 2008, 383.

Radtke, Henning; Steinsiek, Mark: Terrorismusbekämpfung durch Vorfeldkriminalisierung? – Das Gesetz zur Verfolgung der Vorbereitung schwerer staatsgefährdender Gewalttaten JR 2010, 107.

Reemtsma, Jan Philipp: Das Recht des Opfers auf die Bestrafung des Täters – als Problem. München 1999.

Rengier, Rudolf: Strafrecht Besonderer Teil II. Delikte gegen die Person und die Allgemeinheit, 13. Aufl. München 2012.

Renzikowski, Joachim: An den Grenzen des Strafrechts – Die Bekämpfung der Zwangsprostitution, ZRP 2005, 213.

Reus, Katharina: Das Recht in der Risikogesellschaft. Der Beitrag des Strafrechts zum Schutz vor modernen Produktgefahren. Univ., Diss.–Marburg, 2009. Berlin 2010.

Rinn, Moritz: Aktivieren und Strafen. Integrative und ausschließende Strategien gegenwärtiger Arbeitsmarkt- und Kriminalpolitik. Univ., Magisterarbeit–Oldenburg. Oldenburg 2009.

Rogner, Klaus-Michael: Entwurf eines Gesetzes zur Verfolgung der Vorbereitung von schweren staatsgefährdenden Gewalttaten (GVV). Köln 18.4.2009.

Römer, Rainer: Reine Rechtslehre und Gesetzgebungslehre, in: *Tammelo/Mock*, Rechtstheorie und Gesetzgebung. Festschrift für Robert Weimar. Frankfurt am Main, Bern, New York, 1986, S. 25 ff.

Rössner, Dieter Klaus Thomas: Rechtsgrundlagen und Rechtspraxis, in: *Bundesministerium der Justiz*, Täter-Opfer-Ausgleich in Deutschland. Bestandsaufnahme und Perspektiven. Mönchengladbach, 1998, S. 49 ff.

Roxin, Claus: Strafrecht – Allgemeiner Teil. Band 1 Grundlagen – Der Aufbau der Verbrechenslehre, 4. Aufl. München 2006.

Royen, Georg: Möglichkeiten und Grenzen der strafgerichtlichen Intervention in Fällen des „Stalkings", in: *Weiß/Winterer*, Stalking und häusliche Gewalt. Interdisziplinäre Aspekte und Interventionsmöglichkeiten. Freiburg i. Br., 2008, S. 187 ff.

Rzepka, Dorothea: Punitivität in Politik und Gesetzgebung, in: *Lautmann/Klimke/Sack*, Punitivität. Weinheim, 2004, S. 136 ff.

Rzepka, Dorothea: Kriminologische Wissenschaften – Aufklärung über oder für Kiminalpolitik und -praxis?, in: *Cremer-Schäfer/Pilgram/Stangl/Steinert*, Kriminologie. Akteurin und Kritikerin gesellschaftlicher Entwicklung; über das schwierige Verhältnis der Wissenschaft zu den Verwaltern der Sicherheit. Baden-Baden, 2005.

Sack, Fritz: Wie die Kriminalpolitik dem Staat aufhilft. Governing through Crime als neue politische Strategie, in: *Lautmann/Klimke/Sack*, Punitivität. Weinheim, 2004, S. 30 ff.

Sadtler, Susanne: Stalking – Nachstellung, 1. Aufl. Baden-Baden, Zürich 2009.

Safferling, Christoph: DieRolle desOpfersimStrafverfahren– Paradigmenwechsel im nationalen und internationalen Recht?, ZStW 122 (2010), 87.

Satzger, Helmut: Trends und Persepktiven einer europäischen Strafrechtspolitik, in: *4. Europäischer Juristentag*, Sammelband. Reden, Referate, Generalberichte, Schlussvortrag. Wien, 2008, S. 207.

Satzger, Helmut: Der Mangel an Europäischer Kriminalpolitik. Anlass für das Manifest der internationalen Wissenschaftlergruppe „European Criminal Policy Initiative", ZIS 2009, 691.

Satzger, Helmut: Internationales und Europäisches Strafrecht. Strafanwendungsrecht – Europäisches Straf- und Strafverfahrensrecht – Völkerstrafrecht, 5. Aufl. Baden-Baden 2011.

Schaffstein, Friedrich: Überlegungen zum Täter-Opfer-Ausgleich und zur Schadenswiedergutmachung, in: *Schünemann/Rudolphi/Bottke/Haffke/Achenbach*, Festschrift für Claus Roxin zum 70. Geburtstag am 15. Mai 2001. Berlin, 2001, S. 1065 ff.

Scheerer, Sebastian: Gesetzgebung im Belagerungzustand, in: *Blankenburg*, Politik der inneren Sicherheit. Frankfurt am Main, 1980, S. 120 ff.

Schild, Wolfgang: Funktionale und nicht-funktionale Bedeutung des Gesetzes, in: *Tammelo/Mock*, Rechtstheorie und Gesetzgebung. Festschrift für Robert Weimar. Frankfurt am Main, Bern, New York, 1986, S. 195 ff.

Schmehl, Arndt: Symbolische Gesetzgebung, ZRP 1991, 241.

Schmidt-Semisch, Henning: Kriminalität als Risiko. Schadenmanagement zwischen Strafrecht und Versicherung. München 2002.

Schneider, Hans Joachim: Kriminalpolitik an der Schwelle zum 21. Jahrhundert. Eine vergleichende Analyse zur inneren Sicherheit; erweiterter Vortr. gehalten ... am 17. September 1997. Berlin 1998.

Schneider, Hartmut: Vorbemerkung zu den §§ 211 ff., Münchner Kommentar zum Strafgesetzbuch (2003).

Schöch, Heinz: Die Rechtsstellung des Verletzten im Strafverfahren, NStZ 1984, 385.

Schöch, Heinz: Empirische Grundlagen der Generalprävention, in: *Vogler/Herrmann*, Festschrift für Hans-Heinrich Jescheck zum 70. Geburtstag. Berlin, 1985, S. 1081 ff.

Schroth, Klaus: 2. Opferrechtsreformgesetz – Das Strafverfahren auf dem Weg zum Parteienprozess?, NJW 2009, 2916.

Schuler, Katharina, http://www.zeit.de/online/2009/14/waffenrecht-innenstaatssekretaere/seite-1.

Schüler-Springorum, Horst: Kriminalpolitik für Menschen, 1. Aufl. Frankfurt am Main 1991.

Schulte, Philipp H.: Terrorismus- und Anti-Terrorismus-Gesetzgebung; eine rechtssoziologische Analyse. Münster, München 2008.

Schulze-Fielitz, Helmuth: Auf Wegen zu einer Gesetzgebungswissenschaft, ZG 1986, 87.

Schulze-Fielitz, Helmuth: Der politische Kompromiß als Chance und Gefahr für die Rationalität der Gesetzgebung, in: *Grimm/Maihofer*, Gesetzgebungstheorie und Rechtspolitik. Opladen, 1988, S. 290 ff.

Schulze-Fielitz, Helmuth: Grenzen rationaler Gesetzesgestaltung, insbesondere im Leistungsrecht, DÖV 1988, 758.

Schulze-Fielitz, Helmuth: Theorie und Praxis parlamentarischer Gesetzgebung. Bes. d. 9. Dt. Bundestages (1980 – 1983). Univ., Habil.-Schr.–Bayreuth, 1986. Berlin 1988.

Schulz, Lorenz: Verschlungene Wege des Lebensschutzes. Zum zweiten Abtreibungsurteil des BVerfG, StV 1994, 38.

Schulz, Lorenz: Zur Standortbestimmung aktueller Kriminalgesetzgebung am Beispiel des 6. Strafrechtsreformgesetzes, in: *Institut für Kriminalwissenschaften*

und Rechtsphilosophie Frankfurt a.M., Irrwege der Strafgesetzgebung. Frankfurt am Main, 1999, S. 123 ff.
Schumacher, Silvia, http://beck-online.beck.de/?vpath=bibdata%2Fkomm%2FNomos-BR-Erl%2FGewSchG%2Fcont%2FNOMOS-BR-Erl.GewSchG.Einleitung_.gl1.htm.
Schumacher, Susanne: Keine Privatsache! Stalking wird zur Straftat, in: *Zypries*, Die Renaissance der Rechtspolitik. München, 2008, S. 15 ff.
Schumann, Karl F.: Positive Generalprävention. Ergebnisse und Chancen der Forschung. Heidelberg 1989.
Schünemann, Bernd: Zur Stellung des Opfers im System der Strafrechtspflege, NStZ 1986, 193.
Schünemann, Bernd: Zur Stellung des Opfers im System der Strafrechtspflege, NStZ 1986, 439.
Schünemann, Bernd: Das Rechtsgüterschutzprinzip als Fluchtpunkt der verfassungsrechtlichen Grenzen der Straftatbestände und ihrer Interpretation, in: *Hefendehl*, Die Rechtsgutstheorie. Legitimationsbasis des Strafrechts oder dogmatisches Glasperlenspiel? Baden-Baden, 2003, S. 133 ff.
Schünemann, Bernd: Mindestnormen oder sektorales Europastrafrecht?, in: *Schünemann*, Alternativentwurf europäische Strafverfolgung. Köln, 2004, S. 75 ff.
Schuppert, Gunnar Folke: Governance und Rechtsetzung. Grundfragen einer modernen Regelungswissenschaft, 1. Aufl. Baden-Baden 2011.
Schwind, Hans-Dieter: „Rationale" Kriminalpolitik als Zukunftsaufgabe, in: *Schwind*, Festschrift für Günter Blau zum 70. Geburtstag am 18. Dezember 1985. Berlin [u.a.], 1985, S. 573 ff.
Schwind, Hans-Dieter: Kriminologie. Eine praxisorientierte Einführung mit Beispielen, 21. Aufl. Heidelberg 2011.
Seelmann, Kurt: Paradoxien der Opferorientierung im Strafrecht, JZ 1989, 670.
Sessar, Klaus: Über das Opfer: Eine viktimologische Zwischenbilanz, in: *Vogler/Herrmann*, Festschrift für Hans-Heinrich Jescheck zum 70. Geburtstag. Berlin, 1985, S. 1137 ff.
Sieber, Ulrich: Legitimation und Grenzen von Gefährdungsdelikten im Vorfeld von terroristischer Gewalt. Eine Analyse der Vorfeldtatbestände im „Entwurf eines Gesetzes zur Verfolgung der Vorbereitung von schweren staatsgefährdenden Gewalttaten", NStZ 2009, 353.
Silva Sanchez, Jesús-María: Die Expansion des Strafrechts. Kriminalpolitik in postindustriellen Gesellschaften. Frankfurt am Main 2003.
Singelnstein, Tobias; Stolle, Peer: Die Sicherheitsgesellschaft. Soziale Kontrolle im 21. Jahrhundert, 2., vollständig überarbeitete Auflage. Wiesbaden 2008.

Smischek, Lidia: Stalking. Frankfurt am Main, Hamburg 2006.

Sonnen, Bernd-Rüdeger: § 238, Nomos Kommentar Strafgesetzbuch (2010).

Stächelin, Gregor: Läßt sich das „Untermaßverbot" mit einem liberalen Strafrechtskonzept vereinbaren?, in: *Institut für Kriminalwissenschaften und Rechtsphilosophie Frankfurt a.M.*, Vom unmöglichen Zustand des Strafrechts. Frankfurt am Main [u.a.], 1995.

Stächelin, Gregor: Strafgesetzgebung im Verfassungsstaat. Berlin, Frankfurt am Main 1998.

Stegbauer, Andreas: Der Straftatbestand gegen die Auschwitzleugnung – eine Zwischenbilanz, NStZ 2000, 281.

Steinberg, Georg: Nachstellen – Ein Nachruf?, JZ 2006, 30.

Steinert, Heinz: Kleine Ermutigung für den kritischen Strafrechtler, sich vom „Strafbedürfnis der Bevölkerung" (und seinen Produzenten) nicht einschüchtern zu lassen, in: *Lüderssen*, Seminar: Abweichendes Verhalten IV. Kriminalpolitik und Strafrecht. Frankfurt am Main, 1980, S. 302 ff.

Steinert, Heinz: Phasen der strafrechtlichen Kontrollpolitik. Ansatz und wichtigste Ergebnisse eines internationalen Vergleichs, Kriminalsoziologische Bibliographie 1988, 3.

Steinert, Heinz: Über symbolisches und instrumentelles Strafrecht, in: *Frehsee/ Löschper/Smaus*, Konstruktion der Wirklichkeit durch Kriminalität und Strafe. Baden-Baden, 1997, S. 101 ff.

Stokar Neuforn, Silke von, in: *Deutscher Bundestag – 16. Wahlperiode*, Stenografischer Bericht – 227. Sitzung, 2009.

Stoll, Peter-Tobias: Sicherheit als Aufgabe von Staat und Gesellschaft. Verfassungsordnung, Umwelt- und Technikrecht im Umgang mit Unsicherheit und Risiko. Univ., Habil.-Schr.–Heidelberg, 2001. Tübingen 2003.

Stratenwerth, Günter; Kuhlen, Lothar: Strafrecht Allgemeiner Teil. Die Straftat, 6. Aufl. München 2011.

Stratenwerth, Günther: Zukunftssicherung mit den Mitteln des Strafrechts?, ZStW 105 (1993), 679.

Streng, Franz: Strafrechtliche Sanktionen. Die Strafzumessung und ihre Grundlagen, 2. Aufl. Stuttgart 2002.

Stübinger, Stephan: Strafrecht – zwischen Wissenschaft und Politik, in: *Institut für Kriminalwissenschaften und Rechtsphilosophie Frankfurt a.M.*, Irrwege der Strafgesetzgebung. Frankfurt am Main, 1999, S. 141 ff.

Tenhaef, Rainer: Öffentliche Anhörungen der Fachausschüsse des Deutschen Bundestages im parlamentarischen Entscheidungsprozeß bis zur 10. Wahlperiode;. Dissertation. Bonn 1992.

Vogel, Joachim: Strafgesetzgebung und Strafrechtswissenschaft, in: *Schünemann/ Rudolphi/Bottke/Haffke/Achenbach*, Festschrift für Claus Roxin zum 70. Geburtstag am 15. Mai 2001. Berlin, 2001.

Vogel, Joachim: Stand und Tendenzen der Harmonisierung des materiellen Strafrechts der Europäischen Union, in: *Zieschang/Hilgendorf/Laubenthal*, Strafrecht und Kriminalität in Europa. Baden-Baden, 2003, S. 29 ff.

Volkmann, Uwe: Sicherheit und Risiko als Probleme des Rechtsstaats, JZ 2004, 696.

Voß, Hans-Georg W; Hoffmann, Jens; Wondrak, Isabel: Stalking in Deutschland. Aus Sicht der Betroffenen und Verfolger, 1. Aufl. Baden-Baden 2006.

Voß, Monika: Symbolische Gesetzgebung. Ebelsbach.

Wagner, Christean: Bundesratsinitiative von Hessen und Baden-Württemberg zur Schaffung eines Stalking-Stratatbestandes – § 238 StGB. Gründe für das Verwerfen des Gesetzes der Buindesregierung, FPR 2006, 208.

Wagner, Kay: NS-Ideologie im heutigen Strafrecht. Frankfurt am Main, Potsdam 2001.

Wassermann, Rudolf: Montesquieu, „schlanker Staat" und „Blaue Prüffragen" – Zur Bedürfnisprüfung bei Gesetzgebungsvorhaben, NJW 1999, 1376.

Weber, Max: Politik als Beruf, Gesammelte Politische Schriften. München, 1921, S. 396 ff.

Weigend, Thomas: Deliktsopfer und Strafverfahren. Univ., Habil.-Schr.–Freiburg (Breisgau), 1986. Berlin 1989.

Weigend, Thomas: Strafrecht durch internationale Vereinbarungen – Verlust an nationaler Strafrechtskultur?, ZStW 105 (1993), 774.

Weigend, Thomas: „Die Strafe für das Opfer"? – Zur Renaissance des Genugtuungsgedankesn im straf- und Strafverfahrensrecht, RW 2010, 39.

Weißer, Bettina: Über den Umgang des Strafrechts mit terroristischen Bedrohungslagen, ZStW 121 (2009), 131.

Welsch, Harald: Die Waffengesetz-Änderung 2009, KommP Spezial 2009, 138.

Wessels, Johannes; Beulke, Werner: Strafrecht, allgemeiner Teil. Die Straftat und ihr Aufbau, 39. Aufl. Heidelberg 2009.

Wessels, Johannes; Hettinger, Michael: Strafrecht. Besonderer Teil I, 35. Aufl. Heidelberg, München, Landsberg, Frechen, Hamburg 2011.

Wiedemann, Peter M.: Tabu, Sünde, Risiko: Veränderungen der gesellschaftlichen Wahrnehmung von Gefährdungen, in: *Bayerische Rück*, Risiko ist ein Konstrukt. Wahrnehmungen zur Risikowahrnehmung. München, 1993, S. 43 ff.

Wohlers, Wolfgang: Deliktstypen des Präventionsstrafrechts – zur Dogmatik „moderner" Gefährdungsdelikte. Univ., Habil.-Schr.–Basel, 1999. Berlin 2000.

Wohlers, Wolfgang: Die Tagung aus der Perspektive eines Rechtsgutsskeptikers, in: *Hefendehl*, Die Rechtsgutstheorie. Legitimationsbasis des Strafrechts oder dogmatisches Glasperlenspiel? Baden-Baden, 2003, S. 281 ff.

Zeh, Wolfgang: Impulse und Initiativen zur Gesetzgebung, in: *Schreckenberger/ Merten*, Grundfragen der Gesetzgebungslehre. Aktualisierte Vorträge eines Seminars zur Gesetzgebungslehre (1996) an der Deutschen Hochschule für Verwaltungswissenschaften Speyer. Berlin, 2000, S. 36 ff.

Ziercke, Jörg: Stellungnahme zur Vorbereitung der öffentlichen Anhörung vor dem Rechtsausschuss des Bundestages 2009.

Zipf, Heinz: Kriminalpolitik. Ein Lehrbuch, 2. Aufl. Heidelberg 1980.

Zypries, Brigitte: Rede der Bundesministerin der Justiz, in: *Deutscher Bundestag – 16. Wahlperiode*, Stenografischer Bericht – 224. Sitzung, 2009, S. 24547 ff.

Criminalia

Abhandlungen aus den gesamten Strafrechtswissenschaften

Der Herausgeber der Reihe war bis zu seiner Emeritierung Vorstand des "Instituts für die gesamten Strafrechtswissenschaften" der Universität München. Das Programm der Reihe ist im Untertitel genannt. In ihr werden veröffentlicht Schriften zum Strafrecht und Strafverfahrensrecht, zu Kriminologie und Kriminalpolitik, zu den rechtstheoretischen und rechtssoziologischen Grundlagen des Strafrechts und zu seiner Geschichte. Die Reihe läßt deutsche und ausländische Wissenschaftler zu Wort kommen und will dazu einladen, an der Fortentwicklung aller Bereiche des Strafrechts über die Grenzen hinaus mitzuwirken.

Criminalia

Herausgegeben von Klaus Volk

Band 1 Ulrich Schroth: Vorsatz als Aneignung der unrechtskonstituierenden Merkmale. 1994.

Band 2 Torsten Poeck: Wartepflicht und Wartedauer des § 142 Abs. 1 Nr. 2 StGB. Ein Vorschlag zur Bestimmung der Wartelänge anhand rechtsprechungsanalytischer und empirischer Überlegungen. 1994.

Band 3 Tobias Schmid: Die Vergabe von Wirtschaftssubventionen und strafrechtliche Verantwortlichkeit gem. § 264 StGB (Subventionsbetrug). 1994.

Band 4 Erwin Lohner: Der Tatverdacht im Ermittlungsverfahren. Begriff, rechtliche Ausgestaltung, praktische Handhabung und Kontrolle am Beispiel der polizeilichen Verdachtsfeststellung. 1994.

Band 5 Gunther Lehleiter: Der rechtswidrige verbindliche Befehl. Strafrechtsdogmatische Untersuchung, demonstriert am Beispiel des militärischen Befehls. 1995.

Band 6 Dirk Steiner: Das Fairneßprinzip im Strafprozeß. 1995.

Band 7 Isabell Schwegler: Der Subsumtionsirrtum. 1995.

Band 8 Klaus Andreas Fischer: Die strafrechtliche Beurteilung von Werken der Kunst. 1995.

Band 9 Johannes Fredrikus Nijboer: Beweisprobleme und Strafrechtssysteme / Proof and Criminal Justice Systems. Rechtsvergleichende Aufsätze / Comparative Essays. 1995. 2. Auflage 1997.

Band 10 Winfried Hassemer / Karin Matussek: Das Opfer als Verfolger. Ermittlungen des Verletzten im Strafverfahren. 1996.

Band 11 Bettina Grunst: Steuerhinterziehung durch Unterlassen. 1996.

Band 12 Hans-Jörg Schwab: Täterschaft und Teilnahme bei Unterlassungen. 1996.

Band 13 Christos Mylonopoulos: Komparative und Dispositionsbegriffe im Strafrecht. 1998.

Band 14 Christina Erfurth: Verdeckte Ermittlungen. Problemlösung durch das OrgKG? 1997.

Band 15 Stephan Weber: Überstellung in den Heimatstaat. Ein internationales Konzept wider den Strafvollzug in der Fremde. Zugleich ein Beitrag zum Recht der internationalen Vollstreckungshilfe in Strafsachen. 1997.

Band 16 Bert Götting: Gesetzliche Strafrahmen und Strafzumessungspraxis. Eine empirische Untersuchung anhand der Strafverfolgungsstatistik für die Jahre 1987 bis 1991. 1997.

Band 17 Lars Otte: Der durch Menschen ausgelöste Defensivnotstand. 1998.

Band 18 Gregor Rieger: Die mutmaßliche Einwilligung in den Behandlungsabbruch. 1998.

Band 19 Yu-hsiung Lin: Richtervorbehalt und Rechtsschutz gegen strafprozessuale Grundrechtseingriffe. 1998.

Band 20 Sandra Pellkofer: Sockelverteidigung und Strafvereitelung. 1999.

Band 21 Christine Ferschl: Das Problem des unmittelbaren Zusammenhangs beim erfolgsqualifizierten Delikt. 1999.

Band 22 Peter König: Strafbarer Organhandel. 1999.

Band 23 Stefan Stauder: Die allgemeinen defenses des New York Penal Law. Eine rechtsvergleichende Untersuchung. 1999.

Band 24 Malte Merz: "Bewußte Selbstschädigung" und die Betrugsstrafbarkeit nach § 263 StGB. Zugleich ein Beitrag zur Zweckverfehlungslehre. 1999.

Band 25 Marc Tully: Poena sine Culpa? *Strict-Liability*-Sanktionen und Europäisches Gemeinschaftsrecht. 2000.

Band 26 Susanne Götting: Beweisverwertungsverbote in Fällen gesetzlich nicht geregelter Ermittlungstätigkeit. Durch V-Leute, Scheinaufkäufer und Privatleute. 2001.

Band 27 Christiane Hölscher: Der Rechtsschutz und die Mitteilungspflichten bei heimlichen strafprozessualen Zwangsmaßnahmen. 2001.

Band 28 Tobias Windhorst: Der Rechtsbegriff der "schweren Gesundheitsschädigung". Zugleich ein Beitrag zum 6. StrRG. 2001.

Band 29 Andrea Schmucker: Die "Dogmatik" einer strafrechtlichen Produktverantwortung. Das fahrlässige Unterlassen als Institut der Produktkriminalität. 2001.

Band 30 Stephan Beukelmann: Prävention von Computerkriminalität. Sicherheit in der Informationstechnologie. 2001.

Band 31 Markus B. Alder: Die Strafzumessungsrichtlinie der USA in ihrem Kontext mit Plea Bargaining. 2001.

Band 32 Tobias Brandis: Beweisverbote als Belastungsverbote aus Sicht des Beschuldigten? 2001.

Band 33 Britta Wolff: Begünstigung, Strafvereitelung und Hehlerei. Geschichtliche Entwicklung und Abgrenzung zur Beihilfe. 2002.

Band 34 Angelika Laitenberger: Die Strafbarkeit der Verbreitung rassistischer, rechtsextremistischer und neonazistischer Inhalte. Unter besonderer Berücksichtigung der Verbreitung über Netzwerke. Ein Rechtsvergleich. 2003.

Band 35 Antonia Seitz: *Die Todesstrafe ist keine Strafe.* Von der Beteiligung bedeutender Mediziner an Fragestellungen um Verbrechen und Strafe, unter besonderer Berücksichtigung der Todesstrafe 1865 bis 1933 im deutsch-italienischen Vergleich. 2003.

Band 36 Ro-Seop Park: Die Wahrheitsfindung im Ermittlungsverfahren. 2003.

Band 37 Ingo Jeckel: Schadenswiedergutmachung gem. § 46a Nr. 2 StGB über anwaltliche Schlichtungsstellen. Schlichtungsablauf und Auswirkungen auf das Strafverfahren. 2003.

Band 38 Katja Kassing: Ehrverletzende Personalsatire in Deutschland, Österreich, der Schweiz und England. 2004.

Band 39 Stefan Poller: Verbandsgeldbuße und Steueranspruch. 2004.

Band 40 Anna Trüstedt: Das Verbot von Börsenkursmanipulationen. 2004.

Band 41 Marialena Papachristou: Die strafrechtliche Behandlung von Börsen- und Marktpreismanipulationen. 2006.

Band 42 Verena Käbisch: Markenschutz im Strafrecht. Die Rechtslage in Deutschland und den USA. 2006.

Band 43 Dominik Härtl: Wahlstraftaten. Die §§ 107 ff. StGB im System des Rechts. 2006.

Band 44 Erick Gatgens: Ermessen und Willkür im Straf- und Strafverfahrensrecht. Eine dogmatische und rechtstheoretische Untersuchung zu den Grundlagen strafjuristischer Entscheidungsfindung. 2007.

Band 45 Christian A. Sirch: Die Strafbarkeit der Parteispendenakquisition. Ein Beitrag zum Tatbestand der Vorteilsannahme. 2008.

Band 46 Brigitte Bauer: Untreue durch Cash-Pooling im Konzern. 2008.

Band 47 Meng Yang: Die Strafbarkeit der Vorbereitungshandlung des Delikts nach dem deutschen und chinesischen StGB. 2009.

Band 48 Martin Patz: Die Effektivität der Strafrechtspflege. 2009.

Band 49 Maren Stölting: Das Tatbestandsmerkmal des fremden Vermögens bei der Untreue zum Nachteil von Personengesellschaften am Beispiel der GmbH & Co. KG. 2010.

Band 50 Seong Jin Choi: Patientenverfügung und Patientenautonomie zwischen Rechtsdogmatik und Rechtswirklichkeit. 2010.

Band 51 Nikolaus Föbus: Die Insuffizienz des strafrechtlichen Schutzes von Geschäfts- und Betriebsgeheimnissen nach § 17 UWG. 2011.

Band 52 Maximilian Heiß: Bestechung und Bestechlichkeit im geschäftlichen Verkehr. Die strafrechtliche Erfassung in Deutschland und England. Ein Vergleich. 2011.

Band 53 Lea Staudt: Medizinische Richt- und Leitlinien im Strafrecht. Eine Untersuchung zur Möglichkeit der Bestimmung der unerlaubten Handlung beim Fahrlässigkeitsdelikt mit Hilfe medizinischer Richt- und Leitlinien. 2012.

Band 54 Petr Kottek: Die Kooperation von deutschen Unternehmen mit der US-amerikanischen Börsenaufsicht SEC. Grenzen der strafprozessualen Verwertbarkeit unternehmensinterner Ermittlungen. 2012.

Band 55 Dong Lyoul Kim: Grundlagen der strafrechtlichen Aufarbeitung von DDR-Unrecht und Möglichkeiten ihrer Übertragung auf die Bewältigung nordkoreanischen Systemunrechts. 2012.

Band 56 Katharina Hermannstaller: Die Mehrlingsreduktion aus strafrechtlicher Sicht. 2014.

Band 57 Benjamin Kertai: Sicherheit, Risiko und Opferschutz. Anlässe der Strafgesetzgebung und Möglichkeiten wissenschaftlicher Einflussnahme. 2014.

www.peterlang.com

www.ingramcontent.com/pod-product-compliance
Ingram Content Group UK Ltd.
Pitfield, Milton Keynes, MK11 3LW, UK
UKHW021819051026
15588UKWH00010B/125

9 783631 651407